CAMBRIDGE LIBRARY COLLECTION

Books of enduring scholarly value

Medieval History

This series includes pioneering editions of medieval historical accounts by eye-witnesses and contemporaries, collections of source materials such as charters and letters, and works that applied new historiographical methods to the interpretation of the European middle ages. The nineteenth century saw an upsurge of interest in medieval manuscripts, texts and artefacts, and the enthusiastic efforts of scholars and antiquaries made a large body of material available in print for the first time. Although many of the analyses have been superseded, they provide fascinating evidence of the academic practices of their time, while a considerable number of texts have still not been re-edited and are still widely consulted.

The Chartulary of the Augustinian Priory of St John the Evangelist of the Park of Healaugh

Healaugh Park began as a hermitage in the twelfth century before being re-established as an Augustinian priory in 1218. It remained a small and poor community, with seven canons in 1381 and six in 1535. The *Chartulary* was compiled in the early sixteenth century, so it covers a much longer period than is usual. It comprises 194 folios, beginning with a pedigree of the Haget family, patrons of the house, a list of priors, and documents relating to Healaugh's early history. There is no geographical or chronological logic to the arrangement of subsequent documents, nor any attempt to date them. The last twenty folios contain later material, mostly in English, which is interesting for the study of dialect and pronunciation at the time, and topographical information. Valuable to local historians, the *Chartulary* also shows how such small foundations struggled with financial and disciplinary matters. English summaries of the Latin documents are provided.

T0371193

Cambridge University Press has long been a pioneer in the reissuing of out-of-print titles from its own backlist, producing digital reprints of books that are still sought after by scholars and students but could not be reprinted economically using traditional technology. The Cambridge Library Collection extends this activity to a wider range of books which are still of importance to researchers and professionals, either for the source material they contain, or as landmarks in the history of their academic discipline.

Drawing from the world-renowned collections in the Cambridge University Library and other partner libraries, and guided by the advice of experts in each subject area, Cambridge University Press is using state-of-the-art scanning machines in its own Printing House to capture the content of each book selected for inclusion. The files are processed to give a consistently clear, crisp image, and the books finished to the high quality standard for which the Press is recognised around the world. The latest print-on-demand technology ensures that the books will remain available indefinitely, and that orders for single or multiple copies can quickly be supplied.

The Cambridge Library Collection brings back to life books of enduring scholarly value (including out-of-copyright works originally issued by other publishers) across a wide range of disciplines in the humanities and social sciences and in science and technology.

The Chartulary of the Augustinian Priory of St John the Evangelist of the Park of Healaugh

EDITED BY JOHN STANLEY PURVIS

CAMBRIDGE
UNIVERSITY PRESS

CAMBRIDGE UNIVERSITY PRESS

Cambridge, New York, Melbourne, Madrid, Cape Town,
Singapore, São Paolo, Delhi, Mexico City

Published in the United States of America by Cambridge University Press, New York

www.cambridge.org
Information on this title: www.cambridge.org/9781108058834

© in this compilation Cambridge University Press 2013

This edition first published 1936
This digitally printed version 2013

ISBN 978-1-108-05883-4 Paperback

The Anniversary Reissue of Volumes from the Record Series of the Yorkshire Archaeological Society

To celebrate the 150th anniversary of the foundation of the leading society for the study of the archaeology and history of England's largest historic county, Cambridge University Press has reissued a selection of the most notable of the publications in the Record Series of the Yorkshire Archaeological Society. Founded in 1863, the Society soon established itself as the major publisher in its field, and has remained so ever since. The *Yorkshire Archaeological Journal* has been published annually since 1869, and in 1885 the Society launched the Record Series, a succession of volumes containing transcriptions of diverse original records relating to the history of Yorkshire, edited by numerous distinguished scholars. In 1932 a special division of the Record Series was created which, up to 1965, published a considerable number of early medieval charters relating to Yorkshire. The vast majority of these publications have never been superseded, remaining an important primary source for historical scholarship.

Current volumes in the Record Series are published for the Society by Boydell and Brewer. The Society also publishes parish register transcripts; since 1897, over 180 volumes have appeared in print. In 1974, the Society established a programme to publish calendars of over 650 court rolls of the manor of Wakefield, the originals of which, dating from 1274 to 1925, have been in the safekeeping of the Society's archives since 1943; by the end of 2012, fifteen volumes had appeared. In 2011, the importance of the Wakefield court rolls was formally acknowledged by the UK committee of UNESCO, which entered them on its National Register of the Memory of the World.

The Society possesses a library and archives which constitute a major resource for the study of the county; they are housed in its headquarters, a Georgian villa in Leeds. These facilities, initially provided solely for members, are now available to all researchers. Lists of the full range of the Society's scholarly resources and publications can be found on its website, www.yas.org.uk.

The Chartulary of the Augustinian Priory of St John the Evangelist of the Park of Healaugh
(Record Series volume 92)

Volume 92 of the Record Series contains an edition of the cartulary of Healaugh Park Priory, which was situated approximately seven miles east-south-east of York at National Grid reference SE 4857. The cartulary manuscript is held at the British Library, where it has the reference Cotton Vespasian A IV. It is number 479 in G.R.C. Davies, *Medieval Cartularies of Great Britain: A Short Catalogue* (London, 1958) and in the revised edition, *Medieval Cartularies of Great Britain and Ireland*, edited by C. Breary, J. Harrison and D.M. Smith (London, 2010).

The editor of this volume, Rev. Dr John Stanley Purvis FSA, FRHistS (1890–1968), later became a canon of York Minster and the first director of the Borthwick Institute for Archives, now a part of the University of York. He was also president of the Yorkshire Archaeological Society from 1955 to 1965. An obituary and bibliography can be found in the *Yorkshire Archaeological Journal*, 42 (1967–70), 520–2.

Cartularium de Parco Helagh in agro Eboracensis
Detinet Prior m̄o frere Aecil [circa 24. H. 7.
vide fol. 4. (1)

Memorandum q̄d quatuor fuerunt sorores Galfri
di haget et una .s. lucia maritata fuit p̄r Bartho
lomei turet cū qua h̄uit wighall et chedilee et alias
p̄tinent̄ que contingebant ad illā p̄tem .item alia ma
ritata fuit dn̄o Alano filio Briani attauo dn̄i
Briani qui nūc ē cū qua h̄uit terrā de Baynton
cū alijs p̄tinentijs contingentibus illam p̄tem .item
tcia .s. Alicia maritata fuit dn̄o .Joh̄i de friston
cū qua h̄uit helagh et alias p̄tinent̄ contingentes
illā p̄tem que johannes h̄uit quād̄ filiā Aliciā no
mine que nupta fuit dn̄o .Jordano de sc̄a maria
qui fuerunt feoffatores uiri .item quarta vocabat̄
Gundredi haget que h̄uit quartā p̄tem hereditatis
scilicet quād̄ terram in Baynton et in alio loco
hereditatis Galfridi haget que nō fuit nupta s̄
obijt sine herede et post morte suā partita fuit p̄o suā
int ceteras sorores superstites. Alicia de Alicia p̄cessit

Eufemia q̄ fuit priorissa de Synigth
nic de sc̄a maria qui obijt ante mcem suā
Elizabeth de elizabeth p̄cessit nic le walays stepho et nic̄
Nichno de Nicholaa alic ux̄ Joh̄o le vanasor will nic̄

THE YORKSHIRE
ARCHÆOLOGICAL SOCIETY

FOUNDED 1863   INCORPORATED 1893

RECORD SERIES

VOL. XCII
FOR THE YEAR 1935

THE CHARTULARY OF THE AUGUSTINIAN PRIORY OF ST. JOHN THE EVANGELIST OF THE PARK OF HEALAUGH

TRANSCRIBED AND EDITED BY

J. S. PURVIS, M.A., F.S.A.

PRINTED FOR THE SOCIETY
1936

Printed by
THE WEST YORKSHIRE PRINTING CO. LIMITED,
WAKEFIELD.

THE CHARTULARY
OF THE AUGUSTINIAN PRIORY OF
ST. JOHN THE EVANGELIST OF THE PARK
OF HEALAUGH

CONTENTS

———

THE
CHARTULARY OF HEALAUGH PARK

INTRODUCTION

§ 1. THE MS.

The manuscript of the Chartulary of Healaugh Priory, the priory of St. John Evangelist of the Park, here transcribed, is MS. Cotton. Vespas. A. iv in the British Museum, a thick quarto volume of 194 folios measuring $9\frac{1}{4}$ by $7\frac{1}{8}$ inches. Its interest as a MS. is certainly not due to its artistic merits, for it is plain and undecorated, yet it has claims to be worthy of publication; it illustrates districts in Yorkshire for which little of monastic interest has hitherto been published, with the particular exception of the Scokirk Chartulary;[1] it refers to the possessions of one of the less important religious houses in the county; and as it is of exceptionally late date, it may be expected to give by implication some information about conditions in such a house thirty years or so before the Suppression. The heading of the first folio states that the volume was compiled at the order of Peter Kendayll, 22nd prior of the house, who reigned from 1499 to 1520; from internal evidence, the date of the MS. is certainly after 1505 (p. 197). We may therefore expect from a MS. so late in date some light, for example, on the literary efficiency of the monastery at that time; it must be admitted that the volume cannot in any way bear comparison with the more familiar and elaborate registers of earlier centuries and more important communities.

The hand, perhaps rather early in character for a MS. of this date, continues remarkably regular throughout the volume, except for an increasing tendency to assimilate in form c- and t-, so that in many cases in the later folios it is impossible to determine confidently which of the two letters is intended; 'torellus' or 'corellus' on p. 140 is a case in point; the letter is almost certainly a c-. Copyist's errors are numerous throughout, and though we may be prepared to discount a certain proportion of them as derived from the documents which the scribe had before him, it is yet impossible to acquit him either of a grave degree of carelessness or of serious ignorance, or of a combination of both. His treatment of the names of witnesses argues an unsatisfactory idea of his task; almost habitually he omits without warning the names of

[1] The Scokirk Chartulary, in *Miscellanea* III, vol. LXXX of this Series.

some of those attesting; errors of spelling are numerous and often confusing; if these errors occurred in the documents from which he compiled the Chartulary, certainly he seems to have made no attempt to correct their deficiencies. This unsatisfactory method is made the more clear when we compare the Chartulary entries with those corresponding in the Charter Rolls or in Dodsworth's copies of original deeds. Again, the scribe constantly betrays his deficient knowledge of Latin, as when he writes 'militie Templum' for 'militie Templi,' 'vinxerunt' for 'vixerunt,' 'penes te' for 'penes se,' 'sigillum mei' for 'sigillum meum,' or 'solunt' for 'soluta,' or with slightly comic effect, 'a deo' for 'adeo,' 'prece dentibus' for 'precedentibus,' where the division in each case occurs in mid-line.

The system of arrangement, if any, is somewhat difficult to determine, the more so as there is no attempt to divide the text into sections, nor is it easy to reconstruct to any practical extent the arrangement, whether according to neighbourhood or alphabetical order of vills or to relation by feudal fee, or to grouping by interest of persons or families, of the volume or volumes from which presumably this chartulary was compiled. Apparently realising the importance of the Haget family in the original establishment of the priory, the scribe has begun by copying a portion of a late xiii c. pedigree of the Hagets; he then gives a valuable dated list of priors of the house down to his own day, apparently complete and including much interesting detail, and proceeds to enter the charters relating to the hermitage and to the foundation of the priory. But after a few folios of this he turns to a large batch of entries from the Inspeximus of Edward II, and after these the items follow a very erratic course, though entered without any divisions of place or subject, until they end, so far as the continuous work of the original hand is concerned, on f. 174v, 20 folios from the end of the volume. The remaining entries are in various hands, generally less accomplished though not necessarily much later in date than the first. Much of the latter material is in English, and so has special value and interest, with its strong traces of local dialect and pronunciation, and includes some terriers in great topographical detail. The following analysis by vills of the first hundred folios will give some idea of the apparently confused arrangement :—

f. 1	Haget pedigree	39	Wothersome
1v-4	List of priors	40v	Foundation charter
Blank folio		43	Healaugh
5-6v	Foundation charters	43v	Yarm
7	Healaugh	44v	Sandwath
7-8v	Foundation charters	45v	Healaugh
8v	Wighill	47v	Askham
13	Folifoot	50	Wombwell
14	Wighill	53v	Walton

15	Hagandby	55	Thorp
15v	Leathley	56	Hagandby
16	Castley	57	Hutton Rudby
16v	Wighill	58	Walton
19	Easedike	63	North Deighton
20	Wighill	69	Marston
22	Hutton in Ainsty	77	Marton
22	Wighill	78v	Bainton and Bilton
32	Catterton	80	Tockwith
33	Touleston	91	Silton
34v	Catterton	93	Leathley
35	Touleston	96v	Fenton
36v	Catterton and Touleston	99	Newbiggin
37	Smaus	103	Yarm

The text is continuous throughout, except for the necessary slight breaks between items; there are no page-headings, and the name of the vill relating to each charter, or other heading, is usually inserted in red in the margin. In those cases where the scribe has omitted to enter the name or title, this has been inserted by one of the two xvii c. antiquaries who examined the MS., Philip Padmore or Dodsworth; the latter was more active in this way, and has also added numerous notes converting dates into regnal years.

The MS. has lost several pages of the text, but the attempt to determine how many is not made easier by the scribe's errors of pagination and variations of gatherings. For example, a is a gathering of 4 leaves, ai, aii, $aiii$, $aiiii$, —, —, —, —; b and c of 5 each; d is defective; e has 4; f is a gathering of 5 leaves, but after gi, gii, there are no gathering-numbers until ji, which is a gathering of 4; the intervening unnumbered folios would allow exactly gatherings of 4 leaves each for g and h, omitting altogether a gathering i. Four-leaf gatherings continue from j to q, except possibly in the case of n which has two folios numbered $niii$, but q, r, s and perhaps t have gatherings of 3 leaves each. There is no gathering o. The remaining folios have no numbers. Catch-words are supplied only sparingly.

In the case of gathering d, one folio appears to be missing; we have —, dii, $diii$, $diiii$, —, —, —, —, —; there is an obvious break in the text at the end of 32v, verso of dii, with a note, probably Dodsworth's, 'Hic desunt duo folia.' The next folio, numbered $diii$, begins abruptly in the early part of a new charter, with a transition of vill, Catterton—Touleston. The notes by Padmore to ff. 72 and 82 apparently refer to his own renumbering of the folios, as the text of the MS. is complete in both cases. But gathering n repeats the confusion of gathering d; each a 5-leaf gathering, and again it would seem that one folio is missing, possibly the counterpart of the missing folio in d. In this second case we have the confirmation of the catchword at the foot of

f. 111v *(aisi-)-amentis*; again there is a transition of vill, Thoraldby—Marton in Cleveland. These defects seem to be the only losses which the MS. has suffered, affecting the text; but the scribe's errors of numbering make it almost impossible to decide with any confidence. Nor is the continuous page-numbering very helpful; there are two series of this, one almost certainly supplied by Dodsworth, the other not much earlier in date. They run as follows:—

Gathering Number	Dodsworth	Earlier folio-number
a i	5	7
and so to		
d ii	32	—
d iii	33	37
and so to		
l iii	93	erased
—	94	ci
—	95	cii
and so to		
n-	110	cxvii
p i	112	cxix

Thus both the later numberings mark a gap, with a consequent jump of four units, in gathering *l*, where the text seems definitely continuous, and take no notice of gathering *n* with its obvious break.

The marked preference in certain sections of the Chartulary for copying a Royal Inspeximus rather than the original charter may not be altogether the responsibility of the scribe himself. One of the few passages which give any definite glimpse of information concerning the earlier MSS. used in the construction of this volume occurs on f. 142v, p. 161, where the entry ends with the list of witnesses as usual, proceeds

Inspeximus etcetera in his verbis,

there breaks off and begins a new entry with a new heading for another vill. It is hardly to be supposed that in every case where the Inspeximus is preferred the priory had lost the original charter, but the scribe may simply have copied what his predecessors had done; it may be that the Inspeximus was regarded as having an additional authority by Royal inspection. Whether the scribe or his predecessors may be responsible for abbreviating the witness-lists cannot be determined, though a comparison of Dodsworth's transcripts of original charters together with our other knowledge of the scribe's methods might suggest that he was not blameless in this respect.

For the history of the MS. after the Suppression we have little information. The note on f. 194, p. 214,

Md. that when this booke was delyverid to my L. Wharton his officere ytt contene cc leeves wrytyng, makes it clear that the book passed into Sir Thos. Wharton's possession along with the farm of the priory demesnes.[1] For the process by which the MS. had drifted to York by the year 1620 there is no evidence, but the letter from Young to Dodsworth establishes the fact. The letter provides incidentally an interesting commentary on antiquarian relations in the early xvii c.

Letter from William Young to Dodsworth, with Dodsworth's marginal notes. Bodleian Library. MS. Dodsworth cxiii, f. 97.

A few words cut into at right edge.

Kinde Sir so it is that a kinsman of myne, and your true freind hath since your last being togeather happily **Cowcher** attaynde the view of a Cowcher of Heyley Abbey which **of** lyes dormant within the precincts of Yorke, yet before **Heyley** he could obtayne a sight thereof, he was coniurde by **Abbey** all the rites of secrecies, to conceale it especially from **Ebor.** you. What should be the reason thereof he cannot **cont. 200** coniecture, more than a gryping humor desirous to **leaves** make a pray of you, which his fast freindshippe towards you well perceiving, and also considering how extraordinarily che-.....-able the searching of antiquities are and wel-.... unto you, indeavouring so much as in him lyes, to ease you thereof, and to prevent so base a passage, intended to so much future......[2] hath here-**penes Mr.** upon confirde with me, and thought most fitt, that by **Padmore,** my notice taken thereof you might be advertised. The **of York,** book contains 200 leaves, and is in the custody of one **I take it.** Mr. Padmore, a right honest and freeharted man in his opinion. You must with all privacye indeavour to obtayne it, with speciall care to keep him free from all suspicion of reuealing it, otherwise it will be very preiudiciall to both your future searches. He intendes, God willing, to be with you upon Fryday the 28 of this moneth [of] April, being resolued for his London journey upon Munday following, and therefore with all earnest importunity [? wishes] you, so much to befreinde him, as if you have not still in your custodye, then to sende for that Coucher booke you shewed him concerning Methley, that he may have a little perusal **Coucher** thereof touching such things as since he fyndes he hath **of** omitted; thus much he lefte in charge with me last **Methley** weeke to intimate unto you, and I have now dischargde it, otherwise I had been sure to have received most severe chastisement from him for my negligence. And so in hast with remembrance of his love, togeather with my owne I rest Methley this 20 of Aprill 1620 **A° 1620** Your lovinge friend
William Yonge.

[1] S.P. Hen. VIII, 1537, II, 548.2.
[2] One word illegible. According to the appearance of the beginning, it should be emu-(lation) or env-(ying).

The verso of f. 94 in the same volume is almost certainly in the same hand, and thus is the cover of the above letter.

> To my very good friend Mr. Dodsworth at his house at Birset these.

There has been no attempt to set dates to individual charters in the text except in cases where the name of a witness, or of an Archbishop or prior granting, affords definite evidence within a small period, but if the charter itself is dated, that date of course has been included in the heading. There are many more to which a rough and approximate date could be assigned, but such a proceeding would serve little useful purpose here.

Incidental reference has already been made above to the Scokirk Chartulary printed in Vol. LXXX of this Record Series, *Miscellanea* III. This contains material which usefully supplements that in the Healaugh Chartulary; this is particularly valuable in the case of lands in or near Tockwith. Fields and individual parcels of land which are mentioned in these pages will often be found entered in greater detail in the Scokirk register, persons who grant charters or appear as witnesses in this will be found also in that, as Sir Richard son of Robert of Wilstrop, Richard son of Robert de Tockwith, Robert son of Richard and William son of Nicholas, both of the same place, and especially the person who appears in these pages under the somewhat mysterious name of Amorryhastard, but in the Scokirk pages more recognisably as Amori Bastard, and Amaricius son of Alan Bastard and Amorius son of Alan Bastard, of Tockwith.

§ ii.

Little light is shed by the contents of the Chartulary on the problem of that early period when the hermitage of Healaugh Park was converted into the priory of that place. So far as the foundation charters give any indication, their general effect is to put the date when the hermitage was established somewhat earlier than sometimes has been supposed; the appearance of Clement, abbot of St. Mary's York between 1161 and 1184, when he died, amongst the witnesses to the charter whereby Geoffrey Haget confirmed lands and woods to the church of St. John of the Park and to Gilbert the monk suggests an earlier establishment, as Geoffrey alludes to a previous charter by his father Bertram. There may even be some connection with a pre-Conquest religious centre in this area, but the evidence does not justify conjectures.

The canons of the Park themselves seemed disposed to recognise three stages in their history—first, the hermitage; then, the constitution as a priory by Alice Haget, and later, a reestablishment by Henry Percy, Earl of Northumberland, perhaps on the strength of his charter of 1447 (see pp. 56 and 197 below). But they are careful to emphasise a continuity of succession to themselves as occupiers of the hermitage, in their protest to the Apostolic Collectors of a Tenth (p. 185), a protest which cannot be earlier than 1320 if, as seems likely, William de Grymston was the prior to whose removal by the Archbishop for alienation and other improper proceedings they refer in that protest. In that document they declare that they inhabit 'tantum unum hermitagium,' where the choice of the word is surely due to something more than a pious convention or an attempt to evoke pity. Archbishop Walter de Gray in 1218 appears to support implicitly this idea of continuity, by his reference to the 'novella construccio' of the priory, but when in another document the canons call Bertram Haget and Geoffrey Haget their founders, they seem to suggest a problem for which the Chartulary supplies no answer.

But whatever the date of the hermitage may have been, or of any re-establishment of the house by Henry Percy, the Chartulary makes it quite clear that the priory as such was definitely established not later than A.D. 1218 by Alice, granddaughter of Bertram Haget, and her husband Jordan de Sancta Maria. The mother of this Alice was also named Alice, the third daughter of Bertram Haget and wife of John de Friston, who inherited Healaugh after the death of her brother Geoffrey without issue. This is set out by the fragment of late xiii c. or possibly early xiv century pedigree presented on f. 1 of the Chartulary; it may therefore appear that the account in the *V.C.H., Yorks.*, III, 216, has confused the two Alices, mother and daughter.

The second daughter of Bertram Haget, sister of the Alice just named who married John de Friston and of Geoffrey, is unnamed in the pedigree-fragment and apparently elsewhere, too, although Farrer calls her Agnes; it does not appear on what evidence. She married Alan son of Brian, 'dominus Alanus filius Briani attavus domini Briani qui nunc est,' as the pedigree calls him, using 'attavus' somewhat loosely. 'Brian who now is' can certainly be identified as Brian son of Alan, lord of Bedale, who was summoned to Parliament in 1295 and died in 1306, leaving two daughters. The year 1306 is therefore the latest possible date for the compilation of the genealogy from which our fragment is extracted.

Apart from these details about the sisters of Geoffrey Haget and their alliances, the Chartulary is disappointingly unfruitful of information concerning the Haget family and the unlighted places of their genealogy. Certain notes on the subject from Dodsworth's MS. collections have been printed here in association with the early fragment, but apart from this no attempt has been made to deal with material so scanty.

The possessions of Healaugh Priory seem to have been rather numerous and scattered than really extensive or valuable. The revenues of the house at the time of the Suppression were returned as 114*li*. 10*s*. 10*d*. only, and the Healaugh demesnes brought to Sir Thomas Wharton at farm 26*li*. 13*s*. 4*d*. in 1537, by which he cleared 3*li*. 13*s*. 4*d*. over the valuation at which they were farmed to him. The most considerable single items, so far as relative space and attention in the Chartulary are concerned, were the hospital of St. Nicholas of Yarm, granted to the house before 1233 by Alan de Wilton and still in the possession of the priory at the Dissolution, and a pension from Knottingley mills which they acquired as early as 1241. They received Wighill church before 1288 (p. 23), Healaugh Church about 1398 (P.R. Ric. II, m. 36), with appropriation in 1425; they had also a moiety of Leathley, to which they presented. Besides these, they had Cowthorpe (p. 157), Hutton Wandesley (p. 228), and a moiety of the advowson of St. Mary of Bishophill (p. 222).

The records of Archiepiscopal visitations show the usual depressing features of economic irregularities and encumbrance, for which recurringly corrodies, annuities, alienations and sales are blamed, although such transactions figure hardly at all in the actual pages of the Chartulary. The report by Archbishop Melton in 1320 was particularly severe and resulted in the removal of prior William de Grimston and his sub-prior, to which, as it has been pointed out above, there is perhaps an incidental reference on p. 185. Zouche and Thoresby provide similar accounts, the latter revealing a seriously reduced condition of the house in 1381, buildings dilapidated, stock reduced by pestilence, with six canons only besides the prior; at the Suppression the number of canons was no more than five. The house was never large, opulent or populous, nor does it seem to have attained literary eminence, ·although the Gervasius de Parcho who, according to Pitsaeus,

> monachus Eboracensis scripsit elegantem et prolixum prologum in librum Ealredi abbatis Rievallensis cui titulum Speculum Charitatis, ad eundem Ealredum et alios Epistolas

and 'floruit' A.D. 1150, may possibly have been an early occupant of the hermitage. So far as I am aware, no books have survived from the priory library.

Of the seal of the priory a good impression is found on B.M. Egerton Charter 516, illustrated in Plate II. The seal is a small plain vesica; the impression, in yellowish wax, shows a figure full face, robed as a cleric and supporting in both hands an open book. The legend is

+ SIGILL . SANCTI . JOH'IS . DE . PARCO .

As the charter is a grant by William, prior of the Park, and the script makes it unlikely that this can be other than William of Helmsley, the first prior, the seal is not later in date than 1233, and is probably that used by the priory from its foundation. No other seal of the house is known.

§ iii.

THE FAMILY OF SAKESPE—SHAKESPEYE

Of more than ordinary interest is the appearance in the pages of the Chartulary of a family well-established in the district of Wighill and Bilton, whose name appears in many variant spellings of Saccespe-Sakespe-Saxpe-Shakespeie and once, doubtfully, Shakespere. A tentative *stemma* of the family may be arranged thus :—

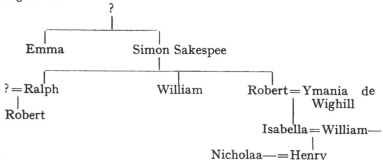

with Richard Shakespey, his wife Beatrice and younger son William, and Thomas Sakespeye. The approximate period of the documents in which these names occur would appear to be from *c.* 1170, when Simon Saccespee witnessed Geoffrey Haget's grant, to the mid-xiii century.

In connection with this family, it is perhaps worthy of our attention here that Mrs. C. C. Stopes in her book "Shakespeare's Family" (London, 1901) gathered together the available evidence concerning the possible ancestors of William Shakespeare, amongst which she admits in 1260 Simon Shakespeye of Pruslbury, Glos., and suggests that the origins of the family may possibly have some derivation from the direction of South Yorkshire or even further North. Would the conjecture be too wild that the ancestors of William Shakespeare of Stratford-on-Avon may prove to be Yorkshiremen ?

§ iv.

Where positive evidence is so scanty, both prudence and modesty of capacity seem to dictate that the aim of this volume should be to avoid conjecture and to attempt only the presentation of a text as reliable as possible with a reasonable minimum of annotation. To the text have been added notes on Dodsworth's transcripts, since he had the advantage of inspecting many original charters now scattered or lost, and brief notes on material relating to Healaugh Priory in the State Papers and other Public Record Office collections.

Where the Latin presents unusual forms these have been indicated either in footnotes or in the Index or in both; such are 'servicium rusticitatis,' 'aymalda,' 'marastra,' 'bursimis culture'; similarly when the Latin form or phrase raises a point of interest this has been shown in the Index, as 'cum corpore meo,' 'sex bovate terre computate per unam carucatam,' 'si porcos emerit de eis dabit pannagium.'

In the transcription of the text, in almost all cases u- and v- have been printed in modern form, as in 'Evangeliste,' and j- for i-, as in 'jus,' 'ejus,' in the ordinary run of the text, but place-names, whether by themselves or as part of a personal name, have been left in the original spelling. Usually, in the English abstracts, Christian names have been modernised—Alice for 'Alicia,' Geoffrey for 'Galfridus'—unless the name seemed unusual or had some special interest. In the Index, where it has been possible to identify a vill by its modern name, the reference will be found under that modern form, with the text-form subjoined and a cross-reference from an entry in the text-form. Personal names derived from place-names will usually be found indexed under the place-name; names which include the form 'son of—' will be found under two entries, 'Richard, son of Robert' and 'Robert, Richard son of'; where a wife and another relative appear once only in a charter with the name of the husband, the index-entry is usually in the form 'Reiner de Wighill, *with* Alice his wife *and* Sybil his daughter.'

Finally, it would be impossible to end these notes without acknowledging most gratefully the help and encouragement so readily and patiently given by Mr. C. T. Clay, F.S.A., without whose guidance and knowledge the errors and deficiencies of this work must have been even greater.

J. S. PURVIS.

CRANLEIGH SCHOOL,
1936.

CARTULARIUM DE PARCO HELAGH IN AGRO EBORACENSI.

f. 1.

PETRUS PRIOR ME FIERI FECIT.

Circa 14 Hen. VII
Verte fol. 4.

The last two lines of this heading were added by Dodsworth. The hand is undoubtedly his.

Memorandum quod quatuor fuerunt sorores Galfridi Haget et una videlicet Lucia maritata fuit patri Bartholomei Turet cum qua habuit Wighall et Esedike et alias pertinentes que contingebant ad illam partem. Item alia maritata fuit domino Alano filio Briani attavo domini Briani qui nunc est cum qua habuit terra de Bainton cum aliis pertinenciis contingentibus illam partem. Item tercia scilicet Alicia maritata fuit domino Johanni de Friston cum qua habuit Helagh et alias pertinentes contingentes illam partem qui Johannes habuit quandam filiam Aliciam nomine qui nupta fuit domino Jordano de Sancta Maria qui fuerunt feoffatores nostri. Item quarta vocabatur Gundreda Haget que habuit quartam partem hereditatis scilicet quandam terram in Baynton et in aliis locis hereditatis Galfridi Haget que non fuit nupta sed obiit sine herede et post mortem suam partita fuit pars sua inter ceteras sorores superstites. Alicia de Alicia processit

Eufemia que fuit priorissa de Synigh'.

Ricardus de Sancta Maria qui obiit ante matrem suam Elizabeth de Elizabeth processit Ricardus le Walays Stephanus et Ricardus.

Nicholaus [*by error for* Nicholaa] de Nicholaa Alicia uxor Johannis le Vauasor Willelmus nunc.

To the name of Gundreda Dodsworth has added a marginal note 'ob. ante 8 H. 3. iuxta fin. eodem anno.' Euphemia Haget was third prioress of Sinningthwaite. This curious genealogical note, of which the original apparently dated from the latter part of the xiii Century ('dominus Brianus qui nunc est,' 'Willelmus (Vauasor) nunc'), ends with an attempt to give the descendants of Alicia Haget, thus :—

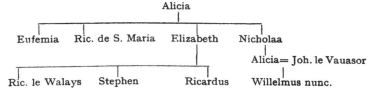

In Vol. ix of Dodsworth's MSS. at the Bodleian Library are copies of certain charters relating to Healaugh Park [*cf.* p. 215] and on f. 327 a copy of f. 1 of the Chartulary, to which Dodsworth has added this table :—

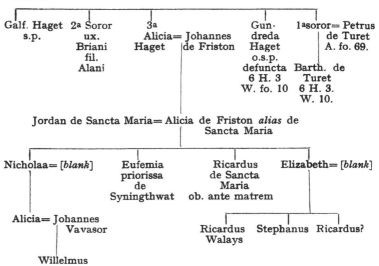

Again, in Vol. viii, f. 74*v.* Dodsworth has the following rough note of a table :—

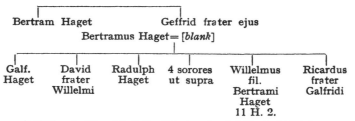

Galfridus de Haget fuit Justiciarius domini Regis 34 H. 2.

In the Feet of Fines, 41, n. 27, of Jan. 1249, appears an agreement between Nicholaa de S. Maria and Hugh de Crigleston touching a moiety of a fourth part of the manor of Wombwell and tenements claimed by Alice, relict of Robert de Crigleston and John prior of Helagh Park. It is not certain whether Hugh de Crigleston was son of this Robert, or of Thomas de Crigleston. The charter on f. 52 below shows that the son of Hugh was William.

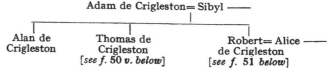

This cannot be the William de Crigleston who with his brothers John and Peter were appealed by Robert de Bailoil in 1218. Another Adam de Crikelaston, whom Farrer considers "probably a son of Alan," held an 8th part of a fee in the honor of Pontefract in or about 1235. (*Early Yorkshire Charters*, I, p. 512).

A LIST OF THE PRIORS OF HEALAUGH PARK.

1. William de Hamelaco. St. Lucy's Day, A.D. 1218—St. Praxed's Day, 1233. By death.
2. Elias. August 1233—Sept. 24, 1256. Resigned.
3. John Nocus [Nothus]. October 1257—Jan. 1260. Resigned.
4. Hamo de Eboraco. 1260—1264. Resigned.
5. Henry de Wheatley. 1264—1281. By death.
6. Adam de Blithe 1281—1300. Resigned.
7. William de Grymston. 1300—1320. Resigned.
8. Robert de Spofforth. 1320—1333.
9. Stephen Levyngton. 1333—1357.
10. Richard. 1357—1358.
11. Thomas de Yarm. 1358—1378.
12. Stephen Clarell. 1378—1423.
13. John Byrkyn. 1423—1429. Resigned.
14. Thomas York. 1429—1435. Deposed.
15. Richard Areton. 1435—1437. Translated to Guisborough.
16. Thomas Botson. 1437—1439. Translated to Bolton.
17. Thomas Cotyngham. 1440—1460. Resigned.
18. Christopher Lofthows. 1460—?1471. [? Deposed].
19. William Berwyk. 1471—1475. Died.
20. William Brammam. 1475—1480. Resigned.
21. William Ellyngton. 1480—1498/9. Resigned.
22. Peter Kendayll. 1499—*term current.*

Apparently a complete and reliable list up to the date of compilation of the Chartulary. Peter Kendayll was the penultimate prior. He was succeeded in 1520 by—

23. Richard Roundale. Confirmed 20 March, 1520—9 Aug. 1535, when he surrendered the priory. The convent then contained 5 canons besides the prior, and 8 servants, boys and workmen. See Vol. lxxxviii of this Series, p. 63.

William Berwyk, No. 19, was elected by the canons on the resignation of Thomas Cotyngham but Archbishop W. Booth overthrew the election and appointed Christopher Lofthows, a canon of Bolton. Cotyngham received from the Archbishop a very generous pension.

The resignation of No. 7, William de Grymston, was a consequence of Archbishop Melton's visitation, which revealed great disorder in the priory.

No. 9, Stephen [de] Levyngton, was elected cellarer after Melton's visitation, and was severely punished with penance by the Archbishop for gross immorality in 1324. But the very next entry in the Archbishop's Register is the record of de Levyngton's admission as prior.

Memorandum quod die sancte Lucie virginis anno ab incarnacione domini M⁰CC⁰XVIII⁰.[1] Installatus fuit Willelmus de Hameleco[2] primus prior domus de Parco et stetit in prioratu per

[1] In the margin, in Dodsworth's hand, '2. H. 3.'
[2] Or Helmsley.

xviii annos et mortuus est die sancte Paxedis[1] virginis anno ab incarnacione domini Mᵒccᵒ tricesimo tercio.[2]

Item memorandum est quod iiii ᵗᵒ Kalendas Augusti scilicet die sancte Felicis sociorumque ejus Installatus fuit Elias secundus prior de Parco anno ab incarnacione domini Mᵒccᵒxxiiiᵒ. Et stetit in prioratu per xxiii annos et duos menses et peciit cessionem et optinuit die Sancti Matthei Apostoli et Evangeliste anno ab incarnacionis domini MᵒccᵒLviᵒ.[3]

Item memorandum quod die sancti Dionysii sociorumque ejus Installatus fuit Johannes Nocus tercius prior de Parco anno ab incarnacione domini MᵒccᵒLviiᵒ et stetit in prioratu per quattuor annos et tres menses et fecit cessionem iiiiᵒ Idus Januarii scilicet die sancti Pauli primi heremite anno ab incarnacione domini Mᵒccᵒ sexagesimo.[4]

Item memorandum quod [*blank*] Kalendis Aprilis anno ab incarnacione domini Mᵒccᵒ sexagesimo Installatus fuit Hamo de Eboraco quartus prior de Parco et stetit in prioratu per tres annos et unam mensem et fecit cessionem xiii Kal. Jun. anno ab Incarnatione domini MCCLXIIII.[5]

Item memorandum quod quarto Nonas Jul. A.D. MCCLXIIII electus fuit Henricus de Quetelay in priorem et pridie Non. Jul. ejusdem anni ab Archiepiscopo Godfrido confirmatus[6] et octavo Id. ejusdem mensis ab Archidiacono Eboracensi Reynero de Scypton fuit installatus scilicet die Veneris proximo ante Pentecosten A.D. MCCLXIIII et fuit quintus prior de Parco et stetit in prioratu suo xvii annos exceptis xv diebus et mortuus est prior.

Item memorandum quod 5 Kal. Jul. MCCLXXXI[7] electus fuit frater Ada de Blide in priorem et 5 Non. ejusdem mensis confirmatus fuit a Magistro Thoma Aberbyrs canonico ecclesie Eboraci tunc officiali Curie ejusdem cui dominus Willelmus Wykewan tunc Archiepiscopus Eboracensis commiserat vices suas ad dictam confirmacionem faciendam et pridie Non. mensis ejusdem Installatus fuit idem frater Adam per Magistrum Thomam de Donyngton tunc officialem Magistri Thome de Withen tunc Archidiaconi Eboracensis et fuit viᵗᵘˢ prior hujus domus et stetit in prioratu suo per xix annos et xv septimanas hoc est a die oc/-tavorum beatorum Apostolorum Petri et Pauli in anno domini quo supra usque in crastino Sancti Luce Evangeliste A.D. MCCC[8] et fecit cessionem xiii Kal. Novembris videlicet in Crastino Sancti Luce Evangeliste ut proxime supra dicitur in manibus venerabilis patris domini Thome de Corbryg Archiepiscopi Eboracensis A.D. MCCCVIIˣˣIX.[9]

f. 2.

f. 2v.

---

1 *Sic.*

2 In the margin, '17. H. 3.'

3 In the margin, '40. H. 3.'

4 In the margin, '45. H. 3.'

5 In the margin, '48 H. 3.'

6 In the margin, 'Ob. 49 H. 3.'

7 In the margin, '9 E. 1.'

8 In the margin, '28 E. 1.'

9 *Sic.* In the margin, '13 E. 2.'

Item memorandum quod xiii Kal. Novembris electus fuit frater Willelmus de Grymston in priorem per viam compromissi quia totus conventus compromisit in venerabilem virum dominum Thomam de Corbryg Archiepiscopum Eboracensem tunc in capitulo presentem qui pronunciavit pro eodem fratre Willelmo et ipsum eodem die confirmavit et mandavit per litteras suas fratri Ade de Blide canonico ejusdem domus et predecessori suo ut ipse vice et nomine suo instaularet eundem et institutus fuit xii Kal. Novembris ab Incarnacione domini MCCC et fuit vii^{tus} prior hujus domus et stetit in prioratu suo per xix annos et vi menses et decem dies et fecit cessionem v Id. Aprilis A.D. MCCXX¹ in manus venerabilis patris domini Willelmi de Melton Eboracensis Archiepiscopi

Item memorandum v Id. Aprilis A.D. MCCCXX electus/fuit *f. 3.* frater Robertus de Spofford in priorem de Parco de Helagh per communem assensum tocius conventus coram venerabile patre domino Willelmo de Melton Eboracensi Archiepiscopo tunc in capitulo presente et votis tocius conventus concorditer fratri Ricardo de Bilton concessis qui pronunciavit pernice pro eodem fratre Roberto et ipse dictus Robertus eodem die ab eodem domino Willelmo de Melton Eboracensi Archiepiscopo confirmatus fuit et installatus et fuit viii^{us} prior ejusdem domus per xiii annos.

Item xix Kal. Aug. A.D. MCCCXXXIII² Installatus est frater Stephanus Levyngton ix^{us} prior hujus domus.

Item xix Kal. Sept. A.D. MCCCLVII³ Installatus est Ricardus decimus prior hujus domus.

Item xvi die Marcii A.D. MCCCLVIII⁴ Installatus est frater Thomas de Yar' undecimus prior hujus domus.

Item ultimo die Aprilis anno gracie MCCCLXXVIII⁵ Installatus est frater Stephanus Clarell duodecimus prior hujus domus et fuit prior per xlv annos novem menses et tres dies.

Item A.D. MCCCCXXIII⁶ Installatus fuit frater Johannes Byrkyn xiii^{us} prior hujus loci et stetit in prioratu /per sex annos *f. 3v.* et resignavit.

Item A.D. MCCCCXXIX⁷ Installatus fuit frater Thomas York xiiii^{tus} prior hujus loci et stetit in prioratu per sex annos et postea depositus fuit.

Item A.D. MCCCXXXV⁸ Installatus fuit frater Ricardus Areton xv^{tus} prior hujus loci et stetit in prioratu per annum et tres menses et translatus est ad Gisbur'.

Item A.D. MDCCCCXXXVII⁹ Installatus fuit frater Thomas Botson xvi^{tus} prior hujus loci et stetit in prioratu quasi per duos annos et translatus est ad Bolton.

¹ *Sic.* In the margin, '13 E. 2.' ² In the margin, '7. E. 3.'
³ In the margin, '31. E. 3.' ⁴ In the margin, '33. E. 3.'
⁵ In the margin, '1. R. 2.' ⁶ In the margin, '1. H. 6.'
⁷ In the margin, '7. H. 6.' ⁸ In the margin, '13. H. 6.'
⁹ In the margin, '15. H. 6.'

Item A.D. MCCCCXL[1] Installatus fuit frater Thomas Cotyngham xvii[us] prior hujus loci et stetit in prioratu per xxi annos et resignavit.

Item xxii die Maii A.D. MCCCCLX[2] Installatus fuit frater Christopherus Lofthows [de Wechall *struck out*] xviii[us] prior hujus loci et stetit in prioratu suo per xiii annos et ultra et furatus est bona hujus domus.

xxviii die Mensis Novembris A.D. MCCCC septuagesimo primo[3] Installatus et confirmatus fuit Willelmus Berwyk xix[us] prior hujus *f. 4.* loci qui fuit vicarius de Wechall et canonicus de/nostra propria domo verus cujus anime propicietur deus. xxiiii die mensis Maii A.D. MCCCCLXXV Installatus et confirmatus fuit Willelmus Brammam xx[us] prior hujus loci qui fuit vicarius de Helagh xlv annos et ultra et erat canonicus proprius in hac domo rasus et hii duo Willelmi priores fecerunt totam ecclesiam externis muris et regnavit per v annos et a festo Pentecostes usque ad nativitatem beate Marie virginis et resignavit spontanie.

Item vii Kal. Sept. A.D. MCCCC Octogesimo[4] confirmatus et installatus fuit Willelmus Ellyngton xxi[us] prior hujus domus et regnavit annos xviii et tres menses et resignavit in manus domini Thome Archiepiscopi.

Item vi Kal. Jun. Electus est frater Petrus Kendayll in priorem hujus domus qui per inspiracionem spiritus sancti et confirmatus est eodem die[5] a magistro Colens doctore et officiali et iiii Kal. Jun. Installatus erat a Magistro Brownflete tunc Vicario de Scherburn Officiali Magistri Carnebull tunc Eboracensis Archidiaconi Et fuit xxii[us] prior hujus domus et canonicus in eodem rasus et professus et/

f. 4v.   [*Blank*]

[*A blank folio unnumbered before f.* 5].

f. 5.   DE SITU.   [A.D. 1161—84]
(7)
'a. i.'
        Grant by Geoffrey Haget, to God and St. Mary and the church of
    St. John of the Park and to Gilbert the monk and his successors there
    serving God, of the lands and woods belonging to that place, in alms,
    free of all service.

Galfridus Haget omnibus sancte matris ecclesie filiis tam futuris quam presentibus salutem. Notum sit vobis omnibus me concessisse et presenti carta mea confirmasse Deo et sancte Marie et ecclecie sancti Johannis de Parco et Gilberto monacho et successoribus ibidem Deo famulantibus terras et silvas eidem loco pertinentibus in puram et perpetuam elemosinam liberam et quietam ab omni servicio consuetudine et exaccione sicut carta

---

[1] In the margin, '18. H. 6.'   [2] In the margin, '38. H. 6.'
[3] In the margin, 'xi. E. 4.'   [4] In the margin, '20. E. 4.'
[5] In the margin, 'circa 14. H. 7.'

patris mei testatur. Hiis testibus: domino meo Clemente abbate,[1] Galfrido priore, Rooberto decano de sancto Petro, Willelmo de Hedleie, Radulpho Haget fratre meo, Alano de Follifet, Benedicto Haget, Elia filio Radulphi, Simone Saccespee, Willelmo filio Wiolardi, Gerardo de Trames, Johanni clerico, Willelmo de Manduile.

DE EODEM.   [A.D. 1223—24]

> Grant by Jordan de Sancta Maria and Alice his wife, to God and St. John Evangelist of the Park of Healaugh and to William the prior and the canons there serving God, and their successors, in alms free of all service, of their monastery and its site, with the wood called Horspark and all glades and clearings contained within the ditch and fixed bounds, and all the wood between their ditch and Layrbrigge. Leave to the canons to take wood for enclosure, and to the grantors to enter the canons' wood for their stray beasts and hawks. Quitclaim by the canons of all right in the vill and park of Healaugh outside their bounds.

Omnibus Christi fidelibus Jordanus de sancta Maria et Alicia uxor ejus salutem in domino. Noverit universitas vestra nos concessisse et hac presenti carta nostra confirmasse Deo et sancto Johanni Evangeliste de Parco de Helagh et Willelmo priori et canonicis ibidem Deo servientibus et successoribus eorum ipsum monasterium suum et situm loci sui in puram et perpetuam elemosinam solutam liberam ab omnibus serviciis et ab omni re ad terram pertinenti cum toto nemore quod vocatur Horspark et cum saltibus et essartis et cum omnibus que continentur infra fossata et certas divisas ipsorum canonicorum factas per nos et Willelmum ipsius loci priorem ad includendum et fossandum et faciendum inde quicquid voluerint sicut de libera et pura et perpetua possessione sua, ita quod forestarium nullum ibi habebimus. Concessimus eciam ipsis Willelmo priori et canonicis et eorum successoribus in puram et perpetuam elemosinam totum nemus quod continetur inter fossatum ipsorum canonicorum versus Wikale et Layrbrigge sic. Et sciendum est quod predicti prior et canonici et eorum successores capient racionabiliter sine visu forestariorum nostrorum clausuram de bosco nostro et heredum nostrorum ubi competencius fuerit ad claudendum hayam suam inter ipsos canonicos et boscum nostrum versus orientem. Et si fere predictorum Jordani/et Alicie forte transierint in boscum *f. 5v.* ipsorum canonicorum licebit nobis et heredibus nostris eas capere et similiter esperveros ibi nidificantes ita tum ut introeamus et exeamus per portam ipsorum canonicorum sine dampno fossatorum et hayarum ipsorum canonicorum et omnium intra-contentorum. Concessimus quoque predictis priori et canonicis et successoribus eorum liberum ingressum et egressum a domo sua usque ad portam de Wykale et ad viam porte de Wykale. Et predicti prior et conventus remiserunt et quietumclamaverunt de se et successoribus

---

[1] Presumably Clement, abbot of York, 1161—1184.

suis nobis et heredibus nostris totum jus et clamium quod habuerunt in villa de Helagh et in parco ejusdem ville extra clausuram
et divisas ipsorum canonicorum.   Hiis testibus: dominis Waltero
Archiepiscopo Eboracensi et Ricardo episcopo Dunelmensi, Martino
de Pateshill et Willelmo filio Ricardi et Rogero Huskard justiciis
itinerantibus, Hamone decano et capitulo Eboracensi, Johanne de
Fontibus et Ricardo de Wellebec abbatibus, Laurencio de Wilton
et Hamone de Eboraco clericis, Johanne de Birkram, Simone[1] de
Hale vicecomiti Eboraci, Bartholomeo Thuret, Hugone de Lelay
et Roberto fratre ejus, Alano de Kaerton, Alano de Folifait, Thoma
de Crigleston, Roberto de Hoton, et aliis.

DE EODEM.

> Grant by Alice Haget, widow of Jordan de Sancta Maria, for souls'
> health, to God and the Blessed Mary and St. John Evangelist of the
> Park of Healaugh and the canons there serving God, in alms, of the site
> of their place within the Park with all the wood called Horspark, with
> all glades, clearings and wood contained within the enclosures and
> fixed bounds made between her park and the lands of the canons. Leave
> of free election of their priors. Grant that they might live according to
> the rule of St. Augustine. Grant of a free road from their place to
> Healaugh and also to Wighill gate.

Omnibus has litteras visuris vel audituris Alicia Haget
quondam uxor Jordani de Sancta Maria salutem eternam in
domino. Noveritis me in legitima potestate et libera viduitate mea
pro salute anime mee et Jordani de Sancta Maria quondam viri
mei et antecessorum meorum dedisse concessisse et hac presenti
carta mea confirmasse Deo et beate Marie et Sancto Johanni
Evangeliste de Parco de Helagh et canonicis ibidem Deo servientibus in liberam puram et perpetuam elemosinam situm loci sui
f. 6.   infra Parcum/cum toto nemore quod dicitur Horspark et cum
'a ii'   omnibus saltibus et assartis et bosco que continentur infra clausuras et certas divisas factas inter parcum meum et terras dictorum
canonicorum cum omnibus ibi contentis sine ullo retenemento
mihi et heredibus meis, et cum omnibus libertatibus suis et
aisiamentis tam in longitudine quam in latitudine. Preterea dedi
et concessi eisdem canonicis [et] eorum successoribus liberam
eleccionem prioris sui sine omnium contradiccione molestia appellacione et dilacione mei et heredum meorum. Et concessi ut dicti
canonici et eorum successores ibidem vivant secundum regulam
sancti patris Augustini; dedi eciam et concessi eisdem canonicis
liberum iter a loco suo usque ad villam de Helagh per viam que
ducit ad molendinum quod vocatur Kellok et iterum a situ loci
sui usque ad portam de Wyghal tenendum et habendum omnia
predicta dictis canonicis et eorum successoribus imperpetuum
a deo[2] pure et libere sicut ulla elemosina purius et liberius possit

---

[1] Dodsworth has inserted, beside the attestation of Simon de Hale, a
marginal note, '8 H. 3.'
[2] *Sic, for* adeo.

teneri. Ego vero Alicia Haget et heredes mei omnia predicta
dictis canonicis et eorum successoribus warantizabimus adquietabimus et defendemus contra omnes homines imperpetuum. Hec
omnia predicta testatur presens sigilli mei impressio. Hiis testibus:
dominis Brieno filio Alani, Alano de Cathertona, Alano de Folifait, Roberto de Schegnell,[1] Ricardo Walense, Ricardo de Lyndlay,
Egidio de Cathertona, Radulpho de Newark, Ricardo de Wombwell, et aliis.

> A somewhat unusual and curious charter, in its blend of secular
> and ecclesiastical provisions.

DE EODEM.

> Grant by Bertram Haget to Gilbert the monk of Marmoutier and
> his successors, of the land of the hermitage in Healaugh wood, in alms,
> and also of the land cleared from the wood, outside the ditch called
> Hyordebrester, which his men of Wighill cleared, to the extent of 30
> acres.

Sciant omnes ad quorum audienciam hec litere pervenerint
quod ego Bertramus Haget Gilberto monacho majoris monasterii
ejusque successoribus terram heremi quod est in nemore de Helagh
in elemosina dedi et concessi perpetuo possidendam, scilicet terram
illam versus orientem ut aqua currere solita est et transmeare a
ponte qui Lairbruga vocatur ad transitum usque qui Gangwat
antiquitus nominatur. Preterea dedi ei et concessi ad opus loci/ *f. 6v.*
predicti terram extirpatam et de nemore extractam que est extra
fossam que Hydordebrester nuncupatur quam eciam homines mei
de Wicaela extirpaverant et in longitudine ejusdem terre extirpate
ad divisionem meam usque ad usque Hagandaby quantum nemus
meum durat et de terra predicta et prenominata a rusticis de
Wicaela extirpata ad triginta acras usque in elemosinam dedi ei
et concessi. Testes sunt Gladuinus de Colnichean, Lespertanus
de Eboraco, Thomas vicarius de Wicaela et miliner ejusdem ville,
Johannes capellanus de Torp oppido presbiter, Willelmus de Arch,'
Herbertus de Moruill, Willelmus de Stangrauensi, Willelmus de
Rufor', Gauter de Larivera, Rollandus Haghe, Willelmus filius
Wilardi, Alanus de Folifait, Pharice Hag', Willelmus Hag' et
David frater ejus et Bertranus milites.

HELAGH.

> Grant by Alice Haget in her widowhood to God and the church of
> St. Helen of Healaugh, of 25 acres of arable land in Healaugh, which the
> church possessed by an agreement between Jordan de Sancta Maria, her
> late husband, and William late rector of the church; and also of three
> acres of arable land at the heads of the above land, which William the
> parson of Healaugh had cleared by her orders.

Sciant presentes et futuri quod ego Alicia Haget concessi et
hac presenti carta mea confirmavi in libera viduitate et legitima

[1] *Undoubtedly written so, but query, for* Schegness (Skegness).

potestate mea Deo et ecclecie sancte Elene de Helagh viginti quinque acras terre arabilis in territorio de Hel[agh] cum omnibus pertinenciis suis libertatibus et aysiamentis, illas scilicet quas predicta ecclesia possedit per convencionem factam inter dominum Jordanum quondam virum meum ex una parte et Willelmum quondam ejusdem ecclesie rectorem ex altera. Preterea dedi eidem ecclesie tres acras terre arabilis in predicto territorio de Helagh que jacent ad capita predictorum terrarum quas scilicet predictus Willelmus persona de Helagh ex precepto meo fecit extirpare, tenendum et habendum in liberam puram et perpetuam elemosinam cum omnibus pertinenciis suis libere et quiete ab omni seculari servicio et exaccione. Et ego Alicia et heredes mei omnia predicta dicte ecclesie warantizabimus adquietabimus et defendemus contra omnes homines imperpetuum/ Hiis testibus: Willelmo persona de Wyhale, Regnero Haget, Ricardo de Lyndosay, Willelmo Francesco, Radulpho Bune, Willelmo Forestario.

f. 7.
(9)
'a iii'

HELAGH.

Quitclaim by Alice Haget to the church of St. Helen of Healaugh and the parsons there, of Ralph son of Arnald of Healaugh her man, with all his sequel and chattels, paying to the church of St. Helen one quarter of a pound of incense on St. Helen's Day.

Omnibus sancte matris ecclesie filiis suis ad quos presens scriptum pervenerit Alicia Haget eternam in domino salutem. Noveritis me in legali viduitate mea constitutam divine pietatis intuitu pro salute anime mee et heredum meorum dedisse concessisse et hac presenti carta mea quietum clamasse a me et heredibus meis in perpetuum Deo et ecclesie sancte Elene de Helagh et personis quicunque ibi fuerint pro tempore Radulphum filium Arnaldi de Helagh hominem meum cum tota sequela sua et cum omnibus catallis suis tenendum de dicta ecclesia sancte Elene et dictis personis de Helagh libere quiete et honorifice. Reddendo dicte ecclesie sancte Helene singulis annis quartam partem unius libre incensi in die sancte Elene pro omnibus servicio et seculari exaccione, et ne ego Alicia vel heredes mei in dictum Radulphum vel in sequelam suam ullum jus vel clamium sive calumpniam in posterum habere sive vendicare valeamus. In hujus rei testimonium presens scriptum munimine sigilli mei corroboravi. Hiis testibus: Willelmo persona de Helagh, Johanne persona de Friston, R. de Helagh, Ricardo de Lyndesay, Hugone filio Rogeri, Willelmo de Fayresby, Radulpho de Newark et aliis.

Cf. Charter Rolls, 4 Edw. II, m. 11, no. 2, and Monasticon VI, p. 439, no. VI.

DE SITU LOCI.   [A.D. 1203].

Quitclaim by Henry, the prior and the convent of Marton, of all right in the hermitage in the Park of Healaugh. The quitclaim was made before the officials of the Archbishop of York on Monday after the Epiphany, A.D. 1203.

Universis sancte matris ecclesie filiis Henricus prior de
Marton et conventus ejusdem loci salutem in domino./ Ad univer-   *f. 7v.*
sitatis vestre noticiam volumus pervenire nos nichil juris habere
in eremitagio illo quod est in parco de Helagh et nos locum illum
cum omnibus pertinenciis suis quietumclamavimus coram officiali-
bus domini G.[1] Eboracensis Archiepiscopi die lune proximo post
Epiphaniam domini anno ab incarnacione domini M°CC°III°. Et
ne imposterum aliquando nobis licitum sit contra hanc resignationem
et quietum clamacionem venire huic scripto sigilli nostri munimen
apposuimus. Hiis testibus: Magistro Rogero de Melsanby tunc
officiali, magistro Nicholao le Simple, Jeremia de Thornhyll,
Willelmo Cok, magistro Thome de Wat', Bertholomeo Thuret,
Thoma de Wilton, Rogero de Punchardum, R. Haget, W. Haget,
Johanne clerico et aliis.

There is a copy of this deed in Dodsworth MSS. VIII, f. 78 where
he adds 'pag. 9,' referring to this MS. of the Chartulary.

CONFIRMACIO PRIORATUS.   [*Between* A.D. 1218 *and* 1233].

Confirmation by Walter [de Gray] Archbishop of York, to William
[de Hamelaco] prior of the Park and the brothers there dwelling with
him and their successors, of the monastery of the Park of Healaugh,
the Church of S. John Evangelist and all their appurtenances, which
the Archbishop takes under his protection set forth in several clauses.

Walterus Dei gracia Eboracensis Archiepiscopus Anglie primas
omnibus Christi fidelibus salutem graciam et benediccionem.
Cum juxta verbum domini pauperes semper habeamus nobiscum
si misericordie opera cum possimus non fecerimus excusacionem
de peccatis non habemus et cum pauperes omnes sustendandi
sunt et fovendi viri tum religiosi precipue sunt colligendi qui
Christum pauperem pauperes sequuntur sibi mundum et se mundo
crucifigentes Sane ista duximus propter novellam construccionem
domus de parco de Helagh quam dominus temporibus nostris per
sollicitudinem nostrarum/ ad edificacionem animarum nostrarum   *f. 8.*
plantari voluit, ut cotidie pro oculis habentes in quo proficere   (10)
possumus Christum in membris suis pro modulo nostro amplectentes   'a iiii'
Christi servos foveamus. Noverit itaque universitas vestra nos
divini amoris intuitu dilectis filiis nostris Willelmo priori de parco
et fratribus cum eo commorantibus et successoribus eorum auctoritate pontificali de consilio virorum prudentium confirmasse
monasterium de Parcho de Helagh eccleciam videlicet sancti
Johannis Evangeliste cum omnibus pertinenciis suis et cum
omnibus bonis suis qui in presenti et racionabiliter habent aut in
futurum justis modis praestante domino poterunt adipisci et
sub speciali proteccione Dei et sancti Petri et nostra suscepisse:
Ea propter caritatem vestram movemus exhortantes in domino
et attencius rogantes quatenus dictos priorem et fratres suos et
successores et successores eorum et omnia sua una nobiscum

[1] Geoffrey Plantagenet.

protegere manutenere et defendere velitis: Auctoritate igitur Dei omnipotentis et beati Petri et nostra prohibemus ne quis temerario personas dictorum prioris et fratrum de Parcho perturbare possessiones seu bona ipsorum auferre vel minuere aut temerariis vexacionibus audeat infestare: Memorandum si quis presumpserit, noverit se iram Dei omnipotentis et sancti Petri et nostram incursurum. Cunctis vero dictorum prioris et fratrum de Parcho

f. 8v.   jura servantibus sit pax domini nostri Jesu/ Christi quatenus et hic fructum benediccionis Dei omnipotentis et beati Petri et nostre accipiant et apud largitorem omnium bonorum premia eterne pacis inveniant. Amen.

ECCLESIA DE WYKALE.

Inspeximus of King Edward [II] of 14 charters, as follows :—

(a)   Grant by Bartholomew Thuret to God and St. John Evangelist of the Park of Healaugh and the canons there serving God, for his soul's health and that of his ancestors and heirs, of the Church of Wighill.

Edwardus dei gracia Rex Anglie dominus Hibernie et dux Aquitanie Archiepiscopis episcopis abbatibus prioribus comitatibus baronibus justiciariis vicecomitibus prepositis ministris et omnibus ballivis et fidelibus suis salutem.   Inspeximus cartam quam Bartholomeus Thuret fecit priori et canonicis de parcho de Helagh in hec verba Omnibus sancte matris ecclesie filiis presentibus et futuris Bartholomeus Thuret salutem in domino.   Noveritis me divine pietatis intuitu pro salute anime mee et antecessorum et heredum meorum concessisse et hac presenti carta mea confirmasse Deo et sancto Johanni Evangeliste de Parcho de Helagh et canonicis ibidem Deo servientibus ecclesiam de Wykale cum omnibus pertinenciis suis in puram et perpetuam elemosinam libere et quiete possidendam.   Et ut hec presens carta mea rata permaneat sigilli mei munimine roboravi.   Hiis testibus: Hamone decano et capitulo sancti Petri Eboraci, Petro de Brus, Willelmo de Moubray, Jordano de Sancta Maria, Gerardo Thuret, Galfrido de Foleuill, Turstano de Marston, Ricardo de Wiuelestrop, Alano de Folif[ait], Alano de Ka[the]rton, Roberto de Lelay, Willelmo Haget, Roberto Haget, Roberto Sakespeie, Henrico clerico et aliis.

Cf. Charter Rolls, A.D. 1310, 4. Ed. II, m. 11, no. 4.

The treatment in the Chartulary of the Royal Inspeximus differs so greatly from that found in the printed Calendars of Charter Rolls, and the method adopted here is so difficult to follow, that it has seemed better to print the charters in full as they stand rather than to rely on references to the Calendars only.   The individual references will be found in the foot-notes.

(b)   Record of an agreement between Ralph of Whitchurch and the prior and canons concerning estover and common of pasture in Wighill and Easedike, by which it was settled that the canons were to have in the park of Wighill, with free entry and egress, eight waggonloads of wood for fuel within the fortnight before Michaelmas, and

common of pasture there for 31 horses from the Invention of Holy Cross
to Michaelmas and after that for 31 pigs until Martinmas. Further,
as touching the right of William the rector of Healaugh Church to have
pasture in the park of Wighill by reason of his church of Healagh, the
prior and convent agree, in return for a toft and croft in Bilton given by
Bartholomew Thuret to the rector of Healaugh, of which Ralph has given
them peaceful possession, that they will protect Ralph from all demands
of William the rector and his successors. Mutual warranties.

[A.D. 1254].

Inspeximus eciam quoddam scriptum incirographatum inter   *f. 9.*
Ranulphum de Albo Monasterio[1] et dictos priorem et canonicos   (11)
confectum in hec verba: Notum sit universis presens scriptum
visuris vel audituris quod cum mota esset contencio inter priorem
et conventum de parco de Helagh querentes ex una parte et
dominum Ranulphum de Albo Monasterio filium et heredem Lucie
Turet impedientem ex altera super eo quod predicti prior et conventus petebant versus predictum Ranulphum habere racionabile
estovarium suum in parcho ipsius Ranulphi de Wikale et ad
animalia sua propria communam herbagii et pasture et propriam
nutriciam porcorum suorum sive pannagium in parco predicto tam
racione terrarum et tenementorum que iidem prior et conventus
habeant in villis de Wichale et Esedic die confeccionis hujus
scripti quam racione personatus ecclesie predicte ville unde dicti
prior et conventus perpetui persone sunt in hunc modum con-
quievit, Videlicet quod predictus Ranulphus concessit pro se et
heredibus suis dictis priori et conventui et successoribus suis
imperpetuum quod libere et pacifice et sine aliqua molestia aut
impedimento habebunt de cetero/ in predicto parco suo de Wychale   *f. 9v.*
cum libero ingressu et egressu per singulos annos ad racionabile
estoverium suum tam octo carucatas bosci racionabilis ad ardendum
scilicet infra quindenam ante festum Sancti Michaelis per visum
et liberacionem sui forestarii vel alicujus alterius ex parte ipsius
Ranulphi percipiendas et quo voluerint educendas.   Preterea
habebunt cum libero ingressu et egressu annuatim imperpetuum in
dicto parcho in herbagio et communa pasture ubique libera triginta
et unum averia tam quieta ab omni demanda que quidem averia
die Invencionis sancte Crucis per annos singulos in dictum parchum
libere ingredientur et ibidem morabuntur pacifice et sine molestia
in dicta pastura usque ad diem sancti Michaelis quo die ipsa
averia exibunt ceteras pasturas communes predicte ville sicut
debent ingressura et eodem die sancti Michaelis quo predicta
averia exire debent sicut predictum est intrabunt in dictum parcum cum libero ingressu et egressu ex parte dictorum prioris
et conventus et successorum suorum imperpetuum xxxi porci tam
quos ipsi quietes a pannagio et ab omni demanda usque ad diem
sancti Martini in hieme per annos singulos pacifice habebunt
imperpetuum et ipsa animalia et porcos per suos homines quo

---

[1] Whitchurch, or Whitkirk, near Temple Newsam.

f. 10.
(12)

voluerint visitabunt sine dicti parci et/ infra contentorum det-
rimento.   Et quia dicebatur quod Willelmus rector ecclesie de
Helagh movere volebat questionem de pastura habenda in dicto
parcho de Wichale racione ecclesie sue de Helagh ipsi prior et
conventus concesserunt quod cum predictus Ranulphus de Albo
Monasterio eisdem priori et conventui fecerit habere pacifice unum
toftum et totam terram quod toftum et quam terram cum pertinenciis in Biltona Bartholomeus Thuret dedit rectori ecclesie de
Helagh pro quieta clamancia predicte commune iidem prior et
conventus ab impetracione predicti Willelmi rectoris vel successorum suorum defendent.   Concessit etiam idem Ranulphus pro
se et heredibus suis quod nec per se nec per suos unquam in-
quietabit dictos canonicos nec homines suos injuste nec impar-
cabit averia sua nisi in dampno suo fuerint inventa, scilicet in
pratis vel bladis ante asportacionem vesture vel alibi ubi ire non
debent.   Idem etiam concessit dictus prior et conventus pro se et
suis successoribus dicto domino Ranulpho et suis hominibus.
Idem vero Ranulphus et heredes sui dictis priori et conventui
et eorum successoribus warantizabunt adquietabunt et defendent
omnia predicta secundum quod prenotata sunt quieta ab omni
seculari servicio et demanda contra omnes homines imperpetuum.

f. 10*v.*

Predictus vero prior et conventus/ et eorum successores hanc
convencionem firmiter in posterum predicto Ranulpho et heredibus
suis observabunt.   Et ad majorem securitatem hujus convencionis faciendam utraque pars presenti scripto in modum ciro-
graffi confecto sigillum suum hinc inde apposuit. Acta ad Vincula
sancti Petri anno gracie MCCLIV[1].   Hiis testibus: Ricardo Walense,
Johanne de Cotenham, Thoma filio Willelmi de Marston, Henrico
Walense, Theobaldo persona de Melsaneby, Stephano persona
de Bruc,[2] Radulpho de Smaus, Thoma Fairfax et aliis.

Cf. Charter Rolls, 4 Ed. II, m. 11, no. 12.

(c) Agreement between Reginald of Whitchurch and the prior
and convent, A.D. 1283 in the Octave of S. Matthew the Apostle, concerning common of pasture in the park of Wighill and two enclosures
in the park: the prior and convent are to have common of pasture from
the Invention of Holy Cross to Michaelmas for 31 great beasts and in
time of pannage for 31 pigs without agistment or pannage; Reginald has
granted that the prior and convent may have in the old enclosure 8
oxen of their domain oxen feeding with Reginald's domain oxen, with
free entry and egress: in time of pannage openings may be made, for
the passage of the pigs, in the hedges surrounding the old enclosure and
any new enclosure which Reginald or his heirs may raise: in return for
this the prior and convent have granted that the new enclosure of
20 acres shall be thrown down at the end of 4 years; any new enclosure
to be raised by Reginald only with the consent of the prior and convent.
Concerning the fishery in the water of Wharfe, the parties have granted
to each other free right of fishery in their respective fees, with power
to demise at farm.

[A.D. 1283].

---

[1] '38 H. 3.'
[2] Not identified.

Inspeximus etiam quoddam aliud scriptum cirographatum inter Reginaldum de Albo Monasterio et predictos priorem et conventum confectum in hec verba: A.D. MCCLXXXIII in octabis S. Matthei Apostoli convenit inter priorem et conventum de Parcho de Helagh ex una parte et Reginaldum de Albo Monasterio dominum de Wychale ex altera de communa pasture in parco de Wychale et de duabus clausuris in eodem parco in quo parco iidem prior et conventus habent communam pasture singulis annis imperpetuum a festo Invencionis sancte Crucis usque ad festum S. Michaelis ad xxxi grossa animalia et tempore pannagii ad xxxi porcos sine agistamento et pannagio videlicet quod dictus Reginaldus concessit pro se et heredibus suis predictis priori et conventui et successoribus suis quod ipsi de cetero habeant in veteri clausura viii boves de /dominicis bobus suis vel aliis quos melius *f. 11.* voluerint pascentes cum dominicis bobus dicti Reginaldi ab eo tempore quo boves ejusdem Reginaldi in eandem clausuram introierint cum libero introitu et libero exitu et totidem animalia de numero xxxi grossorum animalium interim de predicto Parcho movebuntur. Et in tempore pannagii in haiis circuiuntibus veterem clausuram et novam si quam dictum Reginaldum vel heredes vel assignatos suos levare contigerit in eodem parcho fiant foramina et aperciones per que vel quas porci predictorum prioris et conventus et successorum suorum commode et libere ingredi possint ubique in dictas clausuras sine impedimento quolibet et sine agistamento et pannagio et aliqua demanda; pro hiis autem omnibus predictis predicti prior et conventus concesserunt pro se et successoribus suis quod nova clausura de novo levata in dicto parcho que continet xx acras set inclusa per quattuor annos a tempore levacionis ejusdem que post finem dictorum quattuor annorum prosternetur et penitus amovebitur ut dicta animalia prioris et conventus et successorum suorum ibidem sicut alibi in parco predicto libere pascere possunt quam quidem clausuram si forte dictus Reginaldus vel heredes ejus sive assignati post terminum predictum prosternere noluerint vel contradixerint, licebit predictis priori et conventui et eorum successoribus absque contradiccione vel impedimento dicti Reginaldi et heredum vel assignatorum suorum/ ipsam prosternere et funditus amovere. Et si dictus *f. 11v.* Reginaldus aliquam aliam clausuram levare et includere voluerit post finem dictorum quattuor annorum hoc erit per assensum dictorum prioris et conventus et eorum successorum et dicti Reginaldi et heredum suorum ita quod non excedat numerum acrarum nec terminum annorum clausure supradicte salva semper dictis priori et conventui et eorum successoribus sufficienti pastura in predicto parcho ad grossa animalia sua predicta ita quod vetus clausum imperpetuum stet inclusa, salva predictis priori et conventui et eorum successoribus in eadem clausura pastura ad octo boves ut supra dictum est. Et si contingat quod dicti prior et conventus vel successores sui super hoc consentire noluerint vel forte non poterint bonorum virorum arbitrio ex consensu utriusque partis eligendorum negotium discucietur et tali discrecione ac moderamine terminetur ut neutri parti cedat in dampnum vel gravamen. Et quia mota fuit contencio inter partes predictas super piscariam in aqua de Werf tandem pro bono pacis ita convenit inter easdem videlicet quod predicti prior et conventus concesserunt pro se et successoribus suis predicto Reginaldo et heredibus suis quod libere possint piscari in predicta aqua de Werf per totum feodum eorundem prioris et conventus quamcumque voluerint tam per homines suos dominicos quam per alios cui-

f. 12.   cumque vel/ quibuscumque piscariam suam dimittere voluerint. Et eodem modo predictus Reginaldus concessit pro se et heredibus suis predictis priori et conventui et successoribus suis quod libere et sine impedimento ipsius Reginaldi vel heredum suorum sive aliquorum ex parte eorundem possint piscari in predicta aqua per totum feodum predicti Reginaldi ubicumque et quamcunque voluerint tam per homines suos dominicos quam per alios quibuscumque piscariam suam ad firmam dimittere voluerint.

Et ut hec omnia premissa ex nunc imposterum perpetue firmitatis robur optineant predicti prior et conventus uni parti istius scripti cirographati sigillum capituli sui apposuerunt et predictus Reginaldus alteri parti sigillum suum apposuit.

Hiis testibus: Dominis Briano filio Alani, Johanne de Bella Aqua, Stephano de Waleus, Radulpho de Normauill, Roberto de Holm, militibus; Alano de Folif[ait], Johanne de Walton, Ricardo Cissore de Torparches, Waltero clerico de Esedic, Willelmo de Hornyngton clerico, et aliis.

Cf. Charter Roll, 4 Edw. II, m. 11, no. 13. And in margin, 'xi Ed. I,' in Dodsworth's hand.

(*d*)   Grant by Alan de Folifoot, to God and the Blessed Mary and the house of St John Evangelist of the Park and the canons there serving God, with his body, in alms, of one carucate of land in Wighill, free of all secular service.

Inspeximus eciam quandam cartam quam Alanus de Folifait fecit prefatis priori et canonicis in hec verba: WYKALE, Omnibus Christi fidelibus Alanus de Folifait salutem. Noveritis me dedisse et hac carta mea confirmasse cum corpore meo Deo et Beate Marie et domui Sancti Johannis Evangeliste de Parcho et canonicis ibidem

f. 12*v.*   Deo servientibus in liberam puram et perpetuam elemosinam unam/ carucatam terre cum omnibus pertinenciis in villa et territorio de Wycael, illam scilicet carucatam terre quam habui hereditarie in eadem villa, tenendam et habendam cum toftis et croftis et cum omnibus aliis pertinenciis suis infra villam et extra ad predictam terram pertinentibus libere quiete integre pure et pacifice ab omni seculari servicio et exaccione. Et ego predictus Alanus et heredes mei dictam carucatam terre cum omnibus pertinenciis suis dictis canonicis warantizabimus acquietabimus et defendemus contra omnes homines in perpetuum. Hiis testibus: Willelmo filio Thome de Marston, Alano de Catherton, Galfrido de Ruchford, Willelmo filio Henrici de Wichale, Willelmo Russel, Willelmo Haget persona de Wichale, Willelmo Aucupe et aliis.

Cf. Charter Rolls, 4 Edw. II, m. 11, no. 14.

(e)   Grant by Alan de Folifoot to God and the blessed Mary and the house of St. John Evangelist of the Park of Healaugh and the canons there serving God in alms with his body, of six acres in his turbary of Folifoot, with a free road for entry and egress from the turbary to the highway: also, as a pittance on his birthday, of a rent of 5s. which William de Luctona paid him for two bovates of land which he held of Alan in Reddale.

FOLIFAIT TURBARIA.

Inspeximus eciam quandam aliam cartam quam idem Alanus fecit dictis priori et canonicis in hec verba: Omnibus Christi fidelibus Alanus de Folifait salutem. Noveritis me dedisse concessisse et hac presenti carta mea confirmasse Deo et beate Marie et domui Sancti Johannis Evangeliste de Parcho de Helagh et canonicis ibidem Deo servientibus in liberam puram et perpetuam elemosinam cum corpore meo sex acras per certas divisas tam in latitudine quam in longitudine in turbaria mea de Folifait ad fodiendum et ad includendum et cariandum quandocunque et ubicunque dicti canonici voluerint et liberum iter ad ingrediendum turbariam suam et ad¹/ egrediendum e turbaria sua usque ad *f. 13.* regiam viam ubicunque eis melius viderit expedire. Preterea dedi 'b i' predictis canonicis cum corpore meo ad pitanciam in anniversario meo in liberam puram et perpetuam elemosinam redditum quinque solidorum per annum quem Willelmus de Luctona michi reddere tenebatur annuatim pro duabus bovatis terre quas de me tenuit in territorio de Reddale tenendum et habendum libere integre pacifice et quiete ab omni servicio et seculari exaccione et sine omne contradiccione. Et ego predictus Alanus et heredes mei dictam carucatam terre cum omnibus pertinenciis suis dictis canonicis warantizabimus acquietabimus et defendemus contra omnes homines in perpetuum. Hiis testibus: Alano de Caterton milite, Willelmo Haget tunc rectore ecclesie de Wychale, Martino de Insula, clerico, Roberto de Langethauyt, Willelmo Aucupe [*struck out in red*] filio ejusdem R., Willelmo filio Everardi de Marstona, Willelmo filio Henrici de Wichale, Willelmo Aucupe, Willelmo Russel, et aliis.

Cf. Charter Rolls, 4 Ed. II, m. 11, no. 15.   The vill is Folifoot, in the parish of Spofforth.

(f)   Quitclaim by David son of Alan de Folifoot to God and the Blessed Mary and the house of St. John Evangelist of the Park of Healaugh and the canons there serving God, in alms, of a carucate of land with his chief messuage in Wighill, which he held of the prior and convent, quit of all secular service.

---

¹ Catchword, 'egrediendum' at the foot of f. 12d.

Inspeximus eciam quandam aliam cartam quam David filius
Alani de Folifayt fecit eisdem priori et canonicis in hec verba:
WYCHALE. Omnibus Christi fidelibus hoc scriptum visuris vel
audituris David filius Alani de Folifayt salutem. Noveritis me
concesse[1] dedisse resignavisse ac omnino quietum clamasse et
f. 13v. presenti scripto/ meo confirmasse Deo et beate Marie et domui
sancti Johannis Evangeliste de Parcho de Helagh et canonicis
ibidem Deo servientibus in liberam puram et perpetuam elemosinam
totam carucatam terre cum capitali messuagio meo et omnibus
pertinenciis suis infra villam de Wichale et extra[2] [sine ullo retenemento quam de hiisdem priore et conventu pro homagio et servicio
meo tenui in eadem villa tenendam et habendam predictis canonicis
et eorum successoribus libere quiete pacifice et integre ac solute
ab omni servicio seculari] exaccione et demanda. Et ego David
et heredes mei vel mei assignati predictam carucatam terre cum
pertinenciis in omnibus et per omnia sicut supradictum est contra
omnes gentes warantizabimus acquietabimus et defendemus in
perpetuum. In cujus rei testimonium presenti scripto sigillum
meum apposui. Hiis testibus: Ranulpho de Albo Monasterio,
domino Johanne de Raygate, Willelmo de Kyrkeby, Elia de Burell,
Thoma Alewais de Merston, Henrico Shakespeie de Wychale,
Roberto Gate de eadem, Alexandro de la Hill de Walton, Ada de
Folifait, et aliis.

Cf. Charter Rolls, 4 Ed. II, m. 11, no. 16.

(g)   Grant by David son of Alan de Folifoot to God and the Blessed
Mary and the house of St. John Evangelist of the Park of Healaugh
and the canons there serving God, in alms, of the ditch with all which
it surrounded, namely the land called Scortcroft which the canons
bought of him.

Inspeximus eciam quandam aliam cartam quam idem
David fecit dictis priori et conventui in hec verba: SCORTCROFTE
Omnibus Christi fidelibus David filius Alani de Folifait eternam
in domino salutem. Noveritis me dedisse concessisse et hac presenti
carta mea confirmasse Deo et beate Marie et domui sancti Johannis
f. 14.   Evangeliste de Parcho de Helagh et canonicis/ ibidem Deo ser-
(16)   vientibus in liberam puram et perpetuam elemosinam totum
'b ii'   illud fossatum cum omnibus infra contentis quod circuit illam
terram Scortcroft quam scilicet terram dicti canonici de me emer-
unt sicut se extendit a grangia dictorum canonicorum in latitudine
usque ad moram de Catherton et in longitudine versus austrum
quamdiu terra eorum durat, tenendum et habendum dictis canonicis et eorum successoribus de me et heredibus meis libere quiete
pacifice et integre imperpetuum. Et ego et heredes mei predictum
fossatum cum omnibus pertinenciis suis et omnibus infra contentis
dictis canonicis et eorum successoribus contra omnes homines

[1] *Sic.*
[2] The words within square brackets have been written over an erasure.

warantizabimus acquietabimus et defendemus inperpetuum. In cujus rei testimonium huic scripto sigillum meum apposui. Hiis testibus: Ranulpho de Albo Monasterio, Henrico Walense, militibus; Willelmo filio Alani de Catherton, Ricardo Prudfot, Elia de Catherton, Willelmo filio Henrici de Wichale, Henrico Saxpey et aliis.

Cf. Charter Rolls, 4 Ed. II, m. 11, no. 17.

(*h*) Grant by Robert son of Ralph Sakespe of Wighill for souls' health, to God and the Blessed Mary and the house of St. John Evangelist of the Park of Healaugh and the canons there serving God, in alms, of a toft with croft and all his land without reserve in Wighill.

Inspeximus eciam quandam aliam cartam quam Robertus filius Radulphi Sakespe de Wychale fecit eisdem priori et canonicis in hec verba: WYKALE. Universis Christi fidelibus Robertus filius Radulphi Sakespe de Wichale salutem eternam in domino. Noverit universitas vestra me divine pietatis intuitu et pro salute anime mee et patris mei et matris mee et omnium antecessorum meorum et successorum/ dedisse et hac presenti carta confirmasse Deo et   *f.* 14*v.* beate Marie et domui sancti Johannis Evangeliste de Parcho de Helagh et canonicis ibidem Deo servientibus in liberam puram et perpetuam elemosinam unum toftum cum crofto et totam terram meam sine ullo retenemento quam hactenus habui vel de cetero adipisci potero in villa et territorio de Wichale, tenendum et habendum predictis canonicis et eorum successoribus libere pure integre et pacifice cum omnibus libertatibus et aisiamentis ad predictam terram pertinentibus infra villam et extra. Et ego Robertus et heredes mei predictam terram cum predicto tofto et crofto predictis canonicis et eorum successoribus warantizabimus defendemus et acquietabimus contra omnes homines in perpetuum. Et ut hec mea donacio nunquam valeat violari presens scriptum sigilli mei apposicione roboravi. Hiis testibus: domino Alano de Folifait, Willelmo Haget tunc persona ecclesie de Wichale, Willelmo filii Henrici, Willelmo Aucupe, Radulpho Hardy, Willelmo Russel et aliis.

Cf. Charter Rolls, 4 Ed. II, m. 11, no. 18.

[HAGANDBY].

(*i*) Grant by Robert de Lelay, for souls' health, to God and the house of St. John Evangelist of the Park and the canons there serving God, in alms, of the whole vill of Hagandby containing three carucates of land with his demesne and chief messuage and all wood and pasture.

Inspeximus eciam quandam aliam cartam quam Robertus de Lelay fecit predictis priori et canonicis in hec verba: HAGANDBY. Omnibus Christi fidelibus Robertus de Lelay salutem in domino. Noveritis me pro salute anime mee et antecessorum meorum et heredum meorum dedisse et concessisse et hac presenti carta mea confirmasse Deo et domui sancti Johannis Evangeliste de Parcho

f. 15.
'b iii'

et canonicis ibidem/ Deo servientibus in puram et perpetuam elemosinam totam villam de Hagandeby in qua continentur tres carucate terre cum toto dominico meo et capitali messuagio et cum toto bosco et pastura sine ullo retenemento, tenendam et possidendam predictis canonicis integre libere et quiete cum omnibus pertinenciis suis libertatibus et aisiamentis suis infra villam et extra. Et ego et heredes mei predictam elemosinam predictis canonicis warantizabimus et defendemus contra omnes homines in perpetuum. Hiis testibus: Jordano de Sancta Maria, Roberto de Cokefeld, Hugone de Lelay fratre meo, Olivero de Brincle, Roberto Plumpton, Ricardo de Goldesburgh, Nigello de Buteler, Ricardo de Stiueton, Alano de Folifait, Ricardo de Wiuelestorp, Willelmo de Haget, Radulpho de Mydton et aliis.

Cf. Charter Rolls, 4 Edw. II, m. 11, no. 19.

The vill or hamlet of Hagandby appears to have vanished. It lay on the East of the River Wharfe, a very short distance North of Easedike, on the Wighill road.

[LEATHLEY].

(*j*) Grant by Hugh de Lelay, for souls' health, to God and St. John Evangelist of the Park of Healaugh and the canons there serving God, of the church of Leathley with all its appurtenances so far as his gift was concerned.

Inspeximus eciam quandam aliam cartam quam Hugo de Lelay fecit prefatis priori et canonicis in hec verba: ECCLESIA DE LELAY. Omnibus Christi fidelibus salutem in domino. Noveritis me divine pietatis intuitu pro salute anime mee et antecessorum et heredum meorum concessisse et dedisse et hac presenti carta mea confirmasse Deo et sancto Johanni Evangeliste de Parcho de Helagh et canonicis ibidem Deo servientibus ecclesiam de Lelay

f. 15v. cum omnibus pertinenciis suis/ quantum ad meam spectat donacionem libere et quiete possidendam. Et ut hec mea donacio rata et inconcussa permaneat presens scriptum sigilli mei apposicione roboravi. Hiis testibus: Willelmo de Percy, Henrico de Percy fratre ejus, Simone de Monte Alto, Willelmo de Monte Alto et Henrico de Monte Alto filiis ejus, Olivero de Brincl, Roberto de Plumpton, Roberto de Lelay, Hamone persona de Alna, Willelmo de Haget persona de Wychale et pluribus aliis.

Cf. Charter Rolls, 4 Edw. II, m. 11, no. 20.

[LEATHLEY].

(*k*) Grant by Hugh de Lelay, for soul's health, in alms, to God and the Blessed Mary and the house of St. John Evangelist of the Park and the canons there serving God, for the fabric of the church, of two bovates of land in Leathley, for the crofts of which the grantor gave certain lands in exchange.

Inspeximus eciam quandam aliam chartam quam idem Hugo fecit dictis priori et canonicis in hec verba: LELAY. Omnibus

Christi fidelibus Hugo de Lelay salutem. Noveritis me dedisse et
concessisse et presenti hac carta mea confirmasse pro salute anime
mee in puram et perpetuam elemosinam Deo et beate Marie et
domui sancti Johannis Evangeliste de Parco et canonicis ibidem
Deo servientibus ad fabricam ecclesie duas bovatas terre cum
pertinenciis in territorio de Lelay scilicet una bovata quam Willelmus Bochet tenuit exceptis tofto et crofto que pertinebant ad illam
predictam bovatam pro quibus tofto et crofto dedi eis unam acram
terre que vocatur Cracridiuc et partem prati mei de Herchulm et
una bovata quam Willelmus Haget tenuit et pro crofto ejusdem
bovate terre dedi eis pratum quod Jordanus Margart tenuit, tenendas et habendas predictis canonicis in/ puram et perpetuam ele-   *f.* 16.
mosinam cum omnibus pertinenciis suis libertatibus et aisiamentis   'b iiii'
infra villam et extra. Et ego et heredes mei prenominatam elemosinam prefatis canonicis warantizabimus et defendemus contra
omnes homines. Hiis testibus: Willelmo Wauasore, Nicholao
Warde, Hugone de Wyton, Henrico Westscoh, Roberto de Wyton,
Willelmo de Lindesay, Ricardo de Muhaut, Roberto de Steknes,[1]
Rogero de Lelay, et multis aliis.

> Cf. **Charter Rolls, 4 Edw. II, m. 11, no. 21.**

[CASTELAY].

> (*l*)   Grant by the same Hugh, in alms, for souls' health, to God and
> the house of St. John Evangelist of the Park of Healaugh and the
> canons there serving God, to find fish for the canons in Advent, of a
> rent of 6*s.* in Castley, namely 3*s.* yearly from the mill which William
> son of Gilbert held of the same William[2] and his heirs, at the Feast of
> SS. Peter and Paul, and 3*s.* from his culture called Nordman, to be
> taken from Roger son of Gamel and his heirs at the same term.

Inspeximus eciam quandam aliam cartam quam idem Hugo
fecit eisdem priori et canonicis in hec verba. Omnibus Christi
fidelibus Hugo de Lelay salutem in domino. Noveritis me pro
salute anime mee et uxoris mee et antecessorum et heredum meorum dedisse et concessisse et hac presenti carta mea confirmasse
Deo et domui sancti Johannis Evangeliste de Parco de Helagh et
canonicis ibidem Deo servientibus in puram et perpetuam elemosinam ad inveniendum piscem eisdem canonicis in adventu
domini redditum sex solidorum in Castelay, scilicet tres solidos
annuatim percipiendos de molendino quod Willelmus filius
Gilberti tenuit ab ipso Willelmo et heredibus suis ad festum
Apostolorum Petri et Pauli et tres solidos de cultura que vocatur
Nordman inde percipiendos a Rogero filio Gamelli et heredibus
suis annuatim ad eundem terminum. Et ego et heredes mei
predictum redditum predictis canonicis warantizabimus et defendemus contra omnes/ homines. Hiis testibus: Roberto de   *f.* 16*v.*
Plumpton, Ricardo de Goldesburgh, Nigello le Botiller, Hugone
de Wyton, Willelmo de Plumpton, Willelmo de Beaugrant, Thoma

---

¹ *Query,* Sceknes, *for* Skegness ?   ² *Sic.*

de Waleton, Gaufrido de Ardyngton, Willelmo de Lindesei, Haimero de Castelei, Roberto de Castell, Roberto filio Nigelli, Roberto de Wyton et aliis.

> Cf. Charter Rolls, 4 Edw. II, m. 11, no. 22. The vill is Castley, in Leathley, about 5 miles East of Otley.

[WIGHILL].

> (m) Grant by Robert son of Henry the Clerk of Wighill to God and the Blessed Mary and St. John Evangelist of the Park and the canons there serving God, in alms with his body present of a toft and croft with all his land in Wighill which he had of the gift of his father, for a rent paid to his father's heirs under his (the grantor's) name of ½ lb. of cummin on Christmas Day for all secular service and ½d. for scutage when it comes.

Inspeximus eciam quandam aliam cartam quam Robertus filius Henrici Clerici de Wychale fecit eisdem priori et canonicis in hec verba: WYCHALE. Sciant presentes et futuri quod ego Robertus filius Henrici Clerici de Wychale dedi et concessi et hac presenti carta mea confirmavi Deo et beate Marie et sancto Johanni Evangeliste de Parco et canonicis ibidem Deo servientibus in liberam et perpetuam elemosinam cum corpore meo presente toftum et croftum cum toto¹ terra mea quam habui in villa et territorio de Wychale quam habui de dono predicti patris mei Henrici pro servicio meo tenenda et habenda dictis canonicis et eorum successoribus cum omnibus libertatibus [et] aisiamentis infra villam et extra ad predictam villam pertinentibus, reddendo inde annuatim heredibus dicti patris mei sub nomine meo dimidiam liberam cimini in die natalis domini pro omni servicio et exaccione et demanda seculari ad ipsos pertinentibus et pro scuachio cum venerit unum obolum. Et ut hec mea donacio concessio confirmacio rata et inconcussa permaneat huic scripto sigillum meum apposui. Hiis testibus: domino Alano de Catherton/ domino Alano de Folifait, Elia Burello de Askham, Petro fratre predicti Roberto Henrici magistri filio de Tadcaster,² Johanne filio Laurencii de Thorp at aliis.

f. 17.
'b iiiii'

> Cf. Charter Rolls, 4 Edw. II, m. 17, no. 25.

COLLACIO   ET   CONFIRMACIO   ECCLESIE   DE   WYCHALE PRIORATUI.

> Appropriation by Walter³ Archbishop of York, to the prior and canons of the Park of Healaugh, on the presentation of Bartholomew Thuret patron of the church of Wighill, and with the agreement of William Haget parson of the church, of the church of Wighill. The prior and convent are to pay to William Haget for life as a pension two marks by half-yearly payments, and after his death the whole

---

¹ *Sic.*
² Or ? 'predicti Roberti Henrico Magistri filio.'   The text has :— "Robert' Henr' Mag'ri filio."
³ Walter de Gray, presumably.

church is to go to their uses except a vicarage for a vicar to be presented by the prior and canons. The vicar is to be responsible for the usual episcopal and archidiaconal dues and the synodals belonging to his church, and to receive the altarage of Wighill and all tithes and offerings of Folifoot and Easedike, and to pay to the prior and convent two marks yearly.

Omnibus Christi fidelibus ad quos presens scriptum pervenerit Walterus dei gracia Eboracensis Archiepiscopus Anglie primas eternam in domino salutem. Noverint universitas nos divine pietatis intuitu ad presentacionem Bartholomei Thuret patroni ecclecie de Wychale de consensu et voluntate Willelmi Haget persone ejusdem ecclecie contulisse et hac carta nostra confirmasse priori et canonicis de parco de Helagh ipsam eccleciam de Wychale cum omnibus pertinenciis suis imperpetuum Ita quod tota vita Willelmi Haget prefati percipient dicti prior et conventus duas marcas annuas nomine pensionis de eidem ecclesia per manum prenotati Willelmi scilicet medietatem ad Pentecosten et medietatem ad festum sancti Martini Cum autem idem Willelmus Haget in fata concesserit vel vitam suam mutaverit vel cesserit tota dicta ecclesia de Wichale cedet in usus proprios eorundem prioris et canonicorum salva vicaria subscripta vicario in prefata ecclecia ab ipsis priore et canonicis nobis et successoribus nostris presentando qui de spiritualibus rendeat[1] nobis et successoribus nostris sustinendo onera episcopalia consueta et archidiaconalia et tam sino-[2]/ dalia quam alia ad ipsam eccleciam pertinencia Hec autem subscripta cedent in partem vicarii qui pro tempore fuerit totum alteragium ecclecie de Wichale et preter hoc omnes decime de villa de Folifait cum aliis obvencionibus et de villa de Hesdike cum aliis obvencionibus et reddet inde vicarius singulis annis dictis priori et canonicis duas marcas argenti ad duos terminos ut predictum est Cetera omnia ad sepedictam eccleciam spectancia sedent in usus proprios eorundem prioris et canonicorum. Hiis testibus: Hamone decano et capellano[3] Eboraci, Laurencio de Wilton, Hamone rectore ecclecie de Aln', Magistro Roberto de Holebek, Rogero de Ledesham, Henrico de Swuilyngton et multis aliis.

f. 17v.

ALIA CONFIRMACIO ET ORDINACIO VICARIE.   [A.D. 1320]

> Confirmation by Archbishop Henry[4] of the above appropriation by Archbishop Walter de Grey. At Cawood, 11 July A.D. 1320 and the 13th year of his translation.

Universis sancte matris ecclecie filiis presentes litteras inspecturis Henricus permissione divina Eboracensis Archiepiscopus Anglie Primas et apostolice sedis legatus salutem in eo quem genuit divinitus virgo mater Noverit universitas vestra nos literas

---

[1] *Sic.*

[2] A gathering-number in right lower corner, 'b viiii.'

[3] *Query*, for 'Capitulo' ? The witnesses' names are quoted more correctly in the next deed. Hamo was probably Dean in A.D. 1214-20.

[4] ? Henry de Newark, 1296-1300. The dates, or the name, must be incorrect here.

bone memorie domini Walteri quondam Eboracensis Archiepiscopi predecessoris nostri palpasse vidisse et inspexisse tenorem qui sequitur per omnia continentes Omnibus Christi fidelibus [*etc.* verbatim *as in the last deed. The witnesses here are* :] Hamone decano et capitulo Eboraci, Laurencio de Wilton, Hamone rectore ecclesie de Aln', Magistro Roberto de Holebek, Rogero de Ledesham, Henrico de Suilyngton et multis aliis. Nos igitur H. Eboracensis Archiepiscopus antedictus dictas litteras ac omnia ac singula in eisdem contenta approbamus ratificamus eisdemque consentimus ac quantum ad nos attinet auctoritate nostra ordinaria tenore presencium confirmamus In quorum omnium testimonium sigillum nostrum presentibus est appensum. Datum apud Eboracum x^mo die mensis Julii anno domini M^oCCC^oXX^o et nostre translacionis anno tercio decimo.

ESDYKE.

> Grant by Bartholomew Thuret to God and the church of St. John Evangelist of the Park of Healaugh and the canons there serving God, in alms, for souls' health, of six bovates of land in the territory of Easedike nearer to the field of Hagandby with tofts and crofts and all liberties and easements.

Sciant presentes et futuri quod ego Bartholomeus Thuret dedi et concessi et hac presenti carta mea confirmavi Deo et ecclesie sancti Johannis Evangeliste de parco de Helagh et canonicis ibidem Deo servientibus in puram et perpetuam elemosinam pro salute anime mee et antecessorum et heredum meorum sex bovatas terre in territorio de Esedic propinquiores campo de Haggendby cum toftis et croftis et cum omnibus libertatibus et aisiamentis ad predictam terram pertinentibus. Et ego et heredes mei predictis canonicis predictam terram warantizabimus contra omnes homines et forinsecum servicium faciemus. Hiis testibus: Jordano de Sancta Maria, Gerardo Thuret, Galfrido de Foleuill, *f. 19.* Alano de Folifait, Roberto de Lelay, Olivero de Brincl', Alano de/ Karton, Ricardo de Wiuestrop, Willelmo Haget, Roberto Haget, Willelmo persona de Helagh, Roberto Sakespye, Henrico clerico de Wychall et multis aliis.

> Cf. Charter Rolls, A.D. 1310, m. 11, no. 6.
> The vill is Easedike, near the river Wharfe, about one mile South of Wighill, and two miles SW. of Healaugh, on the Tadcaster-Wighill road.

MORE IN ESDIKE . TRES BOVATAS TERRE [*apparently in Dodsworth's hand*].

> Grant by Bartholomew Thuret in alms to God and the Blessed Mary and the house of St. John Evangelist of the Park and the canons there serving God, in increase of his former gifts, of three bovates of land in Easedike; two of which Henry son of Robert Botilder held, and one which Iuota the widow once held; quit of all secular custom.

Universis has litteras visuris vel audituris Bartholomeus Thuret salutem in domino. Noveritis me dedisse et concessisse et hac presenti carta mea confirmasse in puram et perpetuam elemosinam Deo et beate Marie et domui sancti Johannis Evangeliste de Parco et canonicis ibidem Deo servientibus in incrementum priorum donorum meorum tres bovatas terre in villa de Esedik, duas scilicet quas Henricus filius Roberti Botilder tenuit et unam quam Iuota vidua quondam tenuit tenendas et habendas libere et quiete ab omni seculari consuetudine et exaccione imperpetuum cum omnibus pertinenciis suis aysiamentis et libertatibus infra villam et extra ad predictam terram pertinentibus. Et ut hec donacio mea rata permaneat presens scriptum sigilli mei munimine roboravi. Et ego et heredes mei warantizabimus et defendemus predictas tres bovatas terre cum omnibus pertinenciis suis predictis canonicis contra omnes homines imperpetuum. Hiis testibus: Alano de Catherton, Alano de Folifeld, Gerardo Thuret, Galfrido de Folivill, Roberto Haget rectore ecclecie de Bilton, Willelmo Haget rectore ecclecie de Wichale, Willelmo filio Henrici de/ *f. 19v.* Wychale, et aliis.

ESEDIKE.

Grant by Lucy Turret, widow, to God, the Blessed Mary and the house of St. John Evangelist of the Park of Healaugh and the canons there serving God, in alms, of 11½ roods of land in Easedike in Rusclandis and Carlepekes nearer to the grange of the canons, with leave to enclose, herberger, and make thereof what they will, and with exit and entry towards the field; in exchange for 11½ roods which the canons gave her in Wighill and Easedike. The grantor has no leave to build on the land which she has of them in Carlepekes.

Omnibus Christi fidelibus hanc cartam visuris vel audituris Lucia Turret salutem in domino. Noveritis me in viduitate et legitima potestate mea dedisse concessisse et hac presenti carta mea confirmasse Deo beate Marie et domui sancti Johannis Evangeliste de Parco de Helagh et canonicis ibidem Deo servientibus in liberam puram et perpetuam elemosinam undecim rodas et dimidiam rode in territorio de Esedic in Rusclandis et in Carlepekez propinquiores grangie dictorum canonicorum ad includendum herbergiandum et ad faciendum inde quicquid voluerint cum exitu et introitu versus campum; has vero predictas terras dedi et concessi dictis canonicis in escambium undecim rodarum terre et dimidiam rode quas michi dederunt in territoriis de Wichale et Esedic, tenendum et habendum dictis canonicis et eorum successoribus libere pure et quiete sicut elemosina liberius purius et quiecius potest teneri cum omnibus pertinenciis suis. Et ego Lucia Thuret et heredes mei dictas undecim rodas terre et dimidium rode dictis canonicis et eorum successoribus warantizabimus acquietabimus et defendemus contra omnes homines imperpetuum. Et sciendum est quod non licebit mihi nec heredibus vel assignatis meis aliquid edificare in terra quam/ de eis habeo in Carlepekes. *f. 20.*

In hujus rei testimonium huic scripto sigillum meum apposui. Hiis testibus: domino Alano de Folifait, domino Alano de Catherton, Willelmo Russell, Ricardo Prudfot.

Cf. Charter Rolls, 4 Ed. II, m. 11, no. 11.

The list of witnesses appears to be incomplete. The line continues, without any sign of separation, into the 'Inspeximus eciam' of the next deed.

Inspeximus of a grant of confirmation by Lucy Thuret to God and the Blessed Mary and the house of St. John Evangelist of the Park and the Canons there serving God, of all that they have of the gift of Bartholomew Thuret her brother, namely the church of Wighill, seven bovates of land in Easedike, all his land in Bilton and his claim there, all his land in Bainton, and 1½ acres of meadow in Scaitbek.

Inspeximus eciam quandam aliam cartam confirmacionis quam Lucia Thuret fecit dictis priori et canonicis in hec verba. Omnibus has litteras visuris vel audituris Lucia Thuret salutem in domino. Noveritis me in legitima potestate et libera viduitate mea concessisse et confirmasse Deo et beate Marie et domui sancti Johannis Evangeliste de Parco et canonicis ibidem Deo servientibus omnia quecumque dicti canonici habent de dono Bartholomei Thuret fratris mei scilicet ecclesiam de Wichale cum omnibus pertinenciis suis et libertatibus suis perpetuo possidendum in puram et perpetuam elemosinam et septem bovatas terre in villa et territorio de Esedic cum omnibus pertinenciis suis infra villam et extra sex scilicet que sunt propinquiores campo de Hagandeby et unam quam Jueta vidua quondam tenuit secundum tenorem cartarum suarum quas inde habent tenendas in puram et perpetuam elemosinam et totam terram suam in villa de Bilton cum pertinenciis suis et cum toto jure et clamio que dictus Bartholomeus habuit vel habere potuit in eadem villa et totam

f. 20v. terram suam in villa de Baynton cum omnibus/ pertinenciis suis in liberam puram et perpetuam elemosinam quas dicti canonici habent de dono predicti Bartholomei et unam acram et dimidiam prati in Scaitbek secundum tenorem carte quam inde habent. Et ut hec donacio rata et inconcussa permaneat eam sigillo meo confirmavi et corroboravi. Hiis testibus: Alano de Folifait, Alano de Catherton, Willelmo persona de Wychale Willelmo filio Henrici, Radulpho Hardy etc.

Cf. Charter Rolls, 4 Ed. II, m. 11, no. 10.

Inspeximus of a grant of Bartholomew Thuret to God and St. John Evangelist of the Park of Healaugh and the brothers there serving God, of 1½ acres of meadow in Scaitbec as the drain of Scaitbek falls into Wharfe, for his souls' health and that of his ancestors, in alms.

Inspeximus eciam quandam aliam cartam quam Bertholomeus Thuret fecit dictis priori et canonicis in hec verba. Sciant presentes et futuri quod ego Bartholomeus Thuret dedi et concessi et hac presenti carta mea confirmavi Deo et sancto Johanni

Evangeliste de Parco de Helagh et fratribus ibidem Deo servientibus unam acram et dimidiam prati in Scaitbec sicut siketum de
Scaitbek cadit in Werfe pro salute anime mee et antecessorum
meorum in puram et perpetuam elemosinam. Et ut hoc excambium firmum et stabile ipsis canonicis permaneat presens scriptum
sigillo meo confirmavi. Hiis testibus: Jordano Sancte Marie, Alano
de Catherton, Roberto de Wiulestrop, Gward' filio Petri, Turstano
de Marston, Fulcone de Ruhford, Alano de Folifet, Reinero Haget
persona, Willelmo Haget persona, Simone Sakespee, Roberto
Sakespee, Henrico clerico et Aldelino de Folifet et multis aliis.

Cf. Charter Rolls, 4 Ed. II, m. 11, no. 8.

WYKALE.

Inspeximus of grant of Bartholomew son of Peter Thuret to the
canons of St. John Apostle and Evangelist of the Park of Healaugh,
of a toft with its buildings outside the gate of Sir Jordan de Sancta
Maria, where dwelt Hugh the Forester son of Gilbert in Wighill, and
the part of the land with the wood between that toft and the messuage
of Aldelin to patch up the toft for him as much as the canons' ditch
encloses, in alms, in exchange for the canons' toft which lies beside
the grantor's messuage in that vill, which he has taken to increase his
messuage.

Inspeximus eciam quandam aliam cartam quam Barthol-
omeus filius Petri Thuret fecit eisdem priori et canonicis/ in hec *f. 21.*
verba. Sciant omnes presentes et futuri quod ego Bartholomaeus
filius Petri Turet dedi canonicis sancti Johannis Apostoli et
Evangeliste de Parco de Helagh toftum cum edificiis suis extra
portam domini Jordani de Sancti Maria ubi mansit Hugo Forestarius filius Gileberti in Wichale et partem terre cum nemore que
jacet inter predictum toftum et messuagium Aldelini ad sarciendum
sibi topftum quantum fossa ipsorum canonicorum includitur,
tenendum de me et de heredibus meis in puram et perpetuam
elemosinam in escambium pro tofto eorundem canonicorum
quod jacet juxta messuagium meum in eadem villa quod ab
ipsis sumpsi propter prenominatum escambium ad augendum
messuagium meum. In cujus rei testimonium presenti scripto
sigillum meum apposui. Hiis testibus: Reinero persona de Bilton,
Jordano de Sancta Maria, Waltero Thuret, Gaufrido de Blida,
Simone Sakespee, Roberto filio ejus, Henrico clerico filio Willelmi
Aldelino, Willelmo Hardy et multis aliis.

Cf. Charter Rolls, 4 Ed. II, m. 11, no. 9.

[WICHALE].

Quitclaim by Lucy Thuret to God and the Blessed Mary and the
house of St. John Evangelist of the Park and the canons there serving
God, in alms, of two bovates of land in Wighill, except the toft which
once belonged to the bovates, on which is situated the gate which leads
to the hall of that vill, in exchange for which toft she has given a toft
in Wighill on which dwelt Hugh the Forester, beside the outgoing
of the vill: namely the two bovates which they had of the gift of Ralph

Haget. In return for this quitclaim the canons have demised to her two bovates in Easedike which Henry Botilder held and also have demised Henry with his sequel, and have quitclaimed to the heirs of Bartholomew Turet their claim upon the vill of Easedike by reason of Bartholomew's gift, except seven bovates which they have of his gift.

Omnibus has litteras visuris vel audituris Lucia Thuret salutem in domino. Noveritis me in legitima potestate et libera viduitate mea concessisse et quietas clamasse de me et de heredibus meis imperpetuum Deo et beate Marie et domui sancti Johannis

f. 21v.
(23)

Evangeliste de Parco et canonicis ibidem Deo/ servientibus in liberam puram et perpetuam elemosinam duas bovatas terre in villa et territorio de Wichale cum omnibus pertinenciis suis libertatibus et aisiamentis infra villam et extra in bosco et plano campo pastura et prato cum omnibus aliis ad predictam terram pertinentibus excepto tofto quod quondam pertinebat predictis bovatis super quod sita est porta que ducit ad aulam predicte ville pro quo tofto dedi eisdem canonicis in escambio unum toftum in predicta villa de Wichale super quod mansit Hugo Forestarius juxta exitum predicte ville, illas scilicet duas bovatas terre quas dicti canonici habuerunt de dono Radulphi Haget, tenendas et habendas cum predicto tofto sibi et successoribus suis in puram et perpetuam elemosinam ut predictum est; pro hac vero concessione et quieta clamacione predicti canonici dimiserunt mihi et heredibus meis duas bovatas terre in villa et territorio de Esdyke cum omnibus pertinenciis libertatibus et aysiamentis infra villam et extra in bosco et plano pastura et prato ad predictam terram pertinentibus, illas scilicet duas bovatas quas Henricus Botilder tenuit. Preterea dicti canonici dimiserunt michi et heredibus meis predictum Henricum Botilder cum tota sequela sua. Et sciendum quod dicti canonici quietum clamaverunt heredibus Bartholomei Turet clamium suum quod habuerunt erga villam de Estdic

f. 22.

occasione/ donacionis predicti Bartholomei salvis sibi septem bovatis terre in eadem villa de Estdik cum omnibus pertinenciis suis quas habent de dono predicti Bartholomei. Et in hujus rei testimonium presentibus scriptis dicti canonici et ego sigilla nostra apposuimus. Hiis testibus: Alano de Folifait, Alano de Catherton, Ricardo le Smirmayo, Nigello de Clichton, militibus; Willelmo persona de Wychale, Willelmo filio Henrici, Radulpho Hardy et aliis.

Cf. Charter Rolls, 4 Edw. II, m. 11, no. 10.

HOTON IN EYNESTY.

Grant by Henry Sakespei of Wighill to the prior and convent of the Park of Healaugh and their successors, of a toft and croft with two acres of land in Kircheschache which they had of the gift of William de Maresco in Hutton in Ainsty[1] which Nicholaa the grantor's wife brought with her in marriage through William de Maresco her father; and also of all the part of a ditch raised by the canons on his land between his croft towards the East [and] the canons' grange.

[1] The vill is Hutton Wandesley.

Omnibus Christi fidelibus hoc scriptum visuris vel audituris Henricus Sakespei de Wychal eternam in domino salutem. Noveritis me concessisse et confirmasse priori et conventui de Parco de Helagh et eorum successoribus unum toftum et croftum cum duabus acris terre in Kircheschache cum pertinenciis que habuerunt de dono Willelmi de Maresco in Hoton in Eynesti que Nicholaa uxor mea dicebat[1] secum per Willelmum de Maresco patrem suum in liberum maritagium mihi donari: concessi et eisdem priori et conventui et eorum successoribus totam partem cujusdam fossati per dictos priorem et conventum levati super terram meam inter croftum meum versus orientem [et] grangiam eorundem prioris et conventus in villa de Wychale, habendum et tenendum/ *f. 22v.* eisdem priori et conventui et eorum successoribus in liberam puram et perpetuam elemosinam quiete et solute ab omni officio exaccione et demanda. Ego Henricus et heredes mei predictum toftum et croftum cum duabus acris terre et cum tota parte fossati predicti et omnibus pertinenciis suis priori et conventui et eorum successoribus contra omnes gentes warantizabimus ad quietabimus et defendemus imperpetuum. Et in hujus rei testimonium presenti scripto sigillum meum apposui. Hiis testibus: Stephano le Valeys, Roberto Delhelm, militibus, Thoma de Bykerton tunc ballivo de Eynesti, Alano de Folifait, Betone Fayrfax de Walton, Johanne de Walton, Ada filio Johannis de Torparchez, Roberto Bate de Wychale, Wilelmo Tornatere de eadem et aliis.

WYCHALE.

Sale by John son of Robert de Lede and Isolda his wife to the prior and canons of the Park, of all the meadow which they had in the meadows of Wighill with free entry and egress, for seven marks of silver paid in hand, namely, the meadow called Mykelrydinge containing full two acres.

Omnibus has litteras visuris vel audituris Johannes filius Roberti de Lede et Isolda uxor ejus salutem in domino. Noverit universitas vestra nos vendidisse priori et canonicis de Parco totum pratum nostrum quod habuimus in pratis de Wichale cum libero ingressu et egressu ad idem pratum, pro septem marcis argenti quas dicti prior et canonici nobis dederunt pre manibus, illud videlicet pratum quod vocatur Mykelrydinge quod continet plene duas acras, tenendum et habendum sibi et successoribus suis imperpetuum[2]/ Ego vero Johannes filius Roberti et Isolda uxor *f. 23.* mea totum dictum pratum cum libero ingressu et egressu dictis 'c 1' canonicis et eorum successoribus warantizabimus adquietabimus et defendemus contra omnes homines imperpetuum. Et ut hec nostra vendicio rata et stabilis permaneat presens scriptum sigillorum nostrorum impressionibus roboravimus. Hiis testibus:

[1] Evidently for 'ducebat.
[2] Catchwords in right lower corner, 'Ego vero,' in an ornamental frame.

domino Alano de Folifait, Willelmo Haget, Willelmo filio Henrici de Wychale, Willelmo Russell, Radulpho Hardy Maddoco et aliis.

WYCHALE.

Sale by Alice daughter of Henry the Clerk of Wighill and widow of Benedict de Marston, to the prior and canons of the Park, of two acres of land in Wighill, for two marks which the convent gave her in her very great need, namely the two acres which she had of her father Henry's gift at her marriage.

Sciant omnes tam presentes quam futuri quod ego Alicia filia Henrici clerici de Wychale quondam uxor Benedicti de Marston in libera viduitate et legitima potestate mea vendidi priori et canonicis de Parcho duas acras terre in territorio de Wichale cum omnibus pertinenciis suis infra villam et extra pro duabus marcis argenti quas dicti prior et conventus contulerunt michi in maxima necessitate mea, illas scilicet duas acras quas habui de dono patris mei Henrici in libero maritagio, tenendum et habendum dictis priori et canonicis et eorum successoribus in perpetuum libere quiete integre et pacifice ab omni seculari servicio et exaccione. Et sciendum est quod ego Alicia et heredes mei dictas duas acras terre cum omnibus pertinenciis suis libertatibus et

f. 23v. aisiamentis/ contra omnes homines dictis priori et canonicis et eorum successoribus warantizabimus adquietabimus et defendemus imperpetuum. Et in hujus rei testimonium huic scripto sigillum meum apposui. Hiis testibus: Alano de Catherton, Alano de Folifayt, Willelmo persona de Wychale, Roberto de Oton, Everardo clerico, Willelmo filio Henrici de Marston, Radulpho Hardy, etc.

WYCHALE.

Grant by William son of Henry the Clerk of Wighill, to his sister Isolda and her heirs, of the meadow called Mikilreddynge in everything as the charter witnessed which she had of his father concerning the meadow.

Omnibus Christi fidelibus Willelmus filius Henrici clerici de Wychale salutem. Noveritis me concessisse et hac presenti carta mea confirmasse Isoude sorori mee et heredibus suis vel assignatis suis totum pratum quod nominatur Mikilreddynge per omnia sicut carta quam ipsa habet de patre meo de eodem prato testatur. Hiis testibus: domino priore de Parcho de Helagh, Alano de Folifayt, Alano de Catherton, Willelmo persona de Wychale, Willelmo persona de Helagh, Robert Saxpe, etc.

WYCHALE.

Grant by Simon Sakespe to God and St. John Evangelist of the Park and the brothers there serving God, of ½ acre of land in Wighill in increase of his former gift, namely of the essart of Goscbage quit of all service, in alms, for souls' health.

Universis sancte matris ecclesie filiis videntibus et audientibus litteras has Simon Sakespe salutem. Noverit universitas vestra me divine pietatis intuitu dedisse et concessisse et hac presenti carta mea confirmasse Deo et sancto Johanni Evangeliste de Parcho et fratribus ibidem Deo servientibus unam dimidiam acre terre in territorio de Wychale ad incrementum prime donacionis mee scilicet essar-/-ti de Goscbathe scilicet unam rodam a *f.* 24. Wetlaiwkes et unam rodam in Belhagh juxta terram Roberti filii 'c ii' mei, tenendam et habendam libere integre cum omnibus pertinenciis et aisiamentis infra villam et extra et quiete ab omni servicio in puram et perpetuam elemosinam pro salute anime mee et uxoris mee et antecessorum meorum. Hanc autem donacionem ego et heredes mei warantizabimus contra omnes homines. Hiis testibus: Jordano de Sancta Maria, Bartholomeo Thuret, Alano de Catherton, Willelmo de [blank] Roberto de Wiuellestrop, Fulcone de Rugford, Johanne filio Widonis, Reneri Haget, Willelmo Haget, Johanne Clirico, Audelino, Roberto Sakespei et aliis.

WYKALE.

Grant by Henry Sakespye of Wighill, for souls' health, to the light of the Chapel of the Blessed Mary of the Park of Healaugh, of a yearly rent of 3s. to be paid at Martinmas and Whitsuntide. In case of arrears of payment, the sacrist of the Park to have powers to compel current payment and arrears.

Omnibus Christi fidelibus ad quos presens scriptum pervenerit Henricus Sakespye de Wikhall salutem in domino sempiternam. Noverit universitas vestra me pro salute anime mee et parentum meorum dedisse concessisse et hac presenti carta mea confirmasse in puram et perpetuam elemosinam luminari capelle beate Marie de Parco de Helagh tres solidos annui redditus ad persolvendum ad duos anni terminos videlicet ad festum sancti Martini in yme xviii denarios et ad Pentecosten xviii denarios apud Wykall. Et si solucio dictorum trium solidorum cessaverit in aliquo termino bene licebit sacriste de/ Parcho qui pro tempore *f.* 24v. fuerit compellare me et heredes meos vel assignatos per censuram ecclesiasticam quacumque voluerit compulsione tam ad solucionem dictorum trium solidorum annui redditus quam ad expensas refundendas per visum legalium hominum si quas dictus sacrista apposuerit occasione dicte pecunie ultra terminum decenter. Ego vero Henricus Sakespay et heredes mei vel assignati dictos tres solidos annui redditus dicto sacriste qui pro tempore fuerit racione dicti luminaris beate Marie warantizabimus contra omnes homines et feminas imperpetuum renunciantes cavillacioni Regie prohibicioni excepcioni et omni juris remedio ita quod nichil nobis possit valere si contra hoc scriptum in aliquo venire voluerimus. In hujus rei testimonium huic scripto sigillum meum est appensum. Hiis testibus: domino Willelmo de Sancta Maria rectore ecclecie de Helagh, David de Folifait, Roberto Bate de Wychall,

Willelmo de Marisco, Willelmo de Suilynton vicario de Wychal
et multis aliis.

WYKALE.

Grant by Simon Sakespe of Wighill, with the agreement of Robert
Sakespe his son and heir, to God and St. Mary and the church of S. John
Apostle and Evangelist of the Park and the canons there serving God,
in alms, for souls' health, of all his clearing beside Gosebathe, free of
secular service.

Sciant omnes presentes et futuri quod ego Simon Sakespe de
Wykale consensu et assensu Roberti Sakespe filii et heredis mei
recognovi et dedi et hac presenti carta mea confirmavi Deo et
sancte Marie et ecclesie sancti/ Johannis apostoli et Evangeliste
de Parco et canonicis ibidem Deo servientibus totum sartum
meum juxta Gosebathe in puram et perpetuam elemosinam
pro solute anime mee et patris et matris mei et omnium antecessorum meorum, tenendum de me et heredibus meis liberum
et quietum ab omni servicio et exaccione seculari. Et ego prenom-
inatus Simon et heredes mei warantizabimus hanc predictam
elemosinam prefatis canonicis contra omnes homines ut illam in
pace possideant imperpetuum.   Hiis testibus: Reinero Haget
persona de Helagh, Widone de Bilton, Henrico filio ejus, Henrico
Clerico de Wychale, Aldelino, Willelmo Hardy, Willelmo Sakespe,
Radulpho fratre ejus, Willelmo clerico.

f. **25.**
'c iii'

WIKALE.

Grant by Robert son of Ralph Sakespee of Wighill, for souls'
health, to God and St. Mary and the house of St. John Evangelist of the
Park of Healaugh and the canons there serving God, in alms, of a toft
and croft and all his land then or in future in Wighill.

Universis Christi fidelibus Robertus filius Radulphi Sakespee
de Wichall salutem eternam in domino. Noverit universitas vestra
me divine pietatis intuitu et pro salute anime mee et patris et
matris mee et omnium antecessorum meorum et successorum
dedisse et hac presenti carta mea confirmasse Deo et sancte Marie
et domui sancti Johannis Euangeliste de Parco de Helagh et
canonicis ibidem Deo servientibus in liberam puram et perpetuam
elemosinam unum toftum cum crofto et totam terram meam sine
ullo retenemento quam hactenus habui vel de cetero adipissi
potero in villa/ et territorio de Wychall tenendum et habendum
predictis canonicis et eorum successoribus libere et pure integre
et pacifice cum omnibus libertatibus et aisiamentis ad predictam
terram pertinentibus infra villam et extra.   Et ego Robertus
et heredes mei predictam terram cum predicto tofto et crofto
predictis canonicis et eorum successoribus warantizabimus defendemus et acquietabimus contra omnes homines imperpetuum.   Et
ut hec mea donacio nunquam valeat violari presens scriptum
sigilli mei apposicione roboravi.   Hiis testibus: Alano de Folifait,

f. **25v.**

Willelmo Haget tunc persona ecclesie de Wichall, Willelmo filio Henrici, Willelmo Aucupe, Radulpho Hardy, Willelmo Russell et aliis.

WYCHALE.

> Quitclaim by Isolda widow of John de Lede to the prior and canons of the Park of Healaugh, of all her right in two acres of meadow in Wighill, which her late husband and she sold to the convent.

[Omnibus Christi fidelibus Isolda vidua quondam uxor Johannis de Lede salutem. Noveritis me in legitima potestate et libera viduitate mea concessisse et quietum clamasse de me et heredibus meis imperpetuum priori et canonicis de Parco de Helagh totum jus et clameum quod unquam habui vel habere potui in duas acras prati] in Wichal quas predictus Johannes quondam vir meus et ego vendidimus eisdem priori et canonicis in magna necessitate nostra. Et ut hec mea quietumclamacio rata permaneat imposterum presens scriptum sigilli mei apposicione roboravi. Hiis testibus: Alano de Catherton, Thoma filio Willelmi de Merston, Ricardo juniore de Stiueston, militibus; Philippo de Mileford, Johanne/ de Miliford, Johanne de Marston, Egidio de *f. 26.* Catherton, Ricardo Prudford de Catherton, Elia Burell de Ascham et aliis.

> The words in square brackets are written in over an erasure. The word 'carta' of the original entry is perceptible after 'et quietum.'

WYCHALE.

> Quitclaim by David son of Alan de Folifoot, to God and the Blessed Mary and the house of St. John Evangelist of the Park of Healaugh and the canons there serving God, in alms, of a carucate of land with his chief messuage in Wighill, which he held of the convent for homage and service, to hold free of all secular service.

Omnibus Christi fidelibus hoc scriptum visuris vel audituris David filius Alani de Folifait eternam in domino salutem. Noveritis me concessisse dedisse resignasse et omnino quietam clamasse et presenti scripto meo confirmasse Deo et beate Marie et domui sancti Johannis de Parco de Helagh et canonicis ibidem Deo servientibus in liberam puram et perpetuam elemosinam [unam *struck out*] carucatam terre cum capitali messuagio meo et omnibus pertinenciis suis infra villam de Wychale et extra sine ullo retenemento quam de hiisdem priore et conventu pro homagio et servicio meo tenui in eadem villa tenendam et habendam predictis canonicis et eorum successoribus libere quiete pacifice et integre ac solute ab omni servicio seculari exaccione et demanda. Et ego David et heredes mei vel mei assignati predictam carucatam terre cum pertinenciis in omnibus et per omnia sicut supradictum est contra omnes gentes warantizabimus adquietabimus et defendemus imposterum. In cujus rei testimonium presentibus scripto [*sic*] sigillum meum apposui. Hiis testibus: domino Ranulpho de Albo

Monasterio, domino Johanne de Raygate, domino Johanne
f. 26v. Egglesclive, Willelmo de/ Kyrkby, Elia de Burell, Thoma Aleways
de Marston, Henrico Sakespye de Wychale, Roberto Bate de eadem,
Alexandro de la Hill de Walton, Ada de Folifait et aliis.

WYCHALE.

> Quitclaim by Henry Sakespey of Wighill to Sir Robert of Beeston,
> vicar of Wighill, his heirs or assigns, of a toft and croft with the build-
> ings thereon, in the vill of Wighill, namely those which Sir William of
> Suiligton sometime vicar of Wighill held of the grantor; the croft con-
> tains 4 selions extending from the South gate of the toft to Hundebit;
> rendering a rose within the Octave of S. John Baptist for all secular
> service.

Omnibus hoc scriptum visuris vel audituris Henricus Sakespey
de Wychale salutem in domino sempiternam. Noveritis me dedisse concessisse et pro me et heredibus meis et meis assignatis in
perpetuum quietumclamasse et hac presenti carta mea confirmasse
domino Roberto de Beeston vicario de Wichale et heredibus suis
vel suis assignatis unum toftum et unum croftum cum edificiis
super edificatis cum omnibus aliis suis pertinenciis quocumque
loco adjacentibus infra villam de Wychale et extra ubique: Illud
scilicet toftum et croftum quod dominus Willelmus de Suiligton
quondam vicarius de Wychall de me tenuit, quod quidem croftum
habet in se quattuor seliones que se extendunt a porta australi
dicti tofti usque Hundebit, tenendum et habendum dictis domino
R. et heredibus suis et assignatis imperpetuum de me et heredibus
meis libere quiete bene et in pace cum omnibus pertinenciis suis
et aysiamentis dictis tofto et crofto ubique infra predictam villam
de Wychale et extra spectantibus sive adjacentibus: Ita quod
nec ego nec aliquis heredum meorum seu assignatorum meorum vel
f. 27. eciam aliquis nomine nostro in predictis tofto/ et crofto cum per-
'c v' tinenciis suis aliquid de cetero juris vel clamii exigere poterimus
aut vendicare, reddendo inde annuatim mihi et heredibus meis
unam rosam infra octavo sancti Johannis Baptiste pro omni
servicio seculari secta curie exaccione et demanda. Et ego Henricus
et heredes mei sive mei assignati dictum toftum et croftum cum
suis pertinenciis sicut predictum est in omnibus et per omnia
dictis domino Roberto et heredibus suis vel suis assignatis contra
omnes homines et feminas warantizabimus adquietabimus et in
perpetuum defendemus Et ut hec mea concessio donacio quietumclamacio et confirmacio firma imposterum et stabilis perseveret
presens scriptum sigilli mei munimine roboravi. Hiis testibus:
domino Stephano le Walais milite, Alano de Folifayt, Willelmo
Russell, Begun de Walton, Johanne de eadem, Rogero Hollege
de Trop, Ada filio Johannis de eadem, Thoma filio Juette de eadem,
Roberto Bate de Wychall, Willelmo Turnor de eadem, Waltero
clerico de Esedik et aliis.

WYCHALE.

> Grant by Simon Sakespye to Ralph his son, for his homage and service, of a toft in Wighill with a croft, namely that toft which was Emma's, the grantor's sister, and 3 acres in Wighill, 1 acre beside Newton pond, 1½ in the clearing beside Calneker and ½ beside Belhag', doing forinsec service as much as belongs to 3 acres where 14 carucates make one knight's fee.

Sciant omnes presentes et futuri quod ego Simo Sakespye dedi et concessi et hac presenti carta mea confirmavi Radulpho filio meo pro homagio et servicio suo unum toftum in Wychale cum crofto scilicet toftum illud quod fuit Emme sororis mee et tres acras terre in territorio/ de Wychale scilicet unam acram *f. 27v.* juxta stagnum de Newton et unam acram et dimidiam in essarto juxta Calneker et dimidiam acram juxta Belhag in feodo et hereditate illi et heredibus suis, tenendas de me et heredibus meis libere et pure ab omni servicio quod ad me pertinet in bosco et plano in pratis et pasturis et in omnibus aisiamentis infra villam et extra faciendo forinsecum servicium quantum pertinet ad tres acras terre cum xiiii carucatae terre faciunt feodum unius militis. Hiis testibus: Ranulpho Haget, Henrico de Wychale, Henrico de Smahuses, Waltero le Forester, Ricardo filio Widonis, Henrico de Bilton, Johanne clerico qui cartam scripsit et multis aliis.

WYCHALE.

> Grant by Isabella daughter of the late Robert Sakespye of Wighill, by the will of William her husband and Henry her heir, to God and the Blessed Mary and the house of St. John Evangelist of the Park of Healaugh and the canons there serving God, in alms with her body, of 2 selions beside the land of Hugh the Reeve in Westrabercliue extending on Tofftes, free from all service.

Omnibus Christi fidelibus Isabella filia quondam Roberti Sakespye de Wychale salutem. Noveritis me ex voluntate Willelmi viri mei et Henrici heredis mei dedisse concessisse et hac presenti carta mea confirmasse Deo et beate Marie et domui sancti Johannis Evangeliste de Parco de Helagh et canonicis ibidem Deo servientibus in liberam puram et perpetuam elemosinam cum corpore meo duas seliones juxta terram Hugonis Prepositi in Westrabercliue que se extendunt super Tofftes, tenendas et habendas dictis/ *f. 28.* canonicis libere et quiete integre et pacifice ab omni servicio et exaccione. Ego vero et heredes mei dictam terram dictis canonicis warantizabimus defendemus et adquietabimus contra omnes homines imperpetuum. Hiis testibus: Willelmo Haget persona de Wychale, Willelmo filio Henrici de Wychale, Willelmo Russel, Waltero de Tornor, Henrico filio meo et aliis.

WYCHALE.

> Grant by Robert Sakespee, to God and St. John Evangelist of the Park and the brothers there serving God, of all the gift of Simon Sakespee his father in Wighill, namely the clearing of Gosebaye and 1 rood at

Undeles Wypes and 1 rood in Belache which lies beside the grantor's land, in alms, quit of all service.

Universis sancte matris Ecclesie filiis litteras istas visuris vel audituris Robertus Sakespee salutem. Noveritis me divine pietatis intuitu concessisse et hac presenti carta mea confirmasse Deo et sancto Johanni Evangeliste de Parcho et fratribus ibidem Deo servientibus totam donacionem Simonis Sakespee patris mei in territorio de Wichale, scilicet essartum de Gosebaye et unam rodam ad Undeles Wypes et unam rodam in Belache que jacet juxta terram meam in puram et perpetuam elemosinam, tenendam et habendam libere et quiete ab omne servicio cum omnibus pertinenciis suis et aisiamentis infra villam et extra. Hiis testibus: Bartholomeo Thuret, Jordano de Sancta Maria, Roberto de Wiuelestrop, Aldelino de Folifayt et aliis.

WYCHALE.

Quitclaim by Henry Sakespei of Wighill, to God and the Blessed Mary and the house of St. John Evangelist of the Park of Healaugh and the canons there serving God and their successors for ever, of one pair of white gloves which they used to pay him yearly for land which they have of the gift of Robert Sakespye in Wighill.

f. 28v. Omnibus Christi fidelibus Henricus Sakespei de Wychale eternam in domino salutem. Noveritis me quietum/ clamasse de me et heredibus meis Deo et beate Marie et domui sancti Johannis Evangeliste de Parco de Helagh et canonicis ibidem Deo servientibus et eorum successoribus imperpetuum unum par cirotecarum albarum quod mihi reddere debebant annuatim pro quadam terra quam habent de dono Roberti Sakespye in Wychale, ita quod nec ego nec heredes mei nec aliquis ex parte nostra dictum par cirotecarum de predictis canonicis vel eorum successoribus unquam exigere potuerimus. In cujus rei testimonium huic scripto sigillum meum apposui. Hiis testibus: Ranulpho de Albo Monasterio, Henrico Walense milite, Petro ad Fontem, et aliis.

WYCHALE.

Grant by Henry Saxpey of Wighill, to God and the Blessed Mary and St. John Evangelist of the Park of Healaugh and the canons there serving God, in alms, of two selions lying together in Wighill, with his body to be buried there.

Omnibus hoc scriptum visuris vel audituris Henricus Saxpey de Wichall salutem. Noveritis me dedisse concessisse et hac presenti carta mea confirmasse Deo et beate Marie et sancto Johanni Euangeliste de Parco de Helagh et canonicis ibidem Deo servientibus in liberam puram et perpetuam elemosinam duas seliones terre simul jacentes in territorio de Wychale cum corpore meo ibidem sepeliendo scilicet qui jacent inter terram dictorum canonicorum ex una parte et terram Walteri le Turnur ex altera parte et abuttissant super hayam parci de Wichall, tenendos et

habendos dictis canonicis et eorum successoribus libere quiete
pacifice et integre cum omnibus/ pertinenciis suis libertatibus et *f. 29.*
aisiamentis infra villam et extra ad dictam terram pertinentibus.
Et ego Henricus et heredes mei predictam terram cum omnibus
pertinenciis suis predictis canonicis et eorum successoribus contra
omnes homines warantizabimus acquietabimus et defendemus
imperpetuum. In cujus rei testimonium presenti scripto sigillum
meum apposui. Hiis testibus: Egidio de Catherton, Willelmo
filio Henrici de Wichall, Roberto Saxpey de Bilton, et aliis.

WYCHALE.

> Quitclaim by Lucy Thuret in her widowhood of the *servicium
> rusticitatis* of Walter Tornarius and all his sequel, and gift of Walter
> and his sequel to the prior of the Park, for a sum of money paid.

Omnibus has litteras visuris vel audituris Lucia Thuret
salutem in domino. Noveritis me in legitima viduitate et libera
potestate mea quietum clamasse de me et de heredibus meis
servicium rusticitatis[1] Waltero Tornario et totius sequele sue et
eundem Walterum cum sequela sua dedisse priori de Parcho pro
quadam summa pecunie quam mihi dedit. Et sciendum quod ego
Lucia et heredes mei erga predictum Walterum et sequelam suam
de cetero nullum clamium habebimus. Hiis testibus: Helia[2] priore
de Parco, Willelmo persona de Wychale, Radulpho Hardy et aliis.

WYCHALE.

> Quitclaim by David son of Alan of Folifoot, for his souls' health,
> to the prior and canons of the Park, of all right in the house and selion
> of the prior of the Park in Wighill which lie beside the outgoing of the
> town towards Wadecrofte.

Omnibus has litteras visuris vel audituris David filius Alani
de Folifayt [salutem]. Noveritis me pro salute anime mee remisisse
et quietumclamasse priori et canonicis de Parco totum/ jus et *f. 29v.*
clamium quecumque habui vel habere potui in domo et selione
prioris de Parcho in Wychale que scilicet jacent juxta exitum ville
versus Wadecrofte. In cujus rei testimonium presenti scripto
sigillum meum apposui. Hiis testibus: Willelmo filio Henrici,
Henrico Sakespye, Waltero le Tornor, Ada de Folifait et aliis.

WYCHALLE.

> Grant by William son of Henry of Wighill, to God and the Blessed
> Mary and St. John Evangelist of the Park and the canons there serving
> God, of ¼ lb. of cummin to be taken of the meadow which was Isolda's,
> his sister, in Wighill; and also confirmation to the canons of the meadow
> called Mikelredyng in the meadows of Wighill which John son of Robert
> de Lede and Isolda, the grantor's sister and John's wife, sold to the
> canons.

---

[1] No satisfactory translation of this unusual term has been found.
[2] A marginal note 'a 27 ad 40 H. 3' in Dodsworth's hand. Elias was
prior from A.D. 1242-55.

Omnibus has litteras visuris vel audituris Willelmus filius Henrici de Wichall salutem in domino. Noveritis me dedisse unam dimidiam libram cymini annuatim percipiendi de prato quod fuit Isolde sororis mei in territorio de Wychale Deo et beate Marie et sancto Johanni Evangeliste de Parco et canonicis ibidem Deo servientibus in liberam puram et perpetuam elemosinam. Et preterea noveritis me concessisse et confirmasse eisdem canonicis totum pratum illud quod vocatur Mikelredyng in pratis de Wycall quod videlicet pratum Johannes filius Roberti de Lede et Isolda soror mea et ejus uxor dictis canonicis vendiderunt, tenendum et habendum in liberam puram et perpetuam elemosinam sibi et successoribus imperpetuum. Et ego Willelmus filius Henrici et heredes mei totum dictum pratum dictis canonicis et eorum successoribus warantizabimus acquietabimus et defendemus

f. 30.   contra/ omnes homines et feminas imperpetuum. Hiis testibus: domino Alano de Folifayt, Willelmo Haget, Roberto le Wauasor de Cokford et ceteris.

WYCALLE.

> Quitclaim by Thomas son of Benedict of Marston to the prior and canons of the Park, of all right in 2 acres in Wighill, namely those which Alicia his mother had in marriage of the gift of Henry her father, and sold in her widowhood, with the consent of Thomas, to the prior and canons for 2 [marks]. Thomas binds himself, under pain of paying 2 marks to the canons and 1 mark to the fabric of St. Peter's, York, as pain, not to move any charge against the prior by reason of the land, and has subjected himself therein to the jurisdiction of the Dean and Chapter of York.

Sciant omnes tam presentes quam futuri quod ego Thomas filius Benedicti de Marston concessi et quietum clamavi de me et de heredibus meis priori et canonicis de Parco totum jus et clameum quod unquam habui vel habere potui in duabus acris terre cum pertinenciis in terra de Wychale, quas scilicet Alicia mater mea habuit in libero maritagio de dono Henrici patris sui, illas videlicet quas dicta Alicia mater mea de consensu meo in libera viduitate sua vendidit dictis priori et canonicis de Parco in magna necessitate sua pro duabus[1] argenti. Ego vero affidavi et tactis sacrosanctis juravi quod nunquam calumpniam movebo ergo dictos priorem et canonicos racione dicte terre, et si forte fecero quod absit omni occasione et dilacione remotis dabo eisdem priori et canonicis duas marcas argenti et insuper fabrice sancti Petri Eboraci unam marcam nomine pene. Et ad hoc fideliter et indilate faciendum subjeci me et omnia catalla mea jurisdiccioni decani et capellani[2] Eboraci ut me per censuram ecclesiasticam compellat omni appellacione et juris remedio remotis. Et in hujus rei testi-

f. 30*v*.   monium huic scrip-/-to sigillum meum apposui. Hiis testibus: Alano de Catherton, Alano de Folifait, Radulpho Hardy et aliis.

[1] 'Marcis' supplied in the XVII cent. hand.
[2] Obviously for ' capituli.'

WYCHALLE.

Quitclaim by Henry Sakespey of Wighill to Sir Robert of Beeston, vicar of Wighill, and his heirs or assigns, of a toft and croft with the buildings thereon, namely those which Sir William of Swillington lately vicar of Wighill, held of Henry; the croft contains 4 selions extending from the South gate of the toft to Hundebit; paying to the prior of the Park and his successors and to his church of St. John Evangelist of the Park, for the pittance of the canons, 2s. yearly at Whitsuntide, for all secular service.

Omnibus hoc scriptum visuris vel audituris Henricus Sakespey de Wychale salutem in domino sempiternam. Noveritis me dedisse concessisse et pro me et heredibus meis et meis assignatis in perpetuum quietum clamasse et hac presenti carta mea confirmasse domino Roberto de Beeston vicario de Wychale et heredibus suis vel suis assignatis unum toftum et unum croftum cum edificiis super edificatis et omnibus aliis suis pertinenciis quocumque loco adjacentibus infra villam de Wychale et extra ubique, illud toftum et croftum quod dominus Willelmus de Suivelington quondam vicarius de Wychall de me tenuit, quod croftum habet in se quattuor seliones que se extendunt a porta australi dicti tofti usque Hundebit, tenendum et habendum dictis domino R. heredibus et assignatis suis imperpetuum de me et heredibus meis libere quiete bene et in pace cum omnibus pertinenciis suis et aysiamentis dictis tofto et crofto ubique infra predictam villam de Wychale et extra spectantibus sive adjacentibus. Ita quod nec ego nec aliquis heredum meorum seu assignatorum meorum vel eciam aliquis nomine nostro in predicto tofto et crofto cum pertinenciis suis aliquid de cetero juris vel clamii exigere poterimus aut vendicare,/ reddendo inde annuatim priori de Parcho et *f.* 31. successoribus suis et ecclesie sue Sancti Johannis Evangeliste de (33) Parco ad pitanciam canonicorum duos solidos per annum ad Pentecostem pro omni servicio seculari secta curie exaccione et demanda. Et ego Henricus et heredes mei sive mei assignati dictum toftum et croftum cum suis pertinenciis sicut predictum est in omnibus et per omnia dictis Roberto et heredibus suis vel suis assignatis contra omnes homines et feminas warantizabimus adquietabimus et in perpetuum defendemus. Et ut hec mea concessio donacio quieta clamacio et confirmacio firma in posterum perseveret presens scriptum sigilli mei munimine roboravi. Hiis testibus: domino Stephano le Walays milite, Alano de Folifayt, Waltero Clerico de Esedik et aliis.

CATTERTON.

Grant by Alan de Catherton to God and the Blessed Mary and St. John Evangelist of the Park of Healaugh and the canons there serving God, of nine bovates of land in Catterton, five of which Christiana his sister and John de Friston held, and four which Durant and Stephen the Hunter and Leticia the widow and William the Clerk held, with two tofts and crofts which Sibilla and Romphar held. Also of thirty

acres of arable land of his demesne there in the Brekes [*described*] and
thirty acres of his wood of Catterton, with free passage in and out to
the vill and pasture of Catterton.

Sciant presentes et futuri quod ego Alanus de Catherton dedi
concessi et hac carta sigillo meo roborata confirmavi Deo et beate
Marie et sancto Johanni Evangeliste de Parco de Helagh et canonicis ibidem Deo servientibus in villa et territoriis de Kathertona
novem bovatas terre cum omnibus pertinenciis suis infra villam
et extra scilicet quinque bovatas quas Christiana soror mea et
Johannes de Friston tenuerunt cum toftis et croftis que iidem
f. 31v. Christiana/ et Johannes tenuerunt et quattuor bovatas quas
Durant et Stephanus Venator et Leticia vidua et Willelmus
Clericus tenuerunt cum duobus toftis et croftis que Sibilla et
Romphar tenuerunt. Et preterea triginta acras de terra arabili
de meo dominico in dicto territorio de Katerton scilicet in cultura
que vocatur Brekes decem acras que se extendunt in longitudine a
via regia quae vadit versus Tatecastre usque ad pratum meum
in cultura que vocatur Fernacris decem acras juxta pontem de
Helagh et in assarto sub parco de Helagh versus occidentale sex
acras et in culturis de Witgap et de Pitt tres acras et dimidium
Et dimidium acrae juxta assartum Alani de Furno Et preter
triginta acras nemoris mei de Catherton cum solo propinquiores
assarto dictorum canonicorum quod de me habent et cum omnibus
infra contentis absque retenemento ad fossandum et includendum
et ad faciendum quicquid inde voluerint sine communa mea vel
heredum meorum vel alicujus alterius Et preterea liberum introitum et exitum a pastura et bosco dictorum canonicorum
usque ad villam et pasturam de Kathertona et ad terras dictorum
canonicorum de Katherton ubi competencius eis fuerit super
terram meam sine omne contradiccione et impedimento. Ego vero
f. 32. Alanus omnia supradicta dedi dictis/ canonicis in liberam puram
'd ii' et perpetuam elemosinam cum communa pasture in Kathertona
et ubicumque villa de Katerton communicare solet et cum omnibus
aliis pertinenciis aisiamentis et libertatibus suis ubique sine omne
retenemento. Et ego Alanus et heredes mei omnia predicta dictis
canonicis tamquam puram liberam et perpetuam elemosinam
warantizabimus adquietabimus et defendemus contra omnes
homines imperpetuum. Hiis testibus: dominis Alano de Folifait,
Ricardo de Wiuelestrop, Ricardo Prudfot et aliis.

Dodsworth's copy of this grant was apparently taken from an
original charter, as he appends a note and sketch of the seal. See
Dodsworth MSS. cxvi, f. 64v, and p. 223 below.
Catterton is about 2 miles SE. of Healaugh.

CATHERTON.

Grant by the same to the same of the same nine bovates, etc.,
with a further acre in Calvecroft before the gate of Catterton hall.

Sciant presentes et futuri quod ego Alanus de Catherton dedi concessi et hac carta mea sigillo meo roborata confirmavi Deo et beate Marie et sancto Johanni Evangeliste de Parco de Helagh et canonicis ibidem Deo servientibus in villa et territorio de Katherton novem bovatas terre cum omnibus pertinenciis suis infra villam et extra scilicet quinque bovatas quas Christiana soror mea et Johannes de Fristona tenuerunt cum toftis et croftis que iidem Christiana et Johannes tenuerunt et quattuor bovatas quas Durant et Stephanus Venator et Leticia vidua et Willelmus Clericus tenuerunt cum duobus toftis et croftis que Sibilla et Romphar tenuerunt et triginta acras de terra/ arabili de meo dom- *f. 32v.* inico in dicto territorio de Katerton scilicet in cultura que vocatur Brekes decem acras que se extendunt in longitudine a via regia que vadit versus Tatecastre usque ad pratum meum in cultura que vocatur Fernacris decem acras juxta pontem de Helagh et in assarto sub parco de Helagh versus occidentali sex acras et in culturis de Witgap et de Pitt tres acras et dimidium et dimidium acre juxta assartum Alani de Furno Et preter triginta acras nemoris mei de Catherton cum solo propinquiores assarto dictorum canonicorum quod de me habent et cum omnibus infra contentis absque retenemento ad fossandum et includendum et ad faciendum quicquid inde voluerint sine communa mei vel heredum meorum vel alicujus alterius. Et preterea unam acram terre in cultura que vocatur Calvecroft, illam scilicet que jacet propinquior vie que vadit ante portam aule de Katerton usque ad moram et se extendit de via que venit de villa de Katerton usque ad moram ad includendum et fossandum et herbergandum et faciendum quiccunque inde voluerint sine communa mei et heredum meorum vel alicujus alterius. Et preterea liberum introitum et exitum a pastura et bosco dictorum canonicorum usque ad villam et pasturam de Kathertona et ad terras dictorum canonicorum de Katherton ubi competencius......

Cf. Charter Rolls, 4 Edw. II, m. 14, no. 14.

Catchwords eis fuerit at foot of *f.* 32*v* and a note, apparently in Dodsworth's hand, Hic desunt duo folia. This is apparently correct; the old page numbering jumps here from 31/33 to 33/37.

TOULESTON.

Grant [imperfect] by Peter.... to the priory of Healaugh Park and the canons there serving God, in alms, of one acre of land in Toulston.

......[*Beginning lost*]......de Parco et canonicis ibidem *f. 33.* Deo servientibus in liberam puram et perpetuam elemosinam (37) unam acram terre cum pertinenciis in territorio de Touleston cujus 'd iii' dimidia acra est super Welhyll et alia dimidia acra est ad Redebusc et Wranglandis quam scilicet acram emi de Willelmo Reuel, tenendam et habendam dictis canonicis imperpetuum libere pure et pacifice ab omni servicio et secta curie exaccione et demanda. Et ego Petrus et heredes mei predictam acram cum pertinenciis dictis canonicis contra omnes homines warantizabimus adquietabimus et defendemus imperpetuum. In cujus rei testimonio presenti scripto sigillum meum apposui. Hiis testibus: domino Alano de Catherton, Thoma de Lardenar', et aliis.

The vill is Toulston, 1 mile SW. of Newton Kyme.

[No Heading. TOULESTON].

Inspeximus of a grant by William son of Alan de Catterton, to the prior and canons of the Park, for 53 marks, of all his land in Toulston, paying 8d. a year for fine of county and wapentake and scutage to the King when it comes, where 14 carucates make a knight's fee. In Toulston six bovates are reckoned to a carucate. The tenants are to use the mill of Newton (Kyme) as customary.

Inspeximus eciam quandam cartam quam Willelmus filius Alani de Katherton fecit eisdem priori et canonicis in hec verba. Omnibus has litteras visuris vel audituris Willelmus filius Alani de Catherton salutem. Noveritis me dedisse concessisse et hac presenti carta mea confirmavi priori et canonicis de Parcho pro quinquaginta et tribus marcis sterlingorum totam terram meam sine ullo retenemento quam habui in villa et territorio de Toulston scilicet sex bovatas terre exceptis duabus acris et dimidio et quattuor toftis cum croftis et cum omnibus aliis pertinenciis suis
f. 33v. infra villam et extra sine ullo retenemento/ una cum duobus rusticis et eorum catallis et sequelis scilicet Johanne filio Matill et Roberto fratre ejus, tenenda et habenda sibi et successoribus suis in liberam puram et perpetuam elemosinam imperpetuum libere quiete pacifice et integre ab omni seculari servicio secta curie exaccione et demanda, reddendo inde annuatim Alano de Kathertona patri meo et heredibus suis pro fine Comitatus et Wapentaci octo denarios scilicet ad primum Wapentacum post festum sancti Michaelis et scutagium domino regi quum venerit scilicet quantum pertinet ad tantam terram unde quatuordecim carucate faciunt feodum unius militis. Et sciendum quod in predicta villa de Toulston sunt sex bovate terre computate per unam carucatam terre. Et notandum quod tenentes de eis in predictis toftis molent ad molendinum de Newton sicut molere consueverunt. Ego autem Willelmus et heredes mei predictis canonicis predictas sex bovatas exceptis duobus acris et dimidia cum toftis et croftis et omnibus aliis pertinenciis warantizabimus acquietabimus et defendemus contra omnes homines imperpetuum. Et in hujus rei testimonium presenti scripto sigillum meum apposui. Hiis testibus: Ricardo de Luttryngtone, Roberto de Ellyngton, Johanne Mariscall de Tadcastre, et aliis.

Farrer (I, no. 533) dates this charter 1190-c. 1210.
Cf. Charter Rolls, 4 Edw. II, m. 14, no. 16.

TOULESTON.

Inspeximus. Grant by Alan de Catterton to the prior and canons of the Park, in alms, of six bovates of land in his fee of Toulston, less 2½ acres, for a yearly rent of 8*d*. at the first wapentake of Barkston after Michaelmas, for fine of wapentake and county.

Inspeximus cartam in hec verba. Omnibus Christi fidelibus *f*. 34. has litteras visuris vel audituris Alanus de Catherton salutem. 'd iiii' Noveritis me concessisse et hoc presenti scripto confirmasse in liberam et perpetuam elemosinam priori et canonicis de Parco sex bovatas terre exceptis duabus et dimidia acris que scilicet bovate sunt de feodo meo in Touleston cum omnibus pertinenciis suis quas scilicet idem prior et conventus emebant de Willelmo filio meo pro quinquaginta et tribus marcis, reddendo inde annuatim michi et heredibus meis tantum octo denarios ad primum wapent-acum de Barkeston pro fine Comitatus et Wapentaci post festum sancti Michaelis pro omni servicio secta exaccione et demanda ad me et heredes meos pertinente. Et ego Alanus et heredes mei totam predictam terram cum pertinenciis predictis canonicis ab omnibus sectis consuetudinibus et demandis per preiudicium[1] servicium contra omnes homines warantizabimus adquietabimus et defende-mus. In cujus rei testimonium presens scriptum sigilli mei im-pressione roboravi.

Hiis testibus: Ricardo de Luttryngton, Roberto de Elyngton, Thoma Mariscall de Tadcastre, et aliis.

CATERTON.

Inspeximus. Grant by Leticia widow of Henry de Acum to Elias de Catterton, of 4 acres of arable land in Catterton (described in detail), for a rent of 1*d*. at Christmas.

Inspeximus item cartam quam Leticia relicta Henrici de Acum fecit Elye de Caterton/ in hec verba. Omnibus Christi *f*. 34*v*. fidelibus ad quos presens scriptum pervenerit Lecia relicta Henrici de Acum salutem in domino. Noveritis me in propria viduitate mea et legitima potestate mea dedisse concessisse et hac presenti carta mea confirmasse Elia de Catherton et heredibus suis vel suis assignatis quattuor acras terre arabilis cum pertinenciis in terri-torio de Catertona quarum una acra jacet in campo boreali ejus-dem ville juxta Garbradflatt prout extendit se a mora de Caterton usque ad Wichestokehoried in longitudine et dimidia acra jacet sub stauros inter terram que fuit quondam Ade le Cerf ex parte australi et terram prioris de Parcho ex parte orientali, et dimidia acra jacet in Sandeland Heveland inter terram que fuit Ade le Cerf ex parte boriali et terram prioris de Parcho ex parte meriod-ionali apud Holkerdike inter terram Ade le Cerf et terram prioris de Parco, et dimidia acra jacet juxta Grenegate ex parte boriali inter culturam Willelmi de Catherton et terram prioris de Parco,

_____
[1] *Sic.*

f. 35.

et dimidia acra jacet juxta Grenegate ex parte meridionali inter terram Ade le Cerf et terram prioris de Parcho et dimidia acra jacet apud Dedemanbusk inter terram Ade le Cerf et terram prioris de Parcho, tenendas et habendas prenominato Helye et heredibus/ suis vel suis assignatis libere quiete integre et pacifice et imperpetuum cum omnibus pertinenciis suis libertatibus et aysiamentis ad tantam terram pertinentibus infra villam de Catherton et extra, reddendo annuatim michi Leticie et heredibus meis vel meis assignatis unum denarium infra natale Domini pro omni servicio exaccione seculari et demanda. Ego dicta Leticia et heredes mei vel mei assignati predictas quattuor acras terre cum omnibus suis pertinenciis sicut prescriptum est prenotato Helye et heredibus suis vel suis assignatis pro predicto servicio contra omnes homines warantizabimus acquietabimus et defendemus imperpetuum. In cujus rei testimonium presenti scripto sigillum meum apposui. Hiis testibus: dompno Henrico priore de Parco, Wilelmo de Catherton, Roberto Caterton clerico, et aliis.

To the name of Henry [de Wheatley] prior of the Park, who witnesses, Dodsworth has added a note "a 49 H. 3 ad 9 Ed. I."

TOULESTON FENTON BERKESTON MARSTON.

Inspeximus. Quitclaim by Richard de Marston son of Henry son of Thurstan to the prior and canons of the Park, for souls' health, in alms, for all land and tenement of the canons in his fee in Toulston by Newton Kyme, South Fenton in Barkston and Marston in Ainsty.

f. 35v.

Inspeximus eciam quandam aliam cartam quam Ricardus de Merston filius Henrici filius Thurstani fecit priori et canonicis de Parco in hec verba. Omnibus Christi fidelibus hoc scriptum invisuris vel audituris Ricardus de Merston filius Henrici filius Thurstani salutem in domino sempiternam. Noveritis me pro salute anime mee patris et matris mee heredum antecessorum et successorum meorum concessisse confirmasse et omnino de/ me et heredibus meis imperpetuum quietclamasse Deo et beate Marie et domui sancti Johannis Evangeliste de Parco de Helagh et canonicis ibidem domino servientibus et imperpetuum servituris ['servitut'] in liberam puram et perpetuam elemosinam totum jus et clamium quod habui vel aliquo modo habere potui vel potero in tota terra et tenemento cum pertinenciis quam vel quod dicti religiosi unquam habuerint de feodo meo vel antecessorum meorum in villis et territoriis de Touleston juxta Newton Kyme Suthfenton in Wapintagio de Barkston et Merston in Aynsteht, ita videlicet quod nec ego dictus Ricardus nec heredes mei nec aliquis pro nobis sive per nos aliquid juris vel clamii in tota predicta terra et tenemento cum pertinenciis vel in aliqua eorum parte de cetero exigere habere vel vendicare poterimus imperpetuum. In cujus rei testimonium presenti scripto sigillum meum apposui. Hiis testibus: dominis Briano filio Alani, Ricardo le Walayse, Johanne filio Nicholai de Hoclestrop, et aliis.

NO HEADING.

Inspeximus. Similar quitclaim by the same to the same for the same lands.

Inspeximus eciam quandam aliam cartam quam idem Ricardus fecit eisdem priori et canonicis in hec verba. Omnibus Christi fidelibus hoc scriptum visuris vel audituris Ricardus de Merston filius Henrici filius Thurstani salutem in domino sempiternam./ Noveritis me pro salute anime mee patris et matris mee *f. 36.* heredum antecessorum et successorum meorum concessisse confirmasse et omnino de me et heredibus meis imperpetuum quitclamasse Deo et beate Marie et domui sancti Johannis Evangeliste de Parco de Helagh et canonicis ibidem Deo servientibus et imperpetuum servituris in libera pura et perpetua elemosina totum jus et clamium quod habui vel aliquo modo habere potui vel potero in tota terra et tenemento cum pertinenciis quam vel quod dicti religiosi unquam habuerunt de feodo meo vel antecessorum meorum in villis et territoriis de Touleston juxta Newton Kyme Suth Fenton in Wapintagio de Barkeston et Marston in Aynsteth. Ita videlicet quod nec ego dictus Ricardus nec heredes mei nec aliquis pro nobis sive per nos aliquid juris vel clamii in tota predicta terra et tenemento cum pertinenciis vel in aliqua eorum parte de cetero exigere habere vel vendicare poterimus imperpetuum. In cujus rei testimonium presenti scripto sigillum meum apposui. Hiis testibus: dominis Briano filio Alani, Ricardo le Walayse, Johanne filio Nicholai de Hoclestrop, et aliis.

CATTERTON ET TOULESTON. [A.D. 1285].

Grant by Sir Simon de Kyma, lord of Newton Kyme upon Wharfe to God and the Blessed Mary and the house of St. John Evangelist of the Park of Healaugh and the canons there serving God, for souls' health, in alms, of all that they hold of his fee in Catterton and Toulston. St. James' Day, A.D. 1285.

Omnibus Christi fidelibus hoc scriptum visuris vel audituris dominus Symon de Kyma dominus de Newton/ Kyme super Werf *f. 36v.* eternam in domino salutem. Noveritis me [dedisse *struck out in red ink*] concessisse et pro me et heredibus meis presenti scripto confirmasse Deo et beate Marie et domui sancti Johannis Evangeliste de Parco de Helagh et canonicis ibidem Deo servientibus pro salute anime mee antecessorum et heredum meorum in libera pura et perpetua elemosina omnes terras tenementa et pasturas cum pertinenciis suis que ipsi habent in feodo meo tam in dominico quam in servicio scilicet in villis et territoriis de Catherton et Touleston que habuerunt et tenuerunt die confessionis hujus scripti secundum tenorem cartarum suarum quas inde habent de feoffatoribus suis, tenenda et habenda omnia predicta sibi et successoribus suis libere quiete integre pacifice et solute ab omni seculari servicio sectis exaccione et demanda imperpetuum. In cujus rei testimonium presenti scripto sigillum meum apposui. Acta apud Newton predictam die sancti Jacobi apostoli A.D. MCCLXXXV.[1] Hiis testibus: dominis Johannis de Bella Aqua, Stephano Wales, Wilelmo le Vauasor, Alano de Folifait.

> Cf. Charter Rolls, 4 Ed. II, m. 14, no. 17, and Dodsworth MSS., VIII, f. 89v.

SMAUS.

> Grant by Richard de Tadcaster, the Mason, to God and the Blessed Mary and the house of S. John Evangelist of the Park and the canons there serving God, in alms, of ½ acre of land in Smaws, which they have by the gift of Oliver de Brinkel.

f. 37. Omnibus has litteras visuris vel audituris Ricardus de Tate-cast' Cementarius salutem in domino. Noveritis me concessisse et hac presenti carta mea confirmasse/ Deo et beate Marie et domui sancti Johannis Evangeliste de Parco et canonicis ibidem Deo servientibus in liberam puram et perpetuam elemosinam unam dimidiam acram terre cum pertinenciis suis in villa et territorio de Smaus, illam scilicet quam dicti canonici habent de dono Oliveri de Brinkel que jacet propinquior terre que fuit predicti Oliveri in Spiknaycroft. Et ego Ricardus et heredes mei predictam terram cum pertinenciis predictis canonicis warantizabimus adquietabimus et defendemus contra omnes homines imperpetuum. Ut autem hec mea concessio et confirmacio rata permaneat inposterum presens scriptum sigillo meo roboravi. Hiis testibus: Ricardo de Normanwill, Thoma Lardenar, Henrico Mariscall, et aliis.

> For another grant of Richard the Mason, cf. Charter Rolls, 4 Edw. II, m. 17, no. 15.
> The vill is probably represented by Smaws Farm, 1½ miles W. of Tadcaster.

SMAUS.

> Grant by Beatrice, wife of Hugh the Mason, to Oliver de Brincle, of ½ acre of land in Smaws (described as in the last item), for which Oliver has given her 10 shillings.

Sciant tam presentes quam futuri quod ego Beatrix femina Hugonis Cementarii dedi et concessi et hac mea presenti carta confirmavi Olivero de Brincl et heredibus dimidiam acram terre in territorio de Smaus scilicet illam que jacet propinquior terre sue in Spicenercroft tenendam de me et heredibus meis illi et heredibus suis in feodo et hereditate libere et quiete pro omne servicio terre pertinenti. Pro hac vero donacione et confirmacione dedit mihi *f. 37v.* predictus Oliverus decem solidos. Et ego/ et heredes mei warantiza-bimus illi et heredibus suis predictam terram contra omnes homines. Hiis testibus: Alano filio Elye, Willelmo de Stiveton, Nicholao Clerico, et multis aliis.

[1] '13 Ed. I.'

SMAUS.

Grant by Oliver de Brincle to God and the house of St. John Evangelist of the Park of Healaugh and the canons serving God there, for his soul's health, in alms, of one messuage in Smaws, comprising one toft and croft and 1½ acres of land, to be held free of all service.

Omnibus Christi fidelibus Oliverus de Brincl salutem in domino. Noveritis me divine pietatis intuitu pro salute anime mee dedisse et concessisse et hac presenti carta mea confirmasse Deo et domui sancti Johannis Evangeliste de Parco de Helagh et canonicis ibidem Deo servientibus in puram et perpetuam elemosinam unum messuagium in villa de Smaws scilicet unum toftum et croftum que emi de Henrico filio Johannis de Percy et unam acram terre in territorio ejusdem ville scilicet dimidiam acram quam emi de Galfrido filio [*blank*] et dimidiam acram quam emi de Ricardo Cementario, tenendum et habendum predictis canonicis cum omnibus pertinenciis et libertatibus et aisiamentis suis infra villam et extra libere et quiete ab omni servicio et seculari exaccione. Hiis testibus: Hugone de Lelay, Roberto de Lelay, Jordano de Sancta Maria, Henrico de Wychale, et aliis.

SMAUS. [A.D. 1233-56].

Grant by Helias the prior and the convent of the Park to Richard de Normanvill, for his service, of a toft in Smaws, and 1½ acres of land, for a rent of 4 shillings, and as a fine for non-payment 2 shillings to the fabric of Tadcaster Bridge.

Universis sancte matris ecclesie filiis has litteras visuris vel audituris Helias prior et conventus de Parco salutem eternam in domino. Noveritis/ nos dedisse concessisse et hac presenti carta *f. 38.* nostra cirografata confirmasse Ricardo de Normanvill pro homagio et servicio suo unum toftum in villa de Smaws cum edificiis in eo plantatis, illud scilicet toftum quod habuimus de dono Oliveri de Brincl', quod jacet inter toftum ecclesie de Tadcastre ex una parte et inter toftum quod fuit Rogeri de Hedlay ex altera cum omnibus pertinenciis suis libertatibus et aisiamentis infra villam et extra. Et unam acram terre quam habuimus de dono predicti Oliveri cum omnibus pertinenciis suis, illam scilicet que jacet in territorio de Smaws cujus medietas jacet in Scalleby inter terram predicte ecclesie de Tadcastre ex una parte et villam de Smaws ex altera, et altera medietas jacet inter terram que fuit Thome le Lardinar ex una parte et terram que fuit Unifridi le Barker ex altera, tenenda et habenda sibi et heredibus suis de nobis et successoribus nostris in feodo et hereditate libere quiete et pacifice ab omni seculari servicio et exaccione nobis pertinente, reddendo inde nobis et successoribus nostris annuatim tum quattuor solidos argenti medietatem ad Pentecosten et medietatem ad festum sancti Martini in Yme. Et si contigerit quod predictus Ricardus/ *f. 38v.* vel heredes ejus dictum redditum ad predictos terminos non persolverit nobis vel successoribus nostris dabunt fabrice pontis de Tatecastr' duos solidos sub nomine pene salva nobis firma nostra. ,Nos autem et successores nostri dictas terras cum pertinenciis dicto Ricardo et heredibus suis contra omnes homines warantizabimus per predictum servicium sicut nostram puram elemosinam quam diu carta nostra quam inde habemus nobis illas poterit warantizare. Sciendum est autem quod si dictus Ricardus vel heredes ejus dictum feodum nobis vel successoribus nostris dimittere voluerit dabunt nobis vel successoribus nostris tres marcas argenti ita quod licebit distringere dictum Ricardum et heredes ejus tam in catallis quam in terris et redditibus donec de predictis tribus marcis nobis et successoribus nostris satisfecerunt. Et in hujus rei testimonium presentibus scriptis sigillum nostrum una cum sigillo predicti Ricardi est appensum. Hiis testibus: Henrico de Percy, Alano de Catherton, Thoma Mariscall, et aliis.

NO HEADING.

Inspeximus. Grant by Oliver de Brinkell to God and the Blessed Mary and the house of St. John Evangelist of the Park and the canons there serving God, in alms, of a rent of 4_d._ to find incense in the church of that place.

Inspeximus eciam quandam cartam quam Oliverus de Brinkell fecit eidem priori et canonicis in hec verba. Omnibus Christi fidelibus Oliverus de Brinkell salutem. Noveritis me dedisse concessisse et hac presenti carta mea confirmasse Deo et beate Marie et/ domui sancti Johannis Evangeliste de Parco et canonicis ibidem Deo servientibus in puram et perpetuam elemosinam redditum quattuor denariorum ad inveniendum incensum in ecclesia dicti loci quorum medietatem accipient dicti canonici ad festum sancti Martini in hieme et medietatem ad Pentecosten, illum scilicet quem Roger Hyrdman mihi dedit de terra quam Ricardus de Normanvill quondam tenuit de dicto Rogero Hyrdman, tenendum et habendum libere et quiete ab omni seculari servicio et exaccione. Et ego Oliverus de Brinkell et heredes mei warantizabimus dictum redditum dictis canonicis contra omnes homines imperpetuum. Hiis testibus: Ricardo de Normanuyll, Ricardo Cementario, Roberto fratre ejus, et aliis.

f. 39.

Cf. Charter Rolls, 4 Edw. II, m. 17, no. 11.

WOODUSUM.

Inspeximus. Grant by Amabel daughter of Peter de Arthington sometime wife of Henry de Plesyngton, for souls' health, to God and the house of St. John Evangelist of the Park of Healaugh and the canons there serving God, in alms, of 10½ acres of land in Wothersome.

Inspeximus eciam quandam aliam cartam quam Amabilis filia Petri de Ardyngton quondam uxor Henrici de Plesington fecit predictis priori et canonicis in hec verba. Omnibus Christi fidelibus Amabilis filia Petri de Ardyngton quondam uxor Henrici de Plesyngton salutem in domino. Noveritis me in libera viduitate mea et in legitima potestate mea dedisse et concessisse et hac presenti carta mea confirmasse pro salute anime mee et heredum meorum Deo et domui sancti Johannis Evangeliste de Parco de Helagh et canonicis ibidem Deo servientibus in puram et perpetuam elemosinam decem acras et dimidium terre et/ in territorio de *f. 39v.* Wodhusum in cultura que dicitur Staingateflat inter Staingate et Northwod, illas scilicet quas Alanus Cementarius tenuit de me et dimidiam acram in crofto quod idem Alanus tenuit cum tofto in Undehusum cum omnibus aisiamentis et libertatibus infra villam et extra ad predictam terram pertinentibus. Et ego et heredes mei predictam terram predictis canonicis warantizabimus et defendemus contra omnes homines. Et in hujus rei testimonium presenti scripto sigillum meum apposui. Hiis testibus: Hugone de Thonsum, Roberto Vauasor, Ada de Rigton, et pluribus aliis.

Cf. Charter Rolls, 4 Edw. II, m. 17, no. 10.

The vill is probably Wothersome, about 2 miles W. of Bramham.

NO HEADING.

Inspeximus. Quitclaim by Richard son of Ralph and Emma his wife, daughter of Anabilia and Adam de Balne, and Agnes daughter of Anabilia, to the house of St. John Evangelist of the Park and the canons of the same place, for all land which the canons have in Wothersome of the gift of Anabilia.

Inspeximus eciam quandam aliam cartam in hec verba. Omnibus Christi fidelibus has litteras visuris vel audituris Ricardus filius Radulphi et Emma uxor sua filia Anabilie et Ade de Balne et honesta uxor ejus filia dicte Anabil et Agnes filia ejusdem Anabil salutem in domino. Noveritis nos tactis sacrosanctis abjurasse et quitclamasse de nobis et heredibus nostris domui sancti Johannis Evangeliste de Parco et canonicis ejusdem loci totum jus et clamium que habuimus vel habere poterimus in terra quam dicti canonici habent in villa de Wudehus de dono predicte Anabilie. Et ut hec nostra abjuracio et quieta clamacio rata permaneat presenti scripto sigilla nostra apposuimus. Hiis testibus: Henrico de Berlay, Jordano de Hyll,/ Jordano filio Johannis, *f. 40.* Ricardo filio Fulconis de Rygton, Johanne de Berdesay, et aliis. (44)
'e i'

WODUSUM. [A.D. 1233-56].

Inspeximus. Grant by Helyas the prior and the convent of the Park to Jordan son of John de Woodhouse, for his service, of all land in Staingate and a toft in Woodhouse, all which they had of the gift of Amabel daughter of Peter de Arthington, for a rent of 4 shillings and for non-payment a fine of 12*d.* to the fabric of their church.

Inspeximus eciam quoddam aliud scriptum cyrographatum in hec verba. Omnibus Christi fidelibus Helyas prior et conventus de Parco salutem eternam in domino. Noveritis nos dedisse concessisse et hac presenti carta nostra cirographata confirmasse

Jordano filio Johannis de Wudehus et heredibus suis pro homagio et servicio suo totam terram illam in cultura que dicitur Staingate quam habuimus de dono Amabilie filie Petri de Ardyngton cum tofto quod est in villa de Wudhus quod similiter habuimus de dono ejusdem Amabilie, tenendam et habendam dicto Jordano et heredibus suis cum omnibus pertinenciis suis infra villam et extra de nobis et successoribus nostris, reddendo inde nobis annuatim quattuor solidos argenti apud Parcum, medietatem ad festum sancti Martini et medietatem ad Pentecosten. Et si contingat quod dictus Jordanus vel heredes sui dictam firmam ad dictos terminos non persolverint dabunt fabrice ecclesie nostre duodecim denarios pro quolibet termino transgresso. Et ad solucionem faciendum tam dicte firme quam pene subjecerunt se dicti Jordanus et heredes sui cum omnibus catallis suis arbitrio nostro sine omne contradiccione. Nos vero et successores nostri dictam terram

f. 40v. cum/ pertinentibus dicto Jordano et heredibus suis per predictum servicium contra omnes homines warantizabimus. Hiis testibus: Eudone Capellano, Henrico Okelthorp, Hugone filio ejus, et aliis.

CONFIRMACIO MONASTERII.   [Between A.D. 1218 and 1233].

Ordinance of Walter [de Gray] Archbishop of York, to William de Hamelaco prior of the Park of Healaugh and the brothers there serving God, confirming to them their monastery, with the church of St. John Evangelist, under the rule of St. Augustine, with protection of grants made to them (specified), and right to elect priors.

WALTERUS dei gratia Eboracensis Archiepiscopus et Anglie Primas Karissimis filiis in Christo Willelmo priori de Parco de Helagh et fratribus ibidem Deo servientibus salutem graciam et benediccionem. In Danielis visione legitur quod antiquo dierum milia milium ministrabant et decies milies centena milia assistebant ei Et quia ad instar illius celestis Jerusalem ubi tot sunt spiritus administratorii constituta est ecclesia in terris licet non possit a pari respondere credimus tum altissimo placere ut sicut in ecclesia triumphante in munera assistit multitudo ministrancium ita in ecclesia militante de die in diem augeatur numerus et devocio dum in terra laudancium. Cum igitur potissimum spectet ad officium pastorale cui divina miseracione licet in meriti astricti sumus cultum Christiane religionis ad honorem Dei ampliare vestris justis postulacionibus grato concurrentes assensu dilecte fili Willelme prior de Parco de Helagh tibi fratribusque tuis tecum regulariter commorantibus consensum nostrum auctoritate diocesana impurtimur confirmantes nobis successoribusque nostris

f. 41. monasterium/ de Parco ecclesiam videlicet sancti Johannis Evangeliste et locum in quo siti estis cum omnibus pertinenciis suis. Et statuimus ut deinceps tam vos quam successores vestri secundum regulam sancti patris Augustini ibidem canonice vivatis sub speciali itaque proteccione nostra suscipientes vos et omnia vestra cum monasterio vestro confirmamus vobis terras silvas et pasturas

cum pertinenciis in nemore de Helagh que habetis de dono anti-
quorum fundatorum Bertrami Haget et Galfridi Haget filii ejus
terras prata et pasturas cum pertinenciis que habetis in Wychale
de dono Radulphi Haget et Bertholomei Thuret, terras et pasturas
cum pertinenciis que habetis in Thorp et Waleton de dono Juete
de Archez et Petri de Brus, terras prata et pasturas cum pertinenciis que habetis in Esedike de dono Bartholomei Thuret, terras
prata et boscos et pasturas cum pertinenciis que habetis in Hagandeby de dono Roberti de Lelay, terras et pasturas cum pertinenciis que habetis in Plompton de dono Petri de Plompton,
terras et pasturas cum pertinenciis que habetis in Merston ex dono
Johannis de Hoton, terras et pasturas cum pertinenciis que habetis
in Aykton de dono Roberti de Plompton. Item redditus quos
habetis in denariis in Eboraco in Bilton in Feostayn/ ex dono
Petri de Plompton Walteri filii Widonis Henrici Walensis Galfridi
filii Gileberti prout in auctenticis ipsorum pronominatorum
virorum [scartis] continetur. Omnia igitur que racionabiliter in
presenciarum habetis aut in futurum justis modis pristante domino
poteritis adipisci sub Dei et beati Petri et nostra proteccione
suscipimus et ut vobis integra et illibata permaneant confirmavimus auctoritate Dei omnipotentis et sancti Petri et nostra
prohibentes ne quis personas vestras perturbare possessiones seu
bona vestra auferre vel minuere aut temerariis vexacionibus audeat
infestare. Quod si quis ausu temerario presumpserit nisi cito
comonitus resipuerit, noverit se iram Dei omnipotentis et sancti
Petri et nostram incursurum. Ad hec filii dilecti liberam eleccionem
prioris domus vestre vobis et successoribus vestris confirmamus, ita
ut si contingeat te fili karissime prior in fata concidere liceat
fratribus ibidem comorantibus quam [quem *in margin*] magis
idoneum viderit in priorem et pastorem animarum suarum
canonice eligere et electum nobis vel successoribus nostris pres-
entare ut idem electus auctoritate pontificale secundum morem
debitum vobis prior perficiatur et sic deinceps a successoribus
vestris imperpetuum observetur./ Cunctis autem ejusdem domus
vestre jura servantibus sit pax domini nostri Jhesu Christi.
Quatenus et hic fructum benediccionis Dei omnipotentis et beate
Petri et nostre accipiant et apud destrictum judicem premia eterne
pacis inveniant Amen.

f. 41v.

f. 42.
'e iii'

QUIETACLAMACIO ROGERI DE MOUBRAY.   [A.D. 1254].

Quitclaim by Roger de Mowbray to God and the Blessed Mary and
St. John Evangelist of the Park of Healaugh and the canons there
serving God, for souls' health, in alms, for all their lands and goods,
namely the site of their priory within the Park of Healaugh and lands
in Healaugh, Wighill, Easedike, Walton, Thorpe, Toulston, Catterton,
Bilton, Askham, York, Marton, Tockwith and Thirsk, as they have held
them from the beginning of the foundation of their house to the present
Palm Sunday, 1254.

Omnibus Christi fidelibus has litteras visuris vel audituris Rogerus de Moubray salutem eternam in domino. Noveritis me concessisse et quietas clamasse de me et heredibus meis imperpetuum ab omni servicio seculari et exaccione secta curie consuetudine et demanda et presenti scripto meo confirmasse Deo et beate Marie et sancto Johanni Evangeliste de Parco de Helagh et canonicis ibidem Deo servientibus pro salute anime mee et antecessorum et heredum meorum in liberam puram et perpetuam elemosinam omnes terras tenementa et pasturas et quecumque bona ipsi habent in feodo meo ubicumque fuerint et precipue scitum loci sui et prioratum qui est infra Parcum de Helagh cum saltibus et assartis et cum toto nemore suo cum solo et cum omnibus infra contentis et omnibus libertatibus et pertinenciis suis que habent in territorio de Helagh. Et terras et tenementa que habent

f. 42v. in Wyhal in Esedike in Walton in Thorp in Touleston in Katertona/ in Bilton in Ascham in Eboraco in Marton in Tokewyth in Thresc cum omnibus ad dictas terras suas pertinentibus. Et preter alias terras suas si quas habent extra predictas villas in feodo meo secundum tenorem cartarum quas inde habent, tenendum et habendum omnia predicta in liberam puram et perpetuam elemosinam sibi et successoribus suis imperpetuum adeo ['a deo'] libere et [quiete *struck out in red*] pure sicut elemosina liberius purius et quiecius dari potest aut teneri que omnia predicti canonici adepti sunt a principio fundacionis domus sue de Parco usque ad diem qua facta fuit ista confirmacio scilicet usque ad diem Palmarum Anno Gracie MCCLIV. Et ut hec mea concessio quieta clamacio et confirmacio rata permaneat imperpetuum presens scriptum sigilli mei impressione roboravi. Hiis testibus: domino Johanne de Cauntfeld tunc seneschallo, Alano de Catherton, Egidio de Catherton, et aliis.

Cf. **Charter Rolls**, 4 Edw. II, m. 14, no. 1.

QUIETECLAMACIO VIE CONCESSA ["COCELL' "]   RICARDO
WALEUS.   [A.D. 1324].

Declaration by Richard le Walais, lord of Healaugh, that the prior of the Park of Healaugh and the convent of that place have granted to him for the term of one year a road of 20 feet in width from his old park of Healaugh by a certain ditch (described), for carrying timber sold in his park to certain men at Tadcaster, and quitclaim of all right to that road after the completion of the term of one year.

Omnibus has litteras visuris vel audituris Ricardus le Walais dominus de Helagh salutem in domino. Cum prior de Parco de Helagh et ejusdem loci conventus ex mera licencia et bona voluntate sua concesserunt quandam viam de latitudine viginti pedum

f. 43. a vetere parcho meo de Helagh per/ quoddam fossatum quod est
'*e iiii*' inter boscum suum qui vocatur le Horspark et alium boscum suum qui vocatur le Schepmanhag sequendo dictum fossatum usque pontem suum de Haganhou et sic a dicto ponte sequendo

aliud fossatum suum quod est inter campum suum de Haganhou
et dictum boscum suum usque ad portam de Norwragrene et sic
transeundo per viam suam que dicitur le Owtegange usque quandam pasturam de Tadcastre que vocatur le Marshe ad coriandum
['ca-' *in margin*] boscum et maheremium per me in dicto parcho
meo diversis hominibus venditum usque Tadecastr' ad terminum
unius anni proximum sequentem post diem confeccionis presencium.
Volo tum pro me heredibus et assignatis meis concedere quod
predictus prior nec ejusdem loci conventus nec successores sui de
dicta via post finem dicti termini per me vel heredes seu assignatos
meos seu per aliquem nomine nostro non calumpnentur nec
multiplicentur racione alicuius juris vel clamii nobis aliquo modo
pertinentis nisi ex mera licencia et bona voluntate dicti prioris et
conventus. Volo eciam et concedo pro me heredibus et assignatis
meis quod post predictum terminum unius anni completum ut
predictum est quod liceat priori et conventui predictam viam mihi
sic ex bona licencia et mera voluntate eorum concessam omnino
obstruere. Et/ dictum solum in separalitate absque calumpnia   *f. 43v.*
mei heredum vel assignatorum meorum imperpetuum retinere.
In cujus rei testimonium presentibus sigillum meum apposui.
Datum aput Helagh in Idus Maii Anno Gracie MCCCXXIV et regno
regis Edwardi xviii.

YARUM.

> Grant by Peter de Brus, for souls' health, to God and the Blessed
> Mary and St. John Evangelist of the Park of Healaugh and the canons
> there serving God, in alms, of all service which belongs to him from one
> carucate of land in Yarm and the service of Peter de Monceaus for that
> carucate; also of the Hospital of Yarm, with all the lands (named in
> detail) which they hold in his fee in Cleveland and elsewhere; with per-
> mission to receive further grants in his fee.

Omnibus Christi fidelibus ad quos presens scriptum pervenerit Petrus de Brus salutem eternam in domino. Noveritis me
divine pietatis intuitu et pro salute anime mee et animarum
patris mei et matris mee dedisse concessisse et hac presenti carta
mea confirmasse Deo et beate Marie et sancto Johanni Evangeliste
de Parco de Helagh et canonicis ibidem Deo servientibus in liberam
puram et perpetuam elemosinam totum servicium quod ad me
vel ad heredes meos pertinet vel pertinere potest de una carucata
terre in Jarum cum pertinenciis suis et cum homagio et toto
servicio Petri de Monceaus et heredum suorum que michi facere
consuevit idem Petrus pro predicta carucata terre quam videlicet
carucatam terre Robertus de Munceaus dedit in maritagio cum
filia sua Thome de Lutton. Preterea concessi et confirmavi eisdem
canonicis hospitale de Jarum cum omnibus pertinenciis suis et
omnes terras et tenementa/ que ipsi habent in feodo meo tam   *f. 44.*
infra Cliveland quam alibi cum omnibus pertinenciis suis in puram
et perpetuam elemosinam. Scilicet sex bovatas terre in villa de

Pyketon quas habent de dono Willelmi de Tampton et unum
toftum et unum croftum in Marton et tres bovatas in Toulesby
de dono Roberti de Acclum et decem acras cum uno tofto in villa
de Scalingis et duas bovatas in Kernardeby de dono Walteri de
Hoton et unam bovatam in Waleton de dono Rogeri de Brus et
sexdecim bovatas in Bilton de dono Bartholomei Thuret et sex
bovatas in Touleston quas habent de Willelmo de Kaerton et
octodecim acras terre et unum toftum cum pertinenciis in Wyr-
kechale de dono Juliane Franckelayn, tenenda et habenda omnia
predicta in liberam puram et perpetuam elemosinam sibi et
successoribus suis quiete ab omni servicio et exaccione secta
curie et demanda adeo libere quiete et pure sicut purius liberius et
quiecius dari potest elemosina aut confirmari. Et ego predictus
Petrus de Brus et heredes mei predictam donacionem meam et
confirmacionem dictis canonicis factam contra omnes homines
warantizabimus adquietabimus et defendemus imperpetuum. Si
quis vero eisdem canonicis aliquam terram vel/ redditum vel
pasturam divine pietatis intuitu infra feodum meum donare voluerit, concedo eisdem canonicis illud recipere et pacifice possidere
absque impedimento mei et heredum meorum vel alicujus alterius
ex parte nostra. Et ut omnia predicta rata permaneant presens
scriptum sigilli mei impressione roboravi. Hiis testibus: domino
Nicholao de Stuteuill, domino Rogero de Brus, Thoma clerico, et
aliis.

f. 44v.

Cf. Charter Rolls, 3 Edw. II, m. 14, no. 2.

SANDWATH JUXTA BILBURGH. [A.D. 1415].

Indenture of agreement between the prior and convent of the
Blessed John Evangelist of the Park of Healaugh and Richard de
Norton, recording that the canons have released to Richard all right in
20 acres of land and 2 acres of meadow in Sandwath by Bilbrough
and Richard in return has released to the canons 2 tofts and crofts,
12 acres of land and 1 acre of meadow in Catterton formerly the lands of
Richard Basy, lord of Bilbrough, whose estate Richard de Norton now
has.

Hec indentura facta inter priorem et conventum beati
Johannis Evangeliste de Parco de Helagh ex una parte et Ricardum
de Norton ex altera parte testatur quod concordatum est inter
predictos priorem et conventum et Ricardum de Norton quod
iidem prior et conventus relaxabunt eidem Roberto [sic] et heredibus suis totum jus suum et clameum que habent seu habere
poterunt in viginti acris terre et duabus acris prati cum suis pertinenciis in Sandewath juxta Bilburgh ac in omnibus aliis terris
tenementis redditibus et serviciis cum suis pertinenciis in Sandewath predicto que idem Ricardus tenet tempore confeccionis
presencium ex dimissione ad voluntatem ipsorum prioris et conventus, pro quaquidem relaxacione idem Ricardus relaxabit eisdem
priori et conventui et successoribus suis de se et heredibus ipsius

Ricardi totum jus suum et clameum/ que idem Ricardus clamavit *f. 45.*
et pretendebat se habere in duobus toftis et duobus croftis duodecim
acras terre et una acra prati cum suis pertinenciis in villa de
Caterton que quondam fuerat Ricardi Basy nuper domini de
Bilburgh cujus quidem Ricardi Basy statum prefatus Ricardus
de Norton modo habet, de quibus quidem toftis et croftis terra et
prato in Caterton iidem prior et conventus tempore confeccionis
presencium sunt in possessione et que quidem tofta et crofta terra
et pratum cum pertinenciis in Catherton sunt majoris valoris et
majus incrementum eisdem priori et conventui et successoribus suis
quam predicte viginti acre terre et due acre prati cum pertinenciis in Sandewath que iidem prior et conventus relaxabunt
eidem Ricardo de Norton et heredibus suis. In cujus rei testimonium tam predicti prior et conventus sigillum suum commune quam
predictus Ricardus de Norton sigillum suum partibus hujus
indenture alternatim apposuerunt. Datum decimo die Augusti
anno regni regis Henrici quinti post conquestum Anglie tercio.
["3 H. 5"].

The name of the vill is preserved in Sandwith Lane, between
Bilbrough and Askham Richard.

HELAGH. [A.D. 1398].

Gift of the advowson of the church of Healaugh, by Sir John
Deepden, knight and Elizabeth his wife, with licence of King Richard
II, with a view to appropriation, to Stephen Clarell, prior of Healaugh
Park and the convent of that place.

Hec indentura facta inter Johannem Deepden militem et
Elizabetha uxor ejus ex una parte et Stephanum Clarell priorem
prioratus de Helagh Parke et ejusdem loci conventus ex altera
parte testatur quod predictus Johannes/ Deepden et Elizabetha *f. 45v.*
uxor ejus per licenciam domini Ricardi regis Anglie dederunt et
concesserunt dictis priori et conventui et eorum successoribus
advocacionem ecclesie de Helagh cum suis pertinenciis habendum
et tenendum eisdem priori et conventui et eorum successoribus ita
quod predicti prior et conventus dictam ecclesiam appropriare
possunt et tenere sibi et successoribus suis in proprios usus imperpetuum ad inveniendum et sustentandum duos canonicos
prisbiteros imperpetuum infra ecclesiam prioratus predicti divina
celebraturos ad altare sancti Johannis Evangeliste et sancte Anne
pro salubri statu predictorum Johannis Deepden et Elizabethe
dum vinxerunt et pro animabus eorundem dum ab hac luce mig-
raverint et animabus antecessorum et successorum suorum et
animabus omnium fidelium defunctorum et pro salubri statu
dominorum manorii de Helagh qui pro tempore fuerint imperpetuum juxta ordinacionem venerabilis domini Ricardi Archiepiscopi Eboraci inde faciendam. Et predicti Johannes et Elizabetha et heredes sui predictam advocacionem predictis priori et

conventui et eorum successoribus in forma predicta contra omnes homines warantizabunt et defendent imperpetuum. In cujus rei testimonium partes predicte partibus hujus carte indentate

f. 46. sigilla/ sua alternatim apposuerunt. Hiis testibus: Nicholao de Mydilton, chivalero, Milone de Stapilton, Johanne de Ingleby, Ricardo de Norton, Willelmo Berker de Tadcastre, et aliis. Datum apud Helagh decimo die mensis Julii anno regni regis Ricardi secundi post conquestum Anglie vicesimo primo, A.D. 1398 ["21 R. 2"].

NO HEADING. [A.D. 1447].

Confirmation by Henry Percy, Earl of Northumberland and lord of the Honour of Cockermouth, to Thomas Cotinham, prior of Healaugh Park and the convent of the same place, of an agreement between the canons and Sir John Deepden, kt., and Elizabeth his wife, concerning common of pasture, with housebote and haybote which Stephan Clarell, formerly prior, and the convent claimed and had against Sir John and Elizabeth within the park and lordship of Healaugh and other places, with other rights specified.

Omnibus hoc scriptum visuris vel audituris Henricus Percy Comes Northumbrie et dominus honoris de Cokermouth salutem in domino. Cum nuper super jure et clameo quorundam commune pasture ac housbote et haybote que Stephanus Clarell tunc prior prioratus de Helagh Parke et ejusdem loci conventus clamaverunt et usi fuerunt et habuerunt versus Johannem Deepden militem et Elizabetham uxorem ejus infra parcum et dominium de Helagh tanquam pertinencia ad rectoriam suam de Helagh et glebam ejusdem ecclesie videlicet ad unum messuagium quattuor tofta quinquaginta duas acras terri et prati cum pertinenciis in Helagh et unum messuagium et dimidiam bovatam terre cum suis pertinenciis in Bilton prout rectores ejusdem ecclesie a tempore cujus contrarii memoria hominis non existat usi et habere consue-

f. 46v. verint ita concordatum fuisset/ videlicet quod dicti prior et conventus et successores sui imperpetuum haberent communam pasture ad sexdecim boves sive vaccas ad eleccionem dicti prioris et successorum et cetera infra parcum predictum sive infra dominium predictum ad eleccionem eorundum prioris et conventus ac successorum suorum a vigilia Invencionis sancte crucis quolibet anno usque ad festum sancti Michaelis Archiepiscopi [sic] et a dicto festo quolibet anno duodecim boves sive vaccas ad eleccionem eorundum prioris et conventus et successorum suorum infra parcum predictum vel in pasturis infra dominium predictum usque festum Invencionis sancte crucis in perpetuum. Aceciam pannagium ad duodecim porcos infra boscos de Helagh tempore pannagii et communam pasture pro eisdem in omnibus locis infra dominium predictum quolibet anno omne tempore anni imperpetuum. Aceciam racionabilis housbote et haybote pro edificacione novarum domorum et reparacionem veterum domorum ac cancelle ejus-

dem ecclesie et rectorie predicte et domorum glebe predicte, et pro
clausura domorum predictorum et gardinorum earundem cum
necesse fuerit. Et duodecim plaustratus bosci ad ardendum infra
rectoriam predictam vel alibi ubicumque sibi placuerit capiendos
infra boscos ibidem per visum et liberacionem forestarii sive custodis manerii de Helagh qui pro tempore fuerit ante festum sancti
Michaelis/ Archangeli quolibet anno imperpetuum. Et si pre- *f. 47.*
dictus forestarius qui pro tempore fuerit cum ex parte dictorum
prioris et conventus vel successorum suorum requisitus fuerit in
forma predicta et ad plaustratos predictos eis liberandum tepidus
vel neccligens fuerit vel liberare contradixerit, tunc licebit eisdem
priori et conventui et successoribus suis predictos duodecim
plaustratos bosci tempore racionabili capere et omnia estovaria
predicta videlicet housebote et haybote infra boscos predictos
absque visu alicujus forestarii. Et ulterius quod dicti prior et
conventus et successores sui habent liberum ingressum et egressum
per parcum et dominium de Helagh et unam novam portam faciendam et construendam sumptibus suis ubi melius sibi pro
decimis suis cariandis videbitur et pro aliis necessariis et negociis
suis faciendis et exequendis et claves pro portis parci predicti
ex parte versus Helagh pro suis passagiis per eandam, ita quod
claves predicte sint sub salva custodia prioris qui pro tempore
fuerit. Sciatis nos pro salute anime nostre et antecessorum nostrorum habere concordiam predictam ratam et gratam et pasturam
predictam ac housebote et haybote simul cum omnibus aliis
proficuis et commoditatibus et liberum ingressum et egressum/ *f. 47v.*
in omnibus modo et forma superius specificatur et declaratis pro
nobis et heredibus nostris Thome Cotinham nunc priori loci
predicti et ejusdem conventui et eorum successoribus confirmasse
ratificasse et approbasse imperpetuum. Et nos dicti Comes et
heredes nostri omnia predicta superius specificata prior[i] et
conventui et eorum successoribus contra omnes gentes warantizabimus et in perpetuum defendemus. In cujus rei testimonium sigillum nostrum presentibus est appensum.

Datum in manerio nostro apud Petteworth A.D. 1447 et
regni regis Henrici sexti post conquestum Anglie vicesimo sexto.

ASCAM.

> Inspeximus. Grant by Theodore de Riebroc, for souls' health, to
> God and the Blessed Mary and the house of St. John Evangelist of the
> Park and the canons there serving God, in alms, for the maintenance
> of one canon, of six bovates of land in Askham of the gift of Peter de
> Brus.

Inspeximus eciam etc. Omnibus Christi fidelibus has litteras
visuris vel audituris Theodorus de Riebroc salutem. Noveritis me
dedisse concessisse et hac presenti carta mea confirmasse pro
salute anime Petri de Brus et anime mee Deo et beate Marie et
domui sancti Johannis Evangeliste de Parco et canonicis ibidem

Deo servientibus in liberam puram et perpetuam elemosinam ad sustentacionem unius canonici sex bovatas terre et reditum asisum et cum omnibus pertinenciis suis libertatibus et aisiamentis infra villa et extra quas habui in villa et territorio de Ascham de dono Petri de Brus, illas scilicet quas dicti canonici tenuerunt de me aliquando ad feodi firmam te-/nendum et habendum sibi et successoribus imperpetuum libere pure quiete integre ab omni servicio et exaccione ad me et heredes meos pertinente. Et ut hec mea donacio concessio et presentis carte mee confirmacio rata permaneant et inconcussa imperpetuum presens scriptum sigilli mei impressione roboravi. Hiis testibus: domino Stephano de Meynil, Alano de Catherton, Roberto de Haggandeby, et aliis.

f. 48.

> Cf. Charter Rolls, 4 Edw. II, m. 11, no. 24.
> The vill is no doubt Askham Richard.

ASCHAM.

> Inspeximus. Similar grant by Theodore de Riebroc to the canons, of two bovates of land in Askham.

Inspeximus etc. ut s. Omnibus Christi fidelibus Theodorus de Riebroc salutem. Noveritis me dedisse concessisse et hac presenti carta mea confirmasse Deo et beate Marie et domui sancti Johannis Evangeliste de Parco de Helagh et canonicis ibidem Deo servientibus in liberam puram et perpetuam elemosinam duas bovatas terre cum tofto et crofto et cum omnibus aliis pertinenciis suis in villa et territorio de Ascham, illas scilicet duas bovatas cum tofto et crofto que Agneta uxor quondam Michaelis tenuit de me, tenendas et habendas dictis canonicis libere et quiete integre et pacifice ab omni servicio et exaccione. Ego vero predictus Theodorus et heredes mei predictas duas bovatas terre cum predictis tofto et crofto et cum omnibus aliis pertinenciis suis libertatibus et aysiamentis infra villam et extra ad predictam/ terram pertinentibus predictis canonicis in liberam puram et perpetuam elemosinam warantizabimus adquietabimus et defendemus contra omnes homines imperpetuum. Hiis testibus: domino Hamone persona de Alna, Alano de Cathertona, Waltero Belle, et aliis.

f. 48v.

> Cf. Charter Rolls, 4 Edw. II, m. 11, no. 23.

[NO HEADING : ASCHAM].

> Grant by Peter de Brus III to God and the canons of the Park of Healaugh, in alms, of all the lands in Askham which they have of the gift of Theodore de Riebrok, kt.

Inspeximus etc. Omnibus Christi fidelibus Petrus de Brus tercius salutem. Noveritis me concessisse et confirmasse Deo et canonicis de Parco de Helagh in puram et perpetuam elemosinam totam terram illam in villa et territorio de Askehaym cum omnibus pertinenciis suis infra villam et extra quam dicti canonici habent de dono Theodori de Riebrok militis in eadem villa et territorio. Et ego Petrus de Brus et heredes mei totam dictam terram cum dictis pertinenciis suis dictis canonicis warantizabimus adquietabimus et defendemus contra omnes homines imperpetuum. Et in hujus rei testimonium huic scripto sigillum meum apposui. Hiis testibus: Nicholao milite de Stutevill tunc senescallo meo, Marmeduco de Thuenge, Ricardo tunc serviente de Torp, et aliis.

Cf. Charter Rolls, 4 Edw. II, m. 11, no. 25.

ASCAM.

Inspeximus. Grant by Peter de Brus to God and the canons of the Park, of all that land in Askham, with the mill, which the canons have at fee farm of Sir Theodore de Ribroc, the grantor's knight.

Inspeximus etc. Omnibus has litteras visuris vel audituris Petrus de Brus salutem. Noveritis me concessisse et confirmasse Deo et canonicis de Parco totam terram illam in villa et territorio de Ascham cum/ molendino et cum omnibus aliis pertinenciis suis *f. 49.* infra villam et extra quam dicti canonici habent ad feodi firmam de   *'f ii'* domino Theodoro de Ribroc milite meo, illam scilicet quam ego dedi eidem Theodoro pro homagio et servicio suo. Et ego Petrus de Brus et heredes mei totam dictam terram cum molendino et cum omnibus aliis pertinenciis suis dictis canonicis warantizabimus et defendemus contra omnes homines imperpetuum. Et in hujus rei testimonium huic scripto sigillum meum apposui. Hiis testibus: dominis Roberto Ingram, Rogero Brus, Johanne Nutel, et aliis.

Cf. Charter Rolls, 4 Edw. II, m. 14, no. 4.

ASCHAM.

Inspeximus. Grant by Peter son of Peter de Brus to Terry de Rubroc, for his homage and service, of all his land in Askham with the mill, doing forinsec service for so much land in that vill.

Inspeximus etc. Omnibus hanc cartam visuris vel audituris, Petrus filius Petri de Brus salutem in domino. Noveritis me dedisse et concessisse et hac carta mea confirmasse Terry de Rubroc et heredibus suis pro homagio et servicio suo totam terram et reditum asisum que habui· in Ascham cum molendino et cum omnibus pertinenciis suis libertatibus et aisiamentis predictis terre redditui assiso et molendino pertinentibus sine aliquo retenemento, tenendum et habendum predicto Terry et heredibus suis de me et heredibus meis libere quiete et honorifice faciendo inde mihi et heredibus meis forinsecum servicium quantum pertinet ad tantam terram ejusdem feodi in eadem villa. Et ego Petrus et heredes mei/ predictam terram redditum assisum molen- *f. 49v.* dinum cum omnibus pertinenciis suis predicto Terry et heredibus suis de me [et heredibus meis *struck out*] contra omnes homines warantizabimus imperpetuum.   Hiis testibus: Roberto Engeram, Berardo de Font', Alano de Parcho et multis aliis.

ASCAM.

> Inspeximus.   Grant by Thomas de Walton to God and the house of St. John Evangelist of the Park and the canons there serving God, in alms with his body, of ½ carucate of land in Askham free and quit of all service.

Inspeximus etc.   Omnibus Christi fidelibus Thomas de Waleton salutem.   Noveritis me pro salute anime mee dedisse et concessisse et hac presenti carta mea confirmasse Deo et domui sancti Johannis Evangeliste de Parco et canonicis ibidem Deo servientibus in puram et perpetuam elemosinam cum corpore meo dimidiam carucatam terre in territorio de Ascham cum omnibus pertinenciis libertatibus et aisiamentis infra villam et extra, illam scilicet quam emi de Serlone de Wilton, tenendam et possidendam predictis canonicis libere et quiete ab omni servicio et seculari exaccione.   Et ego et heredes mei predictis canonicis predictam terram cum pertinenciis suis warantizabimus et defendemus contra omnes homines imperpetuum.   Hiis testibus: Briano filio Alani, Ricardo Stiueton Willelmo de Tykehill, et aliis.

Cf. Charter Rolls, 4 Edw. II, m. 17, no. 1.

WOMBEWELL.

> Inspeximus.   Grant by Jordan de Sancta Maria to God and the blessed Mary and the house of St. John Evangelist of the Park and the canons there serving God, in alms with his body, for souls' health, of all his land of Wombwell with the buildings which Thomas de Crigleston and Christiana his wife held of the grantor at farm.

f. 50.
'f iii'

Inspeximus eciam etc.   Omnibus Christi fidelibus Jordanus de Sancta Maria salutem.   Noveritis me dedisse concessisse et hac presenti carta mea confirmasse Deo et beate Marie et domui sancti Johannis Evangeliste de Parco/ et canonicis ibidem Deo servientibus in puram et perpetuam elemosinam cum corpore meo pro salute anime mee et Alicie uxoris mee et heredum meorum totam terram meam de Wombewell cum edificiis sine ullo retenemento quam Thomas de Criglistona et Christiana uxor sua de me tenuerunt ad firmam in vita sua, tenendam et habendam libere et quiete ab omni servicio et seculari exaccione cum omnibus pertinenciis suis libertatibus et aisyamentis predictis infra villam et extra ad predictam terram pertinentibus.   Et ego et heredes mei predictam terram cum omnibus pertinenciis suis libertatibus et aisiamentis predictis canonicis warantizabimus contra omnes homines imperpetuum.   Et ut hec mea donacio rata permaneat presenti scripto sigillum meum apposui.   Hiis testibus: Roberto de Cokerfeld, Henrico Waleis, Roberto de Crigeston, et aliis.

Cf. Charter Rolls, 4 Edw. II, m. 11, no. 3.

WOMBEWELL.

> Inspeximus. Grant by Richard de Walays, heir of Sir Jordan
> de Sancta Maria, to God and the Blessed Mary and St.
> John Evangelist
> of the Park and the canons there serving God, in alms, of all the land
> which they hold in Wombwell of the gift of William de Folifoot, rendering
> one gift spur at Pentecost for all service.

Inspeximus etc. Omnibus has litteras visuris vel audituris
ego Ricardus de Walays heres domini Jordani de Sancta Maria
salutem. Noverit universitas vestra me concessisse et confirmasse
Deo et beate Marie et sancto Johanne Evangeliste de Parcho et
canonicis ibidem Deo servientibus et eorum successoribus in
liberam puram et perpetuam elemosinam totam terram cum toto
prato quam habent in villa et territorio de Wombewel/ de dono *f.* 50*v.*
Willelmi de Folifait, illam scilicet quam dictus Willelmus habuit
de dono antecessoris mei Jordani de Sancta Maria, tenendam et
habendam dictis canonicis et eorum successoribus libere et quiete
cum omnibus pertinenciis suis et libertatibus infra villam et extra,
reddendo inde michi et heredibus meis annuatim unam, calcariam,
deauratam, vel sex denarios termino ad Pentecosten pro omni servicio et demanda et seculari exaccione ad predictam terram pertinente. Et ego et heredes mei omnia predicta predictis canonicis
et eorum successoribus pro predicto servicio warantizabimus et
defendemus contra omnes homines imperpetuum. Hiis testibus:
Alano de Katherton, Alano de Folifait, Ricardo Wombwell, et aliis.

WOMBEWEL. [*c.* 1230].

> Inspeximus. Grant by Thomas de Crigleston, for souls' health,
> with his body, in alms, to God and the Blessed Mary and the house of
> St. John Evangelist of the Park and the canons there serving God, of
> all his land, namely that which was his mother's which he bought from
> Alan de Crigleston his brother, doing forinsec service.

Inspeximus etc. Omnibus Christi fidelibus Thomas de
Crigleston salutem in domino. Noveritis me pro salute anime mee
et antecessorum meorum dedisse et concessisse et hac presenti
carta mea confirmasse cum corpore meo in liberam et puram
elemosinam Deo et beate Marie et domui sancti Johannis Evangeliste de Parco et canonicis ibidem Deo servientibus totam terram
meam sine ullo retenemento, illam scilicet que fuit matris mee
quam emi de Alano de Crigileston fratre meo, tenendam et habendam libere et quiete cum omnibus pertinenciis libertatibus et
aisiamentis/infra villam et extra ad predictam terram pertinentibus, *f.* 51.
faciendo inde tantum forinsecum servicium quantum pertinet ad 'f iiii'
tantum terre in eadem villa. Et ego et heredes mei omnia predicta predictis canonicis et eorum successoribus pro predicto
servicio warantizabimus et defendemus contra omnes homines
imperpetuum. Hiis testibus: Thoma filio Willelmi, Jordano de
Sancta Maria, Willelmo Frances et pluribus aliis.

Cf. Charter Rolls, 4 Edw. II, m. 17, no. 22, where the witnesses contain names not copied here, notably Robert de Cokefeld, Sheriff of Yorkshire, 1226-29.

[NO HEADING. WOMBWELL].   [*c.* 1230].

Inspeximus of grant by Robert son of Adam de Crigeleston, to God and the Blessed Mary and the house of St. John Evangelist of the Park and the canons there serving God, for the soul's health of Thomas de Crigleston his brother, in alms, of one bovate of land in Wombwell.

Inspeximus, etc. Omnibus Christi fidelibus Robertus filius Ade de Crikleston salutem. Noveritis me dedisse concessisse et hac presenti carta mea confirmasse Deo et beate Marie et domui sancti Johannis Evangeliste de Parco et canonicis ibidem Deo servientibus pro anima Thome de Crigeleston fratris mei in liberam puram et perpetuam elemosinam unam bovatam terre in territorio de Wombewell cum omnibus pertinenciis suis in eadem villa quorum Ricardus Lichtfote tenuit unum toftum cum dimidia bovata et Alanus Byrde tenet aliud toftum cum alia dimidia bovata terre cum ipsis hominibus et tota sequela eorum, tenendum et habendum libere et quiete ab omni servicio et seculari exaccione. Et ego et heredes mei predictam bovatam terre cum predictis *f.* 51*v.* thoftis et croftis et cum omnibus pertinenciis suis warantizabimus/ adquietabimus et defendemus predictis canonicis contra omnes homines imperpetuum. Hiis testibus: Jordano de Sancta Maria, Roberto de Cokefeud, Ranerio de Wombewell, et aliis.

Cf. Charter Rolls, 4 Edw. II, m. 17, no. 23.

WOMBEWEL.

Inspeximus. Grant by William Folenfaut in alms to God and the Blessed Mary and St. John Evangelist of the Park and the canons there serving God, for souls' health, of all his land and meadow in Wombwell, which he had of the gift of Jordan de Sancta Maria his lord, returning to the heirs of Jordan one gilt spur or 6*d.* at Pentecost.

Inspeximus etc. Sciant omnes tam presentes quam futuri has litteras visuri vel audituri quod ego Willelmus Folenfaut dedi et concessi et hac carta mea presenti confirmavi in perpetuam elemosinam Deo et beate Marie et sancto Johanni Evangeliste de Parco et canonicis ibidem Deo servientibus pro salute anime domini mei Jordani de Sancta Maria et Alicie uxoris sue domine mee et Ricardi de Sancta Maria et Elizabethe sororis sue et Ricardi le Walays et antecessorum et successorum suorum totam terram meam cum toto prato meo quam habui in villa et territorio de Wombewell sine ullo retenemento, Illam scilicet quam habui de dono Jordani de Sancta Maria domini mei, tenenda et habenda predictis canonicis et eorum successoribus omnia predicta cum omnibus pertinenciis suis libere et quiete et pacifice imperpetuum, Reddendo inde annuatim heredibus Jordani de Sancta Maria domini mei unam, calcariam deauratam, vel sex denarios ad Pentecosten pro omni seculari servicio et exaccione ad predictam terram et predictum pratum pertinente. Et ego et heredes mei omnia predicta predictis canonicis et eorum successoribus waranti-/zabimus et defendemus contra omnes homines imperpetuum. Et in hujus rei testimonium huic scripto sigillum meum apposui. Hiis testibus: domino Alano de Katertona, domino Alano de Folifait, Ricardo de Wombewell, et aliis.

f. 52.

Cf. Charter Rolls, 4 Edw. II, m. 14, no. 25.

WOMBEWEL.

Inspeximus. Bond by Hugh de Crigleston and William his son and heir, with all the land which they have by inheritance in Wombwell, to warrant acquit and defend to the prior and canons of the Park of Healaugh one bovate of land which they had of the gift of Thomas de Crigleston in Wombwell.

Inspeximus eciam etc. Omnibus Christi fidelibus hoc scriptum visuris vel audituris Hugo de Crigeleston et Willelmus filius ejus et heres eternam in domino salutem. Noveritis nos obligasse nos et totam terram nostram quam jure heredum habemus in villa de Wombewell nec nos et heredes nostros vel assignatos vel quemcumque sive quoscumque ad cujus vel quorum sive quorumque ad cujus vel quorum manus dicta terra poterit devenire adwarantizandum acquietandum et defendendum priori et canonicis de Parco de Helagh unam bovatam terre cum pertinenciis quam habuerunt de dono Thome de Crigeleston in villa de Wombewel contra omnes gentes de omnimodo sectis serviciis et consuetudinibus exaccionibus et demandis que unquam de predicta bovata terre cum pertinenciis per aliquem in aliquo tempore poterunt exigi. In cujus rei testimonium presenti scripto sigilla nostra apposuimus. Hiis testibus: Rogero filio Thome, Johanne de Bosevill, Adam Warde, et aliis.

[NO HEADING : WOMBWELL].

Inspeximus. Quitclaim by Richard Walensis to God and the Blessed Mary and the house of St. John Evangelist of the Park of Healaugh and the canons there serving God, for all their land which they had in Wombwell of the gift of Jordan de Sancta Maria his grandfather, which the grantor had sometime of the canons in fee farm.

Inspeximus etc. Omnibus Christi fidelibus Ricardus Walensis/ salutem. Noveritis me quietumclamasse de me et heredibus meis imperpetuum Deo et beate Marie et domui sancti Johannis Evangeliste de Parco de Helagh et canonicis ibidem Deo servientibus medietatem tocius terre cum omnibus pertinenciis suis quam habuerunt in villa et territorio de Wombewell de dono Jordani de Sancta Maria avi mei quam ego quondam de dictis canonicis ad feudi firmam tenui, scilicet medietatem illius messuagii in quo Thomas de Criglestona quondam mansit, in qua medietate sita

f. 52v.

sunt aula et coquina et medietatem pomerii et medietatem orti
versus orientem et medietatem prati versus orientem et medietatem terre arabilis similiter versus orientem et duo tofta unum
scilicet in quo Elias Scortfrent aliquando mansit et aliud in quo
Alanus de Brerigreve aliquando mansit sicut certe divise facte
fuerunt inter dictam medietatem et aliam medietatem quam
Robertus de Cokefeld tenuit ad feudi firmam de dictis canonicis.
Et ut hec mea quieta clamacio rata permaneat huic scripto sigillum
meum apposui. Hiis testibus: Willelmo filio Thome de Merston.
Alano de Catherton, Willelmo de Scamesby, et aliis.

WOMBEWEL. [A.D. 1411].

Inspeximus. Quitclaim by John Fitzwilliam, kt., and John Rosuyll
[for Bosuyll] of Edeslay to Stephen (prior) of Healaugh Park and the
convent of that place, of all right in 4 bovates of land and a yearly rent
of three shillings which the grantors had of the gift of the prior and
convent in Wombwell.

f. 53.
Inspeximus eciam etc. Omnibus hoc scriptum visuris vel
audituris Johannes Fitzwilliam miles et Johannes/ Rosuyll [sic]
de Edeslay salutem in domino. Noveritis me remisisse relaxasse
et omnino pro nobis et heredibus nostris imperpetuum quietclamasse Stephano de Helagh Park et ejusdem loci conventui et
successoribus suis totum jus et clameum que habemus habuimus
seu aliquo modo habere poterimus in quatuor bovatis terre et
redditu trium solidorum per annum eisdem priori et conventui
pertinentibus que nuper habuimus ex dono et feoffamento predictorum prioris et conventus in villa et territorio de Wombewell cum
pertinenciis ita videlicet quod nec nos predicti Johannes Fitzwilliam
et Johannes Bosuyl nec heredes nostri nec aliquis alius nomine
nostro vel heredum nostrorum aliquid jus vel clameum in predictis
quattuor bovatis terre et redditu trium solidorum per annum nec
in aliqua percella eorum de cetero exigere clamare vel vendicare
poterimus nec debemus quoiusmodo in futurum sicut ab omni
accione juris et clamei aliquid inde petendi exclusi sumus imperpetuum. In cujus rei testimonium huic presenti scripto sigilla
nostra apposuimus. Datum apud Wombewell in festo sancte Marie
Magdalene A.D. MCCCCXI, regno regis Henrici quarti post conquestum Anglie duodecimo. ["12 H. 4"].

WALTON.

Inspeximus. Grant by Roger de Brus, for souls' health, to God and
the Blessed Mary and the house of St. John Evangelist of the Park of
Healaugh and the canons serving God there, in alms, of the lands etc.
which they have in Walton, according to the charters which they have
of Dame Jueta de Archez, Peter de Brus and Peter his son.

f. 53v.
Inspeximus etc. Omnibus Christi fidelibus ad quos presens
scriptum pervenerit Rogerus/ de Brus salutem. Noveritis me pro

salute anime mee et antecessorum meorum concessisse et hac
presenti carta mea confirmavisse Deo et beate Marie et domui
sancti Johannis Evangeliste de Parco de Helagh et canonicis
ibidem Deo servientibus in liberam puram et perpetuam elemosinam terras pasturas et tenementa que habent in villa et territorio
et bosco de Waleton, tenendas et habendas eisdem canonicis et
eorum successoribus libere et quiete pacifice solute et integre
absque ab omni seculari servicio et exaccione cum omnibus pertinenciis suis et aisiamentis infra villam et extra sine aliquo retenemento et in omnibus et per omnia imperpetuum sicut continetur in cartis et confirmacionibus quas habent de domina Jueta
de Archez et Petro de Brus et Petro filio suo. Et ut hec mea concessio et confirmacio robur optineat presentem cartam sigilli mei
munimine duxi roborandam. Hiis testibus: domino Willelmo
de Percy, Willelmo Russel, et aliis.

Cf. Charter Rolls, 4 Edw. II, m. 14, no. 18, with differences of
witnesses.

Walton is about 1½ miles N. of Thorp Arch.

WALTON.

Inspeximus. Grant by Peter de Brus son of Peter de Brus to God
and St. Mary and St. John Evangelist of the Park and the canons there
serving God, for souls' health, in alms, of 8 acres of land in Walton in
his new essart; also of a free road to his quarry in Thorpe for taking stone
from the quarry for their buildings.

Inspeximus etc. Omnibus Christi fidelibus Petrus de Brus
filius Petri de Brus salutem. Noveritis me dedisse et concessisse
et hac presenti carta mea confirmasse Deo et sancte Marie et sancto
Johanni Evangeliste de Parcho et canonicis ibidem Deo servientibus pro salute anime mee et uxoris mee et antecessorum et heredum
meorum in puram et/ perpetuam elemosinam octo acras terre in *f. 54.*
territorio de Waleton in novo essarto meo quod jacet inter Rudgate
et terram Willelmi de Hamerton scilicet propinquiores Hugeridynge
tenendas et habendas et possidendas predictis canonicis cum
omnibus pertinenciis libertatibus et aisiamentis suis infra villam
et extra ita libere et quiete sicut aliqua elemosina potest liberius
et quiecius teneri. Preterea dedi et concessi et hac eadem carta
mea confirmavi predictis canonicis in puram et perpetuam elemosinam viam liberam ad quarrarium meum in territorio de Torp
qua scilicet via continentur tres rode et dimidium a via que vadit
de Trop versus Werreby ad capiendum imperpetuum in ipso
quarrario lapidem ad edificia sua construenda. Et ego et heredes
mei predictis canonicis predictas elemosinas warantizabimus et
defendemus contra omnes homines. Hiis testibus: Willelmo de
Tameton, Gulfrido de Everlay, Willelmo de Bradelay, et aliis.

WALTON.

Inspeximus. Grant by Roger de Brus to God and the Blessed
Mary and the house of St. John Evangelist of the Park and the canons
there serving God, in alms, of one bovate of land in Walton which Alan
son of William held.

f. 54v.

Inspeximus etc. Omnibus has litteras visuris vel audituris
Rogerus de Brus salutem. Noveritis me dedisse concessisse et hac
presenti carta mea confirmasse Deo et beate Marie et domui sancti
Johannis Evangeliste de Parco et canonicis ibidem Deo servientibus
in liberam puram et perpetuam/ elemosinam unam bovatam terre
in villa de Walleton cum tofto et crofto et cum omnibus pertinenciis
suis libertatibus et aisiamentis infra villam et extra ad predictam
terram pertinentibus, illam scilicet bovatam terre quam Alanus
filius Willelmi tenuit, tenendam et habendam libere quiete et
pacifice ab omni servicio et exaccione imperpetuum. Ego autem
Rogerus et heredes mei vel assignati predictam terram cum omnibus
pertinenciis suis predictis canonicis warantizabimus adquietabimus
et defendemus contra omnes homines imperpetuum. Et ut hec
mea donacio rata permaneat in posterum huic scripto sigillum meum
apposui. Hiis testibus: domino Petro de Brus, Bartholomeo
Thuret, Johanne Clerico de Walleton.

Cf. Charter Rolls, 4 Edw. II, m. 14, no. 21.

WALTON. NOTA BENE.

Inspeximus. Confirmation by Peter de Brus to God and St. Mary
and St. John Evangelist of the Park of Healaugh and the brothers
there serving God, of the gift which Dame Jueta his mother made to
them, of a toft and croft in Walton; and common of pasture for 20 cows
and their sequels of one year, with turbary and fuel, in alms.

f. 55.

Inspeximus etc. Omnibus has litteras visuris vel audituris
Petrus de Brus salutem. Noveritis me divine pietatis intuitu
concessisse et presenti scripto meo confirmasse Deo et sancte
Marie et sancto Johanni Evangeliste de Parcho de Helagh et
fratribus ibidem Deo servientibus donacionem quam fecit eis
domina Jueta mater mea, scilicet unum toftum cum crofto in
villa de Waleton cum omnibus pertinenciis suis, illud scilicet quod
Rycardus Scyrlok tenuit. Et preterea communem pasturam ad
viginti vaccas/ cum sequela sua unius anni et ad sexaginta oves.
Et preterea prefati fratres percipient de turbario meo et nemore
ad focalia et ad edificia facienda per visum forestariorum meorum
racionabiliter quantum eis sufficit ad prefate terre tenuram. Hec
omnia tenebunt predicti fratres et possidebunt in liberam et puram
et perpetuam elemosinam solute et quiete ab omni servicio et
consuetudine et exaccione cum omnibus libertatibus et aisiamentis
ad eandem villam pertinentibus terram pertinentibus infra villam
et extra in bosco et plano et in omnibus locis ad eandem villam
pertinentibus. Ego autem et heredes mei warantizabimus pre-

dictis fratribus predictam elemosinam contra omnes homines imperpetuum. Hiis testibus: Willelmo de Thameton, Roberto del Echre, Godfrido de Hoga, et multis aliis.

THORP.

Inspeximus. Grant by Peter de Brus, for souls' health, to God and St. John Evangelist of the Park of Healaugh and the brothers serving God there, of 8 acres of land in Thorpe, in his new essart towards Wetherby.

Inspeximus etc. Universis sancte matris ecclesie filiis litteras istas visuris vel audituris Petrus de Brus salutem in domino. Noverit universitas vestra me divine pietatis intuitu ob salutem anime mee et matris mee Juete de Archez concessisse et dedisse et hac presenti carta mea confirmasse Deo et sancto Johanni Evangeliste de Parcho de Helagh et fratribus ibidem Deo servientibus octo acras terre in territorio de Thorp scilicet in meo novo essarto versus Werreby in australi/ parte que jacent viciniores aque de Werf in *f. 55v.* puram et perpetuam elemosinam cum omnibus pertinenciis suis et aisiamentis et libertatibus ad predictam terram pertinentibus liberas et quietas ob omni servicio et consuetudine et exaccione perpetue possidendas. Et ut hec mea donacio rata et inconcussa permaneat presens scriptum sigilli mei apposicione roboravi. Et ego et heredes mei warantizabimus predictam donacionem predicte domui contra omnes homines. Hiis testibus: Willelmo de Thametun, Roberto de Tolebu, Alano de Folifait, et multis aliis.

The vill is Thorp Arch.

WALETON.

Inspeximus. Confirmation by Peter de Brus III to God and the Blessed Mary and the house of St. John Evangelist of the Park of Healaugh and the canons there serving God, in alms, of all the land which they have in Walton of the gift of William de Levington by his charter.

Inspeximus etc. Omnibus Christi fidelibus Petrus de Brus tercius salutem. Noveritis me concessisse et hac presenti carta mea confirmasse Deo et beate Marie et domui sancti Johannis Evangeliste de Parco de Hela et canonicis ibidem Deo servientibus in puram et perpetuam elemosinam totam terram quam habent in villa et territorio de Walton de dono Willelmi de Levinthon secundum cartam quod dicti canonici de dicto Willelmo habent [*a blank of one or two words*] terra. Et ut hec mea concessio et confirmacio rata permaneat imperpetuum huic scripto sigillum meum apposui. Hiis testibus: Nicholao de Stutevill Willelmo filio Thome de Merston, Alano de Parcho, et aliis.

Cf. Charter Rolls, 4 Edw. II, m. 17, no. 3.

WALTON.

> Inspeximus. Grant by William de Levington to God and the
> Blessed Mary and the house of St. John Evangelist of the Park of
> Healaugh and the canons there serving God, in alms, of one bovate of
> land in Walton in Raucrofte, free of all secular service.

f. 56. Inspeximus eciam etc. Omnibus Christi fidelibus Willelmus
de Levyngthon salutem. Noveritis me dedisse/ concessisse et hac
presenti carta mea confirmasse Deo et beate Marie et domui
sancti Johannis Evangeliste de Parco de Helagh et canonicis ibidem
Deo servientibus in liberam puram et perpetuam elemosinam unam
bovatam terre cum omnibus pertinenciis suis, illam videlicet quam
habui in territorio de Wallton que vocatur Raucrofte et jacet in
campo qui vocatur Rydyngez et unam acram terre in eodem campo
que jacet inter terras monialium de Sinningthuayt ex utraque
parte, tenendum et habendum dictis canonicis libere pure et
quiete ab omni seculari servicio et exaccione. Et ego Willelmus
de Levyngthon et heredes mei omnia predicta cum omnibus
pertinenciis suis dictis canonicis warantizabimus defendemus et
adquietabimus contra omnes homines imperpetuum. Hiis testibus:
Nicholao de Stuteville tunc senescallo Petri de Brus, Willelmo
filio Thome de Merston, Willelmo de Helagh, et aliis.

> Cf. Charter Rolls, 4 Edw. II, m. 14, no. 23.

> [*NO HEADING. In margin,* Nota bene propter oves, *in a hand of the late
> X V century, and lower in margin,* HAGGANDEBY, *in a late X VI century
> hand, and again lower* Nota bene Haggandby *in the X V century hand*].
> [Before A.D. 1245].
> Agreement between William de Percy and the prior and convent
> of the Park. The latter have given to William 10 acres in Hagandby,
> with all their meadow in Stutton which they had of the gift of Robert
> de Leathley and Hawyse de Mitton a rent of 12*d.* which Richard de
> Normanuill used to pay, and a rent of 18*d.* from the land which Thomas
> Drye held of them. William has given to the canons a quitclaim of
> the pasture of Hagandby, for souls' health, with pasture for 30 sheep
> with their sequels of one year in Tadcaster and of the right to the pasture
> of Hagandby, concerning which there was a contention between them in
> the King's Court. The canons have granted also to William the attach-
> ment of a pond 10 feet deep.

Notum sit omnibus hoc scriptum visuris vel audituris quod
ita convenit inter dominum Willelmum de Percy et priorem et
conventum de Parco de Helaghe videlicet quod predictus prior et
conventus dederunt et concesserunt et presenti carta sua confirmaverunt eidem Willelmo de Percy decem acras terre in territorio
de Haggandeby, illas scilicet que jacent propinquiores aque de
fosse versus boscum de Catherton et inter boscum de Haggandeby
f. 56v. et moram et campum de Tadcast' et totum pra-/-tum suum quod
habuerunt in territorio de Stutton ex dono Roberti de Lelay et
Hawyse de Mitton, et redditum duodecim denariorum per annum
quem Rycardus de Normanwill eisdem reddere solebat de dono

Thome Marescall et redditum octodecim denariorum de terra quam
Thomas Drye de eisdem tenuit, tenendum et habendum eidem
Willelmo de Percy et heredibus suis de domino rege in capite in
feodo et hereditate libere et quiete plene et honorifice in omnibus
libertatibus et liberis consuetudinibus absque omni servicio
seculari pro quietaclamancia pasture ville de Haggandby in bosco
et plano, quam pasturam dictus Willelmus de Percy pro salute
anime sue et patris sui et Johanne uxoris sue et antecessorum
suorum dedit concessit et quietumclamavit et hac presenti sua carta
confirmavit Deo et beate Marie et beato Johanni Evangeliste de
Parco de Helaugh et canonicis ibidem Deo servientibus pro se
et heredibus suis imperpetuum. Et insuper predictus Willelmus
dedit et concessit prefatis canonicis intuitu divine pietatis pasture
ad trecentas oves cum sequela unius anni in mora et pascuis de
Tadcast' in puram et perpetuam elemosinam libere et quiete et
pacifice possidendam et totum jus et clameum quod habuit vel
habere potuit in pastura dicte ville de Haggandeby in bosco et
plano de qua pastura contencio moto fuit inter ipsum Willelmum
de Percy et dictos ca-/-nonicos de Parco in curia domini Regis, *f. 57.*
ita quod Willelmus de Percy nec heredes sui vel custumarii sui
de Tadcast' aliquo tempore jus vel clameum exigere poterint in
predicta pastura nec in bosco [et] plano de Haggandeby. Preterea
idem prior et conventus concesserunt dicto Willelmo de Percy et
heredibus suis attachiamentum cujusdam stagni de altitudine
decem pedum a messuagio ubi Robertus de Lelay manere solebat
usque ad croftum Hawyse ubi illa manere solebat, et in hujus rei
testimonium tam predictus Willelmus Percy quam predicti prior
et conventus de Parco sigilla sua huic scripto apposuerunt. Hiis
testibus: Roberto de Plumpton, Rycardo de Goldesburghe,
Willelmo filio Thome Dicton, et aliis.

[NO HEADING. Redditus xls. in Huton juxta Rudbie *in a late XVI century
hand, and* Tres carucatas terre ibidem, *in a hand about fifty years later*].

Grant by Stephen de Meynil, in alms, to God and the Blessed Mary
and the house of St. John Evangelist of the Park of Healaugh and the
canons serving God there, of a rent of three marks which they used to
pay him for three carucates of land of his fee in Hutton Rudby. For this
grant the canons have given to him six bovates of land in Middleton
which they had of the gift of Sir Alan de Wilton.

Omnibus hac cartam visuris vel audituris Stephanus de
Meynil salutem. Noveritis me dedisse et concessisse et hac presenti
carta mea confirmasse in liberam puram et perpetuam elemosinam
Deo et beate Marie et domui sancti Johannis Evangeliste de Parcho
de Helagh et canonicis ibidem Deo servientibus annuum redditum
trium marcarum quem canonici mihi reddere solebant de tribus
carucatis terre in villa et territorio de Hotton juxta Ruddebi que
quidem terra est de feodo meo, tenendum et habendum dictum
redditum et predictas tres carucatas terre cum omnibus pertinenciis

f. 57v. suis libertatibus et aisiamentis infra villam et extra ad predictam/ terram pertinentibus dictis canonicis et eorum successoribus et assignatis imperpetuum libere pure quiete pacifice integre et solute ab omni seculari servicio et exaccione. Et pro hac mea donacione concessione et confirmacione dicti canonici dederunt michi sex bovatas terre cum omnibus pertinenciis suis in villa de Medilton quas habuerunt de dono domini Alani de Willton. Et ego Stephanus et heredes mei dictum redditum et predictas tres carucatas terre cum omnibus pertinenciis suis sicut predictum est dictis canonicis et eorum assignatis in liberam puram et perpetuam elemosinam warantizabimus adquietabimus et defendemus contra omnes homines imperpetuum. Et in hujus rei testimonium huic presenti carte mee sigillum meum apposui. Hiis testibus: dominis Roberto de Stuteuile, Ada de Hilton, Johanne de Stutteuile, Waltero de Mubray, Theodoro de Rubroc, militibus; Roberto de Menil de Rungethon, Roberto Guer, Stephano de Gouthon, Rogero de Semer, Roberto de Scutherskelf, Johanne de Gousel, Rogero de Neubi, et aliis.

Cf. Charter Rolls, 4 Edw. II, m. 19, no. 6.

[WALLTONA *supplied in the XVII century hand*].

Grant by William de Levington to God and the Blessed Mary and the house of St. John Evangelist of the Park of Healaugh and the canons there serving God, in alms, of a bovate of land in Walton in the field called Rydyngez, and of an acre of land in the same field.

f. 58. Inspeximus eciam cum[1] Omnibus Christianis fidelibus Willel‑
'g i' mus de Leuyngthon salutem. Noveritis me de-/-disse concessisse et hac presenti carta mea confirmasse Deo et beate Marie et domui sancti Johannis Evangeliste de Parco de Helagh et canonicis ibidem Deo servientibus in liberam puram et perpetuam elemosinam unam bovatam terre cum omnibus pertinenciis (suis), illam videlicet quam habui in territorio de Walton que vocatur Raucrofte et jacet in campo que vocatur Rydyngez, et unam acram terre in eodem campo que jacet inter terras monialium de Sinningthuayt ex utraque parte, tenendum et habendum dictis canonicis libere pure et quiete ab omni seculari servicio et exaccione. Et ego Willelmus de Levyngthon et heredes mei omnia predicta cum omnibus pertinenciis suis dictis canonicis warantizabimus defendemus et adquietabimus contra omnes homines imperpetuum. Hiis testibus: Nicholao de Stuteville tunc senescallo Petri de Brus, Willelmo filio Thome de Merston, Willelmo de Helagh, et aliis.

[NO HEADING].

Grant by the prior and convent of the Park to Roger de Brus of ½ toft with ½ croft in Walton, and of another ½ toft and croft in the same vill, in exchange for a toft and croft which they held of Roger, with
¹ *Sic.*

reservation of all liberties and commons, as in the charters of Peter son of Peter de Brus and of Roger.

Inspeximus etc. Omnibus Christi fidelibus prior et conventus de Parcho salutem. Noveritis nos dedisse concessisse et hac presenti carta nostra cyrographata confirmasse Rogero de Brus unum dimidium toftum cum dimidio crofto quod Alanus filius Willelmi tenuit in villa de Walton et jacet juxta toftum ipsius Rogeri versus aquilonem et unum dimidium toftum cum dimidio crofto quod Willelmus Sutor/ de nobis tenuit in eadem villa et *f. 58v.* jacet juxta toftum ipsius Rogeri versus austrum in escambium unius tofti quod habemus de dicto Rogero scilicet cum crofto quod Petrus filius Hugonis prepositi tenuit in eadem villa, tenendum et habendum eidem Rogero et heredibus suis libere et quiete [et] integre pro nobis et successoribus nostris imperpetuum reservatis nobis omnibus libertatibus communis et aisiamentis in omnibus et per omnia que ante habuimus de predictis dimidiis duobus toftis cum dimidiis duobus croftis sicut continentur in cartis quas habemus de Petro filio Petri de Brus et de predicto Rogero. Nos vero et successores nostri predicta duo dimidia tofta et duo dimidia crofta pro predicto escambio predicto Rogero et heredibus suis warantizabimus tam diu quam ipsi nobis predictum escambium warantizare possunt. Hiis testibus: domino Willelmo de Percy, Rogero Mauduitte, Willelmo Aucupe, et aliis.

WALTON.

> Inspeximus. Grant by Peter de Brus III to God and the house of St. John Evangelist of the Park of Healaugh and the canons there serving God, in alms, in exchange for 20 acres and 1 rood of land measured with a perch of 20 feet which they had in Thorpe, of two bovates in Walton of his demesne; and in addition, of part of a selion, by the perch of eighteen feet.

Inspeximus etc. Omnibus Christi fidelibus Petrus de Brus tercius salutem in domino. Noveritis me dedisse concessisse et hac presenti carta mea cyrographata confirmasse Deo et domui sancti Johannis Evangeliste de Parco de Helagh et canonicis ibidem Deo servientibus in liberam puram et perpetuam elemosinam in escambio viginti acrarum/ et unius rode terre mensuratarum *f. 59.* cum pertica viginti pedum quas habuerunt in territorio de Thorp 'g ii' quas Johannes filius Laurencii carpentarii de eisdem canonicis aliquando tenuit, duas bovatas terre in territorio de Waleton de dominico meo cum omnibus libertatibus pertinenciis et aisiamentis infra villam et extra ad duas bovatas terre in eadem villa de Waleton in territorio pertinentibus tantam [*sic*] scilicet totam terram quam habui in dominico in cultura que vocatur Gatherhowe et novem acras et unam rodam terre in cultura que vocatur Bradflat ex parte orientali et unam acram propinquiorem extra toftum dictorum canonicorum in dicta villa de Waleton in cultura que vocatur Byurtreflat mensuratas per perticam viginti pedum.

Preterea dedi et concessi eisdem canonicis in liberam puram et perpetuam elemosinam partem unius selionis quantum se extendit in longitudine a parte orientali dicte acre quam de me habent in Byurtreflat usque ad viam versus occidentem que ducit ad viam de Walleton et tenet perticam octodecim pedum in latitudine, tenendum et habendum dictis canonicis et eorum successoribus libere pure quiete et integre imperpetuum.   Ego vero Petrus de Brus et heredes mei omnia predicta dictis canonicis et eorum
f. 59v. successoribus pro ut supradictum est/ contra omnes homines warantizabimus adquietabimus et defendemus imperpetuum. Et in hujus rei testimonium parti hujus scripti cyrograffati quam dicti canonici penes te [*sic*] habent sigillum meum apposui parti autem penes me reservate appensum est sigillum capituli dictorum canonicorum.   Hiis testibus: Roberto Ingeram, Nicholao de Stuteuill, Gilone de Catherton, et multis aliis.

Cf. Charter Rolls, 4 Edw. II, m. 17, no. 27.

WALTON.

Inspeximus. Grant by Roger de Brus to God and the Blessed Mary and the house of St. John Evangelist of the Park of Healaugh and the canons there serving God, in alms, of a whole toft with a croft which Peter son of Hugh the Reeve held in Walton in exchange for two separate half-tofts and crofts there [*as specified in the last entry but one*].

Inspeximus etc. Omnibus Christi fidelibus Rogerus de Brus salutem. Noveritis me dedisse concessisse et hac presenti carta mea cirographata confirmasse Deo et beate Marie et domui sancti Johannis Evangeliste de Parco de Helagh et canonicis ibidem Deo servientibus in liberam puram et perpetuam elemosinam unum toftum integrum cum crofto, illud scilicet toftum cum crofto quod Petrus filius Hugonis prepositi tenuit in villa de Walton in escambio unius dimidii tofti cum crofto quod Alanus filius Willelmi tenuit in eadem villa et jacet juxta toftum ipsius Rogeri versus aquilonem et unius dimidii tofti cum crofto quod Willelmus Sutor tenuit in eadem villa et jacet juxta toftum ipsius Rogeri versus austrum, tenendum et habendum dictis canonicis et eorum success-oribus libere et quiete pacifice solute et integre cum omnibus
f. 60. pertinenciis/ suis ita libere et quiete sicut aliqua elimosina potest
(64) liberius et quiecius teneri.   Et ego Rogerus et heredes mei omnia predicta warantizabimus et acquietabimus et defendemus contra omnes homines imperpetuum. Hiis testibus: do.nino Willelmo de Percy, Rogero de Mauduit, Willelmo Aucupe, et aliis

WALTON.

Inspeximus. Grant by Jordan son of William Cook to God and the house of St. John Evangelist of the Park of Healaugh and the canons there serving God, in alms with his body, of three acres of land in Walton [*described in detail*].

WALTON.

Inspeximus etc. Sciant presentes et futuri quod ego Jordanus filius Willelmi Coci dedi et concessi et hac presenti carta mea confirmavi Deo et domui sancti Johannis Evangeliste de Parco de Helagh et canonicis ibidem Deo servientibus in puram et perpetuam elemosinam cum corpore meo tres acras terre in territorio de Waleton scilicet in Baneflat, dimidiam acram versus solem et in Tunmen Wathale unam perticam et in Lichonlandez unam perticam et in Tothlandez unam perticam et in Leghez unam perticam que percutit super Byrkescaghe et in Hungerhowe scilicet Hegehungerhowe unam perticam et unam perticam que percutit super Podelkar et unam perticam que percutit super Fulsik et unam perticam in Langerane et unam perticam ad Byrke et unam perticam que vocatur Crokehedrodes et terciam partem tofti mei in predicta villa propinquiorem terre predictorum canonicorum versus orientem, tenendum et possidendum predictis canonicis imperpetuum libere et quiete/ ab omni servicio et seculari exaccione cum omnibus *f. 60v.* pertinenciis libertatibus et aysiamentis suis infra villam et extra. Et ego et heredes mei predictis canonicis predictam elemosinam warantizabimus et defendemus contra omnes homines. Hiis testibus: Olivero de Brincle, Alano de Folifayt, Waltero Strug, et aliis.

WALTON.

Inspeximus. Grant by Agnes de Walton, daughter of Simon, with the consent of Humphrey her husband, and by Matilda, daughter of the same Simon, a free woman, in alms, to God and St. John Evangelist of the Park and the canons there serving God, of two acres of land in Walton [*described in detail*], which Jordan their nephew bequeathed to the canons with his body.

Inspeximus etc. Sciant presentes et futuri quod ego Agnes de Walton filia Simonis ex voluntate et assensu Unfridi viri mei et heredum nostrorum et ego Matilda filia ejusdem Simonis soluta et mei juris concessimus et hac presenti carta nostra confirmavimus in puram et perpetuam elemosinam Deo et sancto Johanni Evangeliste de Parco de Helagh et canonicis ibidem Deo servientibus duas acras terre in territorio de Waleton quas Jordanus nepos noster legavit eisdem canonicis cum corpore suo, scilicet dimidiam acram in Bauneflat et unam rodam in Tunmenwathale et unam rodam in Todhelandis et unam rodam que percutit super Byrkescagh et unam rodam super Hegehongerhou et unam rodam ad Langrane et unam rodam in Crokedrodez, tenendas et habendas predictis canonicis libere et quiete ab omni servicio et seculari exaccione cum omnibus/ pertinenciis libertatibus et aysiamentis suis infra villam *f. 61.* et extra. Et nos et heredes nostri predictam terram predictis canonicis warantizabimus et defendemus contra omnes homines et in hujus rei testimonium presenti scripto sigilla nostra apposuimus. Hiis testibus: domino Petro de Brus, Willelmo de Tameton, Roberto filio Orm, et pluribus aliis.

THORP ET WALTON.   [Before A.D. 1240].

Inspeximus. Grant by Peter de Brus son of Peter de Brus to God
and St. John Evangelist of the Park and the canons there serving God,
in alms, in exchange for six bovates in Upleatham which Alan de Wilton
gave them, of certain lands specified in Thorpe and Walton.

Inspeximus etc. Omnibus Christi fidelibus Petrus de Brus
filius Petri de Brus salutem in domino. Noveritis me dedisse et
concessisse et presenti carta mea confirmasse Deo et sancto Johanni
Evangeliste de Parco et canonicis ibidem Deo servientibus in puram
et perpetuam elemosinam pro escambio cujusdam terre sue in
Cliueland scilicet sex bovatas in territorio de Uplyum quas
Alanus de Wilton eis dedit has terras subscriptas in territoriis de Torp et de Walton et unum toftum et croftum in
Waleton que Willelmus de Walesford tenuit in territorio de Torp
in Hynderlopehyll duas acras et dimidiam in Ploxsuayn landis
sex rodas juxta Rudgate duas seliones propinquiores versus occidentale ad Bramwad sub ripa dimidiam acram juxta Lepitt unam
selionem que dicitur Hefaland sub ripa prati dimidiam acram que
f. 61v.   dicitur Hyll. Item unam rodam que dicitur/ Wester-
erhyl et forlandas que fuerunt Jordani Coci ad Wides duas rodas
juxta ecclesiam de Torp versus australe dimidiam acram in Lange-
ker dimidiam rodam ad hospitale duas seliones que transeunt viam
que dicuntur Hesaland juxta ecclesiam versus aquilonem unam
acram juxta ecclesiam et occidentali parte vie de Waleton dimidiam
acram quas scilicet terras Laurencius Carpentarius tenuit, in
territorio de Walton quinque rodas que transeunt viam de Folifet,
in Topeland unam acram in Ploxsuaynlandis tres rodas quas
scilicet terras Willelmus de Walesford tenuit, in Withale totam
culturam meam, tenendum et habendum predictis canonicis
libere et quiete imperpetuum cum omnibus pertinenciis libertatibus et aisiamentis suis infra villam et extra. Et ego et heredes mei
predictis canonicis predictas terras warantizabimus contra omnes
homines imperpetuum. Hiis testibus: Alano de Welton, Thoma
fratre ejus, Willelmo de Toscotez, et aliis.

WALTON. NOTA BENE. [*And in the margin below,* xx kye and lx
shepe in Walton, *in a late XVI century hand, possibly Padmore's*].

Inspeximus. Grant by Jueta de Archez, for souls' health to God and
St. Mary and St. John Evangelist of the Park of Healaugh and the
brothers there serving God, of one toft and croft in Walton which
Richard Scirlok held, and of common pasture for 20 cows and 60 sheep,
in alms, with leave to take sufficiently from her turbary and wood for
fuel and building.

Inspeximus etc. Universis sancte matris ecclesie filiis litteras
istas visuris vel audituris Jueta de Archez salutem in domino.
Noverit universitas vestra me divine pietatis intuitu et ob salutem
anime mee et antecessorum et heredum meorum concessisse et
f. 62.   dedisse et hac presenti carta mea confirmasse/ Deo et sancte Marie

et sancto Johanni Evangeliste de Parco de Helagh et fratribus ibidem Deo servientibus unum toftum cum crofto in villa de Waleton cum omnibus pertinenciis suis scilicet quod Ricardus Scirlok tenuit, et preterea communem pasturam ad viginti vaccas et sexaginta oves, hec omnia in puram et perpetuam elemosinam tenenda et habenda imperpetuum libere et quiete ab omni consuetudine et exaccione intra villam et extra prope et procul in bosco et plano et in omnibus locis et aisiamentis ad predictam villam pertinentibus. Et predicti fratres percipient sufficienter de turbario meo et nemore ad focalia et edificia facienda in predicta terra. Et ego et heredes mei warantizabimus predictis fratribus predictam elemosinam imperpetuum contra omnes homines. Hiis testibus: Hugone de Hamerton, Ricardo et Willelmo fratribus ejus, Orm de Waleton, Roberto filio ejus, et multis aliis.

Cf. Charter Rolls, 4 Edw. II, m. 14, no. 19, with differences of spelling in names of witnesses.

WALTON. NOTA BENE.

Inspeximus of confirmation by John de Bellew [Bella Aqua] to the prior and convent of the Park and their successors, of their croft in Walton and their wood in the same vill which they had by peace made between them and Roger de Bruus, lord of the same vill, and of a culture called le Stubbynge, to enclose in their several, except that the cattle of Thorpe Arch and Walton shall go in Stubyngs after the corn is carried. The grantor has made this confirmation for God and his soul's health and for the common of pasture which the canons sought in the closes made in Thorpe Arch wood by reason of their lands in Walton.

Inspeximus etc. Omnibus Christi fidelibus hoc scriptum visuris vel audituris Johannes de Bella Aqua eternam in domino salutem. Noveritis me concessisse et confirmasse pro me et heredibus meis priori et conventui de Parco de Helagh et eorum successoribus croftum suum quod jacet proxime juxta grangiam suam in/ villa de Waleton et boscum suum totum in eadem villa *f. 62v.* quem habuerunt per pacem factam inter ipsos et Rogerum de Bruus dominum ejusdem ville et insuper quandam culturam que vocatur le Stubbynge que jacet in longitudine inter parchum de Torparchez et abuttat super portam per quam itur versus Synyngthwayte ad includendum fossandum et inclusum in suo separabili retinendum et faciendum inde quicumque voluerint secundum quod melius sibi viduerit expedire sine impedimento mei et heredum meorum imperpetuum. Excepto quod averia de Torparchez et Waletona communicabunt in predicta cultura que vocatur Stubyngs post fena et blada asportata. Hanc autem concessionem et confirmacionem feci predictis priori et conventui et eorum successoribus pro Deo et salute anime mee et pro communa pasture quam idem prior et conventus petebant in clausis factis in bosco de Torparchez racione terrarum et tenementorum suorum in Waltona. In cujus rei testimonium presenti scripto sigillum meum apposui.   Hiis testibus: Stephano Walayse, Willelmo le Vavasor, Willelmo le Turnor, et aliis.

NORTH DICTON.

> Inspeximus. Grant by Nigel Butler of Dicton, for souls' health, to God and the house of St. John Evangelist of the Park and the canons there serving God, in alms, of two bovates of land in North Deighton of his demesne, with two tofts and two acres of land, free of all service.

Inspeximus etc.   Omnibus Christi fidelibus Nigellus Pincerna de Dicton salutem.   Noveritis me pro salute anime mee et *f. 63.*   Emme uxoris mee/ et patris et matris mee et antecessorum et heredum meorum dedisse et concessisse et hac presenti carta mea confirmasse Deo et domui sancti Johannis Evangeliste de Parco et canonicis ibidem Deo servientibus in puram et perpetuam elemosinam duas bovatas terre in territorio de Northdicton de dominico meo scilicet illas que jacent remociores a sole per totum campum in dominico meo cum duobus toftis quos Adam ad Moram et Thomas filius Line tenuerunt et quandam partem gardini mei quod quondam pertinuit ad duos toftos predictos propinquius eisdem toftis scilicet a vetere fonte sicut vetus fossa extendit se usque ad moram.   Preterea dedi predicte domui duas acras terre, unam acram scilicet in Northfeld, in cultura que vocatur Langesland, propinquiores duabus bovatis prenominatis et unam acram in campo occidentali in remociori Greneclif propinquiorem predictis duabus bovatis et culturam in campo orientali que vocatur Crokydlandis, tenendum et habendum cum omnibus pertinenciis et libertatibus et aisiamentis infra villam et extra ad predictam terram pertinentibus libere et quiete ab omni servicio et seculari exaccione.   Et ego et heredes mei warantizabimus ad- *f. 63v.*   quietabimus et defendemus predicte domui de Parcho/ totam predictam donacionem contra omnes homines imperpetuum.   Hiis testibus: Roberto de Plumpton, Ricardo de Goddelesbur', Waltero de Dichton, et aliis.

> Cf. Charter Rolls, 4 Edw. II, m. 17, no. 8.
> The vill is North Deighton, 2 miles East of Spofforth.

EBORACUM.   [*And in margin, lower, in XVI century hand*, HENGAN-DEBERC].

> Inspeximus.   Grant by Robert de Deighton the Butler, in alms, to God and the Blessed Mary and the house of St. John Evangelist of the Park of Healaugh and the canons there serving God, of all his arable land in Bootham with a meadow there and all his land at Hengandeberc with a 'crook' by Newsom Bridge, with other lands named.

Inspeximus etc.   Omnibus has litteras visuris vel audituris Robertus de Dicton pincerna salutem.   Noveritis me dedisse concessisse et hac presenti carta mea confirmasse in liberam puram et perpetuam elemosinam Deo et beate Marie et domui sancti

Johannis Evangeliste de Parcho de Helagh et canonicis ibidem
Deo servientibus totam terram meam arabilem in Bothem ['Bow-
tham' *in the XVII century hand*] cum prato ibidem et totam terram
meam ad Hengandeberc cum croco juxta pontem de Newsom in
campo qui vocatur Westfeld. Et unam acram terre in Hauercrofte
et tres seliones in cultura mea in campo de Hoberch ad Middilfurlange cum prato et propriis buttis ibidem ad unam carucatam
terre pertinentibus, Et unam acram terre in Oulterdale propinquiorem terre Nigelli fratris mei in territorio ["intor' "] de Northdicton, tenenda et habenda libere quiete pure et pacifice cum
omnibus pertinenciis suis omnia predicta sibi et cuicunque ea
dimittere voluerint in liberam puram et perpetuam elemosinam
imperpetuum. Et ego predictus Robertus de Dicton et heredes
mei omnia predicta cum pertinenciis suis dictis canonicis war-
antizabimus/ adquietabimus et defendemus contra omnes homines   *f. 64.*
imperpetuum. In cujus rei testimonium presenti scripto sigillum
meum apposui. Hiis testibus: Willelmo de Plomton, Mattheo de
Bramham, Nigello de Dicton, et aliis.

Cf. **Charter Rolls, 4 Edw. II, m. 17, no. 9.**

NORDICTON.   [A.D. 1285].

  Inspeximus. Confirmation by William de Roos lord of Ingmanthorpe, for souls' health, to God and the Blessed Mary and St. John
Evangelist of the Park of Healaugh and the canons there serving God,
of two bovates of land in North Deighton which they had in his fee of
the gift of Nigel le Botiller sometime knight of Deighton of his demesne
[*described in detail*], so that he be not held by this confirmation to
warrant these tenements if the canons be impleaded. The canons have
received William, Eustachia his wife and their sons and daughters into
their fraternity and promised to place them after death in their
martyrology.

  Omnibus Christi fidelibus hoc scriptum visuris vel audituris
Willelmus de Roos dominus de Yngmanthorp eternam in domino
salutem. Noveritis me divine pietatis intuitu et pro salute anime
mee et Eustachie uxoris mee ac animarum patrum et matrum
omniumque antecessorum nostrorum concessisse et hoc presenti
scripto meo pro me et heredibus meis imperpetuum confirmasse
Deo et beate Marie et sancto Johanni Evangeliste de Parcho de
Helagh et canonicis ibidem Deo servientibus duas bovatas terre
cum pertinenciis in territorio de Northdicton quas habuerunt in
feodo meo de dono et concessione Nigelli le Botiller quondam
militis de Dicthon de dominico suo illas, scilicet que jacent propinquiores a sole per totum campum in dominico suo cum duobus
toftis, que Adam ad Moram et Thomas filius Line quondam tenuerunt, et quandam partem gardini que quondam pertinuit ad
predicta duo tofta propinquiorem eisdem toftis scilicet a vetere
fonte sicut vetus fossatum/ extendit se usque ad moram et duas   *f. 64v.*
acras terre, unam scilicet in Northfeld in cultura que vocatur

Langesland propinquiores duabus bovatis prenominatis et unam
acram in campo occidentali in remociori Greneclif propinquiorem
predictis duabus bovatis, et culturam in campo occidentali que
vocatur Crokedlandis, tenenda et habenda omnia predicta in
omnibus pertinenciis libertatibus aisiamentis et proficuis suis
infra villam et extra ad predictam terram pertinentibus sine ullo
retenemento sibi et successoribus suis in liberam puram et perpetuam elemosinam quieta et soluta ['solunt'] ab omni servicio
seculari secta exaccione et demanda prout in carta continetur
quam habent de Nigello le Botiller. Ita tum quod per istam confirmacionem non teneor eis warantizare predicta tenementa si
implacitati fuerint. Et dicti prior et canonici qui tunc temporis
fuerint caritatis intuitu et humilium precum mearum interventu
receperunt me et dictam Eustachiam uxorem meam nec non et
filios et filias nostras in fraternitatem suam recommendantes nos
oracionibus suis et spiritualium beneficiorum suffragiis, promittendo bona fide quod cum in fatum decesserimus obitus nostros in
martilogio suo ponent et singulis annis sicut pro patronis domus
f. 65. sue obitum/ meum et dicte Eustachie uxoris mee facient celebrabunt ac in perpetuum observabunt. Et ut omnia et singula
premissa perpetue [fraternitatis *struck out*] firmitatis robur obtineant presens scriptum sigilli mei munimine consignavi. Hiis
testibus: dominis Johanne de Beleu, Stephano le Walays, Alano
de Tesdayle, et aliis. Datum apud Parcum predictum mense
Aprilis in Octava Annunciacionis beate Virginis anno gracie
MCCLXXXV ['13 Edw. I' *in the XVII century hand*].

Cf. Charter Rolls, 4 Edw. II, m. 17, no. 17.

NORDICTON.

Inspeximus. Quitclaim by William son of Nigel Butler of Dicton,
in alms, to the prior and convent of the Park of Healaugh and their
successors, for two acres of arable land in North Deighton and various
roods of meadow there.

Omnibus hoc scriptum visuris vel audituris Willelmus filius
Nigelli Pincerne de Dicton salutem in domino eternam. Noveritis
universitas vestra me dedisse relaxasse et omnino quietumclamasse
pro me et heredibus meis in puram et perpetuam elemosinam
priori et conventui de Parcho de Helag et eorum successoribus
imperpetuum duas acras terre arabilis in territorio de Northdicton
et tres rodas prati in eodem territorio quarum una acra et una roda
terre jacent in Le Foreparks inter terram Roberti Pincerne et terram
Nigelli de Sil et tres rode terre jacent in Lynstok una cum prato
adiacente ibidem, et tres rodas prati jacent in Somerwyk inter
pratum domini Willelmi de Roos et fratrum militie Templi ['Templum'] ibidem, ita quod nec ego nec heredes mei sive assignati mei
in dictis terris de cetero nullum jus vel clameum exigere vel
f. 65*v.* vendi-/-care poterimus imperpetuum, pro quadam summa pecunie

michi in manibus tradita in meo maximo negocio. Et ego Willelmus et heredes mei dictum tenementum cum omnibus suis pertinenciis ubique et in omnibus locis sine ullo retenemento dictis
priori et conventui et eorum successoribus contra omnes gentes
warantizabimus adquietabimus et defendemus imperpetuum.
In cujus rei testimonium presenti scripto sigillum meum apposui.
Hiis testibus: Stephano le Walays, domino Johanne de Bella
Aqua, Johanne Stokkeld, et aliis.

Cf. Charter Rolls, 4 Edw. II, m. 17, no. 21.

NORDICTON.

> Inspeximus. Grant by Nigel the Butler of Deighton, for souls'
> health, to God and the house of St. John Evangelist of the Park and the
> canons there serving God, in alms, of two tofts and part of his garden
> in North Deighton, and also of two bovates of land in Deighton of his
> demesne and a culture in the West Field.

Omnibus Christi fidelibus Nigellus Pincerna de Dicton
salutem. Noveritis me pro salute anime mee et Emme uxoris mee
et patris et matris mee et antecessorum et heredum meorum dedisse
et concessisse et hac presenti carta mea confirmasse Deo et domui
sancti Johannis Evangeliste de Parco et canonicis ibidem Deo
servientibus in liberam puram et perpetuam elemosinam illa duo
tofta que Adam ad Moram et Thomas filius Line tenuerunt de me
in villa de Northdicton et quandam partem gardini mei quod
quondam pertinuit ad duo tofta predicta propinquiorem scilicet
eisdem thoftis videlicet a vetere fonte sicut vetus fossa extendit
se usque ad moram. Et insuper dedi eisdem canonicis in liberam/ *f. 66.*
puram et perpetuam elemosinam duas bovatas terre in territorio
ejusdem ville de Dicton de dominico meo, illas scilicet duas
bovatas terre que jacent remociores a sole per totum campum in
dominico meo cum omnibus pertinenciis suis infra villam et extra
exceptis toftis et croftis que ad illas duas bovatas terre quondam
pertinuerunt. Preterea dedi predicte domui culturam illam in
campo occidentali que vocatur Crokelandez, tenenda et habenda
omnia predicta cum pertinenciis suis libertatibus et aisiamentis
infra villam et extra ad predictas terras pertinentibus exceptis
toftis et croftis predictis que excipiuntur in precedentibus ['prece
dentibus']. Et ego Nigellus et heredes mei warantizabimus adquietabimus et defendemus predictis canonicis de Parco totam predictam donacionem contra omnes homines imperpetuum. Hiis
testibus: Ricardo de Goldesburc, Willelmo de Plumpton, Reginaldo
de Dicton, et aliis.

NORDICTON.

> Inspeximus. Deed by Robert de Deighton son of Nigel the Butler,
> agreeing that if Geoffrey the son of Hervey and Agatha his wife did

not pay a rent of 6 shillings to the prior and canons of the Park for the land which they held of the canons in North Deighton, which Robert gave to them in alms, the canons may distrain on him and his goods. If Robert should hinder them in their distraint, he should pay a fine of ½ mark to the Sheriff, who might distrain on him until the canons were satisfied.

f. 66v.

Omnibus has litteras visuris vel audituris Robertus de Dicthon filius Nigelli Pincerne salutem. Noveritis quod si Galfridus filius Hervici et Agatha uxor ejus vel eorum heredes redditum sex solidorum anuatim priori et canonicis de Parcho ad festum sancti Martini et ad Pentecosten/ per partes equales non persolverint pro terra quam tenent de ipsis priore et canonicis in territorio de Northdicton quam scilicet terram dedi eisdem in puram elemosinam licebit ipsis priori et canonicis restringere me et heredes meas per catalla que inventa fuerint in terra mea et in terra heredum meorum ubicunque fuerint inventa in territorio predicte ville quocunque modo voluerint donec ipsis plene de predicta firma annua fuerit satisfactum. Et quocienscumque ego Robertus vel heredes mei impediverimus predictos priorem et canonicis vel eorum attornatos ne nos destringere possint per catalla sicut predictum est dabimus dimidiam marcam argenti vicecomiti qui pro tempore fuerit nomine pene, ita scilicet quod liceat ipsi vicecomiti restringere me et heredes meos per terras et catalla donec ipsi de predicta pena satisfecerimus. Et in hujus rei testimonium presens scriptum sigillo meo roboravi. Hiis testibus: Willelmo de Plumpton, Matthaeo de Bramham, etc.

NORDICTON.

Inspeximus. Confirmation by Robert de Deighton son of Nigel le Butelar of all the gifts which his father made to the house of St. John Evangelist of the Park and the canons there, according to the tenor of the charters which they have of his father.

f. 67.

Omnibus has litteras visuris vel audituris Robertus de Dicthon filius Nigelli le Butelar salutem. Noveritis me confirmasse omnes donaciones quas Nigellus pater meus fecit domui sancti Johannis Evangeliste de Parco et canonicis ibidem Deo servientibus,/ tenendas et habendas imperpetuum secundum tenorem cartarum suarum quas habent de predicto patre meo. In cujus rei testimonium presenti scripto sigillum meum apposui. Hiis testibus: Willelmo de Plumpton, Mattheo de Bramham, Galfrido Dagun, et aliis.

NORDICTON.

Quitclaim by Beatrice widow of Walter de Hous' in North Deighton of all right as by dowry in her late husband's lands or holdings in North Deighton.

Omnibus hoc scriptum visuris vel audituris Beatrix uxor quondam Walteri de Hous' in Northdicton eternam in domino salutem. Noveritis me in legitima viduitate et plenaria potestate mea concessisse et omnino de me quietumclamasse priori et canonicis de Parcho de Helagh et eorum successoribus totum jus et clameum quod habui vel habere potui sive de cetero habere potero nomine dotis in tota terra et tenemento cum pertinenciis quam vel quod predictus Walterus quondam vir meus de predictis viris religiosis aliquo tempore vel quoquomodo tenuit in eadem villa de Northdicthon, ita quod nec ego Beatrix nec heredes meos sive aliquis nomine meo aliquid juris vel clamii in predicta terra et tenemento cum pertinenciis in toto vel in parte exigere vel vendicare potero vel poterimus imperpetuum. In cujus rei testimonium presenti scripto sigillum meum apposui. Hiis testibus: Nicholao de Dicthon, Roberto Pincerna, et aliis./ *f. 67v.*

NORDICTON. [A.D. 1400].

Inspeximus by Robert de Ros, lord of North Deighton of a charter by his ancestor William de Roos lord of Ingmanthorpe [*six items above*] granting to the priory of Healaugh Park two bovates of land in North Deighton. Confirmation by Robert of all lands etc. in the above charter, so that the canons receive him into their prayers, make his obit every year as for a patron of their house, and place his name in their martyrology and also his obit with that of Agnes his wife and of his sons.

At the foot of f. 68v is a note, probably in Padmore's hand: 'Here was a leefe skipped in the nombring and so two next followeng booth nombred with 73.'

Omnibus Christi fidelibus hoc scriptum visuris vel audituris Robertus de Ros dominus de Nordichton eternam in domino salutem. Noveritis me inspexisse quandam cartam confirmacionis quam antecessores mei fecerunt Deo et beate Marie et sancto Johanni Evangeliste de Parcho de Helagh et canonicis ibidem Deo servientibus in hec verba. Omnibus Christi fidelibus hoc scriptum visuris vel audituris Willelmus de Roos dominus de Ingemanthorp eternam in domino salutem. Noveritis me divine pietatis intuitu et pro salute anime mee et Eustachie uxoris mee ac animarum patrum et matrum et omnium antecessorum nostrorum concessisse et hoc presenti scripto meo pro me et heredibus meis imperpetuum confirmasse Deo et beate Marie et sancto Johanni Evangeliste de Parcho de Helagh et canonicis ibidem Deo servientibus duas bovatas terre cum pertinenciis in territorio de Northdicton quas habuerunt in feodo meo de dono et concessione Nigelli le Botillar quondam militis de Dyghton de dominico suo illas scilicet que jacent propinquiores a sole per totum campum in dominico suo cum duobus toftis que Adam ad Moram et Thomas filius Line quondam tenuerunt et quandam partem gardini que/ quondam *f. 68.* pertinuit ad predicta duo tofta propinquiorem eisdem toftis scilicet a vetere fonte sicut vetus fossatum extendit se usque ad moram et

duas acras terre unam scilicet in Northfeld in cultura que vocatur
Langesland propinquiorem duabus bovatis prenominatis et unam
acram in campo occidentali in remociori Greneclif propinquiorem
predictis duobus bovatis, et culturam in campo occidentali que
vocatur Crokedlandis, tenenda et habenda omnia predicta cum
omnibus pertinenciis libertatibus aisiamentis et proficuis suis
infra villam et extra ad predictam terram pertinentibus sine ullo
retenemento sibi et successoribus suis in liberam puram et perpetuam elemosinam quieta et soluta ab omni servicio seculari secta
exaccione et demanda prout in carta continetur quam habent de
Nigello le Botiller. Ita tum quod per istam confirmacionem non
teneor eis warantizare predicta tenementa si implacitati fuerint.
Et dicti prior et canonici qui tunc temporis fuerint caritatis
intuitu et humilium precum mearum interventu receperunt me et
dictam Eustachiam uxorem meam nec non et filios et filias nostras
in fraternitatem suam recommendantes nos oracionibus suis et

f. 68v. spiritualium beneficiorum suffragiis, promittendo bona fide/
quod cum in fata decesserimus obitus nostros in martilogio suo
ponent et singulis annis sicut pro patronis domus sue obitum meum
et dicte Eustachie uxoris mee facient celebrabunt ac in perpetuum
observabunt. Et ut omnia et singula premissa perpetue firmitatis
robur obtineant presens scriptum sigilli mei munimine consignavi.
Omnes quidem terras et tenementa cum omnibus pertinenciis suis
concedo et confirmo predictis canonicis et eorum successoribus
pro me et heredibus meis in liberam puram et perpetuam elemosinam prout in carta confirmacionis antecessorum meorum plenius
continetur, Ita quod dicti prior et canonici recipiant me in oracioni
bus suis et faciant obitum meum singulis annis sicut pro patrono
domus sue et ponent nomen meum in martilogio suo ac eciam
obitum meum et Agnetis uxoris mei et filiorum meorum. In
cujus rei testimonium presens scriptum sigilli mei impressione
roboravi. Hiis testibus: domino Roberto de Plumpton, Willelmo
de Plumpton, Ricardo Arthyngton, et aliis. Datum apud North
Dychton in festo Omnium Sanctorum A.D. MCCCC et regno regis
Henrici quarti secundo.

MERSTON. NOTA BENE. [*In the margin a little below*, C oves cum
sequela duorum annorum, *in a hand probably Padmore's*].

[*Farrer dates this c.* 1190-1206,
Early Yorkshire Charters, no. 558].

Grant by John son of Guy to God and the church of St. John
Evangelist of the Park of Healaugh and the brothers there serving
God, of pasture for 100 sheep with their sequel of two years in the
pastures of Marston, in alms; if the sheep of the brothers be found in
the pastures of Hutton they shall not be troubled. Further grant in
alms of all his toft in Marston. The canons may freely have their cattle
there if they wish.

f. 69.   Universis sancte matris ecclesie filiis has/ litteras visuris vel audituris Johannes filius Widonis salutem eternam in domino. Noveritis me divine pietatis intuitu concessisse dedisse et hac presenti carta mea confirmasse Deo et ecclesie sancti Johannis Evangeliste de Parco de Helagh et fratribus ibidem Deo servientibus pasturam ad centum oves cum sequela duorum annorum in pascuis de Merston in puram et perpetuam elemosinam libere quiete et pacifice possidendum et si oves predictorum fratrum in pascuis de Hoton invente fuerint non inde causabuntur. Preterea concessi et dedi predictis fratribus in puram et perpetuam elemosinam totum toftum meum cum crofto in eadem villa de Merston quod jacet inter toftum Benedicti hominis mei et toftum Gassandre a via que vadit per mediam villam usque ad magnam viam extra villam versus occidentale cum omnibus pertinenciis suis in bosco et plano et in omnibus aisiamentis et libertatibus ad predictam villam de Merston pertinentibus. Et si predicti fratres alia averia ibi habere voluerint libere habebunt. Et ego nominatus Johannes et heredes mei predictam concessionem et donacionem predictis fratribus contra omnes homines imperpetuum warantizabimus. Hiis testibus: Ranulpho tunc temporis/ priore et conventu sancte *f. 69v.* Trinitatis Eboraci, Roberto de Wiuelestrop, Nicholao Janitore, et aliis.

Cf. Charter Rolls, 4 Edw. II, m. 16, no. 14.

The vill is Long Marston, North of Healaugh.

MERSTON.

Grant by William son of Thomas, to God and the Blessed Mary and St. John Evangelist of the Park and the canons there serving God, of that toft and croft in Marston which Henry son of Adam held; it lies between the toft which was Ralph's, son of Hugh, and the land of Reginald de Toulston.

Omnibus Christi fidelibus has litteras visuris vel audituris Willelmus filius Thome salutem eternam in domino. Noveritis me dedisse concessisse et hac presenti carta mea confirmasse Deo et beate Marie et sancto Johanni Evangeliste de Parcho et canonicis ibidem Deo servientibus in liberam puram et perpetuam elemosinam unum toftum et unum croftum cum pertinenciis suis in villa et territorio de Merston, illud scilicet toftum cum crofto quod Henricus filius Ade tenuit quod scilicet jacet inter toftum quod fuit Radulphi filii Hugonis ex una parte et terram Reginaldi de Touleston ex altera, tenendum et habendum imperpetuum cum omnibus pertinenciis suis. Et ego dictus Willelmus et heredes mei dictum toftum et croftum cum omnibus pertinenciis suis libertatibus et aisiamentis dictis canonicis et eorum successoribus contra omnes homines warantizabimus adquietabimus et defendemus. Hiis testibus: Alano de Catherton, Alano de Folifait, Thoma filio Simonis, et aliis.

MERSTON.

> Grant by Helen daughter of Cassandra of Marston, to God and the Blessed Mary and St. John Evangelist of the Park of Healaugh and the canons there serving God, of a half-acre of land in Marston, in Suthfridhere.

f. 70.
(74)

Sciant presentes et futuri quod ego Ele-/-na filia Cassandre de Merston dedi concessi et hac presenti carta mea confirmavi Deo et beate Marie et sancto Johanni Evangeliste de Parco de Helay et canonicis ibidem Deo servientibus in liberam puram et perpetuam elemosinam unam dimidiam acram terre in territorio de Merston videlicet in Suthfridhere, tenendam et habendam sibi et successoribus suis imperpetuum libere quiete et pacifice et integre ab omni seculari servicio et exaccione. Ego vero Elena et heredes mei dictam dimidiam acram terre dictis canonicis et eorum successoribus contra omnes homines warantizabimus adquietabimus et defendemus imperpetuum. Et in hujus rei testimonium huic scripto sigillum meum est appensum. Hiis testibus: domino Willelmo filio Thome, Roberto Hoton, Ricardo Hamelin, et aliis.

MERSTON.

> Grant by Helena daughter of Cassandra of Marston, in her widowhood, to God and the Blessed Mary and the house of St. John Evangelist of the Park of Healaugh and the canons there serving God, in alms, of an acre and a half in Marston, namely half an acre in Suthfridh', half an acre at Ardstaine, with the complement of half a rood at Folivanes, one rood (at) Scockebrec and one rood at Paynrydyng.

Sciant omnes presentes et futuri quod ego Helena filia Cassandre de Merston in legitima potestate mea et libera viduitate dedi concessi et hac presenti carta mea confirmavi Deo et beate Marie et domui sancti Johannis Evangeliste de Parco de Helawe et canonicis ibidem Deo servientibus in liberam puram et perpetuam elemosinam unam acram et dimidiam in territorio de

f. 70*v.*

Merston scilicet dimidiam acram in Suthfridh' et dimidiam/ acre ad Ardstaine cum complemento dimidie rode ad Folivanes, unam rodam Scockebrec et unam rodam ad Paynrydyng, tenendum et habendum sibi et successoribus suis imperpetuum libere quiete pacifice et integre ab omni seculari servicio et exaccione. Ego vero Helena et heredes mei predictam acram et dimidiam dictis canonicis et eorum successoribus contra omnes homines warantizabimus adquietabimus et defendemus imperpetuum. Et in hujus rei testimonium huic scripto sigillum meum est appensum. Hiis testibus: domino Willelmo filio Thome, Roberto de Hoton, et aliis.

MERSTON.

> Grant by Hugh de Bramham, to God and the Blessed Mary and St. John Evangelist of the Park of Healaugh and the canons there serving God, in alms of an acre and a half in Marston [*described in detail*].

Sciant omnes has litteras visuris vel audituris quod ego
Hugo de Bramham dedi et concessi et hac presenti carta mea
confirmavi Deo et beate Marie et sancto Johanni Evangeliste de
Parco de Helawe et canonicis ibidem Deo servientibus in liberam
puram et perpetuam elemosinam unam acram et dimidiam terre
in territorio de Merston scilicet unam rodam ad Hunherhil inter
culturam domini Willelmi et terram Elene filie Cassandre et unam
rodam et dimidiam ad Keldlandis versus solem que jacent inter
culturam domini Willelmi et terram Roberti de Hotona et dimidiam
acram in Paynesridynge que jacent inter/ terram Alleways et   *f. 71.*
terram Nelle et unam rodam in Baithrydyng que jacet inter terram
Alleways et terram Nelle, tenendum et habendum predictis
canonicis et eorum successoribus cum omnibus pertinenciis suis
infra villam et extra imperpetuum libere quiete pacifice in puram et
perpetuam libere quiete pacifice in puram et perpetuam elemosinam
liberius et purius tenetur.[1] Et ego Hugo et heredes mei vel assignati totam predictam terram cum omnibus pertinenciis predictis
canonicis et eorum successoribus warantizabimus defendemus
et adquietabimus contra omnes homines imperpetuum. Hiis
testibus: domino Willelmo filio Thome, Roberto de Hotone,
Euerardo Pruthume, et aliis.

MERSTON.

> Grant by Richarda late the daughter of Ralph Hardy of Folifoot,
> with her body, for souls' health, to God and the Blessed Mary and St.
> John Evangelist of the Park, and the canons there serving God, in alms,
> of ¼ bovate of land in Marston.

Omnibus has litteras visuris vel audituris Ricarda quondam
filia Ranulphi Hardy de Folifait salutem in domino. Sciat universitas vestra me dedisse concessisse et hac presenti carta mea
confirmasse sil. [?][2] et delegasse cum corpore meo presenti pro
salute anime mee et patris et matris mee et omnium antecessorum
meorum Deo et beate Marie et sancto Johanni Evangeliste de
Parco et canonicis ibidem Deo servientibus et eorum successoribus
in liberam puram et perpetuam elemosinam unam dimidiam
bovatam terre in territorio de Merston cum omnibus libertatibus
['liberis'] pertinentibus infra villam/ et extra, illam scilicet dimidiam   *f. 71v.*
bovatam terre quam Willelmus filius Henrici dedit prenominato
Radulpho pro bono pacis, tenendam et habendam predictis
canonicis libere integre quiete ab omni seculari servicio exaccione
et demanda imperpetuum. Et ego Richalda et heredes mei predictam terram cum pertinenciis suis predictis canonicis warantizabimus adquietabimus defendemus contra omnes homines imperpetuum. Et in hujus rei testimonium huic scripto sigillum meum
apposui. Hiis testibus: domino Willelmo filio Thome de Merston,
domino Alano de Folifait, Everardo Pruthum de Merston, et aliis.

---

[1] *Sic.*   [2] *Apparently not* scilicet.

MERSTON.

Quitclaim by William son of William de Marisco to the prior and convent of the Park of Healaugh and their successors, in alms, for all the land etc. which they have in Hutton and Marston of the gift of William his father and Laderana his wife.

Omnibus Christi fidelibus presens scriptum visuris vel audituris Willelmus filius Willelmi de Marisco eternam in domino salutem. Noveritis me in plenaria etate concessisse confirmasse et quietumclamasse de me et heredibus meis et meis assignatis imperpetuum priori et conventui de Parco de Helawe et eorum successoribus in liberam puram et perpetuam elemosinam totam terram cum toftis et croftis et omnibus pertinenciis suis quam ipsi habent in Hoton et Merstona in Wapentagio de Eynsti ex dono Willelmi patris mei et Laderane uxoris sue, ita quod nec ego nec heredes mei nec mei assignati nec aliquis ex parte nostra *f. 72.* jus vel clameum/ in predicta terra nec in toftis predictis cum pertinenciis ut predictum est de cetero exigere vel vendicare poterimus. In cujus rei testimonium presenti scripto sigillum meum apposui. Hiis testibus: domino Petro de Brus, Johanne de Burton, Willelmo filio Willelmi de Tokwith, et aliis.

MERSTON.

Grant by Everard Prudhume of Marston to God and the Blessed Mary and St. John Evangelist of the Park of Healaugh and the canons there serving God, in alms, of 1½ acres of land in Marston.

Omnibus has litteras visuris vel audituris Everardus Prudhume de Merstune salutem in domino. Noveritis me dedisse concessisse et hac presenti carta mea confirmasse Deo et beate Marie et sancto Johanni Evangeliste de Parcho de Helay et canonicis ibidem Deo servientibus in liberam puram et perpetuam elemosinam unam acram et dimidiam terre in territorio de Merston, scilicet dimidiam acram in Payneredyng et dimidiam acram in Suthfrid et unam rodam in Apeltrefurlangez et unam rodam super Selyfurlanges, tenendum et habendum sibi et successoribus suis imperpetuum libere quiete pacifice et integre omni seculari servicio et exaccione. Et ego Everardus Prudhum et heredes mei totam predictam terram contra omnes homines dictis canonicis et eorum successoribus warantizabimus adquietabimus et defendemus imperpetuum. In cujus rei testimonium huic scripto sigillum meum apposui. Hiis testibus: domino Willelmo filio Thome, *f. 72v.* Roberto de Hoton, Ever-/-ardo clerico, et aliis.

MERSTON. NOTA BENE.

Grant by Sir Thomas son of William de Belkthorp kt., to William son of William de Marisco of Hutton in free marriage with Laderana, sister of the grantor, of one bovate of land in Marston and a toft there, except Northfirth and his enclosed wood called Hopwod, with remainder to William and his heirs if Laderana die childless, for a rent of four shillings for all services except forinsec service.

Omnibus hoc scriptum visuris vel audituris dominus Thomas filius Willelmi de Belkethorp miles salutem. Noveritis me dedisse et concessisse et hac presenti carta mea confirmasse Willelmo filio Willelmi de Marisco de Hoton in libero maritagio cum Laderana sorore mea unam bovatam terre cum pertinenciis in territorio de Merston et unum toftum in eadem villa, scilicet illam bovatam terre quam Ranulphus Gener Thome Aleways quondam tenuit et illud toftum quod jacet inter toftum Ranulphi filii Cissal et toftum quod Nicholas Hodde quondam tenuit, tenendum et habendum dictis Willelmo et Laderane uxori sue et heredibus ab eis procreatis de me et heredibus meis cum omnibus pertinenciis in boscis et pratis in turbariis et in omnibus aliis aisiamentis ad villam de Merston spectantibus libere quiete bene et in pace sine aliquo retenemento excepto Northfirth et bosco meo clauso qui vocatur Hopwod et si ita contingat quod dicta Laderana soror mea sine herede de ea et de dicto Willelmo procreato decedat volo quod dicta bovata terre cum tofto et omnibus pertinenciis predicto Willelmo et heredibus suis vel assignatis imperpetuum quietum re-/-maneat, ita quod ego nec heredes mei nunquam aliquid jus *f. 73.* vel clameum in eodem tenemento possimus vendicare, reddendo inde annuatim michi et heredibus meis quattuor solidos ad duos terminos pro omni servicio et exaccione mihi et heredibus meis pertinentibus, scilicet medietatem ad Pentecosten et alteram medietatem ad festum sancti Martini in Yme pro omnibus serviciis salvo forinseco servicio quantum pertinet ad tantum tenementum in eodem feodum. Et ego vero Thomas et heredes mei totum predictum tenementum cum omnibus pertinenciis sicut predictum est predictis Willelmo et Laderane et heredibus ab eis procreatis per predictum servicium contra omnes homines warantizabimus et defendemus. Et ut hec mea donacio rata et stabilis permaneat presenti scripto sigillum meum apposui. Hiis testibus: Simone de Halt', domino Ricardo de Stifeton, Ricardo de Colton, et aliis.

At the foot of f. 72v is a note, probably by Padmore :—" Here the leaves are misnombred, so that it should seme there should be two leaves wanting because this is 75 and the next 78 but I think it be right notwithstanding." The new pagination, based on the run of the text, shows that there is no gap at this point.

MERSTON.

Confirmation by Everard Prudhum of Marston to God and the Blessed Mary and the house of St. John Evangelist of the Park of Healaugh and the canons there serving God, in alms, of all the lands which the canons have in Marston of the gift of Helena daughter of Cassandra of Marston.

Omnibus has litteras visuris vel audituris Everardus Prudhum de Merston salutem eternam in domino. Sciat universitas

88 HEALAUGH PARK CHARTULARY

f. 73v.

vestra me concessisse et hac presenti carta mea confirmasse Deo et beate Marie et domui sancti Johannis Evangeliste de Parco de Helay et canonicis/ ibidem Deo servientibus in liberam puram et perpetuam elemosinam totam terram quam habent predicti canonici in territorio de Merston de dono Helene filie Cassandre de Merstona cum omnibus libertatibus et aisiamentis infra villam et extra ad predictam terram pertinentibus, scilicet unam acram et dimidiam secundum divisas et dimensiones contentas in carta quam habent predicti canonici de predicta Helena, tenendum et habendum predictum cum pertinenciis suis integre libere quiete pure pacifice ab omni seculari servicio et exaccione imperpetuum. Et ego Everardus et heredes mei predictam terram cum omnibus pertinenciis suis predictis canonicis et successoribus suis contra omnes homines warantizabimus adquietabimus et defendemus imperpetuum. In cujus rei testimonium huic scripto sigillum meum est appensum. Hiis testibus: domino Willelmo filio Thome de Hoton, Everardo clerico, Willelmo filio Henrici de Wychale, et aliis.

MERSTON.

Quitclaim by Hugh son of Everard Purdhum of Marston to the prior and canons of the Park of Healaugh, in alms, for all lands etc. which they have in Marston of the gift or sale of Everard his father.

f. 74.
'j i'

Omnibus Christi fidelibus Hugo filius Everardi Purdhum de Merston salutem. Noveritis me concessisse et quietumclamasse et confirmasse priori et canonicis de Parco de Helawe in liberam puram et perpetuam elemosinam omnes terras et tenementa que ipsi habent in Merston/ de dono sive vendicione Everardi patris mei, ita quod neque ego neque aliquis ex parte mea neque heredes mei nunquam molestiam calumpniam aut querelam super hiis terris aut aliqua parte earum per que dicti canonici aliquo modo poterunt gravari movebimus imperpetuum. Et ut haec mea concessio quietaclamacio et confirmacio rata permaneat presens scriptum sigilli mei impressione roboravi. Hiis testibus: Roberto le Buteler de Dictona, Nigello fratre ejus, Thoma filio Benedicti de Merston, et aliis.

MERSTON ET HOTON.

Quitclaim by Agnes, daughter of William de Marisco and widow of Hugh the Skinner of York, to the house of St. John Evangelist of the Park of Healaugh and the canons there serving God, for two tofts, one selion and one acre of land in Marston and Hutton in Ainsty.

Omnibus Christi fidelibus hoc scriptum visuris vel audituris Agnes filia Willelmi de Marisco quondam uxor Hugonis Pelliparii de Ebor. eternam in domino salutem. Noveritis me in legitima potestate et libera viduitate mea remisisse relaxasse et omnino pro me et heredibus meis imperpetuum quietumclamasse domui

sancti Johannis Evangeliste de Parco de Helagh et canonicis ibidem
Deo servientibus totum jus et clamium quod unquam habui vel
aliquo modo habere potero in duobus toftis et croftis et in una
selione et una acra terre in villa et territorio de Merston et Huton
in Aynsti/, ita videlicet quod nec ego predicta Agnes nec heredes *f. 74v.*
mei nec aliquis per nos aut nomine nostro quicquam jus vel clameum in predictis duobus toftis et croftis et una selione et una acra
terre cum omnibus suis pertinenciis de cetero poterimus exigere
vel vendicare imperpetuum. Et ad omnia predicta firmiter tenenda
et observanda sigillum meum presenti scripto est appensum. Hiis
testibus: domino Ricardo le Walays et Ranulpho de Albo Monasterio, T. le Cerf, et aliis.

> The vills are Long Marston and Hutton Wandesley.

MERSTON.

> Grant by Everard Prudhum of Marston to God and the Blessed
> Mary and St. John Evangelist of the Park of Healaugh and the canons
> there serving God, in alms, of three acres of land in Marston [*described*].

Omnibus has litteras visuris vel audituris Everardus Prudhum de Merston salutem. Noveritis me dedisse et concessisse et
hac presenti carta mea confirmasse Deo et beate Marie et sancto
Johanni Evangeliste de Parco de Helay et canonicis ibidem Deo
servientibus in liberam puram et perpetuam elemosinam tres
acras terre in territorio de Merston, scilicet unam dimidiam acram
in Panerydyng et dimidiam acram in Suthfrith et unam rodam in
Apeltrefurlangez et unam rodam in Selifurlangez et dimidiam
acram ad Keldland et dimidiam acram ad Pesehill et unam
rodam ad superiorem partem de Bramhill et unam rodam ad
Litheshillez, tenendas/ et habendas dictis canonicis et success- *f. 75.*
oribus suis imperpetuum libere quiete pacifice et integre ab omni 'j ii'
seculari servicio et exaccione cum omnibus libertatibus et aisiamentis ad predictam terram pertinentibus. Et ego Everardus
Prudhume et heredes mei totam predictam terram cum omnibus
pertinenciis suis contra omnes homines dictis canonicis et eorum
successoribus warantizabimus adquietabimus et defendemus
imperpetuum. In hujus rei testimonium huic scripto sigillum
meum apposui. Hiis testibus: domino Willelmo filio Thome de
Merston, Roberto de Hoton, Ricardo Hamelin, et aliis.

MERSTON.

> Grant by Everard Prudhum of Marston to God and the Blessed
> Mary and the house of St. John Evangelist of the Park of Healaugh
> and the canons there serving God, in alms, of all the waste which abuts
> on the ends of five acres of land which the canons have in Marston of
> his gift and of all the waste below those five acres.

Omnibus ad quos presens scriptum pervenerit Everardus
Prudhum de Merston eternam in domino salutem. Noveritis me

dedisse concessisse et hac presenti carta mea confirmasse Deo et
beate Marie et domui sancti Johannis Evangeliste de Parco de
Helagh et canonicis ibidem Deo servientibus in liberam puram
et perpetuam elemosinam totum wastum quod abuttat ad fines
quinque acrarum terre quas dicti canonici habent in Merston de
dono meo et totum wastum infra dictas quinque acras contentum
cum aperamentis assartis et aisiamentis que pertinent vel pertinere

f. 75v. possunt ad predictam terram sine ullo retenemento/, tenendum et
habendum de me et heredibus meis dictis canonicis et eorum
successoribus libere quiete pacifice et integre ab omni servicio
exaccione et demanda. Et ego Everardus et heredes mei predictum
wastum cum omnibus aperamentis asartis aisiamentis et omnibus
pertinenciis suis sicut supradictum est predictis canonicis et eorum
successoribus contra omnes homines warantizabimus adquietabimus et defendemus imperpetuum. Et ut haec mea donacio et
concessio rata et stabilis permaneat huic scripto sigillum meum
apposui. Hiis testibus: Ranulpho de Albo Monasterio, Henrico
Walensis, Henrico Saxpey, et aliis.

MERSTON. NOTA BENE.

> Grant by William son of William de Marisco and Laderana his
> wife, for their souls' health, to God and the Blessed Mary and the
> house of St. John Evangelist of the Park of Healaugh and the canons
> there serving God, for the support of a canon to celebrate Mass for their
> souls, in alms, of five bovates of land and six tofts with crofts in Marston
> in Ainsty, which the grantors had by gift and sale of William son of
> Thomas late lord of Marston and of Thomas son of the same William
> and of William son of the same Thomas; the canons not to be held to
> anything besides the support of one chaplain saying Mass.

Omnibus Christi fidelibus hoc scriptum visuris vel audituris
Willelmus filius Willelmi de Marisco et Laderana uxor sua eternam
in domino salutem. Noveritis nos pro salute animarum nostrarum
concessisse dedisse et hoc presenti scripto nostro confirmasse Deo
et beate Marie et domui sancti Johannis Evangeliste de Parco
de Helagh et canonicis ibidem Deo servientibus ad sustentacionem
unius canonici pro animabus nostris divina celebrantis in liberam
puram et perpetuam elemosinam quinque bovatas terre et sex

f. 76. tofta cum croftis in villa de Merston in Aynsti quas habuimus ex/
'j iii' dono et vendicione Willelmi filii Thome quondam domini de
Merston et Thome filii ejusdem Willelmi et Willelmi filii ejusdem
Thome, habendas, et tenendas predictis canonicis et eorum
successoribus cum omnibus pertinenciis suis libertatibus et aysiamentis infra villam de Merston et extra scilicet in boscis planis
moris mariscis pratis pasturis viis semitis aquis ripis piscariis
turbariis stagnis molendinis fossatis vivariis et omnibus aliis
liberis communis sine ullo retenemento libere quiete pacifice pure
et integre et solute ab omni servicio seculari exaccione secta curie
et demanda. Et nos predicti Willelmus et Laderana et heredes
nostri predictas quinque bovatas terre cum toftis et croftis et

omnibus aliis pertinenciis suis prenominatis canonicis et eorum successoribus in omnibus et per omnia sicut supradictum est contra omnes gentes warantizabimus acquietabimus ac defendemus imperpetuum. Et sciendum est quod predicti canonici pro tota terra supradicta cum pertinenciis et pro terra quam ipsi habent in Hoton non tenentur nisi ad sustentacionem unius canonici divina pro animabus nostris ut supradictum est celebrantis. In cujus rei testimonium presenti scripto sigilla nostra apposuimus. Hiis testibus: domino Petro de Brus, Johanne de Burton, Radulpho filio/Thome, et aliis.

f. 76v.

Cf. Charter Rolls, 4 Edw. II, m. 14, no. 4.

MERSTON.

Grant by William, son and heir of Sir Thomas de Marston to God and the Blessed Mary and the house of St. John Evangelist of the Park of Healaugh and the prior and convent of the same place, in alms, of five bovates of land and six tofts in Marston which they had of the gift of William de Marisco and Laderina his wife, and William and Laderina of the gift of William the grantor's grandfather and of his father and of himself, and of all his right in the service of William and Laderania.

Omnibus Christi fidelibus hoc scriptum visuris vel audituris Willelmus filius et heres domini Thome de Merston eternam in domino salutem. Noveritis me dedisse concessisse et confirmasse Deo et beate Marie et domui sancti Johannis Evangeliste de Parco de Helagh et priori et conventui ejusdem loci in liberam puram et perpetuam elemosinam quinque bovatas terre et sex tofta in villa de Merston quas ipsi habuerunt ex dono Willelmi de Marisco et Laderine uxoris sue et quas idem Willelmus et Laderina habuerunt ex dono domini Willelmi avi mei et ex dono patris mei ac meo in predicta villa de Merston et totum jus et clameum quod habui vel habere potui et [? *for* in] homagio et serviciis predicti Willelmi et Laderanie uxoris sue vel heredum suorum vel suorum assignatorum que ipsi mihi facere solebant et debebant pro predictis quinque bovatis terre et sex toftis in eadem villa de Merston, tenendum et habendum predictis priori et conventui et eorum successoribus libere quiete pure pacifice integre et solute ab omni servicio seculari exaccione et demanda. Et ego Willelmus et heredes mei predictas quinque bovatas terre et sex tofta predicta una cum homagio et servicio predicti Willelmi et/ Ladranie uxoris sue et heredum suorum ac suorum assignatorum prenominatis priori et conventui et eorum successoribus contra omnes gentes warantizabimus adquietabimus et defendemus imperpetuum. In cujus rei testimonium presenti scripto sigillum meum apposui. Hiis testibus: domino Ranulpho de Albo Monasterio, Waltero le Fraunceis, Lamberto de Bilburgh, et aliis.

f. 77. 'j iiii'

MARTON.

> Grant by Walter de Percy, to God and the Blessed Mary and the house of St. John Evangelist of the Park of Healaugh and the canons there serving God, in alms, for souls' health, for the support of a canon to celebrate divine worship of all his land in his demesne in Marton in Burgshire, namely 12⅘ bovates of land and of his little wood, saving to him his free men and rustics with their chattels which he kept in his hand, doing forinsec service.

Omnibus Christi fidelibus has litteras visuris vel audituris Walterus de Percy salutem. Noveritis me dedisse concessisse et hac presenti carta mea confirmasse Deo et beate Marie et domui sancti Johannis Evangeliste de Parco de Helagh et canonicis ibidem Deo servientibus in perpetuam elemosinam pro anima mea et pro animabus patris et matris antecessorum et heredum meorum ad sustentacionem unius canonici divina celebrantis totam terram meam sine ullo retenemento quam habui in dominico meo in villa et territoriis de Marton in Burchskyre scilicet duodecim bovatas terre et duas partes unius bovate terre cum omnibus pertinenciis suis libertatibus et aisiamentis infra villam et extra ad predictam terram pertinentibus salvis michi et heredibus meis liberis hominibus meis cum eorum tenementis et rusticis meis cum *f. 77v.* eorum/ catallis quos retinui in manu mea. Preterea ego dictus Walterus dedi eisdem canonicis totum boskellum meum quod pertinet ad me in territorio ejusdem ville de Marton salvis hominibus meis liberis partibus suis ad terras suas spectantibus tenenda et habenda omnia predicta in perpetuam elemosinam libere quiete pacifice et integre ab omni servicio et exaccione ad me et heredes meos pertinentibus faciendo forinsecum servicium quantum pertinet ad predictam terram. Et ego Walterus et heredes mei predictas duodecim bovatas et duas partes unius bovate terre cum omnibus pertinenciis suis libertatibus et aisiamentis infra villam et extra cum boskello prenominato warantizabimus defendemus et acquietabimus contra omnes homines imperpetuum, salvo forinseco servicio quod predicti canonici facient sicut predictum est. Et sciendum est quod predicti canonici facient sectam comitatus ['Wapentag' *in margin*] Trihingii et omnes alias sectas ad predictam terram pertinentes. In hujus rei testimonium huic scripto sigillum meum apposui. Hiis testibus: domino Roberto de Kokefeld, Rogero de Stapilton, et aliis.

> Cf. Charter Rolls, 4 Edw. II, m. 14, no. 11, where the list of witnesses is more full.

> The vill is Marton, South of Boroughbridge. Burgshire, *i.e.*, Claro Wapentake.

MARTON. [A.D. 1315].

> Acknowledgment by Richard de Aldeburgh of a bond to the prior and convent of the Park of Healaugh and their successors for a rent of 2*d.* issuing from his land on the South side of Marton, with conditions for distraint.

Omnibus hoc scriptum visuris vel audituris Ricardus de Alde-
burgh salutem in domino/. Noveritis universitas vestra me teneri
et per presentes obligatum esse priori et conventui de Parco de
Helagh et eorum successoribus in quodam annuo redditu duorum
denariorum exeunte de illa terra mea que proxime adjacet bosco
meo de Galnbergh ex parte australi in villa de Merton, percipiendo
de me et heredibus meis imperpetuum ad duos anni terminos
scilicet unum denarium ad festum Pentecostes et unum denarium
ad festum sancti Martini in Yeme. Et ad predictum redditum
eis fideliter solvendum terminis prenotatis obligo me et heredes
meos et totam terram predictam ad quoruncumque manus dev-
enerit districcioni predictorum prioris et conventus et eorum
successoris quocienscumque predictus redditus ad aliquem terminum a retro fuerit quod absit. In cujus rei testimonium presentibus sigillum meum apposui. Datum apud Parcum de Helagh
die lune proxime ante festum conversionis sancti Pauli anno
gracie MCCCXV finiente. ['8 Ed. 2' *in Dodsworth's hand*].

f. 78.
(83)

BAYNTON ET BILTON.

> Quitclaim by Brian son of Alan to Bartholomew Turet and his
> heirs, for the part of the inheritance of Geoffrey Haget which was
> shared after Geoffrey's death by the abbots of Fountains and Roche and
> Walter Fauconberge and Walter de Bovintun and many other worthy
> men; namely, lands in Wighill, Bainton and Bilton. Brian saves to him-
> self one-third of the advowson of the church of Bilton.

Sciant presentes et futuri quod ego Brianus filius Alani concessi et hac presenti carta mea confirmavi et quietumclamavi Bartholomeo Turet et heredibus suis de me et heredibus meis partem/
hereditatis Galfridi Haget que partita fuit post mortem ipsius per
Abbates de Fontibus et de Rupe et Walterum Fauconberge et
Walterum de Bovintun et plures alios probos viros videlicet
Wihele cum medietate parci et cum omnibus aliis pertinenciis
suis; preterea concessi et quietumclamavi de me et heredibus meis
predicto Bartholemeo et heredibus suis de sex bovatis terre in
Bainton cum omnibus pertinenciis suis de hereditate Gundred
Haget amice predicto Bartholomeo Thuret et terciam partem de
Bilton cum omnibus pertinenciis suis que similiter fuit predicte
Gundrede Haget salvis mihi et heredibus meis terciam partem
advocacionis ecclesie de Bilton. Et ut hec mea concessio et quieta
clamacio rata et inconcussa imposterum permaneat presenti
scripto sigillum meum apposui. Hiis testibus: Jordano de Sancto
Maria, Philippo filio Johannis, Henrico de Wychale et aliis.

f. 78v.

> The vill is Bilton, a parish between Long Marston and Sinningth-
> waite. Bainton is the vill in the East Riding. Some notes on Bainton
> in *Y.A.J.*, xxx, 283, quoting *Feudal Aids*, vi, 148, show the FitzAlan
> interest derived from the Hagets.

BILTON.   [A.D. 1233-56].

Grant at fee farm by Elias the prior and the convent of the Park
of Healaugh to Robert de Cokefeld and his heirs for his homage and
service, of all their land which they had in Bilton of the gift of Sir
Bartholomew Thuret, and two bovates of land which they had of the
gift of Ymania de Wighill, late the wife of Robert Sakespy, for a rent
of 100 shillings and doing forinsec service and other services required.
Arrangements for distraint in case of non-payment.

Omnibus sancte matris ecclesie filiis Elias prior et conventus
de Parco de Helagh salutem eternam in domino Noveritis nos
dedisse ad feodi firmam et concessisse et hac presenti carta mea
cirograffata confirmasse Roberto de Cokefeld et heredibus suis
f. 79.　vel assignatis pro/ homagio et servicio suo totam terram nostram
(84)　quam habuimus in villa de Biltona de dono domini Bartholemei
Thuret et duas bovatas terre cum omnibus pertinenciis suis quas
habuimus de dono Ymanie de Wichall que quondam fuit uxor
Roberti Sakespy tam in dominicis et villanis cum sequelis suis
quam in homagio et servicio et redditibus et omnibus aliis pertinenciis infra villam et extra sine ullo retenemento nobis et
successoribus nostris, tenendam et habendam dicto Roberto et
heredibus suis vel assignatis preterquam viris religiosis aliis a
nobis et preterquam Judeis omnes predictas terras cum villanis et
sequelis eorum et omnia predicta servicia cum homagiis et redditibus et omnibus aliis pertinenciis suis de nobis et successoribus
nostris imperpetuum libere quiete pacifice integre et hereditarie,
reddendo inde annuatim nobis et successoribus nostris centum
solidos sterlingorum ad duos terminos videlicet quinquaginta solidos ad Pentecosten et quinquaginta ad festum sancti Martini in
Yeme et faciendo nobis et successoribus nostris forinsecum servicium quantum pertinet ad dictam terram et alia servicia si qua
ad predictam terram pertinent pro omnibus serviciis consuetud-
f. 79v.　inibus exaccione et secularibus/ demandis nobis pertinentibus. Et
sciendum quod si dictus Robertus vel heredes sui vel assignati ad
dictos terminos predictam firmam nobis vel successoribus nostris
non persolverint licebit nobis et successoribus nostris sine omni
contradiccione restringere feodum dictum et catalla in eodem
feodo inventa donec nobis et successoribus nostris plene dictam
firmam persolverint et ad majorem securitatem dicte solucionis
faciende ad dictos terminos subjecit se dictus Robertus et heredes
suos et heredes suos et assignatos jurisdiccioni decani et Capellani[1]
Eboraci sub pena unius marci fabrice ecclesie sancti Petri Ebor.
persolvendum pro quolibet termino transgresso circa octavas sub
sentenciali pena.   Et nos et successores nostri warantizabimus
predicto Roberto et heredibus suis vel assignatis omnes predictas
terras et servicia redditus et homagia cum villanis et sequelis
eorum et cum omnibus aliis pertinenciis suis imperpetuum.
Hiis testibus [*blank*].

[1] *Sic* for Capituli.

TOKWITH. NOTA BENE.   [Henry III].

Grant by Richard son of Robert son of Richard de Tockwith to God and the Blessed Mary and the house of St. John Evangelist of the Park of Healaugh and the canons serving God there, for souls' health, in alms, of all his land in Tockwith [*described in detail*], with services and rents [*described*], together with everything not specified in the charter which he or his heirs should in future inherit; doing forinsec service.

Omnibus Christi fidelibus hoc scriptum inspecturis Ricardus filius Roberti filii Ricardi de Tokwith eternam in domino salutem. Noveritis me dedisse/ et hoc presenti scripto confirmasse Deo et *f.* 80. beate Marie et domui sancti Johannis Evangeliste de Parco de (85) Helagh et canonicis ibidem Deo servientibus caritatis intuitu et pro salute anime mee et pro animabus patris mei et matris mee et omnium antecessorum meorum in liberam puram et perpetuam elemosinam totam terram meam in villa et territorio de Tokwith tam in dominico quam in servicio quam unquam habui vel habere potui sive decetero habere potero vel que unquam ad me pertinuit [*sive*] de cetero poterit pertinere sine ullo retenemento in bosco plano prato pastura turbario piscario et omnibus aliis pertinenciis et aisiamentis infra villam et extra ad predictam terram pertinentibus cum homagio et serviciis wardis releviis escaetis et omnibus aliis proficuis que ad me unquam pertinuerunt sive imposterum poterit evenire videlicet capitale messuagium meum cum tofto et crofto eidem messuagio pertinentibus et duas acras in Suinesheved et unam acram et dimidiam super toftis et unam acram super Ruddegate et super Wytheker duas acras et ad Suinstiberg tres acras et dimidiam terre et prati et super Wodenat unam rodam et ad molendinum de Hamerton unam rodam et ad buttis juxta aquam/ dimidiam rodam et ad Segesyke dimidiam acram prati et *f.* 80v. in Lunde versus le Nesse sex acras terre et totum boscum meum et planum tam separabilem quam non separabilem in predicta villa de Tokwith sine ullo retenemento, ita quod in bosco separabili nullus tenens de feodo predicto abscindat nisi per visum forestarii predictorum canonicorum, et homagium, et servicium de dimidia carucata terre quam Willelmus filius Willelmi tenet in eadem villa et redditum duodecim denariorum pro una bovata terre quam Ricardus filius Matilde tenet cum homagio et servicio ejusdem Ricardi, et redditum octo denariorum de Thoma filio Willelmi de Tokwyth pro octodecim acris terre et uno messuagio in eadem villa cum homagio et servicio ejusdem Thome et homagium et servicium de tribus bovatis terre quas priorissa de Synnyngth-wait tenet in eadem villa et totum jus et clameum quod habui vel habere potui in quindecim acris quas eadem priorissa cepit ad terminum de Roberto patre meo in predicta villa de Tokwith que jacent in Swinolthwait et pastura quantum pertinet ad unam carucatam terre quam prefata priorissa similiter cepit ad terminum de eodem Roberto patre meo et redditum quattuor denariorum pro uno tofto quod/ Crippinghes tenet in eadem villa et redditum *f.* 81. quattuor denariorum pro uno tofto quod Nicholaus Cissor tenet (86)

in eadem villa et redditum sex denariorum pro molendino super
le Bek et pro le Nethercar que Willelmus de Kyrkeby tenet et
unam liberam cumini annuam cum redditu trium denariorum
quos reddere debet Robertus Page pro terra quam de me tenet in
eadem villa et redditum unius denarii pro uno messuagio et pro
sex acris terre quam Philippus de Touthorp tenet in eadem villa
cum homagio et servicio ejusdem Philippi et redditum unius
oboli pro dimidia acra terre quam Thomas filius Widonis tenet in
eadem villa et redditum unius oboli pro una acra terre quam
Thomas Thurpyn tenet in predicta terra et redditum unius oboli
de Waltero filio Philippi pro dimidia acra terre in eadem villa et
redditum duorum denariorum de Henrico Mawleverer pro sex
acris terre in eadem villa. Et si quid ad me vel heredes meos jure
hereditatis sive alio modo unquam pertinuit sive de cetero pertinere potuerit quod in isto scripto tempore confeccionis specificatum
non extitit predictis canonicis et eorum successoribus concessi dedi
et confirmavi. Tenenda et habenda omnia predicta dictis canonicis

f. 81v. et eorum successoribus sicut supra/ dictum est libere quiete integre
et pacifice ab omni servicio seculari exaccione et demanda faciendo
forinsecum servicium quantum pertinet ad predictam terram unde
decem carucate terre faciunt feodum unius militis. Et ego Ricardus
et heredes mei omnia predicta cum pertinenciis suis homagiis
serviciis wardis releviis escaetis et omnibus aliis prout supradictum est predictis canonicis et eorum successoribus warantizabimus adquietabimus et defendemus imperpetuum. In cujus rei
testimonium presenti scripto sigillum meum apposui. Hiis testibus:
domino Thome de Merston, Henrico Sakespy de Wychale, et aliis.

TOKWITH. NOTA BENE.   [A.D. 1265].
    Grant by Richard son of Robert de Tockwith to the prior of the
    Park of Healaugh and the convent of the same place, of all land with
    toft and croft in Tockwith which he had in his keeping of Thomas son
    of William of the same place, until the coming of age of Thomas, that is
    for 14 years, saving to Richard the marriage of Thomas, to be held by
    the prior to the completion of the term.

    Omnibus Christi fidelibus hoc scriptum inspecturis Ricardus
filius Roberti de Tokwith eternam in domino salutem. Noveritis
me dedisse et concessisse priori de Parco de Helagh et ejusdem
loci conventui totam terram cum tofto et crofto et cum omnibus
pertinenciis suis in villa et territorio de Tokwith quam habui
in custodia mea de Thoma filio Willelmi ejusdem ville usque ad
legitimam etatem suam scilicet usque ad terminum quattuordecim
annorum salvo michi maritagio ejusdem Thome tenendam et
habendam predictis priori et conventui usque ad terminum predic-

f. 82. tum[1] ple-/-ne completum libere quiete pro omni servicio seculari
'k i' exaccione et demanda. Et ego Ricardus et heredes mei predictam

    [1] *Catch-word* "-ne completum." *The annotator, probably Padmore,
    has added* "Nota here semeth to be two leaves wanting because this is 86 and
    the next 89, but I think it be right."

terram cum tofto et crofto et cum omnibus pertinenciis suis predictis priori et conventui usque ad terminum predictum plene
completum contra omnes gentes warantizabimus adquietabimus
et defendemus. In cujus rei testimonium presenti scripto sigillum
meum apposui. Hiis testibus: domino Thoma de Merston, domino
Henrico Walens militibus, Henrico Sakespye de Wyhale et aliis.
Acta apud Tokwith vi. Id. Jul. anno gracie MCCLX quinto. ['49
H. 3' *in Dodsworth's hand*].

[NO HEADING].   [A.D. 1263-81].

> Grant by Henry, prior of the Park of Healaugh, and the convent
> of that place, to Richard son of Robert de Tockwith, of a corrody for
> life in that convent, with livery, and maintenance for his son Robert
> until he comes of age, as for one of the free servants of the priory.

Omnibus Christi fidelibus hoc scriptum inspecturis frater
Henricus prior de Parco de Helagh et ejusdem loci conventus eternam in domino salutem. Noveritis nos concessisse [et] dedisse
Ricardo filio Roberti de Tokwith in domo nostra de Parcho quoad
vixerit liberacionem unius canonici in esculentis et proculentis [*sic*],
ita quod quando cum canonicis in refectorio vel cum hospitibus in
aula sive alibi in curia comederit vel pro negociis nostris per propriam expediendis sumptibus nostris vel pro suis negociis laboraverit
liberacionem predictam minime recipiat. Et si infirmitate vel alio
casu contingente fuerit graviter/ depressus sive debilitatus eandem   *f. 82v.*
liberacionem in loco racionabili infra curiam nostram sibi deputato
recipiat. Concessimus eciam dedimus eidem Ricardo singulis annis
quoad vixerit ad vestimenta et calciamenta et alia necessaria
sibi invenienda viginti solidos sterlingorum, scilicet medietatem ad
Pentecosten et medietatem ad festum sancti Martini in Yeme.
Concessimus insuper predicto Ricardo pro nobis et successoribus
nostris quod post decessum ejus in divinis serviciis et aliis pro eo
fiat sicut pro uno ex concanonicis nostris. Idem vero Ricardus
tactis sacrosanctis juravit quod ipse nobis et domui nostre in
omnibus viriliter assistet et pro nobis et domo nostra in omnibus
fideliter et sine ficcione laborabit et negocia nostra ut sua propria
pro posse suo expediet. Et si contingat quod nos predicti prior et
conventus vel nostri successores predictas liberaciones et concessiones predicto Ricardo Roberti filio sic concessas sine racionabili et
justa causa in aliquo subtrahere voluerimus licebit eidem Ricardo
in terram suam de Tokwith nobis per eundem per scriptum inter
nos et ipsum confectum concessam intrare et saisire donec predictum subtraccionem eidem Ricardo per nos sive per successores/   *f. 83.*
nostros factam per arbitrium predictorum duorum vel trium virorum   'k ii'
fide dignorum ex consensu utriusque partis ut supradictum est
electorum juste et racionabiliter emendaverimus. Concessimus
itaque Roberto filio Ricardi predicti sustentacionem suam quousque
ad etatem legitimam pervenerit, ita quod pro posse suo interim
diligenter in domo nostra serviet et cum ad etatem plenarium per-

venerit in libero servicio nostro stabit et ei in victu et mercede
prout uni de liberis servientibus nostris necessaria adinveniemus
dummodo nobis et domui nostro bono modo et fideliter servierit.
Si autem contingat quod nos predicti prior et conventus vel successores nostri post consignacionem hujus scripti aliquo tempore
occasione alicujus debiti nobis ante confeccionem hujus scripti
per dictum Ricardum non intimati per Judeos sive Christianos
fuerimus gravati vel condempnati sive occasione alicujus placiti
terras et tenementa sive alia nobis per eundem Ricardum concessa in parte vel in toto amiserimus licebit nobis et successoribus
nostris predictas liberaciones et concessiones predicto Ricardo et
Roberto filio suo concessas secundum quantitatem gravaminis
f. 83v.   nostri dampni/ seu jacture per arbitrium duorum vel trium virorum
fide dignorum ex consensu utriusque partis electorum subtrahere.
Et ut omnia predicta robur firmitatis optineant nos uni parti
istius scripti cirograffati sigillum nostrum apposuimus. Et predictus
Ricardus altri [*sic*] parti istius sigillum suum apposuit. Hiis
testibus. [*blank*].

TOKWITH.

> Grant by Robert son of Richard de Tockwith to Philip de Tow-
> thorp in marriage with Beatrix daughter of Robert, of six acres of
> land [*described*] in Tockwith and one croft there, with common of
> pasture etc., paying 1*d.* at Christmas for all services. If Beatrix
> should die without heirs, the land should revert to the grantor.

Sciant omnes presentes et futuri quod ego Robertus filius
Ricardi de Tokwyth concessi et dedi et hac presenti carta mea
confirmavi Philippo de Touthorp in maritagio cum Beatrice filia
mea sex acras terre in territorio de Tokwith et unum toftum ad
caput ville versus occidentem scilicet unam acram terre ad Holm-
hyrst et unam acram terre ad Scouelbrayt et unam acram ad
Goldholm et unam acram juxta Geuet et dimidiam acram ad
Hallestedez et dimidiam acram ad Langethwayt et dimidiam
acram ad caput crofti mei et dimidiam acram Thefthornkeld.
tenendas et habendas predicto Philippo et Beatrici uxori sue et
eorum heredibus qui de eis exibunt libere et quiete cum communi
pasture et cum omnibus pertinenciis et libertatibus et aisiamentis
f. 84.   suis infra villam de Tokwit/ et extra ad predictas acras terre per-
'k iii'   tinentibus, reddendo inde annuatim michi et heredibus meis unum
denarium infra Natale Domini pro omni servicio forinseco et alio.
Si ita contingat quod predicta Beatrix absque herede corporis sui
obierit predicte acre terre cum predicto tofto et cum omnibus
pertinenciis suis ut scriptum est remanebunt quietas michi et
heredibus meis sine contradiccione alicuius. Ego vero Robertus et
heredes mei prenominatas sex acras terre cum predicto tofto et
cum omnibus pertinenciis suis warantizabimus et defendemus
predicto Philippo et Beatrici uxori sue et eorum heredibus qui
de eis exibunt contra omnes homines imperpetuum. Hiis testibus:

domino Willelmo filio Thome de Merston, domino Thoma filio ejus, Thoma filio Widonis, et aliis.

TOKWITH.

> Grant by Richard son of Robert de Tockwith to God and the Blessed Mary and St. John Evangelist of the Park of Healaugh and the canons there serving God, of all his land in demesne as in service in the vill of Tockwith, with the lordship of 21 bovates which he holds by the death of his father Robert, with all rights, etc., to hold free of all service.

Omnibus Christi fidelibus hoc scriptum visuri vel audituri Ricardus filius Roberti de Tokwith eternam in domino salutem. Noveritis me concessisse dedisse et hoc presenti scripto meo confirmasse Deo et beate Marie et sancto Johanne Evangeliste de Parco de Helagh et canonicis ibidem Deo servientibus in liberam puram et perpetuam elemosinam totam terram meam tam in dominico quam in servicio sine ullo retenemento quam habui in villa de Tokwith cum/ dominio viginti et unius bovatarum terre *f. 84v.* quod michi per mortem Roberti patris mee jure hereditario vel 'k iii' alio modo accidit vel accidere potuit in eadem villa vel alibi et cum homagiis serviciis wardis releviis escaetis proficuis et omnibus aliis pertinenciis ad predictam terram et ad dominium ejusdem terre pertinentibus in bosco prato plano moris mariscis turbariis piscariis viis aquis semitis stagnis molendinis et in omnibus aliis locis ad predictam villam et tenementum predictum pertinentibus, tenenda et habenda omnia predicta dictis canonicis et eorum successoribus libere quiete integre pure et pacifice ab omni servicio exaccione et demanda. Et ego Ricardus et heredes mei totam predictam terram cum dominio supradicto et omnibus pertinenciis suis in omnibus et per omnia contra omnes gentes warantizabimus acquietabimus et defendemus imperpetuum. In cujus rei testimonium presenti scripto sigillum meum apposui. Hiis testibus: Stephano dicto Walense, Willelmo de Kyrkeby, Roberto Catherton et aliis.

> Cf. Charter Rolls, 4 Edw. II, m. 14, no. 20.

TOKWITH.

> Grant by Richard son of Peter de Tockwith to Ralph son of Robert de Swaythorp and his heirs for homage and service, of six acres in Tockwith [*specified*], for a rent of 12*d.* and doing forinsec service such as belongs to 1 bovate where 10 carucates make one knight's fee. Ralph and his heirs were to take sufficiently from the grantor's wood for fuel, fencing and building, without waste, selling or giving away. Also free pasture in the wood for pigs of their own breeding, without pannage, but pannage for those which they buy.

Sciant omnes tam presentes quam futuri quod ego Ricardus filius Petri de Tokwith concessi/ dedi et hac presenti carta mea *f. 85.* confirmavi Ranulpho filio Roberti de Suavetorp et heredibus suis 'k iiii'

pro homagio et servicio suo sex acras terre in territorio de Tokwith tenendas et habendas de me et heredibus meis in feodo
et hereditate cum omnibus pertinenciis suis et libertatibus suis infra
villam et extra in bosco et in plano in pratis in pascuis et in
pasturis in aquis et in viis et semitis et in omnibus aliis libertatibus
libere et quiete et honorifice, reddendo annuatim inde mihi et
heredibus meis ille et heredes sui pro omni servicio et consuetudine
duodecim denarios, sex prima die Pentecostes et sex ad festum
sancti Martini faciendo forinsecum servicium quantum pertinet
ad unam bovatam terre unde decem carucate terre faciunt feodum
unius militis. Ex hiis autem sex acris una jacet in tofto quod
Willelmus filius Sprackling tenuit et secunda in Swynesheued et
tercia in Winnockesthuait et alie tres in Nes. Predictus et Ranulphus et heredes sui capient sufficienter de bosco meo ejusdem
ville ad arsuram et clausturam suam et ad edificia sua sicut alii
liberi homines mei sine vasto et sine vendicione et sine donacione.
Predictus eciam Ranulphus et heredes sui habebunt in eodem
bosco meo liberam pasturam/ porcorum mitture sue sine pannagio.
Si vero porcos emerit de eis dabit pannagium. Hiis testibus:
Roberto de Write, Ricardo Dagun, Thoma Turpin, et aliis.

f. 85v.
'k iii'

TOKWITH.

Grant by Walter son of Philip de Tockwith to the prior and convent of Healaugh Park, in alms, of one acre of land in the vill of Tockwith in Bramflat, free of all secular service.

Omnibus Christi fidelibus ad quos presens scriptum pervenerit Walterus filius Philippi de Tokwith eternam in domino
salutem. Noveritis me dedisse concessisse et hac presenti carta
mea confirmasse priori et conventui de Parco de Helagh in liberam
puram et perpetuam elemosinam unam acram terre in villa de
Tokwith in quadam cultura que vocatur Bramflat in longitudine
et latitudine sicut jacet inter terram Ricardi de Colton ex una
parte et terram Willelmi filii Willelmi ex altera, tenendam et
habendam predictis priori et conventui et eorum successoribus
libere quiete pure et integre ab omni servicio seculari exaccione
et demanda. Et ego Walterus et heredes mei predictam acram
terre cum omnibus pertinenciis suis libertatibus et aisiamentis infra
predictam villam de Tokwith et extra eidem acre pertinentibus
contra omnes gentes warantizabimus adquietabimus et defendemus imperpetuum. In cujus rei testimonium presenti scripto
sigillum meum apposui. Hiis testibus: Willelmo de Kyrkeby,
Willelmo de Marisco, et aliis./

f. 86.

TOKWITH.

Grant by Richard son of Robert de Tockwith to Thomas son of
Guy and Mariota his wife, of ½ acre in Tockwith on Scalberd, for a rent
of a rose at Midsummer.

Sciant omnes presentes et futuri quod ego Ricardus filius Roberti de Tokwith dedi et concessi et hac presenti carta mea confirmavi Thome filio Wydonis et Mariote uxori sue et heredibus suis unam dimidiam acram terre in territorio de Tokwith scilicet super Scalberd inter terram Thome Turpin ex una parte et terram Roberti filii Joseph ex altera, tenendam et habendam sibi et heredibus suis vel eorum assignatis de me et heredibus meis in feodo et hereditate libere quiete integre et pacifice, reddendo inde annuatim michi et heredibus meis unam rosam ad festum sancti Johannis Baptiste pro omni servicio et exaccione seculari. Ego vero Ricardus et heredes mei prenominatam dimidiam acram terre cum omnibus pertinenciis warantizabimus et defendemus contra omnes homines imperpetuum. Hiis testibus: Johanne Clerico de Tokwith, Thoma Turpin de eadem, Waltero filio Philippi, et aliis.

TOKWITH.

> Grant by Thomas Turpin of Tockwith to God and the Blessed Mary and the house of St. John Evangelist of Healaugh Park and the canons there serving God, in alms, of one acre in Tockwith, on Scallebergh, free of all secular service.

Omnibus Christi fidelibus hoc scriptum visuris vel audituris Thomas Turpin de Tokwith eternam in domino salutem. Noveritis me dedisse concessisse et hac presenti carta mea confirmasse/ *f. 86v.* Deo et beate Marie et domui sancti Johannis Evangeliste de Parco de Helagh et canonicis ibidem Deo servientibus in liberam puram et perpetuam elemosinam unam acram terre in Tokwith in cultura que vocatur Scallebergh que jacet in longitudine et latitudine inter terram dictorum canonicorum ex una parte et terram Johannis Clerici de Tokwith ex altera, tenendam et habendam dictis canonicis et eorum successoribus imperpetuum libere quiete pacifice et integre ab omni servicio seculari exaccione et demanda. Et ego predictus Thomas et heredes mei predictam acram terre cum omnibus pertinenciis suis libertatibus et aysiamentis dictis canonicis et eorum successoribus contra omnes gentes warantizabimus adquietabimus et defendemus imperpetuum. Et ut hec mea donacio rata et stabilis permaneat presenti scripto sigillum meum apposui. Hiis testibus: Willelmo de Kyrkeby, Rogero Holey, et aliis.

TOKWITH.

> Grant by Robert de Wilsthorp to God and the Blessed Mary and the house of S. John Evangelist of Healaugh Park, and the prior and canons there serving God, in alms, of a rent of 4s. in Tockwith, to be taken of John the Clerk of Tockwith which he paid to the grantor for a toft and croft and land there, with his service free of all secular service.

Omnibus Christi fidelibus hoc scriptum visuris vel audituris Robertus de Wiuelestorp eternam in domino salutem. Noveritis *f. 87.* me dedisse concessisse et hoc presenti scripto meo confirmasse Deo et beate/ Marie et domui sancti Johannis Evangeliste de Parco de Helagh priori et canonicis ibidem Deo servientibus in liberam puram et perpetuam elemosinam redditum quattuor solidorum in villa de Tokwith recipiendum de Johanne Clerico ejusdem ville et de heredibus et assignatis suis quem mihi reddere solebat idem Johannes pro uno tofto et crofto et pro terra quam de me tenuit in eadem villa cum homagio et servicio ejusdem Johannis heredum et assignatorum suorum quae mihi facere consuevit pro predictis tofto et crofto et terra predicta, tenendum et habendum predictis priori et canonicis et eorum successoribus libere quiete pacifice et integre pro omni servicio seculari exaccione et demanda. Et ego Johannes et heredes mei predictum redditum cum homagio et servicio predicto wardis releviis escaetis et omnibus aliis proficuis atque pertinenciis predicto tofto et crofto et terre predicte pertinentibus contra omnes gentes warantizabimus adquietabimus et defendemus imperpetuum. In cujus rei testimonium presenti scripto sigillum meum apposui. Hiis testibus: Roberto de Pontefracto domino de Wiuelestrop, Willelmo de Marisco, Thoma Allewais de Merston, Philippo de Touthorp et aliis.

TOKWITH.

Surrender and quitclaim by Nicholas Tailor ('Cissor') son of Alicia Butler ('Pincerna') of Tockwith, to the prior and convent of Healaugh Park and their successors, of all right in a toft and croft and certain land [*described*] in Tockwith, free of all secular service.

f. 87v. Omnibus Christi fidelibus hoc scriptum visuris/ vel audituris Nicholas Cissor filius Alicie Pincerne de Tokwith eternam in domino salutem. Noveritis me resignasse sursum reddidisse et omnino quietumclamasse priori et conventui de Parco de Helagh et eorum successoribus totum jus et clameum quod habui vel habere potui in uno tofto et crofto et in tota terra quam de eisdem priore et conventu tenui in villa de Tokwith que quidem toftum et croftum jacent inter terram priorisse de Synnyntwayt ex una parte et terram Roberti de Creppyng ex altera, et una acra et dimidia jacet ad Morlandis inter terram priorisse predicte et terram predicti Roberti ad Kerlingdyke et una roda terre et una roda prati inter terram Roberti de Creppynge et terram Willelmi filii Willelmi de Tokwith, tenenda et habenda dictis priori et conventui et eorum successoribus libere quiete pacifice ab omni servicio seculari exaccione et demanda. Et ego Nicholaus predictus et heredes mei predictum toftum et croftum cum tota terra predicta et cum omnibus pertinenciis suis per omnia sicut supradictum est priori et conventui et eorum successoribus contra omnes gentes warantizabimus adquietabimus et defendemus imperpetuum.

f. 88. Et in hujus rei testimonium presenti/ scripto sigillum mei apposui.

Hiis testibus: Thoma de Bikertona tunc Ballivo de Eynesty, Thoma Always, et aliis.

TOKWITH. NOTA BENE. *c.* 1280-90.

Confirmation by Sir John de Bellew for the souls' health of himself, his father, mother and ancestors, to God and the Blessed Mary and the house of S. John Evangelist of Healaugh Park and the canons there serving God, in pure alms, of the gifts of Richard son of Robert de Tockwith, the service of John Clerk of Tockwith for 7 acres and a toft which they have of the gift of Robert de Wilsthorp, and of a toft of the gift of Sir Thomas son of William Merston, and all other rents and gifts in the grantor's fee, quit of secular services.

Omnibus Christi fidelibus hoc scriptum visuris vel audituris dominus Johannes de Bella Aqua eternam in domino salutem. Noveritis me pietatis intuitu et pro salute anime mee et pro salute animarum patris et matris mee et antecessorum meorum concessisse et confirmasse Deo et beate Marie et domui sancti Johannis Evangeliste de Parco de Helagh et canonicis ibidem Deo servientibus in liberam puram et perpetuam elemosinam totam terram quam habent ex dono Ricardi filii Roberti de Tokwith tam in dominicis quam in homagiis et serviciis in eadem villa de Tokwith et alibi et homagium et servicium Johannis Clerici de eadem villa de septem acris terre et uno messuagio quod habent de dono Roberti de Wiuelestrop in eadem villa de Tokwith et unum toftum quod habent de dono domini Thome filii Willelmi Merston et omnes alias terras et tenementa redditus concessiones donaciones et confirmaciones siquas habent in feodo meo prout plenius continetur in scriptis et cartis quas inde de feoffatoribus suis habent tenenda/ et habenda omnia predicta dictis canonicis *f.* 88v. et eorum successoribus libere pure integre et pacifice quiete et solute cum pertinenciis suis in liberam puram et perpetuam elemosinam ab omni servicio secta curie et demanda. Et ego Johannes predictus et heredes mei omnia predicta sicut supradictum est contra omnes gentes warantizabimus adquietabimus et defendemus imperpetuum. Et in hujus rei testimonium presenti scripto sigillum meum apposui. Hiis testibus: Johanne le Vauasor, Willelmo filio suo, et aliis.

TOKWITH.

Quitclaim by Matilda daughter of Robert son of Joseph de Tockwith to the prior and convent of Healaugh Park, of all right in ½ acre of land in Tockwith in Bouneholm, a selion in Langhathtatach and one 'oxegongdale' at Northcrofthedis.

Omnibus Christi fidelibus hoc scriptum visuris vel audituris Matilda filia Roberti filii Joseph de Tokwith eternam in domino salutem. Noveritis me concessisse confirmasse et quietumclamasse priori et conventui de Parco de Helagh et eorum successoribus de me et heredibus meis imperpetuum totum jus meum et clameum quod habui vel habere potui in dimidia acra terre in Tokwith que jacet in quadam cultura que vocatur Bouneholm sicut jacet in longitudine et latitudine inter terram Radulfi filii Thome filii Widonis ex una parte et terram quondam Ricardi Colton ex altera et totum jus et clameum/ quod habui vel habere potui in uno selione in Langhathtatach in longitudine et latitudine sicut jacet inter terram priorisse de Synnyngthwayt ex una parte et terram Roberti Page ex altera et totum jus et clameum quod habui vel habere potui in uno Oxegongdale ad Northcrofthedis sicut jacet in longitudine et latitudine inter terram quondam Ricardi de Colton ex una parte et terram priorisse predicte ex altera sine aliquo retenemento. Ita quod nec ego [nec] heredes mei nec aliquis ex parte nostra in predicta dimidia acra terre selione et Oxegongdale predictis cum pertinenciis aliquod jus vel clameum exigere vel vendicare poterimus inperpetuum. In cujus rei testimonio presenti scripto sigillum meum apposui. Hiis testibus: Thoma de Kyrkeby, Thoma Alleways, Ricardo filio Matilde et aliis.

f. 89.

TOKWITH. [*c.* A.D. 1264].

Quitclaim by Stephen de Eltoft, son and heir of Simon de Eltoft, citizen of York, to the prior of the Park of Healaugh and the canons there serving God and their successors, of two quarters of wheat in which Richard son of Robert de Tockwith was sometime bound to Simon, and also of all land which the canons had of the gift of Richard in Tockwith, which land Richard bound to Simon.

Omnibus Christi fidelibus hoc scriptum visuris vel audituris Stephanus de Eltoft filius et heres Simonis de Eltoft civis Eboraci eternam in domino salutem. Noveritis me concessisse et quietumclamasse de me heredibus et assignatis meis inperpetuum priori de Parco de Helagh et canonicis ibidem Deo servientibus et eorum successoribus duo quarteria frumenti in quibus/ Simoni patri meo et heredibus et assignatis suis aliquando annuatim tenebatur Ricardus filius Roberti de Tokwith cum redditibus et omnibus pertinenciis quam dicti prior et canonici habent de dono predicti Ricardi. Insuper concessi et quietum clamavi predictis priori et canonicis eandem totam terram cum pertinenciis quam ipsi habent de dono predicti Ricardi in predicta villa de Tokwith quam quidem totam terram idem Ricardus obligavit Simoni patri meo heredibus et assignatis suis. [1]Si in solucione predictorum duorum quarteriorum annuorum ad terminos inter illos confecto statutos deficeret.[1] Ita quod nec ego heredes mei vel assignati seu aliquis ex parte nostra aliquod jus vel clameum versus predictos Ricardum vel heredes ejusdem racione predictorum duorum quarteriorum et totius terre predicte sicut predictum est exigere poterimus vel vendicare. Istam autem concessionem et quietamclamacionem predictis

f. 89v.

[1] *Sic.* There is evidently here a copyist's omission of considerable length. There are other serious errors in the copy.

priori et canonicis et eorum successoribus feci pro quadam pecunie summa quam ipsi pre manibus michi dederunt. Et ego Stephanus et heredes et assignati mei predictum concessionem et quietamclamacionem predictis priori et canonicis/ et eorum successoribus feci pro quadam summa pecunie quam ipsi per manibus michi dederunt. Et ego Stephanus heredes et assignati mei predictam concessionem et quietamclamacionem predictis priori et canonicis et eorum successoribus factam contra omnes gentes warantizabimus acquietabimus et defendemus inperpetuum. In cujus rei testimonium presenti scripto sigillum meum apposui. Hiis testibus: Johanne de Seleby tunc majore Eboraci, Roberto Blunde et Johanne de Cuningston tunc ballivis, et aliis. *f. 90.* '1 i'

TOKWITH. NOTA BENE.

Quitclaim by Robert Pache of Tockwith to the prior and canons of the Park of Healaugh and their successors for ever of all right in one rood of land in Tockwith with the meadow belonging thereto, and also in five roods of land which he had at farm of Robert father of Richard de Tockwith, with surrender to the prior of all muniments relating to both parcels of land.

Omnibus Christi fidelibus hoc scriptum visuris vel audituris Robertus Pache de Tokwith eternam in domino salutem. Noveritis me concessisse et quietumclamasse priori et canonicis de Parco de Helagh et eorum successoribus in perpetuum totum jus et clameum quod habui vel habere potui in una roda terre in Tokwith cum prato eidem rode pertinente que scilicet roda cum prato jacet in cultura que vocatur Langwaith et totum jus et clameum quod habui vel habere potui in quadam placia prati in eadem villa que jacet inter terram Henrici Brun ex una parte et terram Nicholai Cissoris/ ex altera et abbuttat super croftum Willelmi de Kyrkeby de qua roda cum prato et placia predicta fui feoffatus per Ricardum filium Roberti de Tokwith. Et insuper concessi et quietumclamavi predictis priori et canonicis et eorum successoribus inperpetuum totum jus et clameum quod habui vel habere potui in quinque rodis terre quas habui ad firmam de Roberto patre predicti Ricardi de quibus quinque rodis una acra jacet ad Ruddegate et una roda ad molendinum de Hamerton in le Nesse, ita quod nec ego heredes mei sive mei assignati nec aliquis ex parte nostra aliquod jus et clameum in predicta roda terre cum prato predicto et placia predicta unde fui feoffatus nec in quinque rodis terre predictis quas habui ad firmam de predicto Roberto de cetero exigere vel vendicare poterimus. Noveritis me insuper sursumreddidisse predictis priori et canonicis omnia munimenta que habui de predicta roda terre cum prato et placia predicta unde fui feoffatus per predictum Ricardum et de predictis quinque rodis terre quas habui ad terminum de predicto Roberto ut supradictum est. In cujus rei testimonium presenti scripto sigillum meum apposui. Hiis testibus: Willelmo de Marisco, Ricardo de Colton, Thoma Turpin et aliis. *f. 90v.* '1 i'

SILTON.

Grant by Alexander de Silton to Henry his uncle of Silton, for his homage and service, of two bovates of land in Silton, rendering thence 12*d.* yearly at Pentecost for all services except forinsec service.

f. 91.
'l ii'

Sciant omnes presentes et futuri quod ego Alexander de Silton concessi et dedi et hac presenti carta mea confirmavi Henrico avunculo meo de Silton pro homagio et servicio suo duas bovatas terre in eadem villa cum omnibus pertinenciis propinquiores sue dimidie carucate terre, illi et heredibus suis tenendas de me et heredibus meis in feodo et hereditate liberas et quietas in bosco et in plano in viis et in semitis in pratis et in pascuis in aquis et in molendinis in moris et in turbariis in vivariis et in omnibus libertatibus et aisiamentis, reddendo inde annuatim duos solidos scilicet duodecim denarios ad festum sancti Martini et duodecim denarios ad Pentecostem pro omnibus serviciis et consuetudinibus preter forinsecum servicium quantum pertinet ad duas bovatas terre unde duodecim carucatae terre faciunt servicium unius militis. Hiis testibus: Galfrido Fossard, Ernaldo de Upsale et Bartholomeo clerico.

There are two vills of Silton, Upper and Nether, between Northallerton and the Cleveland Hills. It is uncertain which of these is concerned here.

SILTON.

Grant by Henry de Silton and Beatriceia his wife, with the assent of their heirs, to Walter the son of Henry de Silton, of a half-carucate of land in Silton.

f. 91*v.*
'l ii'

Omnibus has litteras visuris vel audituris Henricus de Silton et Beatricia uxor sua salutem. Noveritis nos assensu heredum nostrorum concessisse et hac presenti carta nostra confirmasse Waltero filio/ Henrici de Silton dimidiam carucatam terre in eadem villa cum omnibus pertinenciis et libertatibus infra villam et extra ad eandem dimidiam carucatam terre pertinentibus, habendum et tenendum de nobis et de heredibus nostris illi et heredibus suis libere et quiete et pacifice faciendum forinsecum servicium quantum pertinet ad dictam carucatam terre unde duodecim carucate terre faciunt feodum unius militis. Et sciendum est quod ego Henricus et Beatricia uxor mea et heredes nostri predicto Willelmo filio Henrici et heredibus suis predictam dimidiam carucatam terre contra omnes homines warantizabimus. Hiis testibus: Galfrido Fossard, Roberto Fossard, Thoma persona de Silton.

SILTON.

Confirmation by Henry de Silton son of Thomas to God and the Blessed Mary and the house of St. John Evangelist of the Park and the canons there serving God, in alms, of two bovates of land in Silton with a toft and croft, which they had of the gift of William son of William of Silton.

Omnibus Christi fidelibus Henricus de Silton filius Thome salutem. Noveritis me concessisse et hac presenti carta mea confirmasse Deo et beate Marie et domui sancti Johannis Evangeliste de Parco et canonicis ibidem Deo servientibus in puram et perpetuam elemosinam duas bovatas terre in territorio de Silton cum tofto et crofto que Willelmus Talun tenuit quas habent de dono Willelmi filii Willelmi de Silton. Et ego et heredes mei defendemus et adquietabimus predictam terram de omni servicio et/ exaccione contra omnes homines inperpetuum. Hiis testibus: Jordano Hayrun, Willelmo de Erlessey, Ada de Silton, et aliis.

f. 92.
'1 iii'

SILTON.

> Grant by William son of William de Silton to God and the Blessed Mary and St. John Evangelist of the Park of Healaugh and the canons there serving God, in alms, of two bovates of land in Silton, which he had from his grandmother Alice, with a toft and croft which William Talun held.

Omnibus Christi fidelibus Willelmus filius Willelmi de Silton salutem. Noveritis me dedisse concessisse et hac presenti carta mea confirmasse Deo et beate Marie et sancto Johanne Evangeliste de Parco et canonicis ibidem Deo servientibus in puram et perpetuam elemosinam duas bovatas terre in territorio de Silton, illas scilicet quas accepi propter totam partem meam que michi pertinebat de dote Alicie avie mee post decessum ejus cum tofto et crofto in predicta villa que Willelmus Talun tenuit, tenendas et habendas predictis canonicis libere et quiete ab omni servicio et seculari exaccione cum omnibus pertinenciis libertatibus et aisiamentis suis infra villam et extra ad predictam terram pertinentibus. Et ego et heredes mei totam predictam terram predictis canonicis warantizabimus contra omnes homines in perpetuum. Hiis testibus: Jordano Hayton, Willelmo de Herlesey et aliis.

> Cf. Charter Rolls, 4 Edw. II, m. 19, no. 7.

SILTON.

> Quitclaim by Thomas son of Henry de Silton to the prior and convent of the Park, of two bovates of land in Silton which he held at farm of the prior and convent. Because Thomas sold to Simon de Leake three roods out of the two bovates he has given three other roods of arable land.

Omnibus has litteras visuris vel audituris Thomas filius Henrici de Silton salutem. Noveritis me remisisse et quietumclamasse de me et/ heredibus meis duas bovatas terre cum tofto et crofto et cum omnibus aliis pertinenciis suis in territorio de Silton priori et conventui de Parco quas ego tenui ad firmam de eisdem priori et conventui. Et quia ego vendidi Simoni de Lec de predictis duabus bovatis tres rodas terre dedi eis alias tres rodas terre

f. 92*v.*

arabilis proximas crofto suo quod spectat ad predictas duas bovatas usque occidentem, tenendas et habendas in puram elemosinam sicut tenent predictas bovatas. Et ego Thomas et heredes mei ipsas warantizabimus et defendemus eis in puram elemosinam contra omnes homines in perpetuum. In cujus rei testimonium presens scriptum sigilli mei munimine roboravi. Hiis testibus: Henrico filio Henrici de Silton, Henrico filio Ade de Silton, Rogero de Wseflete, et aliis.

SILTON.   40 H. 3¹   [A.D. 1266].

> Agreement between the prior and convent of the Park and Sir Geoffrey Huppesal, whereby the canons demised at fee farm to Sir Geoffrey two bovates of land in Silton which they had in alms by the gift of William Bibbi, rendering yearly at Silton 12 shillings.

f. 93.

Anno ab incarnacione domini MCCLXVI ad Pascham facta est hec convencio inter priorem et conventum de Parcho ex una parte et dominum Galfridum Huppesal ex altera parte scilicet quod predicti prior et conventus dimiserunt ad feodi firmam domino Galfrido de Huppesal duas bovatas terre cum tofto et crofto et aliis pertinenciis in villa et territorio de Silton quas habuerunt in puram elemosinam ex dono Willelmi Bibbi, tenendas et habendas sibi et/ heredibus suis libere quiete et pacifice de dictis priore et conventu de Parco, reddendo inde annuatim eidem apud Silton duodecim solidos argenti scilicet medietatem infra octavas die Pentecostes et aliam medietatem infra octavas die sancti Martini in Hyeme pro omni servicio et exaccione ad dictos priorem et conventum pertinentibus. Et sciendum quod predictus Galfridus de Huppesall et heredes sui facient omnia servicia que pertinent ad predictam terram. Et si in aliquo termino a predicto solucione defecerint dabunt nomine pene vicecomiti Eboraci dimidiam marcam. Et sciendum quod predicti prior et conventus dictas duas bovatas terre cum tofto et crofto et aliis pertinenciis predicto Galfrido de Huppesall et heredibus suis per predictum servicium warantizabunt. In cujus rei testimonium utraque pars presentibus scriptis sigilla sua apposuerunt. Hiis testibus: Nicholao de Bolteby, domino Johanne de Davill, Thoma filio Stephani et aliis.

LELAY.

> Grant by Richard de Luttrington and Margery his wife, for their souls' health, to God and the Blessed Mary and St. John Evangelist of the Park and the canons there serving God, in alms, of one toft and croft in Leathley.

f. 93v.

Omnibus has litteras visuris vel audituris Ricardus de Lutryngton et Marioria uxor ejus salutem. Noveritis nos pro salute animarum nostrarum/ dedisse concessisse et hac presenti carta nostra confirmasse Deo et beate Marie et sancto Johanni

¹ In Dodsworth's hand.

Evangeliste de Parco et canonicis ibidem Deo servientibus in liberam puram et perpetuam elemosinam unum toftum et unum croftum in villa de Lelay que scilicet jacent proxima tofto eorundem canonicorum ex una parte et regiam viam ex altera juxta ecclesiam, tenenda et habenda sibi et successoribus suis in perpetuum. Et nos et heredes nostri predictum toftum et croftum dictis canonicis warantizabimus et defendemus contra omnes homines in perpetuum. In cujus rei testimonium presenti scripto sigilla nostra fecimus apponi. Hiis testibus: Maugero le Vauasor, Willelmo de Lyndelay, Haymerico de Castelay.

The vill is Leathley.

LELAY.

Grant by Robert the parson of Leathley to God and the house of St. John Evangelist of the Park and the canons there serving God, in alms, of one toft and croft in Leathley.

Omnibus Christi fidelibus Robertus persona de Lelay salutem. Noveritis me dedisse concessisse et hac presenti carta mea confirmasse Deo et domui sancti Johannis Euangeliste de Parcho et canonicis ibidem Deo servientibus in puram et perpetuam elemosinam unum toftum et croftum in villa de Lelay cum pertinenciis suis et aisiamentis suis infra villam et extra, illa scilicet que emi de Jordano Perno que jacent inter terram Johannis filii Jordani Perni et terram Willelmi filii Siger, tenenda et habenda/ $f. 94.$ predictis canonicis libere quiete et pacifice integre ab omni servicio (cl) et seculari exaccione. Et ego et heredes mei predictam terram predictis canonicis warantizabimus et defendemus contra omnes homines in perpetuum. Hiis testibus: domino Hugone de Lelay, Galfrido de Arthyngton, Thoma Hurtesyn, et aliis.

LELAY.

Grant by Hugh de Leathley, for souls' health, to God and St. John Apostle of the Park and the canons there serving God, in alms, of two bovates of land in Leathley, and also of a toft and croft which Jurdan the Forester held and an acre of land at the bounds of Poole and Leathley, in alms.

Universis sancte matris ecclesie filiis litteras istas visuris vel audituris dominus Hugo de Lelay salutem in domino. Noverit universitas vestra me pro salute anime mee et antecessorum meorum et heredum meorum dedisse et concessisse et hac presenti carta mea confirmasse Deo et sancto Johanni apostolo de Parcho et canonicis ibidem Deo servientibus in puram et perpetuam elemosinam sicut illa elemosina liberius dari potest duas bovatas terre cum pertinenciis in villa de Lelay una scilicet quam Willelmus Bochet tenuit excepto tofto et crofto pro quibus dedi eis unam acram terre que appellatur Crakerydyng et unam acram et dimidiam de sub toftis orientali parte de Goldflat et una bovata *f. 94v.* quam Willelmus Egede tenuit excepto tofto pro quo dedi eis unum pratum quod ap-/pellatur pratum Jurdani Sacard. Dedi eciam eis unum toftum et croftum que Jurdanus Forestarius tenuit et unam acram terre ad divisas de Pouel[1] et de Lelay, tenenda et habenda omnia prenominata in puram et perpetuam elemosinam libere et quiete cum omnibus et aysiamentis et liberis communis ad villam de Lelay spectantibus scilicet infra villam et extra et in omnibus locis. Et ego predictus Hugo et heredes mei predictas terras cum pertinenciis Deo et beato Johanni et canonicis predictis waranti-zabimus acquietabimus et defendemus in perpetuum. Hiis testibus: Bartholomeo Thuret, Alano de Folifait, Alano de Farum, et aliis multis.

LELAY.

> Grant by Hugh de Leathley, for his soul's health, in alms, to God and the Blessed Mary and the house of St. John Evangelist of the Park and the canons there serving God, for the fabric of the church, of two bovates of land in Leathley.

Omnibus Christi fidelibus Hugo de Lelay salutem. Noveritis me dedisse et concessisse et presenti carta mea confirmasse pro salute anime mee in puram et perpetuam elemosinam Deo et beate Marie et domui sancti Johannis Evangeliste de Parcho et canonicis ibidem Deo servientibus ad fabricam ecclesie duas bovatas terre cum pertinenciis in territorio de Lelay scilicet una bovata quam *f. 95.* Willelmus Bochet tenuit exceptis/ tofto et crofto que pertinebant ad illam predictam bovatam pro quibus tofto et crofto dedi eis unam acram terre que vocatur Crake Rydyng et partem prati mei de Herchuilm et una bovata quam Willelmus Haget tenuit et pro tofto ejusdem bovate terre dedi eis pratum quod Jordanus Sagart tenuit, tenendas et habendas predictis canonicis in puram et per-petuam elemosinam cum omnibus pertinenciis suis libertatibus et aisiamentis infra villam et extra. Et ego et heredes mei prenomin-atam elemosinam prefatis canonicis warantizabimus adquietabi-mus et defendemus contra omnes homines in perpetuum. Hiis testibus: Willelmo Vavasore, Nicholao Warde, Rogero de Lelay, et multis aliis.

LELAY.

> Grant by Hugh son of Hugh de Leathley to God and the Blessed Mary and the house of St. John Evangelist of the Park and the canons there serving God, in alms, of one toft and one croft in Leathley, and also three roods of land at Vinete Huses, ½ acre at Pipincrofte and ¼ acre beside Herbertfadyrcrofte.

Omnibus has litteras visuris vel audituris Hugo filius Hugonis de Lelay salutem in domino. Noveritis me dedisse concessisse et hac presenti carta mea confirmasse Deo et beate Marie et domui

---

[1] Poole in Otley.

sancti Johannis Evangeliste de Parco et canonicis ibidem Deo servientibus in liberam puram et perpetuam elemosinam unum toftum et unum croftum in villa de Lelay cum omnibus pertinenciis suis libertatibus et aysiamentis illud videlicet toftum/ et croftum que Henricus Squillere filius Godrici quondam tenuit. Preterea dedi eisdem canonicis in liberam puram et perpetuam elemosinam tres rodas terre ad Vinete huses et dimidiam acram terre ad Pipincrofte et dimidiam acram terre juxta Herbertfadyr crofte versus occidentem, tenenda et habenda omnia predicta cum pertinenciis suis dictis canonicis et eorum successoribus in perpetuum. Et ego Hugo filius Hugonis de Lelay et heredes mei omnia predicta dictis canonicis et eorum successoribus warantizabimus et defendemus contra omnes homines inperpetuum. Et ut hec mea donacio rata et inconcussa permaneat presens scriptum sigilli mei impressione roboravi. Hiis testibus : domino Alano de Catherton, Alano de Folifait, Radulpho Clerico, et aliis.

f. 95v.

LELAY. [A.D. 1233-56].

Quitclaim by Elias prior of the Park of Healaugh, and the convent of that place, to William de Middleton, of 2½ bovates of land and part of a messuage which William had of the gift of Thomas Hurtesky in Leathley, for the rent which Thomas used to pay to the canons, namely 7s. 4d.

Omnibus Christi fidelibus Elias prior de Parco de Helagh et ejusdem loci conventus salutem. Noveritis nos unanimi assensu et consensu quietumclamasse Willelmo de Mydilton heredibus suis et assignatis suis duas bovatas terre et dimidiam bovatam terre cum quadam parte unius messuagii/ quas dictus Willelmus, habuit ex dono et feoffamento Thome Hurtesky in villa et territorio de Leythlay, illas scilicet duas bovatas et dimidiam terre cum predicta parte predicti messuagii quas predictus Thomas de nobis tenuit in eadem villa. Ita quod predictus Willelmus de Mydilton heredes et assignati sui solvant nobis et successoribus nostris annuatim eandem firmam quam predictus Thomas nobis solvere consuevit, videlicet septem solidos et quattuor denarios per annum pro omnibus aliis serviciis et secularibus demandis. Et si predictus redditus predictorum septem solidorum et quattuor denariorum ad aliquem terminum a retro esse contigerit bene liceat nobis et successoribus nostris in predictis duabus bovatis et dimidia terre et in predicta parte predicti messuagii distringere et districciones in eadem terre captas fugare et penes nos et successores nostros retinere quousque de predictis septem solidis et quattor denariis plenarie nobis fuerit satisfactum. In cujus rei testimonium presenti scripto sirograffato sigilla nostra hinc inde apposuimus. Hiis testibus : dominis Ricardo de Luttryngton, Gilberto de Bornyvale militibus, T. Hurteskey de Lethelay et aliis.

f. 96.
'm i'

FENTON.

Grant by Henry the Chaplain of Fenton to God and the house of St. John Evangelist of the Park and the canons there serving God, in alms with his body, of three acres of land in Fenton.

f. 96*v.*	Sciant presentes et futuri quod ego Henricus Capellanus de Fenton dedi et concessi et hac presenti carta mea confirmavi Deo et domui sancti Johannis Evangeliste de Parco et canonicis ibidem Deo servientibus in puram et perpetuam elemosinam cum corpore meo tres acras terre in territorio de Fenton scilicet unam acram in Aldefeld et dimidiam acram in Wyggelech in Heved landis et unam acram in Henrifall ex parte aquilonis et unam rodam in Gosemere et unam rodam in Bradefure cum omnibus pertinenciis libertatibus et aysiamentis suis infra villa et extra. Et ego et heredes mei predictam elemosinam predictis canonicis contra omnes homines warantizabimus et defendemus. Hiis testibus: Ricardo de Hardleston, Henrico de Berlay, et aliis.

The vill is probably Church Fenton.

FENTON.

Grant by Nicholas de Percy of Fenton to God and the church of the Blessed Mary of Fenton, to find a light before the image of the Blessed Mary, of a rent of 1*d.* which William the son of Gamel of New Place ought to pay to Nicholas and his heirs for a toft in Fenton.

Omnibus has litteras visuris vel audituris Nicholaus de Percy de Fenton salutem in domino. Noveritis me pro salute anime mee et heredum meorum dedi concessi et presenti carta sigillo meo impressa confirmavi deo et ecclesie beate Marie de Fentona ad luminare inveniendum coram ymagine beate Marie redditum
f. 97.	unius denarii quem Willelmus/ filius Gamelli de Novo Loco mihi
'm ii'	vel heredibus meis debuit solvere per annum pro uno tofto jacente inter terram Roberti Curaisse et inter terram Ricardi de Lamore in puram et perpetuam elemosinam cum omnibus pertinenciis suis que mihi vel heredibus meis de predicto tofto poterunt accidere vel pertinere, ita quod nec ego nec heredes mei in predicto tofto nec predicto redditu nec in eorum pertinenciis aliquod jus vendicare poterimus nec habere. Hiis testibus: Willelmo Capellano vicario de Fenton, Willelmo de Cauaria, Ricardo filio Matildis, et aliis.

FENTON.

Grant by Richard son of Julian de Fenton to Marjory his daughter for her homage and service, of two acres of land in Fenton, rendering yearly 9*d.*

Omnibus litteras istas visuris vel audituris Ricardus filius Juliani de Fenton salutem. Noveritis me dedisse et concessisse et hac presenti carta mea confirmasse Mariorie filie mee pro homagio et servicio suo duas acras terre in territorio de Fenton scilicet in Elrichenfal illas que jacent proxime terre Gamelli filii Lenumi [? Lemimi], tenendas et habendas sibi et heredibus suis de me et heredibus meis in feodo et hereditate libere et quiete ab omni servicio in bosco et plano et in omnibus libertatibus et aysiamentis ad predictam terram pertinentibus intra villam et extra reddendo inde annuatim/ michi et heredibus meis ipsa et heredes sui novem *f. 97v.* denarios dimidium ad Pentecostem et dimidium ad festum sancti Martini in hyeme pro omni servicio. Et ego et heredes mei warantizabimus Mariorie et heredibus suis predictam terram contra omnes homines. Et ut hec mea donacio rata permaneat presens scriptum sigillo meo roboravi. Hiis testibus: Ricardo de Hudleston, Ricardo filio suo, Petro filio Asceline, et Helia filio suo, et multis aliis.

KELBROC.

> Grant by Agnes the daughter of Ganil the son of Ulbert of Kelbroc to God and the Blessed Mary and [the house] of St. John Evangelist and the holy house of the Hospital of Jerusalem and the brothers of the same, of a toft, a messuage and a meadow [*described severally*] in Kelbroc, free of all service.

Sciant presentes et futuri quod ego Agnes filia Ganil filii Ulberti de Kelbroc dedi et concessi et hac presenti carta mea confirmavi Deo et beate Marie et sancti Johannis Evangeliste et sancte domui Hospitalis Jerusalem et fratribus ejusdem unum toftum cum edificiis et gardino scilicet de sex acris terre in villa de Kelbroc quod Agnes prenominata tenuit scilicet in latitudine quod se extendit a magna via versus Scipton usque ad rivulum et in longitudine a rivulo currente per mediam villam usque ad nemus et unum messuagium quod Waltherus tenuit scilicet inter rivulum Robe et domum Roberti de Rag, et unum pratum quod vocatur Helreker in puram et perpetuam elemosinam libere et quiete/ ab omni servicio seculari et exaccione cum omnibus liber- *f. 98.* tatibus et liberis communis et aisiamentis infra villam et extra 'm iii' pertinentibus et in singulis pertinentibus ville de Kelbroc, ita quod ego predicta Agnes et heredes mei warantizabimus predicta tofta cum pertinenciis et predictum pratum prenominatis fratribus Hospitalis Jerusalem contra omnes homines. Hiis testibus: Thoma de Thornton, Rogero Scotto, Willelmo Garnet de Rymington et multis aliis.

> The vill is Kelbrook in the parish of Thornton, nine miles from Skipton.

FENTON.

> Grant by Oliver de Brincle to God and the house of St. John Evangelist of the Park of Healaugh and the canons there serving God, in alms, of all his land and rent of Fenton [*described in detail*].

Omnibus Christi fidelibus Oliverus de Brincle salutem in domino. Noveritis me dedisse et concessisse et hac presenti carta mea confirmasse Deo et domui sancti Johannis Evangeliste de Parco de Helagh et canonicis ibidem Deo servientibus in puram et perpetuam elemosinam totam terram meam et redditum meum de Fenton cum omnibus pertinenciis suis infra villam et extra sine aliquo retenemento scilicet de terra quam Johannes de Brunne tenuit duos solidos per annum et terra quam Ricardus de Mora tenuit duos solidos per annum et de terra quam Germanus filius Hugonis tenuit sexdecim denarios per annum et de terra quam

f. 98v. Radulphus filius Henri tenuit sex denarios per/ annum et de terra quam Gillebertus Clericus tenuit octo denarios per annum et de terra quam Ricardus frater ejus tenuit duodecim denarios per annum et de terra quam Petrus de Brugge tenuit quattuor denarios per annum et homagium ipsorum hominum et heredum suorum cum predictis serviciis et cum wardis et escaetis ejusdem terre et dimidia acra in eodem territorio de Fenton quam Radulphus filius Hugonis tenuit scilicet unam rodam apud Bradefrod et unam rodam juxta capud toftorum et Gosmere. Et ego et heredes mei warantizabimus totam terram predictam cum predicto redditu et predictis serviciis et omnibus pertinenciis predictis canonicis contra omnes homines. Hiis testibus: Willelmo de Percy, Henrico filio ejus, Thoma Marscall et pluribus aliis.

Cf. Charter Rolls, 4 Edw. II, m. 14, no. 12.

NEWBIGGYNG.

Quitclaim by Richard son of Richard de la More of South Fenton to God and the Blessed Mary and St. John Evangelist of the Park and the canons there serving God and their successors, of all right in four acres of land in Newbiggin.

Omnibus Christi fidelibus hoc scriptum visuris Ricardus filius Ricardi de la More de Suthfenton salutem in domino sempiternam. Noveritis me concessisse et quietumclamasse Deo et beate Marie et sancto Johanni Evangeliste de Parco et canonicis ibidem Deo servientibus et eorum successoribus totum jus et clameum quod habui vel habere potui in quattuor acris terre cum pertinenciis

f. 99. in villa et territorio de Neuebiggynge/ de me et heredibus meis
'm iiii' imperpetuum, ita quod nec ego nec heredes mei nec aliquis ex parte nostra de cetero aliquod jus vel clameum in predictis quattuor acris terre cum pertinenciis vendicare possimus, illas videlicet quas aliquando tenui de predictis canonicis que quidem quattuor acre terre jacent in quadam cultura que vocatur Knichtifall inter terram Alicie filie Ascelet ex utraque parte et extendunt se in longitudine a Neubiggyng Grene usque ad Muriell flatt. Et ut hec mea donacio concessio et quieta clamacio perpetuum robur optineat presenti scripto sigillum meum apposui. Hiis testibus:

Willelmo filio Stephani de Fenton, Henrico filio Petri de eadem, et aliis.

The vill is probably Biggin in Church Fenton.

[NO HEADING. NEWBIGGIN].

Grant by Richard de More of South Fenton to Geoffrey son of Hugh son of German of the same, of three selions of land in Knichfall, returning to the prior and convent of the Park 9d. of silver for all secular service.

Sciant presentes et futuri quod ego Ricardus de Mora de Suthfenton dedi concessi et hac presenti carta mea confirmavi Galfrido filio Hugonis filii Germani de Suthfentona tres seliones terre in Knichfall sicut jacent inter terram Alani de Newbiggyng et terram Marjorie sororis predicti Ricardi cum pertinenciis, tenendas et habendas eidem Galfrido et heredibus suis sive assignatis suis et eorum heredibus de me et heredibus meis libere quiete bene in pace et integre jure hereditatis in perpetuum/, reddendo   *f.* 99*v.* inde per annum priori et conventui de Parcho novem denarios argenti ad duos terminos anni videlicet quattuor denarios et dimidium ad Pentecostem et quattuor denarios et dimidium ad festum sancti Martini in hieme pro omni servicio exaccione seculari et demanda. Ego vero Ricardus et heredes mei predictam terram cum omnibus pertinenciis suis libertatibus et aisiamentis predicte terre pertinentibus sepedicto Galfrido et heredibus suis sive assignatis suis et eorum heredibus per predictum servicium contra omnes homines warantizabimus et ab omnibus sectis curie querelis et demandis adquietabimus et in perpetuum defendemus. In cujus rei testimonium huic presenti scripto sigillum meum apposui.   Hiis testibus: Willelmo filio Stephani de Suthfenton, Davido de Chauncumbre de eadem, Johanni de Stokbrig.

NEWBIGGYNG.

Quitclaim by Nicholas de Percy of Church Fenton to God and the Blessed Mary and the house of St. John Evangelist of the Park of Healaugh and the canons there serving God, in alms, for the service of Alice late daughter of William son of Gamel which she ought to do to Nicholas for two acres of land with a messuage which William son of Gamel held of Nicholas in Newbiggin, as well as all right which he had in those two acres, free of all secular service.

Omnibus Christi fidelibus Nicholaus de Percy de Kyrkfenton eternam in domino salutem.   Noveritis me dedisse concessisse et quietumclamasse de me et heredibus meis Deo et beate Marie et domui sancti Johannis Evangeliste de Parco de Helagh et canonicis ibidem Deo servientibus in liberam puram et perpetuam elemosinam [*sc.* servicium] Alicie quondam filie Willelmi filii/ Gamel et   *f.* 100. heredum suorum quod mihi facere debebat pro duabus acris terre   (107) cum uno messuagio que dictus Willelmus filius Gamel aliquando de me tenuit in territorio de Newbiggyng in quadam cultura que vocatur Knychefall quas quidem duas acras terre cum pertinenciis ego de dictis priore et conventui aliquando tenui, et insuper totum jus et clameum quod habui in dictis duobus acris terre cum pertinenciis vel nomine predictorum duarum acrarum habere potui, tenendas et habendas dictis canonicis et eorum successoribus libere quiete pacifice pure et integre ab omni servicio seculari exaccione et demanda. Et ego Nicholaus et heredes mei dictum homagium et servicium cum wardis releviis et omnibus aliis eschaetis dictis duabus acris terre pertinentibus prenotatis canonicis et eorum successoribus contra omnes gentes warantizabimus adquietabimus et defendemus in perpetuum. In cujus rei testimonium presenti scripto sigillum meum apposui. Hiis testibus : Willelmo filio Rogeri de Kyrkfenton, Willelmo Derlyng, Ricardo de Mora, et aliis.

[FENTON].

Notes in detail of lands held by the prior and convent of the Park of Healaugh in Fenton.

Memorandum quod prior et conventus de Parco de Helagh *f.* 100*v.* habent in villa et territorio de Fenton ex dono Henrici/ Capellani tres acras terre scilicet una acra in Aldfeld et dimidia acra in Wiggeleth in hedelandis et una acra in Henrifal ex parte aquiloni et una roda in Gosemere et una roda in Bradefurd.

Item habent de tribus selionibus terre in Suthfenton in Knyghtfall quam terram Ricardus Mora dedit Galfrido filio Hugonis filii Germani de villa predicta, que terra jacet inter terram Alani de Neubigginge et terram Marjorie sororis predicti Ricardi de Mora novem denarios per annum ad duos anni terminos.

Item habent duas acras in Suthfenton in quibus Alicia quondam uxor Ricardi de More dotata fuit et relaxatur per eandem in viduitate ejus.

Item Nicholaus Percy de Kyrkfenton relaxavit et quietumclamavit dictis canonicis totum homagium et servicium Alicie quondam filie Willelmi filii Gamel et heredum suorum de duabus acris terre cum pertinenciis in villa et territorio de Newbiggyng in quadam cultura que vocatur Knichefall.

Item habent ex relaxacione et quieta clamacione Ricardi filii Ricardi de la More de Suthfenton quattuor acras terre in villa et territorio de Neubiggyng, quas quidem quattuor acras jacent in *f.* 101. quadam cultura vocata Knyghtfall inter terram Alicie/ filie Ascelot ex utraque parte in longitudine a Newbygging Grene usque Muriell Flat.

Item habent redditum novem denariorum per annum pro duabus acris terre in Neubigging quas dicti canonici dimiserunt Agneti filie Rogeri Fossoris pro homagio et servicio, et dicte due acre jacent in cultura vocata Knichflat inter terram Willelmi filii Gamel ex una parte quam predicti canonici habuerunt ex dono Ricardi filii Juliane More.

Item habent ex dono Roberti de le Dyke de Stokbryg et Marjorie uxoris sue unum redditum novem denariorum per annum exeuntem de duabus acris terre in Neubyggyng quas dederunt Cecilie filie sue in quadam cultura vocata Knithfall; jacent in tribus selionibus inter terram quondam Ricardi de More de Fenton et terram quondam Gamelli[1] ejus, buttant super terram David Chancumbre de Fenton et super bunde de le Biggyng.

Item de heredibus Henrici filii Petri de Fenton redditum viginti denariorum per tres acras terre quas habuerunt ex dono Henrici Capellani de Fenton ut supra per easdem bundas ut ibidem sunt. Et si defecerint heredes vel assignati dicti Henrici in solvendo dictorum viginti denariorum ad aliquem terminum solucionis dabunt domino/ Archiepiscopo Eboracensi pro termino non obser- *f.* 101*v.* vato viginti denarios per ballivum de Schirburn levandos.

Item habent ibidem duas acras terre in territorio de Bigging jacentes inter terram quondam Henrici de Huk et terram Roberti Jolyff pro quibus duabus acris Ricardus filius Ricardi de Fenton reddere solebat per annum xviii denarios ad duos anni terminos.

Item habent in villa et territorio de Wombewell ex dono Willelmi Folenfait quadraginta quattuor acras terre et quattuor acras prati de dominico quondam Jordani de sancta Maria et due tofta cum croftis in eadem villa in puram et perpetuam ele- mosinam. Et Ricardus Waleis heres dicti domini Jordani de Sancta Maria confirmavit omnia predicta in perpetuam elemosinam.

Item habent ex dono domini Jordani de Sancta Maria totam terram suam sine ullo retenemento quam Thomas Crikleston et Christiana uxor sua quondam tenuerunt ad firmam tenendam in puram et perpetuam elemosinam de qua terra predicti prior et conventus concesserunt ad feodi firmam Ricardo Walays medieta- tem in qua medietate sita fuit aula et coquina et medietas pomerii et medietas orti versus orientem et duo tofta unum scilicet in quo mansit Helias Shortfrent et aliud in quo mansit aliquando Alanus/ *f.* 102. Brerigreve sicut certe divise facte fuerunt inter dictam medietatem et aliam medietatem quam Robertus Cokfeld tenuit ad feodi fir- mam de dictis canonicis reddendo inde per annum decem solidos ad duos anni terminos. Et postea dictus Ricardus Walais remisit et quietumclamavit per scriptum suum dictis canonicis totum jus suum quod habuit in dicta medietate, et alteram medietatem dicte terre et tofti quondam in tenura dicti Thome Crikleston dicti prior et conventus concesserunt ad feodi firmam Roberto de Cokfelde pro homagio et servicio suo in qua medietate sita fuit camera et grangia et barcaria et medietas pomerii et medietas orti versus occidentem et medietatem prati et terre arabilis versus occidentem sicut certe divise facte inter dictam medietatem et aliam medietatem quam Ricardus Wales tenuit ad feodi firmam reddendo inde per annum decem solidos ad festum Pentecostes et

---

[1] Probably a word omitted.

Martini per equales porciones. Et concesserunt eidem Roberto duo cotagia in eadem villa.

Item predicti canonici habent in villa predicta unam bovatam terre cum duobus toftis et croftis ex dono Roberti filii Ade de Crikleston quorum Ricardus Lightfote tenuit unum toftum cum *f.* 102*v.* dimidia bovata et Alanus Byrd tenuit aliud toftum/ cum crofto et dimidiam bovatam terre cum predictis Ricardo et Alano et sequela sua.

Item dicti canonici habent in dicta villa unam bovatam terre cum pertinenciis ex dono Thome de Crikleston in puram et perpetuam elemosinam et Hugo de Crikleston et Willelmus filius suus obligaverunt se et heredes suos et totam terram suam quam jure hereditario habuerunt in villa predicta ad quascunque manus devenerint ad warantizandum dictam bovatam cum pertinenciis dictis canonicis quiete ab omnibus serviciis secularibus.

Item dicti prior et conventus concesserunt ad feodi firmam domino Rogero filio Thome de la Wodhall unam acram terre in territorio de Wombewell in loco qui dicitur Eskholm quam scilicet Thomas et Simon de Emlay fratres quondam tenuerunt unde quedam pars jacet infra clausturam parci dicti domini Rogeri et quedam pars extra parcum in communi campo reddendo inde per annum duodecim denarios ad duos anni terminos Pentecostes videlicet et Martini per equales porciones.

Item dicti canonici habent duodecim denarios redditus per annum in villa predicta de certis terris et tenementis que nuper *f.* 103. fuerunt/ Johanne Smethlay

Item habent unum toftum et croftum in villa predicta et unam rodam terre quam Ada le Seriant aliquando tenuit de predicto priore et conventui.

Item dicti canonici habent in villa de Fetherstane ex dono Henrici Waleus et Elizabethe uxoris sue redditum duodecim solidorum quos Rogerus filius Petri reddere debet de certis terris et tenementis que tenuit de predictis Henrici et Elizabethe in villa predicta.

Prior de Parcho de Helagh queritur de Thoma de Wombewell quod detinet ab eo dominium medietatis ville de Wombewel quondam Jordani de Sancta Maria.

Item Thomas detinet certas terras et prata cum toftis quondam in tenura Ricardi Wales que sunt in ejusdem prioris [*sic*]

Item Thomas detinet decem solidos redditus pro parte capitalis messuagii cum duobus cotagiis et certis terris et pratis quondam Roberti Cokefeld et postea Roberti Crippynge pro quibus debetur homagium.

YARUM.

Grant by Alan de Wilton to God and St. Mary and St. John Evangelist of the Park of Healaugh and the canons there serving God, for souls' health, in alms, of the Hospital of St. Nicholas beside Yarm.

Omnibus Christi fidelibus Alanus de Wilton salutem. Noveritis me dedisse et concessisse et hac presenti carta mea confirmasse Deo et sancte Marie et sancto Johanne Evangeliste de Parco/ *f.* 103*v.*
de Helagh et canonicis ibidem Deo servientibus pro salute anime
mee et Amice sponse mee (et Marie quondam sponse mee) et
patris et matris mee et fratrum et sororum et antecessorum et
successorum meorum et anime Petri de Brus et Johanne uxoris ejus
et anime Willelmi filii Petri et pro salute anime domini Walteri
Archiepiscopi Eboracensis et Magistri Matthei archiepiscopi [*sic*]
Cleuel' et Thome fratris mei et Petri de Brus et uxoris ejus et
Willelmi de Tamton et uxoris ejus in puram et perpetuam elemosinam hospitale sancti Nicholai juxta Jarum cum omnibus pertinenciis et libertatibus suis prope et procul. Et ego et heredes mei
predictis canonicis predictam elemosinam contra omnes homines
warantizabimus et defendemus. Hiis testibus: domino Waltero
Archiepiscopo Eboracensis, Rogero decano et capitulo Eboraci,
Willelmo de Tameton et pluribus aliis.

Cf. Charter Rolls, 4 Edw. II, m. 19, no. 1.

KYDDALE or KYLDALE. [Before A.D. 1257].

Confirmation by Marmaduke lord de Thwing, to God and the
Blessed Mary and the house of St. John Evangelist of the Park of
Healaugh and the canons there serving God, in alms, of the Chapel of
St. Hilda of Kildale, with all the land in Kildale which William de
Percy, lord of Kildale, gave for the support of the priests serving the
Chapel, and the land, etc., which he gave them in Crathorne.

Omnibus Christi fidelibus hoc scriptum visuris vel audituris
Marmaducus dominus de Thwynge eternam in domino salutem.
Noveritis me pro salute anime mee Lucie uxoris mee et heredum
meorum concessisse et hoc presenti scripto meo confirmasse Deo
et beate Marie et domui Sancti Johannis Evangeliste de Parco de
Helagh et canonicis ibidem Deo servientibus[1]/ in liberam puram *f.* 104.
et perpetuam elemosinam Capellam sancte Hilde de Kyddayl cum 'n ii'
tota terra redditu prato pastura husebote haibote focali meremio
quarerio turbario et omnibus aliis que Willelmus de Percy dominus
de Kyddale dedit dictis canonicis ad sustentacionem prisbiterorum
divina in capella sancte Hilde de Kyddal celebrancium cum omnibus pertinenciis suis in eadem villa de Kiddale et cum tota terra
toftis et croftis atque redditibus cum pertinenciis in Crathorn
que dicti canonici habent similiter ad promocionem dicte Capelle
de dono ejusdem Willelmi, tenendum et habendum omnia predicta
dictis canonicis et eorum successoribus imperpetuum in omnibus
et per omnia sicut plenius continetur in scripto predicti Willelmi
quod dicti canonici habent de predictis terris et aliis supradictis
libere quiete et pacifice integre et plene ab omni servicio seculari
secta curie exaccione et demanda ad me vel ad heredes meos
pertinente. Et in hujus rei testimonium uni parti istius scripti ego

[1] *Catchwords* 'in liberam.'

dictus Marmaducus pro me et heredibus meis sigillum meum apposui et predicti prior et conventus pro se et successoribus suis alteri parti suum apposuerunt commune sigillum. Hiis testibus: dominis Nicholao de Menill, Ricardo de Twhynge, Alano de Mauteby
f. 104v. et aliis./

> Kildale is in Langbarugh, 6 miles East of Stokesley and about the same distance South of Guisborough.   Crathorn is 4 miles South of Yarm, on the Thirsk road.

KILDALE. CRATHORN.

> Deed recording an agreement between Sir Arnold de Percy, kt., and the prior and convent of the Park of Healaugh, recording that whereas Sir William de Percy of Kildale, kt., in time past granted to the prior and convent the chapel of St. Hilda of Kildale with lands and common of pasture there, and other lands in Crathorne for the maintenance of two chaplains celebrating in the chapel of St. Hilda of Kildale, the prior and convent quitclaimed to Arnold all these lands, etc., in Kildale, and Sir Arnold has relieved them of the maintenance of one of the two chaplains.   For their lands in Crathorne they were to find a chaplain to celebrate in the chapel of St. Nicholas, Yarm, for the souls of Sir William de Percy and others.   Provision for distraint if the chaplain did not perform his duties for 15 successive days.

Hec carta cirograffata facta inter dominum Ernaldum de Percy militem ex una parte et priorem et conventum de Parco de Helagh ex altera testatur quod cum dominus Willelmus de Percy de Kyddale miles dudum concessisset dedisset et carta mea confirmasset predictis priori et conventui capellam sancte Hilde de Kyldale cum terris tenementis redditibus et cum communa pastura in eadem villa et cum idem dominus Willelmus concessisset eisdem priori et conventui quasdam alias terras et tenementa in villa de Crathorn pro sustentacione duorum capellanorum in capella sancte Hilde de Kildale divina celebrancium prout carte inter eos inde conforte[1] plenius testantur, et cum predicti prior et conventus in plena et pacifica possessione predictorum terrarum et tenementorum ac reddituum per longum tempus extitissent tandem predicti prior et conventus pro se et successoribus suis concesserunt redderunt et tamquam capitali domino suo quietas clamaverunt predicto Ernaldo heredibus suis vel suis assignatis omnes terras tenementa redditus cum communa pastura que et quas predicti prior et conventus habuerunt vel aliquo modo habere potuerunt in Kyldale ex dono predicti domini Willelmi de Percy die confec-
f. 105. cionis hujus scripti, ita quod nec/ predicti prior et conventus nec
'n iii' eorum successores in predictis terris tenementis redditibus nec in communa ·pasture jus vel clamium de cetero exigere vel vendicare poterunt imperpetuum. Et pro hac concessione reddissione et quieta clamacione predictus dominus Ernaldus pro se et heredibus suis concessit quod predicti prior et conventus et eorum successores de cetero sint quieti et exonerati de sustentacione unius capellani quem

---

[1] *Query, by error for* confecte ?

pro predicto Wilelmo de Kyldale invenire solebant. Ita tum quod pro terris et tenementis que habent in Crathorn inveniant unum capellanum idoneum celebrantem in capella sancti Nicholai de Jarum pro anima domini Willelmi de Percy et animabus antecessorum et heredum suorum imperpetuum. et si contingat quod predictus capellanus in celebracione divinorum per xv dies continuos cessaverit nisi ex urgenciore casu tunc bene licebit predicto domino Ernaldo et heredibus suis vel suis assignatis predictos priorem et conventum per omnia bona sua apud Crathorn inventa distringere et districcione[m] inde captam ibidem et non alibi detinere quousque predicta cantaria debito modo fuerit restituta. Et si lis vel contencio imposterum super premissa per impetracionem Curie regie vel ecclesiastice moveatur concessum/ est ex utraque *f. 105v.* parte quod partes predicte ad posterum statum redeant secundum formam primi feoffamenti absque contradiccione et impedimento partis unius aut alterius nisi ex permissione et licencia predictarum curiarum melius et securius fuerit ordinatum. Et predictus Ernaldus et heredes sui vel sui assignati omnes terras tenementa redditus et communia pasture cum omnibus pertinenciis in Crathorn sicut suprascriptum est predictis priori et conventui et eorum successoribus racione servicii predicti capellani contra omnes gentes warantizabunt acquietabunt et defendent imperpetuum. In cujus rei testimonium partes hiis scriptis cirografatis alternatim sigilla sua apposuerunt. Hiis testibus: dominis Johanne de Bulmer, Henrico de Menill, Johanne de Kyrkby et aliis.

[KILDALE]. [After A.D. 1262].

> Grant by Sir William de Percy, lord of Kildale, to God and the Blessed Mary and the house of St. John Evangelist of Healaugh Park and the canons there serving God, in alms for his soul's health, of the chapel of St. Hilda of Kildale with the oblations and obventions and the site of the place and various lands and rents [*described*]. Further grant of eight bovates and a toft and croft in Crathorne, for the maintenance of the Chapel; with warranty. In return for this the canons are to find two priests, of their own canons or seculars as they wish, to celebrate in the chapel of St. Hilda of Kildale. Default in performance by these two priests shall render them liable to the ecclesiastical censure of the Archbishop of York or of the Dean and Chapter.

Omnibus Christi fidelibus hoc scriptum visuris vel audituris Willelmus de Percy dominus de Kildale eternam in domino salutem in domino. Noveritis me pro salute anime mee et uxorum mearum filiorum heredum parentum et omnium antecessorum meorum concessisse dedisse et hoc presenti scripto meo cirograffato confirmasse Deo et beate Marie et domui sancti Johannis Evangeliste de Parco de Helagh et canonicis ibidem Deo servientibus in liberam puram et/ perpetuam elemosinam capellam sancte *f. 106.* Hilde de Kildale integram et liberam cum oblacionibus et aliis 'n iii' obvencionibus ibidem advenientibus et situm loci illius sicut certe divise se extendunt circa ejusdem situm fossato incluse cum omni-

bus pertinenciis suis cum libera via de latitudine decem pedum
ab eodem situ usque ad regiam viam que vadit de Kildale usque
Estokyslay et octo acras et unam rodam terre in cultura juxta
capellam predictam versus orientem et aquilonem duas acras prati
juxta eandem capellam versus partem australem vii acras terre
in quadam cultura que appellatur Symondcrofte fossato undique
inclusas ad exitum wallis de Kyldale versus orientem sub Simonds-
cliff et annuum redditum duarum marcarum de molendino aquatico
de Kildale percipiendum ad duos anni terminos scilicet medietatem
ad Pentecosten et aliam medietatem ad festum sancti Martini in
hyeme et communam pasturam ubique in pasturis de Kildale
excepto parco meo He Heninge Golsingdale ad ducentas oves cum
sequelis duorum annorum ad decem vaccas et unum taurum et

f. 106*v.* tria jumenta cum sequela trium annorum ad decem et octo/ porcos
et duas sues cum sequela duorum annorum quieta a pannagiis in
bosco de Kildale exceptis parco meo He Henynge et Golsingdale
ad decem boves et duos affros in predictis pasturis et bladum eorum
cum brasio qui in predicto loco sancte Hilde moram facient, ad
molendinum libere et quiete sine multura ad molendinum meum
de Kildale et housebote et habote cum focali ad ardendum et meremio ad edificandum de Hinderscogh et Basedale per visum forestarii
sine liberacione decem carucatas turbarum de turbario de Hynders-
cogh de propria turbaria mea cum libero ingressu et egressu.
Preterea dedi concessi et confirmavi predictis canonicis et eorum
successoribus ad promocionem dicte capelle et loci illius octo
bovatas terre cum uno tofto et crofto et omnibus pertinenciis suis
in Crathorn quas magister Michael rector ecclesie de Walyngton
de me tenuit ad terminum vite et quas frater Hervi similiter tenuit
nomine ejusdem capelle, habendum et tenendum omnia predicta
dictis canonicis et eorum successoribus cum omnibus pertinenciis
suis libertatibus et aysiamentis infra predictas villas de Kildale et

f. 107. Crathorn et extra libere quiete pacifice integre/ et solute ad omni
'n iiii' servicio seculari secta curie exaccione et demanda sicut aliqua
elemosina liberius et purius potest dari vel concedi. Et ego predictus
Willelmus et heredes mei omnia predicta dictis canonicis et eorum
successoribus in omnibus et per omnia sicut supradictum est contra
omnes gentes warantizabimus acquietabimus et defendemus imperpetuum. Pro hac autem mea concessione donacione et presentis
scripti confirmacione invenient dicti canonici et eorum successores
duos prisbiteros de canonicis suis propriis vel seculares pro voluntate sua in dicta capella constituendos et divina in eadem capella
sancte Hilde de Kyldale imperpetuum celebrantes, ita scilicet
quod si idem religiosi vel seculares qui pro tempore ibidem per
dictos canonicos et eorum successores fuerint constituti a celebracione divinorum in predicta capella sub forma prescripta cessa-
verint obligando supposuerunt se et omnes successores suos cohercioni domini Archiepiscopi Eboracensis vel decani et capituli
ejusdem loci qui pro tempore fuerint ut possint ipsos per censuram

ecclesiasticam compellere ad predicti officii ministerium prout predictum est debite/ exequendum et plenarie faciendum. Similiter obligo me et suppono me et heredes meos predicte cohercioni ut simili censura me et heredes meos possint compellere. Et si aliqut [*sic*] de predictis terris redditibus libertatibus communis aisiamentis vel aliquibus aliis superius notatis dictis canonicis prout supradictum est concessis subtraxerimus vel in aliquo eisdem canonicis injuriati fuerimus. Et in hujus rei testimonium uni parti istius scripti cirograffati sigillum meum apposui et predicti canonici alteri parti sigillum capituli sui apponi fecerunt. Hiis testibus: Radulpho[1] tunc priore de Gisburgh, Marmaduco de Twhyng, Ada de Stokyslay et aliis.

f. 107*v.*

WESTCOTOM.

Grant by Alan de Wilton, to God and the Blessed Mary and to St. John Evangelist of the Park of Healaugh and the canons there serving God, of twelve acres of land in West Coatham Field [named severally].

Omnibus sancte matris ecclesie filiis ad quos presens scriptum pervenerit Alanus de Wilton salutem in domino. Noverit universitas vestra me dedisse et hac presenti carta mea confirmasse Deo et beate Marie et sancto Johanni de Parcho de Helagh et canonicis ibidem Deo servientibus pro salute anime mee patris et matris mee et Marie uxoris mee fratrum et sororum meorum antecessorum et successorum meorum duodecim acras terre in campo/ de Westcotom in culturis meis scilicet iiii acras et unam rodam in cultura juxta fossatum Aldani versus aquilonem et duas acras in cultura juxta Moreflat versus meridiem et iii acras et iii rodas in cultura que jacet juxta pratum Willelmi de Bereby versus meridiem et duas acras in cultura juxta Langlandis versus orientem et unum toftum in villa de Cotom predicta quem Robertus Boon tenuit de me cum omnibus libertatibus et aisiamentis in puram et perpetuam elemosinam ad vesturam predictorum canonicorum. Ego vero predictus Alanus et heredes mei predictam terram predictis canonicis contra omnes homines imperpetuum warantizabimus. Et sciendum est quod cum predictus Alanus perfecerit valenciam dicte terre predictis canonicis in certo loco predicta terra prenominato Alano et heredibus suis de predictis canonicis quieta remanebit. Et ut hec mea donacio et concessio rata sit et inconcussa permaneat presens scriptum sigilli mei apposicione corroboravi. Hiis testibus: Willelmo de Tamton, Roberto de Acclum, Adam de Buck et multis aliis.

f. 108.

Cf. Charter Rolls, 4 Edw. II, m. 19, no. 19.

The vill is West Coatham near Redcar.

---

[1] Ralph de Irton, prior 1262-80.

SCUTERSKELF.

> Grant by William de Mowbray of Tanton to God and the Blessed Mary and to the house of St. John Evangelist of Healaugh Park and the canons there serving God, of all the homage which William de Sexon son of Robert de Sexon ought to do for a toft and croft and three acres of land in Skutterskelf, quit of all service.

Omnibus Christi fidelibus Willelmus de Mubray de Tamton *f.* 108*v.* in Cleveland eternam in domino/ salutem. Noveritis me dedisse concessisse et hac presenti carta mea confirmasse Deo et beate Marie et domui sancti Johannis Evangeliste de Parcho de Helagh et canonicis ibidem Deo servientibus totum homagium et servicium Willelmi de Sexon filii Roberti de Sexon quod mihi facere debuit pro uno tofto et crofto et tribus acris terre que de me tenuit in villa et territorio de Skutherscelf, tenendum et habendum dictis canonicis et eorum successoribus de me et heredibus meis pacifice integre et quiete ab omni servicio seculari exaccione et demanda tum ad me et heredes meos pertinente. Et ego Willelmus et heredes mei totum dictum homagium et servicium dictis canonicis et eorum successoribus contra omnes gentes warantizabimus imperpetuum. In cujus rei testimonium huic scripto sigillum meum apposui. Hiis testibus: Alano de Parco, Willelmo de Kemston, Willelmo de Wyrksale etc.

> The vill is Skutterskelf in Cleveland, in the parish of Rudby and 2 miles West of Stokesley.

THORALDBY.   [A.D. 1281-1300].

> Grant by Adam [de Blithe] prior of the Park of Healaugh, and the convent of that place to William son of Roger de Thoraldby, for his homage and service, of three tofts and five bovates of land in Thoraldby by Skutterskelf, for a rent of 20*s.* for all services, reserving wardship.

Omnibus hanc cartam visuris vel audituris frater Adam prior de Parco de Helagh et ejusdem loci conventus salutem in domino. Noveritis nos concessisse dedisse et hac presenti carta nostra confirmasse Willelmo filio Rogeri de Thoraldby pro homagio et servicio *f.* 109. suo tria tofta et quinque bovatas terre cum pertinenciis suis in/ Thoraldby juxta Scutherskelfe, illa scilicet tofta quorum unum jacet inter terram priorisse de Keldhome versus occidentem et terram que quondam fuit Roberti de Rudby versus orientem et alia duo inter terram prioris de Novoburgo versus occidentem et terram Roberti del Howe versus orientem et illas quinque bovatas terre que quondam fuerunt nostra escaeta, habendum et tenendum eidem Willelmo et heredibus suis de nobis et successoribus nostris et ecclesia nostra sancti Johannis de Parcho de Helagh in feodo et hereditate libere et quiete in perpetuum, reddendo inde annuatim nobis et successoribus nostris viginti solidos sterlingorum medietatem ad Pentecosten et aliam medietatem ad festum sancti Martini in hieme pro omnibus secularibus serviciis consuetudinibus

exaccionibus et demandis salua nobis et successoribus nostris
warda heredum dicti Willelmi cum acciderit. Et nos et successores
nostri predicta tenementa cum pertinenciis suis predicto Willelmo
et heredibus suis contra omnes homines warantizabimus inperpetuum exceptis hiis qui de sanguine ejusdem Willelmi sunt vel
de se dicunt si versus eum vel heredes suos accionem de predictis
tenementis movere voluerint. Et sciendum est quod non licebit
dicto Willelmo nec heredibus suis dicta tenementa alicui vendere/   *f. 109v.*
vel alienare sine assensu et voluntate nostra vel successorum
nostrorum. In cujus rei testimonium presenti carte in modum
cirograffati confecte sigillum nostrum commune apposuimus. Hiis
testibus: dominis Johanne Menill, Willelmo de Russell, Roberto
de Semer, et aliis.

> Thoraldby is apparently now represented by a farm-house in
> Skutterskelf.

THORALDBY.   [A.D. 1281-1300].

> Grant by Adam, prior of the Park of Healaugh, and the convent
> of that place, to Sir Robert de Skutterskelf, of one toft and two bovates
> of land in Thoraldby.

Omnibus hanc cartam visuris vel audituris frater Adam
prior de Parcho de Helagh et ejusdem loci conventus salutem in
domino. Noveritis nos concessisse et presenti scripto confirmasse
domino Roberto de Scutherskelf et heredibus suis unum toftum et
duas bovatas terre cum pertinenciis in Thoraldby quarum unam
tenet in dominico et aliam in servicio pro homagio et servicio suo
tenendum et habendum predicto domino Roberto et heredibus suis
de nobis et successoribus nostris inperpetuum, reddendo inde
nobis et successoribus nostris quatuor denarios ad duos anni
terminos videlicet ad Pentecosten duos denarios et ad festum
sancti Martini in hieme duos denarios. In cujus rei testimonium
sigillum capituli nostri presenti carte in modum cirograffati
confecte apposuimus. Hiis testibus: domino Johanne de Menill,
domino Willelmo de Russell, Roberto de Semer manente
in Thoralby, et aliis.

HOMAGIUM *in Scutterscelfe.* [1]

> Grant by William de Mowbray of Tanton in Cleveland to God and
> the Blessed Mary and the house of St. John Evangelist of the Park of
> Healaugh and the canons there serving God, of all the homage and
> service of William de Sexon son of Robert de Sexon, which he ought to
> do to the grantor for one toft and croft and three acres of land in
> Skutterskelf.

Omnibus Christi fidelibus Willelmus de Moubray de Tamton
in Cliveland eternam in domino/ salutem. Noveritis me dedisse   *f. 110.*
concessisse et hac presenti carta mea confirmasse Deo et beate   (117)

[1] Added, query by Dodsworth. The hand resembles his rather than
Padmore's.

Marie et domui sancti Johannis Evangeliste de Parco de Helagh et canonicis ibidem Deo servientibus totum homagium et servicium Willelmi de Sexon filii Roberti de Sexon quod mihi facere debuit pro uno tofto et crofto et tribus acris terre que de me tenuit in villa et territorio de Skutherskelf, tenendum et habendum dictis canonicis et eorum successoribus de me et heredibus meis pacifice integre et quiete ab omni servicio seculari exaccione et demanda tum ad me et heredes meos pertinente. Et ego Willelmus et heredes mei totum dictum homagium et servicium dictis canonicis et eorum successoribus contra omnes gentes warantizabimus inperpetuum. In cujus rei testimonium huic scripto sigillum meum apposui. Hiis testibus: Alano de Parco, Willelmo Leuington, Willelmo de Wirkesale et aliis.

SKUTERSKELF.

Grant by William de Mowbray to God and the Blessed Mary and the house of St. John Evangelist of the Park of Healaugh and the canons there serving God, in alms, for souls' health, of the homage and service of William de Tanton his brother for one carucate in Skutterskelf, paying to the canons one mark of silver yearly.

Omnibus Christi fidelibus Willelmus de Moubray salutem. Noveritis me dedisse et concessisse et hac presenti carta mea confirmasse Deo et beate Marie et domui sancti Johannis Evangeliste de Parco de Helagh et canonicis ibidem Deo servientibus in liberam puram et perpetuam elemosinam pro salute

f. 110*v.* anime mee et/ fratris mei Willelmi de Tamton et antecessorum meorum homagium et servicium unius carucate terre in Skutherskelf quam tenuit de me, ita quod heredes dicti Willelmi tenebunt dictam carucatam terre de predictis canonicis, reddendo inde annuatim unam marcam argenti sicut dictus Willelmus reddidit mihi, medietatem ad festum sancti Martini in hyeme et medietatem ad Pentecostem, tenendum et habendum predictis canonicis libere et quiete ab omni servicio et exaccione. Et ego Willelmus et heredes mei omnia predicta predictis canonicis contra omnes homines in perpetuum warantizabimus. Et ut hec donacio mea rata permaneat presenti scripto sigillum meum apposui. Hiis testibus: Waltero de Percy, Thoma de Wilton, Rogero de Lasyngby, Galfrido de Pikton, Stephano Gouer, Johanne de Gouton, Hugone de Ingleby clerico et aliis.

THORALDBY.

Quitclaim by Robert de Rudby to the house of St. John Evangelist of the Park and the canons of that place, for all claim in one bovate of land with toft and garden in Thoraldby.

Omnibus Christi fidelibus Robertus de Rudby salutem in domino sempiternam. Noveritis me remisisse et quietumclamasse domui sancti Johannis Evangeliste de Parcho et canonicis ejusdem

loci totum jus et clameum quod habui vel habere potui in una
bovata terre cum/ tofto et gardino et omnibus suis pertinenciis in *f.* 111.
villa et territorio de Thoraldby, illam scilicet quam ego et Cecilia
uxor mea quondam de dictis canonicis tenuimus, ita quod nunquam
in vita mea nec aliquis ex parte mea nomine predicte Cecilie
quondam uxoris mee in dictis bovata terre tofto et gardino aliquid
juris vel clamii exigere potero vel poterit. Et in testimonium hujus
quieteclamancie presenti scripto sigillum meum apposui. Hiis
testibus: Roberto de Skutherskelf, Alano fratre suo, Rogero de
Thoraldby et multis aliis.

THORALDBY. CONCESSIO TRIUM ACRARUM NOBIS.

> Grant by Cullacius son of William Brun and Agnes his wife to
> God and the house of St. John Evangelist of the Park and the canons
> there serving God, of three acres of land in Thoraldby which they had
> by the gift of Adam de Thoraldby, for 30s. which the canons paid
> them.

Omnibus has litteras visuris vel audituris Cullacius filius
Willelmi Brun et Agnes uxor ·sua salutem in domino. Noveritis
nos dedisse concessisse et hac presenti carta nostra confirmasse
Deo et domui sancti Johannis Evangeliste de Parco et canonicis
ibidem Deo servientibus tres acras terre in territorio de Thoraldby
quas habuimus de dono Ade de Thoraldby, tenendas et habendas
inperpetuum cum omnibus libertatibus et aisiamentis ad predictam
terram pertinentibus libere et quiete ab omni servicio consuetudine et exaccione. Hanc autem donacionem fecimus predictis
canonicis pro triginta solidis argenti quos/ predicti canonici *f.* 111*v.*
dederunt nobis pre manibus in maxima necessitate nostra. Et
ad illam fideliter tenendam affidavimus et tactis sacrosanctis
juravimus pro nobis et heredibus nostris. Ut autem hec donacio
nostra rata permaneat sigilla nostra presenti scripto apposuimus.
Hiis testibus: Stephano capellano de Skutherskelf, Willelmo de
Skutherskelf, Roberto de Carleton, et aliis.

THORALDBY. CONCESSIO UNIUS BOVATE TERRE CUM TOFTO
ET GARDINO.

> Grant by Hugh son of Robert de Rudby to God and the Blessed
> Mary and St. John Evangelist of the Park of Healaugh and the canons
> there serving God, for the pittance of their canons, in alms, of one
> bovate of land with toft and garden and all buildings on the toft, which
> he inherited from his mother Cecilia, in Thoraldby.

Omnibus Christi fidelibus Hugo filius Roberti de Rudby
salutem in domino. Noveritis me dedisse et concessisse et hac
presenti carta mea confirmasse Deo et beate Marie et sancto Johanni
Evangeliste de Parco de Helagh et canonicis ibidem Deo servientibus et eorum successoribus ad pitanciam eorundem canonicorum in liberam puram et perpetuam elemosinam unam
bovatam terre cum tofto et gardino et omnibus edificiis infra

dictum toftum contentis et ad dictam bovatam terre pertinentibus quam habui ex dono et hereditate Cecilie matris mee in villa et territorio de Thoraldby quam quidem bovatam predecessores mei de dictis canonicis tenuerunt, tenendam et habendam dictis canonicis et eorum successoribus in liberam puram et perpetuam elemosinam cum omnibus pertinenciis libertatibus et aisi-......

Cf. Charter Rolls, 4 Edw. II, m. 19, no. 17.

Fol. 111v. ends so, with a catchword '—amentis' to complete 'aisiamentis.' But fol. 112 as it stands at present in the book does not correspond with this catchword. At least one leaf is missing here, and was so missing early in the XVII century, as a note 'Here wants leaves' in a hand of that period, probably Dodsworth's, clearly indicates. Fol. 112 has an original number cxix and a gathering-number 'p i'; the folio number at any rate is no guide, as f. 111 is numbered cxviii. The incomplete deed which begins f. 112 is almost certainly a charter issued by the priory.

[NO HEADING. MARTON supplied, probably by Dodsworth].

Grant [incomplete] probably by the priory, to John —, of a toft and croft, possibly in Marton.

f. 112, cxix, 'p i'

.... ad festum sancti Martini in hyeme et medietatem ad Pentecosten pro omni seculari servicio exaccione et demanda ad nos vel ad successores nostros pertinentibus. Et nos et successores nostri predictum toftum et croftum predicto Johanni et heredibus suis contra omnes homines warantizabimus quamdiu carta Enger-ami de Bouingthon donatoris nostri quam inde habemus nobis predictum toftum et croftum warantizare poterit. Et similiter si contingat quod Rogerus filius Rogeri filii Thome de Marton nos vel successores nostros de predicto tofto aliquo tempore in posterum implacitaverit vel inplacitare fecerit ex tunc predicto Johanni et heredibus suis ad warantiam non tenebimur per hanc cartam In cujus rei testimonium uni parti istius scripti cyrografati sigillum nostrum apposuimus et predictus Johannes alteri parti sigillum suum apposuit. Hiis testibus: Roberto Toscy de Marton, Willelmo Toscy, Hugone Duobell, et aliis.

Probably Marton in Cleveland.

LACHONBY.

Grant by Hugh de Lackenby, for souls' health, to God and the Blessed Mary and the Blessed Nicholas, the servants, brothers and sisters of the Hospital of St. Nicholas of Yarm there serving God and the Blessed Mary and the Blessed Nicholas, in alms, of two separate tofts and two acres of land in Lackenby paying yearly 2s. to keep one lamp burning before the great altar in the church of the Blessed Nicholas in the hospital of Yarm during divine service,

Omnibus Christi fidelibus presentem cartam visuris vel audituris Hugo de Lachonby salutem in domino. Noverit universitas vestra me pro salute anime mee patris et matris mee et Cecilie uxoris mee et puerorum meorum et pro salute anime Petri filii Thome patris matrisque sue parentum antecessorum et successorum et omnium/ benefactorum nostrorum concessisse *f. 112v.* et dedisse et presenti carta nostra confirmasse Deo et beate Marie et beato Nicholao servientibus et fratribus et sororibus hospitalis sancti Nicholai de Yarum ibidem Deo et beate Marie et beato Nicholao servientibus in liberam puram et perpetuam elemosinam unum toftum quod Agnes mater mea quondam tenuit pro dote sua in villa de Lachonby et aliud toftum quod Willelmus Russel quondam de me tenuit in eadem villa et duas acras terre in territorio de Lachonby que jacent in cultura mea in Stanikeldflat versus partem australem cum omnibus pertinenciis predictis terris infra villam et extra pertinentibus sine aliquo retenemento, ita tum quod Petrus filius Thome et heredes sui vel sui ad hoc assignati omnes predictas terras sicut supra dictum est habebunt et tenebunt in feodo et hereditate de predicto hospitali libere et quiete imperpetuum, reddendo inde annuatim predicto hospitali duos solidos argenti scilicet duodecim denarios ad Pentecosten et duodecim denarios ad festum sancti Martini in hyeme ad sustentandum unam lampadem ardentem ante magnum altare in ecclesia beati Nicholai predicti hospitalis de Yarum quamdiu divina celebrantur in eadem ecclesia pro omni servicio consuetudine et seculari exaccione. Ita si quidem/ quod ego vel aliquis heredum vel succ- *f. 113.* essorum meorum plus servicii ab eis non possumus plus exigere *'p ii'* nec ipsi vel successores sui plus servicii facere cogi possunt. Et ego Hugo et heredes mei omnes predictas terras cum omnibus pertinenciis suis sicut predictum est eis vel suis assignatis warantizabimus et defendemus contra omnes homines et feminas inperpetuum et ad majorem hujus rei securitatem eis faciendam in ecclesia sancti Nicholai hospitalis de Yarum tactis sacrosanctis evangeliis fidem feci pro me et heredibus meis. Hiis testibus Magistro H. custode hospitalis sancti Nicholai de Yarum, Willelmo et Ricardo capellanis, Roberto de Sampsone clerico et aliis.

The vill is Lackenby in the township of Wilton, about 4 miles NW. of Guisborough.

HOTON JUXTA RUDBY.

Grant by Alan de Wilton, for souls' health, to God and the Blessed Nicholas of the Hospital of Yarm and the brothers there serving God, of twelve bovates of land in demesne in Hutton Rudby with the tofts and crofts which were Peter's, son of Thomas, returning two marks of silver yearly for all service except Danegeld. Further grants of one carucate in Up Leatham [Huplum] and six bovates in Middleton juxta Leven, for the maintenance of three chaplains celebrating Mass in the Hospital and to find thirteen poor people in food and clothing.

Omnibus Christi fidelibus ad quos presens scriptum pervenerit Alanus de Wilton salutem in domino. Noveritis me pro salute anime mee et Marie uxoris mee et Radulphi patris mei et Cecilie matris mee et fratrum et sororum meorum et antecessorum et successorum et parentum meorum et pro salute anime domini Walteri de Gray dei gracia Archiepiscopi Eboracensis et pro salute domini Petri de Brus et Johanne uxoris ejus et pro salute anime Willelmi filii Petri et uxoris ejus dedi et concessi et hac presenti carta mea confirmavi Deo et beate Marie et beato Nicholao hos

f. 113*v.* pitalis de Yarum et fratribus ibidem Deo servientibus/ duodecim bovatas terre habendas in dominico in Hutona juxta Rudby cum toftis et croftis que fuerunt Petri filii Thome et cum omnibus libertatibus et aisiamentis eidem terre pertinentibus infra villam et extra in liberam puram et perpetuam elemosinam, reddendo inde annuatim inde mihi et heredibus meis duas marcas argenti pro omni servicio et consuetudine preter danegeld cum evenerit per totam terram comitatus quantum pertinet ad duodecim bovatas terre scilicet unam marcam ad Pentecosten et unam marcam ad festum sancti Martini. Concessi etiam eisdem unam carucatam terre in Huplium cum toftis et croftis et cum omnibus pertinenciis libertatibus et aisiamentis eidem terre pertinentibus infra villam et extra prout illam plenarius tenui in puram et perpetuam elemosinam. Concessi iterum eisdem sex bovatas terre in Mydilton juxta Leuene, illas scilicet quas de Jolano Arundeuil et de Waltero Surdevallo in eadem villa tenui cum toftis et croftis et cum omnibus pertinenciis libertatibus et aisiamentis dictis sex bovatis terre pertinentibus infra villam et extra in puram et

f. 114. perpetuam elemosinam ad sustentandum tres capellanos in/ eodem hospitali missam celebrantes et tredecim pauperes in victu et vestitu ad inveniendum illis lectum in perpetuum. Ego vero et heredes mei has predictas terras predicto hospitali et fratribus ibidem deo servientibus contra omnes homines warantizabimus. Hiis testibus: Willelmo de Tampton, Roberto de Acclum, Gregorio de Leuyngthorp, Ada Buch, et multis aliis.

The vill is Hutton Rudby.

Cf. Dodsworth MSS. viii, f. 78v.

A charter of Alan de Wilton, relating to part of the above lands will be found in Charter Rolls, 4 Edw. II, m. 19, no. 2.

LACHANBY.   [A.D. 1233-56].

Grant by Elias the prior and the convent of the Park to Stephen Black of Lackenby, of two tofts lying together and two acres in Lackenby which they had of the gift of Thomas Simple, paying 7*s.* yearly and a fine of 2*s.* to the fabric of the chapel of the hospital of St. Nicholas of Yarm for every term in arrear.

Omnibus Christi fidelibus has litteras visuris vel audituris Elias prior et conventus de Parco salutem eternam in domino.

Noveritis nos dedisse et concessisse et hac presenti carta nostra
confirmasse Stephano Nigro de Lakanby duo tofta simul jacencia
et duas acras in Lakanby que habuimus de dono Thome Simplicis
tenenda et habenda sibi et heredibus suis de nobis et successoribus
nostris, reddendo inde annuatim nobis septem solidos argenti
medietatem scilicet ad festum Pentecosten et medietatem ad
festum sancti Martini sub pena duorum solidorum prosolvendorum
fabrice capelle hospitalis sancti Nicholai de Yarum pro quolibet
termino transgresso. Et nos et successores nostri predicta duo
tofta et duas acras terre cum pertinenciis/ predicto Stephano et   *f.* 114*v.*
heredibus suis per predictum servicium contra omnes gentes
warantizabimus. Et licebit nobis et attornatis nostris restringere
predictum Stephanum et heredes suos quocunque modo voluerimus
per catalla sua tam ad predictam penam solvendam si forte com-
missa fuerit quam firmam sine contradiccione eorundem. Solucio
autem dicte firme fieri debet ad predictos terminos singulis annis
attornato nostro ad predictum hospitale. In cujus rei testimonium
presenti scripto sigillum nostrum apposuimus. Hiis testibus:
Johanne de Bulmer, Roberto de Lasyngby, Gillote de Lackaneby
et aliis.

LACHANBY.

> Grant by Thomas son of the Master of Hutton to God and the
> Blessed Mary and the house of St. John Evangelist of the Park and the
> canons there serving God, in alms, of all his land in Lackenby, that is,
> two tofts and two acres of land, paying yearly 2*s.* to the Hospital of
> St. Nicholas of Yarm.

Omnibus Christi fidelibus Thomas filius Magistri de Hoton
salutem in domino. Noveritis me dedisse concessisse et hac presenti
carta mea confirmasse Deo et beate Marie et domui sancti Johannis
Evangeliste de Parco et canonicis ibidem Deo servientibus in liberam puram et perpetuam elemosinam totam terram meam in
villa de Lakeneby scilicet duo tofta et duas acras terre que habui
de dono Petri fratris mei, tenenda et habenda predictis canonicis
libere et quiete ab omni servicio et exaccione, reddendo inde
annuatim duos solidos argenti hospitali sancti Nicholai de Yarum/   *f.* 115.
medietatem scilicet ad Pentecosten et medietatem ad festum
sancti Martini in hieme. Et ego Thomas et heredes mei warantizabimus et defendemus totam predictam terram predictis canonicis
inperpetuum contra omnes gentes. Et ut hec donacio mea rata
permaneat presens scriptum sigillo meo roboravi. Hiis testibus:
domino Alano de Wilton, Thoma persona fratre suo, Willelmo
de Acclum, et aliis.

LACHANBY.

> A repetition of Hugh de Lachonby's grant on f. 112 above.

Omnibus Christi fidelibus presentem cartam visuris vel

audituris Hugo de Lachanby salutem in domino. Noverit universitas vestra me pro salute anime mee patris matrisque mee et Cecilie......[etc., *precisely as in the deed of Hugh de Lachanby on* f. 112 *and* f. 112v *above*......*The witnesses here are*]......Hiis testibus: H. magistro hospitalis predicti tunc rectore, Willelmo sacerdote, Roberto diacono, Thoma clerico, et aliis.

BARNARDBY.

> Grant by Adam son of Walter de Ormesby to God and the Blessed John of the Park of Healaugh and the canons there serving God, for his soul's health, in alms, of two bovates of land in Barnardby which he held of Walter de Hutton, paying 1*d.* at Christmas and doing forinsec service.

Omnibus hanc cartam visuris vel audituris Adam filius Walteri de Ormesby salutem. Noveritis me dedisse concessisse et hac carta mea confirmasse Deo et beato Johanni de Parco de *f.* 116. Helagh et canonicis ibidem Deo/ servientibus pro salute anime mee in perpetuam elemosinam duas bovatas terre in Barnadby quas tenui de Waltero de Hoton que jacent propinquiores terre Willelmi clerici remociores a sole cum uno tofto in eadem villa quod Robertus filius Fulconis tenuit, tenendas et habendas de Waltero de Hotona et heredibus suis sicut ego eas tenui libere quiete integre et plenarie cum omnibus pertinenciis libertatibus et aisiamentis suis in mora et in prato et ceteris omnibus ad predictam terram pertinentibus infra villam et extra, reddendo inde dicto Waltero de Hotona et heredibus suis annuatim unum denarium infra Natale domini et faciendo forinsecum servicium quantum pertinet ad duas bovatas terre unde decem carucate faciunt feodum unius militis pro omni servicio consuetudine et exaccione seculari que exigi poterunt sicut in carta dicti Walteri de Hoton quam inde habui et quam prefatis canonicis tradidi continetur. Hiis testibus: Alano de Wilton, Willelmo de Tameton, et ceteris.

> This vill may be represented by Barnaby House, about 2½ miles from Guisborough, in Guisborough parish.

BARNARDBY.

> Grant by Walter de Hutton to God and the house of St. John Evangelist of the Park and the canons there serving God, in alms, of two bovates of land in Barnardby which Adam son of Walter de Ormesby held of him.

Omnibus Christi fidelibus Walterus de Hoton salutem. Noveritis me concessisse et hac presenti carta mea confirmasse Deo *f.* 116v. et domui sancti Johannis/ Evangeliste de Parco et canonicis ibidem Deo servientibus in liberam puram et perpetuam elemosinam duas bovatas terre in territorio de Barnardby cum omnibus pertinenciis suis, illas scilicet quas Adam filius Walteri de Ormesby tenuit de me et dedit eis tenendas et habendas libere et quiete ab omni servicio consuetudine et seculari exaccione que ad me et heredes meos pertinent. Ego Walterus et heredes mei predictas duas bovatas terre predictis canonicis contra omnes homines warantizabimus. Hiis testibus: Alano de Wilton, Thoma fratre ejus, Waltero de Percy, Johanne de Barnadeby, et aliis.

Cf. Charter Rolls, 4 Edw. II, m. 19, no. 10.

YARUM.

Quitclaim by Isabella late daughter of John Elleton in Yarm to the prior and convent of the Park of Healaugh and their successors, of all that tenement which was once Thomas Plailon's in Yarm.

Omnibus hoc scriptum visuris vel audituris Isabella quondam filia Johannis Elleton in Yarum eternam in domino salutem. Noveritis me in legitima potestate mea et libera viduitate reddidisse resignasse et omnino de me et heredibus meis vel assignatis quietumclamasse priori et conventui de Parco de Helagh et eorum successoribus totum illud tenementum cum pertinenciis quod fuit quondam Thome Plailon in dicta villa de Yarum in venella jacentibus quod dicitur le Kyrkewend inter terram predictorum prioris et conventus et fossatum quod dicitur le Heuetdyke, tenendum et habendum sibi et successoribus suis sicut suum feodum proprium in liberam puram et perpetuam elemosinam, ita videlicet quod nec ego dicta/ Isabella nec heredes mei assignati nec aliquis per nos sive pro nobis aliquod jus vel clameum in predicto tenemento cum pertinenciis suis de cetero exigere vel vendicare poterimus inperpetuum. In cujus rei testimonium presenti scripto sigillum meum apposui. Hiis testibus: Galfrido de Pikton, Johanne de Maltby, Radulpho Lester, et aliis. *f. 117.*

YARUM.

Quitclaim by John son of Alan Sparowe to Adam, prior of the Park of Healaugh and the convent of that place and to their church of St. John of the Park and their successors, of all right in all lands etc. which his father or he held of the prior and convent in Yarm.

Omnibus hoc scriptum visuris vel audituris Johannes filius Alani Sparowe salutem. Noverit universitas vestra me remisisse et omnimodo de me et heredibus meis quietumclamasse fratri Ade priori de Parco de Helagh et conventui ejusdem loci et ecclesie sue sancti Johannis de Parcho et successoribus eorundem inperpetuum totum jus et clameum quod habeo habui vel habere potero in totis terris tenementis et redditibus que pater meus vel ego tenui vel tenuimus de eisdem priore et conventu in Yarum, ita quod nec ego Johannes nec heredes mei nec aliquis nomine nostro aliquid juris vel clamei aliquo modo de cetero in predictis terris tenementis et redditibus exigere vel vendicare poterimus. In cujus rei testimonium presenti scripto sigillum meum apposui. Hiis testibus: Johanne de Aula de Yarum, Willelmo et Francisco fratribus suis et multis aliis.

YARUM.   [A.D. 1310].

Demise at farm by William, prior of the Park of Healaugh and
the convent of the same place, to Robert de Guisborough and Alice
his wife, of two tofts in Yarm [*described*] for the term of 20 years, for a
rent of 4*s*. 6*d*. Anything planted or built there by Robert and Alice
to become the property of the canons.

f. 117*v*.   Omnibus Christi fidelibus hoc scriptum visuris vel audituris
frater Willelmus prior de Parco de Helagh et ejusdem loci conventus eternam in domino salutem. Noveritis nos concessisse et
ad firmam dimisisse Roberto de Gisburun et Alicie uxori sue duo
tofta in villa de Yarum, illud scilicet toftum quod Rogerus Salter
aliquando tenuit de nobis et aliud toftum sicut jacet in longitudine
juxta venellam que ducit versus ecclesiam et abuttat ex parte
orientali super placeam quam Henricus Et watyr aliquando tenuit
de nobis et ex parte occidentali super placeam Roberti Carpentarii,
tenenda et habenda predictis Roberto et Alicie uxori sue usque ad
terminum viginti annorum proxime subsequentium plenarie completum libere quiete bene et in pace cum omnibus pertinenciis
suis libertatibus et aisiamentis ad predicto tenemento pertinentibus termino incipiente ad festum sancti Martini in hieme A.D.
MCCCX reddendo inde annuatim nobis et successoribus nostris quattuor solidos et sex denarios sterlingorum medietatem scilicet ad
Pentecosten et aliam medietatem ad festum sancti Martini in
hieme pro omni servicio seculari exaccione et demanda ad nos
f. 118.   et successores nostros pertinentibus. Et nos/ et successores nostri
predicta duo tofta cum pertinenciis suis dictis Roberto et Alicie
ut predictum est usque ad finem predicti termini plenarie completi
per dictum servicium contra omnes homines warantizabimus et
defendemus. Et quicquid idem Robertus et Alicia in predicto
tofto infra terminum suum plantaverint et edificaverint totum
in fine termini nobis et successoribus nostris quiete et solute
remanebit absque contradiccione vel impedimento dicti Roberti et
Alicie vel aliquorum ex parte eorumdem. In cujus rei testimonium
uni parti istius scripti cirograffati sigillum capituli nostri apposuimus
et predictus Robertus pro se et Alicia uxore sua alteri parti sigillum
suum apposuerunt. Hiis testibus: Willelmo le Huntar, Marmaduco
domino de Pikton, Johanne Judy et multis aliis.

YARUM.   [A.D. 1263-81].

Grant by Henry [de Wheatley] prior of the Park of Healaugh,
and the convent of that place, to John of the Hall of Yarm, of a toft
in Yarm, paying yearly to their Hospital of St. Nicholas beside Yarm
2*s*. 8*d*.

Omnibus Christi fidelibus hoc scriptum visuris vel audituris
frater Henricus prior de Parco de Helagh et ejusdem loci conventus eternam in domino salutem. Noveritis nos dedisse et concessisse et hoc presenti scripto cirograffato confirmasse Johanni

de Aula de Yarum unum toftum cum pertinenciis in eadem villa propinquius tofto ejusdem Johannis versus aquilonem sicut jacet in longitudine et latitudine/ inter terram Willelmi filii Margarete *f. 118v.* ex una parte et terram predicti Johannis ex altera parte quod quidem toftum cum pertinenciis Robertus Bond de nobis tenuit in eadem villa, tenendum et habendum predicto Johanni et heredibus suis vel suis assignatis exceptis viris religiosis aliis quam nobis et Judeis libere quiete pacifice et integre, reddendo inde hospitali nostro sancti Nicholai prope Yarum duos solidos et octo denarios annuatim scilicet medietatem ad festum sancti Michaelis in hieme et aliam medietatem ad Pentecosten. Et nos prior et conventus predicti et successores nostri predictum toftum cum pertinenciis predicto Johanni et heredibus suis vel suis assignatis ut predictum est per predictum servicium contra omnes gentes warantizabimus quamdiu donatores nostri nobis warantizaverint. In cujus rei testimonium presenti scripto cyrograffato sigillum capituli nostri apposuimus. Hiis testibus: Willelmo de Aula, Johanne de Leuyngton, Alano Sparowe de Yarum, et aliis.

YARUM. [A.D. 1281-1300].

Grant by Adam [de Blithe], prior of the Park of Healaugh, and the convent of that place, to Thomas the Clerk, younger son of Thomas Playlin of Yarm, of one toft in Yarm [*described*], paying 20*d.* yearly for all secular service.

Omnibus Christi fidelibus hoc scriptum visuris vel audituris frater Adam prior de Parco de Helagh et ejusdem loci conventus eternam in domino salutem Noveritis nos dedisse concessisse et hac presenti carta nostra confirmasse Thome clerico filio juniori Thome/ Playlini de Yarum unum toftum in villa de Yarum cum *f. 119.* omnibus pertinenciis suis videlicet illud toftum quod jacet inter terram quam Hugo de Feynwyk quondam tenuit de Abbate de Bellalanda ex parte una et terram quam Robertus de Aton tannator quondam tenuit de Willelmo filio Emme ex altera parte, tenendum et habendum sibi et heredibus vel assignatis suis exceptis dominis feodi viris religiosis aliis quam nobis in feodo et hereditate libere quiete bene pacifice et integre cum omnibus aisiamentis et libertatibus predicte terre pertinenciis infra predictam villam de Yarum et extra, reddendo inde annuatim nobis et successoribus nostris viginti denarios argenti ad duos anni terminos medietatem scilicet ad Pentecostem et aliam medietatem ad festum sancti Martini in hyeme pro omni seculari servicio exaccione et demanda ad nos vel ad successores nostros pertinentes. Et nos predicti prior et conventus et successores nostri predictum toftum cum pertinenciis suis dicto Thome et heredibus vel assignatis suis omnino sicut predictum est warantizabimus adquietabimus et defendemus quamdiu donatores nostri nobis warantizaverint. In cujus rei testimonium presenti carte nostre in modum cyrograffi confecte sigillum capituli nostri apposuimus. Hiis testibus: domino Johanne *f.* 119*v.* Gisburn tunc capellano de Yarum, fratre Joseph tunc/ commorante apud hospitale sancti Nicholai, Willelmo de Aula, Francisco fratre ejus, Willelmo Wyger, Henrico Etwater et aliis.

YARUM.

> Grant by the prior of the Park of Healaugh and the convent of that place to Henry called Etwatyr of that messuage which Thomas the Old Playlun of Yarm once held, paying 5*s.* yearly for all service.

Omnibus hanc cartam visuris vel audituris prior de Parco de Helagh et ejusdem loci conventus salutem in domino sempiternam. Noveritis nos dedisse concessisse et hac presenti carta mea confirmasse Henrico dicto Etwatyr illud messuagium quod Thomas vetus Playlun de Yarum quondam tenuit in longitudine et latitudine sicut idem Thomas plenius de nobis tenuit in venella que vocatur le Crossewend de Yarum tenendum et habendum de nobis et successoribus nostris sibi et heredibus vel assignatis suis exceptis viris religiosis aliis quam nobis et dominis feodi libere et quiete bene in pace et integre cum omnibus libertatibus et aisiamentis dicto messuagio pertinentibus Reddendo inde annuatim nobis et successoribus nostris quinque solidos ad duos anni terminos medietatem ad Pentecosten et aliam medietatem ad festum sancti Martini in hieme pro omni alio servicio consuetudine exaccione et omni alia demanda seculari ad nos vel ad successores nostros pertinentibus. Et nos predicti prior et conventus et successores nostri dictum messuagium dicto Henrico et heredibus suis seu
f. 120. assignatis suis cum omnibus/ pertinenciis sicut supradictum est
cxxvii warantizabimus adquietabimus et defendemus quamdiu donatores
q i nostri warantizaverint. In cujus rei testimonium uni parti istius scripti cirografati sigillum capituli nostri apposuimus et predictus Henricus alteri parti sigillum suum apposuit. Hiis testibus: Willelmo de Aula in Yarum, Francisco et Thome fratribus, Ricardo le Waxand', Thoma de Waynesby et aliis.

YARUM.   [A.D. 1281-1300].

> Grant by Adam [de Blithe], prior of the Park of Healaugh and the convent of that place to Robert the Writer of York, of one toft with the buildings in Yarm which Richard the Fowler once held of Henry, prior of the Park, paying 4*s.* yearly for all secular service.

Omnibus Christi fidelibus hoc scriptum visuris vel audituris dominus Adam prior de Parco de Helagh et ejusdem loci conventus eternam in domino salutem. Noveritis nos concessisse dedisse et hac presenti carta nostra cyrografata confirmasse Roberto Scriptori Eboraci unum toftum cum edificiis in villa de Yarum quod Ricardus Auceps quondam tenuit de Henrico priore de Parco et conventu ejusdem loci jacens inter terram Walteri Eppos ex una parte et terram Willelmi Molendinarii ex altera, tenendum et habendum sibi et heredibus suis libere quiete bene et pacifice, reddendo inde annuatim nobis et successoribus nostris quattuor solidos sterlingorum scilicet medietatem ad Pentecosten et aliam medietatem ad festum sancti Martini in hieme pro omni servicio seculari ad nos vel ad successores nostros pertinentibus. Et nos et successores nostri predictum toftum cum/ edificiis et pertinenciis predicto Roberto et heredibus suis sicut supradictum est per predictum servicium contra omnes gentes warantizabimus quamdiu donatores nostri nobis warantizaverint. Et ut hec donacio et confirmacio rata sit uni parti hujus scripti cirograffati sigillum nostrum commune apposuimus. Et predictus Robertus alteri parti sigillum suum apposuit. Hiis testibus: Johanne de Aula tunc ballivo, Willelmo fratre suo, Francisco de Aula et aliis. *omnebus* [*a scribbling*].

f. 120*v.*

YARUM. [A.D. 1263-81].

Grant by Henry [de Wheatley], prior of the Park of Healaugh, and the convent of that place, to Richard the Fowler in Yarm, of one toft with the buildings in Yarm, paying 4*s.* yearly for all secular service.

Omnibus Christi fidelibus hoc scriptum visuris vel audituris frater Henricus prior de Parco de Helagh et ejusdem loci conventus eternam in domino salutem. Noveritis nos concessisse dedisse et hoc presenti scripto nostro cirograffato confirmasse Ricardo Aucupi in Yarum unum toftum cum edificiis in villa de Yarum quod jacet inter terram Walteri Eppos ex una parte et terram Roberti de Eboraco ex altera, tenendum et habendum sibi et heredibus suis libere quiete bene et in pace, reddendo inde annuatim nobis et successoribus nostris quattuor solidos sterlingorum scilicet medietatem ad Pentecosten et aliam medietatem ad festum sancti Martini in hieme pro omni servicio seculari ad nos vel ad successores nostros pertinente. Et nos et successores nostri predictum toftum cum edificiis et pertinenciis predicto Ricardo et heredibus suis sicut supradictum est per predictum servicium contra omnes gentes warantizabimus quamdiu donatores/ nostri warantizaverint et ejusdem loci conventus intralunarius est. In cujus rei testimonium uni parti huius scripti cirograffati sigillum nostrum commune apposuimus et predictus Ricardus alteri parti sigillum suum apposuit. Hiis testibus: Johanne de Aula in Yarum, Willelmo fratre suo, Reginaldo Carnifice et Eudone fratre suo et aliis.

f. 121.
q ii

Upside down at the foot of f. 120v is written in a hand of the early XVI century :—

Grace grothe after gouernonc that it—
Ever for grace without gouernonc wyll na induer.

and at the top of f. 121, in the same hand,

Grace and good maneres ma' a man. Wo is he
that no good can. Amen
for me Amen a gaude.

YARUM.   [A.D. 1244].

Grant by John de Yarm le Tannar to God and St. Nicholas of
Yarm and to the prior and convent of the Park having the care of the
same house, of a rent of 5s. which Thomas Playlon paid him yearly
for a toft which he held of him in Yarm. The grantor bound himself and
his heirs and all his lands in Yarm to pay the rent of 5s. and also 4s. 6d.
if the canons could not have payment from the toft and other lands
which he held of them.

Omnibus Christi fidelibus Johannes de Yarum le Tannar
salutem in domino. Noveritis me dedisse concessisse et hac presenti
carta mea confirmasse Deo et domui sancti Nicholai de Yarum et
priori et conventui de Parco ejusdem domus curam habentibus
redditum quinque solidorum quem Thomas Playlon mihi annuatim
reddidit de quodam tofto quod de me tenuit in villa de Yarum
et ego de eisdem, tenendum et habendum dictis priori et conventui
et eorum successoribus inperpetuum libere quiete integre et
pacifice ab omni servicio seculari et demanda. Et ego totum dictum
redditum dictis priori et conventui et eorum successoribus contra
omnes homines warantizabimus adquietabimus et defendemus
inperpetuum. Et ad majorem securitatem faciendam obligavi me
et heredes meos et omnes terras quas habui tunc in villa de Yarum
tam de feodo dictorum canonicorum et aliorum et insuper easdem
terras tenentes tam ad dictorum quinque solidorum quam ad
f. 121v. quattuor solidorum et sex denariorum solucionem/ si eosdem de
supradicto tofto et aliis terris quas de eisdem priore et conventui
teneo plenarie percipere non poterunt. In cujus rei testimonium
huic scripto sigillum meum apposui. Hiis testibus: domino Willelmo de Levyngton, Johanne de la Sale de Yarum, Arnuldo le
Fungh' de eadem et aliis. Datum apud Yarum in crastino Cir-
cumcisionis A.D. MCCXLIV.[1]

YARUM.

Quitclaim by Euphemia, widow of John the Tanner of Yarm, to
the prior and convent of the Park of Healaugh and the Hospital of St.
Nicholas of Yarm, of all right in a third part of a rent of 5s. in Yarm
by reason of dowry of the gift of John her late husband, which John
used to pay to the canons for their own uses of the Hospital and gave to
them by charter.

Omnibus Christi fidelibus ad quos presens scriptum pervenerit Eufemia que fuit uxor Johannis Tannatoris de Yarum
salutem in domino. Noverit universitas vestra me concessisse [et]
confirmasse priori et conventui de Parco de Helagh et hospitali
sancti Nicholai de Yarum totum jus et clameum quod habui vel
aliquo modo habere potui in tercia parte quinque solidatarum
annui redditus cum pertinenciis in villa de Yarum ratione dotis
de dono predicti Johannis quondam viri mei quem quidem redditum idem Johannes predictis priori et conventui ad proprios

[1] '28 H. 3' in Dodsworth's hand.

usus predicti hospitalis aliquo tempore dedit et concessit et carta sua confirmavit, ita scilicet quod ego nec aliquis per me in predictis quinque solidatis redditus nullum jus neque clameum exigere vel vendicare poterimus. In cujus rei testimonium huic quiete-clamancie sigillum meum apposui. Hiis testibus: Johanne de Aula, Johanne de Leuyngton,/ Roberto de Braytwhayt et aliis. *f.* 122.

q iii

YARUM.

> Grant by Richard le Fullar of Yarm to Robert called the Writer of York, of a burgage in Yarm, paying yearly 4s. to the prior of the Park of Healaugh and the convent of that place and to the lord of the vill 2d. for Gavilgyld at St. Peter's Chains.

YARUM.

Omnibus hanc cartam visuris vel audituris Ricardus le Fullar de Yarum salutem in domino sempiternam. Noverit universitas vestra me dedisse concessisse et hac presenti carta mea confirmasse Roberto dicto Scriptori de Eboraco quoddam burgagium in villa de Yarum cum omnibus pertinenciis pro quadam summa pecunie quam predictus Robertus mihi dedit pre manibus in mea magna necessitate videlicet illud burgagium quod jacet inter terram que fuit quondam Walteri Eppos ex parte australi et terram Willelmi Molendinarii ex parte boreali et illud burgagium incipit ad magnum vicum et extendit se super le Henedyke, tenendum et habendum totum predictum burgagium predicto Roberto et heredibus suis in feodo et hereditate libere quiete integre bene et in pace cum omnibus pertinenciis libertatibus et aisiamentis liberis consuetudinibus predicto burgagio infra villam de Yarum et extra prope vel procul ubique pertinentibus vel pertinere valentibus sine aliquo retenemento inperpetuum, reddendo inde annuatim domino priori de Parco de Helagh et conventui ejusdem loci quattuor solidos ad duos anni terminos videlicet duos solidos ad Pentecosten et duos solidos ad festum sancti Martini in hieme et domino ville qui pro tempore fuerit/ duos denarios pro Gauil- *f.* 122*v.* gyld ad festum ad vincula sancti Petri pro omni servicio consuetudine exaccione et demanda seculari in perpetuum. Et ego vero Ricardus et heredes mei totum predictum burgagium cum omnibus pertinenciis suis prout plenius supradictum est predicto Roberto et heredibus suis pro predicto servicio contra omnes homines et feminas warantizabimus adquietabimus et defendemus inperpetuum. In cujus rei testimonium huic presenti carte sigillum meum apposui. Hiis testibus: Johanne de Aula, Nicholai de Her', Thoma de Ponte, Radulpho de Glun', et aliis.

YARUM.

> Bond by Richard the Fowler of Yarm to maintain the building in the toft which he held of the prior and convent of the Park of Healaugh and for prompt payment of the farm, on pain that the prior and convent should take back the toft, etc., into their own hand.

Omnibus Christi fidelibus ad quos presens scriptum pervenerit Ricardus Auceps de Yarum eternam in domino salutem.
Noveritis me obligasse me et heredes meos ad sustentacionem
edificii in tofto quod de priore et conventu de Parco de Helagh
per cartam teneo in Yarum existentis et ad solucionem firme
prompte et plenarie ad terminos in carta inter me et dictos priorem
et conventum confecta notatos pro eodem tofto fideliter faciendam,
ita scilicet quod si contingat me vel heredes meos de solucione
predicte firme sive de sustentacione predicti edificii aliquando
deficere liceat predictis priori et conventui vel suo attornato
f. 123.   apud hospitale de Yarum commorante/ predictum toftum cum
edificiis et omnibus in eodem plantatis et edificatis in manum
suam capere et pacifice sine contradiccione vel impedimento mei
vel heredum meorum sive aliquorum aliorum ex parte nostra
existente in posterum retinere et in hujus modi testimonium
presenti scripto sigillum meum apposui. Hiis testibus: Johanne de
Aula in Yarum, Willelmo fratre suo, Reginaldo Carnifice, Eudone
fratre suo et aliis.

YARUM.

> Quitclaim by John Sparowe son of Alan Sparowe of Yarm to the
> prior and convent of the Park of Healaugh and their successors, of all
> the land which he held of them in Yarm [*described*] belonging to their
> Hospital of St. Nicholas by Yarm, which came to him by inheritance
> after the death of Stephen the Clerk his late uncle.

Omnibus Christi fidelibus hoc scriptum visuris vel audituris
Johannes Sparowe filius Alani Sparowe de Yarum eternam in
domino salutem. Noveritis me sursumdedisse resignasse et omnino
de me et heredibus meis inperpetuum quietumclamasse priori et
conventui de Parco de Helagh et eorum successoribus totam
terram quam de ipsis tenui in villa de Yarum pertinentem ad
hospitale suum sancti Nicholai prope Yarum, illam scilicet quam
hereditarie me contingebat post mortem Stephani clerici quondam
avunculi mei videlicet tres placeas sicut jacent et protendunt se
in longitudine et latitudine Chaumpnayswends et terram quondam
Simonis Voues in vico qui dicitur Westgate, et totam illam terram
f. 123*v.*   quod me similiter continge-/ bat in vico qui dicitur Kynggate
hiis parte australi jacens inter terram Willelmi de Aula et terram
Thome Plailune in longitudine et latitudine sicut se extendit a
grangia predicti Willelmi de Aula usque ad corellum [? torellum]
dicti Thome Plailune cum edificiis supra edificatis integre et
absque ullo retenemento, tenendas et habendas predictis priori et
conventui et omnibus successoribus suis libere quiete bene pacifice
et integre inperpetuum, ita scilicet quod nec ego predictus Johannes
Sparowe nec heredes mei assignati sive aliquis ex parte nostra
aliquod jus vel clameum in tota terra predicta vel ejus parte de
cetero exigere vel vendicare poterimus. In cujus rei testimonium

presenti scripto quieteclamancie mee sigillum meum apposui. Hiis testibus: Johanne de Aula, Johanne de Leuyngton, Waltero Telonario et aliis.

Cf. Charter Rolls, 4 Edw. II, m. 14, no. 24.

YARUM.

Grant by William the Hunter of Castle Levington to God and the Blessed Mary and the Hospital of St. Nicholas of Yarm and the brothers there serving God, for his soul's health and that of Richard his son, in alms, of one selion in Yarm in Galchflat.

Omnibus hoc scriptum inspecturis Willelmus Venator de Castelvington eternam in domino salutem. Noveritis me dedisse concessisse et hoc presenti scripto meo confirmasse Deo et beate Marie et hospitali sancti Nicholai de Yarum et fratribus ibidem Deo servientibus pro salute anime mee et anima Ricardi filii mei in liberam puram et perpetuam elemosinam unam selionem in terri- torio/ de Yarum in quadam cultura que vocatur Galchflat et jacet *f.* 124. inter terram predicti hospitalis ex utraque parte et unum caput abuttat super regiam viam que ducit de villa de Yarum usque ad pontem de Leven et alterum capud abuttat super Faringside, tenendam et habendam predicto hospitali et fratribus predictis libere pure pacifice et integre ab omni servicio exaccione et demanda ad me et heredes meos pertinente. Et ego Willelmus et heredes mei predictam selionem dicto hospitali et fratribus predictis sicut supradictum est contra omnes gentes warantizabimus adquieta- bimus et defendemus inperpetuum. Et ut hec mea donacio rata et stabilis permaneat presenti scripto sigillum meum apposui. Hiis testibus: Willelmo de Fuggers, milite, Johanne de Aula, Willelmo de Pikton, Willelmo filio Petri de Wyrksale, et aliis.

YARUM.   [A.D. 1339].

Quitclaim by John son of William le Scrivayn of Yarm to the prior and convent of Healaugh Park, of all right in one messuage in Yarm which Robert le Scrivayn once held of the prior and convent by service of 4s. yearly.

YARUM.

Omnibus Christi fidelibus ad quos presens scriptum per- venerit Johannes filius Willelmi le Scrivayn de Yarum salutem in domino sempiternam. Noveritis me remisisse relaxasse et omnino de me et heredibus meis inperpetuum quietumclamasse priori et conventui de Helagh Park totum jus meum et clameum quod habeo habui seu aliquo modo habere potero in uno/ messuagio cum *f.* 124v. pertinenciis in Yarum quod quidem messuagium Robertus le Scrivayn quondam tenuit de dictis priore et conventu per ser- vicium quattuor solidorum per annum, ita quod nec ego dictus Johannes et heredes mei nec aliquis nomine nostro aliquod juris vel clamei in predicto messuagio cum pertinenciis exigere vel vendicare poterimus infuturum set ab omni accione simus exclusi inperpetuum. Et ego vero predictus Johannes et heredes mei predictum messuagium cum pertinenciis predictis priori et conventui et successoribus suis warantizabimus adquietabimus et defendemus in perpetuum. In cujus rei testimonium sigillum meum apposui. Hiis testibus: Petro de Richmund, Rogero de Shyrburn, Johanne de Pontefracto, et aliis. Datum apud Helagh Parke die lune proxime post festum Nativitatis sancti Johannis Baptiste anno regni regis Edwardi III a conquestu tredecimo.

YARUM.

> Grant by Richard son of Richard the Carpenter of Yarm to God and the Blessed Mary and the Blessed Nicholas and the poor brothers of the Hospital of St. Nicholas of Yarm, for souls' health, in alms, of one rood of land in the field of Yarm.

Omnibus sancte matris ecclesie filiis ad quos presens scriptum pervenerit Ricardus filius Ricardi Carpentarii de Yarum salutem. Noveritis me dedisse concessisse et hac presenti carta mea confirmasse Deo et beate Marie et beato Nicholao et pauperibus fratribus hospitalis sancti Nicholai de Yarum pro salute anime mee *f.* 125. et antecessorum et successorum/ meorum in liberam puram et perpetuam elemosinam unam rodam terre cum pertinenciis in campo de Yarum videlicet que jacet inter terram Willelmi Venatoris de Castellevington et terram Rogeri quondam fratris sui, tenendam et habendam dictis et[1] fratribus et eorum successoribus de me et heredibus meis vel meis assignatis libere quiete honorifice cum omnibus libertatibus aysiamentis ad eandem terram spectantibus[2] pro omni servicio consuetudine et demanda. Ego vero et heredes mei et assignati dictam terram cum pertinenciis dictis fratribus prout dictum est et eorum successoribus inperpetuum warantizabimus. Et ut hec mea donacio et presentis carte mee confirmacio rata et stabilis permaneat presenti scripto sigillum meum apposui. Hiis testibus: domino Willelmo de Mauleby, Willelmo de Pikton, Willelmo Lorenge, Galfrido capellano de Yarum et aliis.

YARUM. [A.D. 1344].

> Quitclaim by Matilda relict of William le Scrivan to the prior and convent of the Park of Healaugh, of all right by name of dower in one messuage which Robert le Scrivan once held of the prior and convent by service of 4s. yearly. Remise for all kinds of actions and complaints up to the present day.

Noverint universi per presentes quod ego Matildis relicta Willelmi le Scrivan remisi et quietumclamavi inperpetuum pro me et heredibus meis priori et conventui de Parco de Helagh totum

[1] *Sic.*   [2] Query, an omission here of a rent clause?

jus et clameum quod vel que habui vel habere potero nomine
dotis mee in uno messuagio [quod] Robertus le Scrivan quondam
tenuit de dicto priore et conventu per servicium quattuor solidor-
um/ per annum. Remisi eciam pro me et heredibus meis omni- *f. 125v.*
modas acciones querelas et demanda que mihi competere poterunt
ab origine mundi usque in diem confeccionis presentis quovismodo.
Ita quod nec ego dicta Matildis nec heredes mei nec aliquis nomine
nostro aliquid juris vel clamei in predicto messuagio cum pertinenciis exigere vel vendicare poterimus in futurum sed ab omni
accione sumus exclusi inperpetuum. In cujus rei testimonium
sigillum meum presentibus apposui. Hiis testibus: Petro de
Richmunde, Rogero de Shyrburn, Willelmo de Drax, et aliis.
Datum apud prioratum de Helagh in vigilia Pentecostes A.D.
MCCCXLIIII ['18 Ed. 3'].

BOUCEBY. [Before A.D. 1310].

>Quitclaim and manumission by William de Boynton son of Sir
Ingram de Boynton to God and St. John of the Park of Healaugh and
the prior and canons there serving God, of Roger called the Forester son
of William de Scalinge, formerly the grantor's villein, with all his
chattels and sequel.

Omnibus hanc cartam visuris vel audituris Willelmus de
Bounyngton filius domini Engerami de Bouyngton eternam in
domino salutem. Noveritis me pro me et heredibus meis manu-
misisse dedisse et quietumclamasse inperpetuum Deo et sancto
Johanni de Parco de Helagh et priori et canonicis ibidem Deo
servientibus Rogerum dictum Forestarium de Bouceby filium
Willelmi de Scalinge quondam nativum meum cum omnibus
catallis suis et cum tota sequela sua et catalla eorum ubicunque
fuerint, ita quod nec ego nec heredes mei in predicto Rogero aut/ *f. 126.*
catallis suis aut in sequela sua aut catallis eorum aliquo tempore r i
jus aut clameum habere possimus inposterum. In cujus rei testimonium huic carte sigillum meum apposui. Hiis testibus: domino
Ambrosio de Cavaria, domino Nicolao de Hadinum, Willelmo de
Thornton, et aliis.

>The vill is probably Boltby, under the Cleveland Hills, NE. of
Thirsk.

SCALINGES.

>Grant by William de Acclum to Cecilia his daughter, of six acres of
land in Scaling which Roger Ascbrennar held, paying two gilt spurs for
6d. or 6d. to the chief lord for all service. He has attorned these to
acquit ten acres of land in Aylwynecroft from all service which he gave
to God and the blessed Mary and the house of St. John Evangelist
of the Park and the canons there serving God.

Omnibus Christi fidelibus has litteras visuris vel audituris
Willelmus de Acclum salutem. Noveritis me dedisse concessisse et
hac presenti carta mea confirmasse Cecilie filie mee sex acras terre

in villa de Scalinges, illas scilicet quas Rogerus Ascbrennar tenuit, unam videlicet acram et dimidiam in crofto suo in eadem villa et quattuor acras inter Haythayt Gate et Milnebec et dimidiam acram juxta molendinum de Aldrechsyke, tenendas et habendas libere et quiete pace et honorifice sibi et heredibus suis inperpetuum ab omni et seculari exaccione [sic], reddendo inde annuatim tum duo calcaria deaurata pro sex denariis vel sex denarios capitali domino scilicet ad Pentecosten pro omni servicio et demanda. Et sciendum quod ego attornavi predictam terram ad quietandum decem acras terre in Aylwynecroft ab omni servicio quas dedi in puram et perpetuam elemosinam Deo et beate Marie et domui sancti Johannis Evangeliste de Parco et canonicis f. 126v. ibidem Deo servientibus. Ut autem hec/ mea donacio rata permaneat huic scripto sigillum meum apposui. Hiis testibus: Ingeram de Boungton, Henrico filio Radulphi, Roberto de Acclum, Thoma de Sprydby, et aliis.

> The vill is probably Scaling, in the parish of Hinderwell, about 12 miles NW. of Whitby.

SCALINGES.

> Grant by William son of Roger de Acclum to God and the Blessed Mary and the house of St. John Evangelist of the Park and the canons there serving God, in alms, of ten acres of land in Scaling.

Omnibus Christi fidelibus Willelmus filius Rogeri de Acclum salutem. Noveritis me pro salute anime mee dedisse et concessisse et hac presenti carta mea confirmasse Deo et beate Marie et domui sancti Johannis Evangeliste de Parco et canonicis ibidem Deo servientibus in liberam puram et perpetuam elemosinam in territorio de Scalinges decem acras terre scilicet in cultura ejusdem ville que vocatur Aiswintoft cum omnibus pertinenciis suis libertatibus et aisiamentis infra villam et extra, tenendas et habendas predictis canonicis libere solute et quiete ab omni servicio seculari exaccione et demanda. Et ego et heredes mei predictis canonicis predictam terram cum omnibus pertinenciis suis libertatibus et aisiamentis infra villam et extra ad predictam terram pertinentibus in liberam puram et perpetuam elemosinam warantizabimus adquietabimus et defendemus contra omnes homines et feminas inperpetuum. Hiis testibus: Alano de Wilton, Waltero de Percy, Willelmo de Lorenge, et aliis.

> Cf. Charter Rolls, 4 Edw. II, m. 19, no. 20.

SCALINGES.

> Confirmation by Henry son of Ralph and Agnes his wife, for souls' health, to God and the Blessed Mary and St. John Evangelist of the Park of Healaugh and the canons there serving God, of ten acres of land in Schaling which William son of Roger de Acclum once held of them, free of all service.

Omnibus has litteras visuris vel audituris Henricus filius *f.* 127.
Radulphi et Agnes uxor ejus salutem. Noveritis nos pro salute   r ii
animarum nostrarum et animarum omnium antecessorum nostrorum et successorum concessisse et hac presenti carta nostra confirmasse Deo et beate Marie et sancto Johanni Evangeliste de
Parco de Helagh et canonicis ibidem Deo servientibus in puram
et perpetuam elemosinam decem acras terre in territorio de
Schaling scilicet in Ailwincroft cum omnibus pertinenciis suis
et aisiamentis infra villam et extra eidem terre pertinentibus, illas
scilicet decem acras terre quas Willelmus filius Rogeri de Acclum
quondam de nobis tenuit, tenendas et habendas inperpetuum
libere et quiete ab omni servicio et seculari exaccione. Et ut hec
concessio nostra et confirmacio rata permaneat presenti scripto
sigilla nostra apposuimus. Hiis testibus: domino Petro de Brus,
Roberto de Acclum, Engeram de Bouington, et aliis.

BRETBY.   [A.D. 1249].

  Grant by Stephen de Waltham to the honour of God and his
mother St. Mary the Virgin and of Blessed John the Apostle and Evangelist, to God and the house of the same St. John of the Park of Healaugh
and the canons there serving God and the Blessed Mary and the Blessed
John and their successors for ever, in alms, of four bovates of land in
Bretby which he had of the gift of Joan daughter of Henry de Ferlington
in her widowhood, and two bovates of land with toft and croft and meadow
which Roger son of Laurence sometime held of the grantor in Bretby,
with Roger and all his sequel and chattels. Special ordinance, with
the assent of prior Elias, relating to Roger, who was to be the man
and villein of St. John of the Park. Of the profits of Roger and his
family and of one bovate were to be maintained for ever seven candles
of good wax, each of one pound or more, upon the candelabrum before
the high altar of St. John Evangelist of the Park on all Sundays and
double Feasts; another bovate to be assigned for a pittance on the
Feast of St. John Evangelist, at the prior's discretion; the two bovates
which Thomas le Franklayn held sometime of the grantor were assigned
for the increase of the clothing of the canons. Whatever Roger son of
Lawrence or any of his children should give for his freedom, to be
applied to the maintenance of the seven candles. Further grant of the
service of William Darell for ½ carucate of land in Birkby which he had
of the gift of Joan; paying for the above to Joan in place of the grantor
one pair of gloves or 1*d.*, whichever they prefer, at Pentecost.

Omnibus Christi fidelibus ad quos presens scriptum pervenerit Stephanus de Wautham salutem in domino. Noverit
universitas vestra me divine pietatis intuitu et pro salute anime
mee et animarum omnium antecessorum et successorum meorum
amicorum benefactorum et omnium fidelium defunctorum/ *f.* 127*v*.
dedisse concessisse et hac presenti carta mea confirmasse ad
honorem Dei et genetricis ejus sancte Marie virginis et beati
Johannis Apostoli et Evangeliste Deo et domui ejusdem sancti
Johannis de Parco de Helagh et canonicis ibidem Deo servientibus
et beate Marie et beato Johanni et eorum successoribus inperpetuum in liberam puram et perpetuam elemosinam quattuor

bovatas terre cum omnibus pertinenciis suis in villa et territorio de Bretby quas habui ex dono Johanne filie Henrici de Ferlington in libera viduitate et legitima potestate sua videlicet illas duas bovatas terre cum tofto et crofto prato et omnibus aliis pertinenciis suis aisiamentis et libertatibus infra villam et extra quas Thomas le Franklayn aliquando de me tenuit in predicta villa, et preterea illas duas bovatas terre cum tofto et crofto et prato et omnibus aliis pertinenciis suis aisiamentis [et] libertatibus infra villam et extra quas Rogerus filius Laurencii aliquando de me tenuit in eadem villa cum ipso Rogero et tota sequela sua et eorum catallis omnibus ubicunque in Anglia fuerint, de quibus autem quattuor bovatis terre una cum dicto Rogero nativo et ejusdem sequela

f. 128. tota et eorum catalla talem constitui ordinacionem de consensu/
r iii et voluntate domini Elie tunc prioris et tocius conventus ejusdem domus qui pro se et successoribus suis ordinacionem meam inviolabiliter observandam in perpetuum sub anathematis sentencia promiserunt et concesserunt. Est autem ordinacio talis scilicet quod predictus Rogerus et tota sequela ejus post eum una cum duabus bovatis terre quas aliquando de me tenuit cum tofto crofto prato et omnibus aliis pertinenciis illius bovate [*sic*] in perpetuam sit homo et nativus sancti Johannis de Parco et canonicorum ibidem Deo et beate Marie et beato Johanni servientibus, et quod de ipso Rogero et sequela ejus tota et predicta bovata cum pertinenciis suis scilicet tofto et crofto prato et omnibus aliis ad ipsam bovatam pertinentibus fiant et sustinentur in perpetuum septem cerei de bona cera scilicet quilibet unius libre vel pluris si sufficere possint super candelabrum ante magnum altare scilicet [*for* sancti] Johannis Evangeliste de Parco omnibus diebus dominicis et festis duplicibus, reliqua vero bovata terre quam predictus Rogerus aliquando de me tenuit que sine tofto est assignabitur ad pitanciam toti conventui de Parco in festo sancti Johannis

f. 128*v.* Evangeliste ad ea inde comparanda que prior domus viderit pocius/
conventui expedire. Cetere vero due bovate terre quas Thomas supradictus de me aliquando tenuit assignabuntur cum tofto et crofto et prato et omnibus aliis pertinenciis suis in augmentum indumentorum et vestimentorum omnium canonicorum in domo de Parco perpetue commorancium sine alicujus prioris vel alterius hominis contradiccione. Et si contingat quod dictus prior et canonici vel eorum successores dictum Rogerum filium Laurencii vel aliquos de sequela sua liberos fecerit quidquid ipse pro libertate sua habendam donaverit in emendacionem ad sustentacionem dictorum cereorum apponetur. Et si idem prior et canonici vel eorum successores predictas quattuor bovatas terre de aratro suo lucrari voluerint nichilominus predictam ordinacionem meam in domo que facta est tenebuntur observare et sustentare. Preterea vero dedi eisdem priori et conventui et eorum successoribus inperpetuum totum homagium et servicium domini Willelmi Darell et heredum suorum et assignatorum de dimidia carucata terre cum

pertinenciis in Briteby quam idem Willelmus habuit de dono predicte Johanne, Johanna me de ipso homagio et servicio feoffavit secundum quod continetur in carta sua quam dicti prior et conventus una cum ista dedi [sic]. Habebunt eciam/ omnimodas *f.* 129. escaetas relevia commoda et omnia alia proficua que de dicto homagio et servicio et de dicta dimidia carucata terre poterunt contingere in perpetuum. Hec omnia tenebunt et habebunt de me et heredibus meis libere quiete pacifice integre et plenarie in liberam puram et perpetuam elemosinam in perpetuum, reddendo inde annuatim loco mei et heredum meorum predicte Johanne et heredibus suis vel assignatis unum par cirothecarum vel unum denarium qualem istorum reddere maluerint ad festum Pentecostes pro omni servicio seculari consuetudine secta et demanda et omni re. Et ego et heredes mei warantizabimus defendemus et adquietabimus totam predictam terram cum pertinenciis suis prefatum Rogerum cum tota sequela sua et predictum homagium et servicium predicti Willelmi Darell et heredum suorum vel assignatorum predictis priori et conventui et eorum successorum in perpetuum per predictum servicium quod loco mei et heredum meorum facient contra omnes in sempiternum. Et ut hec mea donacio concessio et hujus mee carte confirmacio rata et stabilis in perpetuum perseveret hoc presens scriptum manu mea scriptum eisdem fieri feci sigillo meo roboratum. Hiis testibus: domino Willelmo de Dacre tunc vicecomiti Eboraci, Rollando subvicecomiti suo, domino Willelmo de Weddyngton, Ricardo de/ Torney, *f.* 129*v.* Roberto de Kyrkby tunc Constabilis Eboraci et aliis. Datum apud Eboracum die Jovis proxime post nativitatem beate Marie virginis anno regni regis Henrici filii regis Johannis xxxiii°.

> Cf. Charter Rolls, 4 Edw. II, m. 19, no. 3. The vill is no doubt Birkby, near Northallerton.

HOTON JUXTA RUDBY.

> Grant by Emma late wife of William Breton de Stedhowe to Cecilia her daughter, of two bovates of land with toft and croft in Hutton (juxta) Rudby, which Luciana her mother gave her at her marriage, paying to the prior of Healaugh Park 20*d.* yearly for all secular service.

Sciant presentes et futuri quod ego Emma quondam uxor Walteri Breton de Stedhowe dedi concessi et hac presenti carta mea confirmavi Cecilie filie mee in legitima potestate mea et viduitate duas bovatas terre cum uno tofto et crofto in villa et territorio de Hoton juxta Rudby, illas scilicet duas bovatas terre quas Luciana mater mea mihi dedit in libero maritagio ad Walterum Breton, tenendas et habendas predictas duas bovatas terre cum predicto tofto de me et heredibus meis dicte Cecilie filie mee et heredibus suis libere quiete pacifice integre et in pace cum omnibus pertinenciis suis libertatibus liberis communis et aisiamentis in planis campis pratis pascuis viis et pasturis infra villa de Hoton et extra dicte terre pertinentibus, reddendo per annum domino priori de Helaghpark quicumque fuerit viginti denarios scilicet decem denarios ad festum Pentecostes et decem denarios ad festum sancti Martini in hieme pro omni seculari/ servicio consuetudine et demanda. Et ego vero Emma et heredes mei predictas duas bovatas terre cum predicto tofto et crofto dicte Cecilie et heredibus suis contra omnes homines et feminas warantizabimus adquietabimus et defendemus in perpetuum. Et ut hoc donum firmum et stabile permaneat hanc cartam sigilli mei impressione roboravi in testimonium. Hiis testibus: Ricardo de Wauland, Willelmo Steueneslay, Willelmo Thornton et aliis.

f. 130.
cxxxvii

PLUMPTON.

> Grant by Robert de Plumpton to God and the house of St. John Evangelist of the Park of Healaugh and the canons there serving God, of his meadow in Plumpton called Therne beside his mill on the North.

Omnibus Christi fidelibus Robertus de Plumpton salutem in domino. Noveritis me pro salute anime mee et animarum antecessorum meorum dedisse et concessisse et hac presenti carta mea confirmasse in puram et perpetuam elemosinam Deo et domui sancti Johannis Evangeliste de Parco de Helagh et canonicis ibidem Deo servientibus pratum meum in territorio de Plompton quod vocatur Therne juxta molendinum meum ex parte aquiloni. Et ego et heredes mei predictum pratum predictis canonicis warantizabimus contra omnes homines in perpetuum. Hiis testibus: Henrico de Monte Alto, 'Raĉo'[1] de Goldesburgh, Gilberto Oysell et aliis.

> Plumpton is about 3¼ miles South of Knaresborough.

PLUMPTON.

> Grant by Peter de Plumpton to God and the church of St. John Evangelist of the Park of Healaugh and the canons there serving God, in alms, for souls' health, of the culture in Plumpton which Juliana his 'marastra' received in exchange for Croftwait, and also of all Brunyngcroft.

f. 130v.   Omnibus Christi fidelibus Petrus de Plumpton/ salutem in domino. Noveritis me dedisse concessisse et hac presenti carta mea confirmasse Deo et ecclesie sancti Johannis Evangeliste de Parco de Helagh et canonicis ibidem Deo servientibus in puram et perpetuam elemosinam pro salute anime mee et animarum patris et matris mee et Avicie uxoris mee et antecessorum et heredum meorum totam culturam in territorio de Plumpton quam Juliana marastra mea recepit in escambium de Croft wait scilicet illam quam predicti canonici tenuerunt de predicta Juliana ad firmam, et similiter totam culturam Brunyngcroft. Hec omnia dedi in incrementum primi doni mei tenenda et habenda predictis canonicis

---

[1] Query, *for* 'Rico,' 'Ricardo' ?

cum omnibus pertinenciis et libertatibus et aisiamentis ad predictam terram pertinentibus libere et quiete ab omni consuetudine
et servicio et seculari exaccione. Et ego et heredes mei predictam
terram predictis canonicis contra omnes homines warantizabimus
in perpetuum. Hiis testibus: Jordano de Sancta Maria, Bartholomeo
Turett, Henrico Clerico de Wyghale et aliis.

PARVA RIBSTAYN.

> Grant by Culeb the clerk of Nigel de Stokellde to God and the
> house of St. John Evangelist of the Park of Healaugh and the canons
> there serving God, of lands in Little Ribston [*described in detail*], in alms,
> for souls' health and the prayers of the house.

Omnibus Christi fidelibus Culeb clericus Nigelli de Sto-
kellde salutem in domino. Noveritis me divine pietatis intuitu
dedisse et concessisse et hac presenti carta mea confirmasse Deo
et domui sancti Johannis Evangeliste/ de Parco de Helagh et   *f.* 131.
canonicis ibidem Deo servientibus unum toftum in Parva Ribstayn continentem unam acram terre et dimidiam quem Warinus
tenuit qui jacet inter toftum qui fuit Willelmi Strangald et toftum
qui fuit Ricardi Molendinarii et unam acram terre arabilis in
territorio ejusdem ville in campo propinquiori essarco Johannis
de Beawgraunt scilicet dimidia acra in loco qui vocatur Langlandis et una roda sub bosco propinquiore rode Roberti Styrt et
una roda in Lytil Layrlands, et preterea communam pasturam
unius bovate terre in eadem villa scilicet que pertinet ad illam
bovatam terre quam predictus Warinus tenuit, in puram et perpetuam elemosinam pro salute anime mee et anime Ricardi de
Stokeld et Roberti avunculi mei ut sint participes oracionum et
benefactorum predicte domus in perpetuum, tenenda et habenda
predictis canonicis libere et quiete ab omni servicio seculari et
exaccione cum omnibus libertatibus et aisiamentis infra villam
et extra ad predictam terram pertinentibus. Et ego et heredes mei
predictis canonicis predictum toftum et predictam acram terre et
predictam pasturam warantizabimus et defendemus contra omnes/   *f.* 131v.
homines. Et ut hec mea donacio rata in perpetuum permaneat
presens scriptum sigilli mei apposicione roboravi. Hiis testibus:
Roberto de Plumpton, Mattheo de Brame, Nigello Pincerna,
Roberto filio Ranulphi, et aliis pluribus.

> *This is evidently the charter recorded in* Charter Rolls, 4 Ed. II,
> m. 17, no. 7, *where the name of the grantor is given, probably correctly,
> as* Gilbertus Clericus filius Nigelli de Stockeld.

> Little Ribston is about 6 miles SE. of Knaresborough, on the
> Wetherby road.

[BLANK].

> Grant by Nigel de Stokeld to God and the Blessed Mary and Blessed
> John Evangelist and the prior and canons of the Park of Healaugh,
> of Geoffrey son of Henry with all his sequel whom he had of the gift of
> Richard de Dictame, so that Geoffrey and his heirs pay yearly to the
> prior and canons 6*d*. by name of recognisance for all service.

Omnibus Christi fidelibus has litteras visuris vel audituris Nigellus de Stokeld salutem. Noveritis me dedisse concessisse et hac presenti carta mea confirmasse Deo et beate Marie et beato Johanni Evangeliste et priori et canonicis de Parco de Helagh Galfridum filium Henrici cum tota sequela sua quem habui ex dono Ricardi de Dictame tenendum et habendum sibi et successoribus suis libere solute et quiete in perpetuum ab omni servicio et exaccione ad me et heredes meos pertinente, ita scilicet quod idem Galfridus et heredes sui reddent annuatim dictis priori et canonicis sex denarios nomine recognisancie pro omni servicio et exaccione que predicti prior et canonici poterunt exigere ab eodem Galfrido occasione illius mee donacionis scilicet medietatem ad festum sancti Martini et medietatem ad Pentecosten. Et ut hec mea donacio et concessio rata permaneat presens scriptum sigilli mei impressione roboravi. Hiis testibus: domino Willelmo de/ Plumpton, Roberto le Buteler, Galfrido Digun et aliis.

f. 132.
s i

PLOMPTON.   PARVA RIBSTAYN.   [A.D. 1332].

Quitclaim by Richard Stiueton son and heir of Robert de Styueton sometime dwelling in Little Ribston, of all right by inheritance in a toft and lands [*described*] in Plumpton and Little Ribston, and release for all actions.

Omnibus Christi fidelibus hoc scriptum quietclamancie visuris vel audituris Ricardus Stiueton filius et heres Roberti de Styueton quondam manentis in Parva Rybstayn eternam in domino salutem. Noveritis me divine caritatis intuitu et pro salute anime mee concessisse relaxasse et omnino de me et heredibus meis in perpetuum quietumclamasse Deo et beate Marie et domui sancti Johannis apostoli et Evangeliste de Parco de Helagh et canonicis ibidem Deo servientibus in liberam puram et perpetuam elemosinam totum jus et clameum quod habui vel habeo vel racione cujuscumque juris hereditarii seu perquisicionis habere potero in uno tofto et in tota terra prato et in omnibus liberis communis pasturis cum omnibus suis pertinenciis in Plumpton et Parva Ribstayn videlicet in illo tofto in Parva Ribstayn quod vocatur Coluscroft et eciam in medietate tocius terre jacentis in quadam cultura que vocatur Croftwhayt in territorio de Plumpton cum le Strangaldbuttis et le Brokenbank et eciam medietate tocius prati quod vocatur le Tern' et in communa pasture in Plumpton
f. 132*v.* ad unam carucatam boum et ad sexaginta oves et ad duas/ vaccas et ad unum affrum. Relaxavi eciam eisdem canonicis et successoribus suis in perpetuum omnimodas acciones querelas calumpnias et demandas que michi vel heredibus meis competere dinoscuntur occasione cujuscumque juris seu cujuscumque convencionis inter nos contracte, ita quod nec ego dictus Ricardus nec heredes mei nec aliquis per nos seu nomine nomina [*sic*] aliquod jus vel clameum in predictis terris et tenementis que dicti canonici die confeccionis

presencium dinoscuntur possedisse nec aliquam facultatem predictos canonicos nec eorum successores vexandi implacitandi nec aliquid ab eisdem vindicandi sive exigendi vel quovis alio modo gravandi pretextu alicujus cause imperpetuum habeamus vel habere possimus. In cujus rei testimonium huic presenti scripto quiete clamancie sigillum meum apposui. Actum apud prioratum de Parco die Mercurii proxime post festum Apostolorum Philippi et Jacobi anno gracie MCCCXXXII ['6 Ed. 3'] Hiis testibus: domino Ranulpho de Albo Monasterio, domino Ricardo Walense militibus, Willelmo Marcell de Walton et ballivo domini regis et aliis testibus.

AICTON.

Grant by Robert son of Huckeman de Plumpton to God and the house of St. John Evangelist of the Park of Healaugh and the brothers there serving God, in alms, of a toft and croft and an acre of land in Aketon which Elias de Aketon held by finding a light in the church of St. John of the Park.

Universis sancte matris ecclesie filiis presentibus et futuris *f.* 133.[1]
Robertus filius Huckeman de Plumpton salutem in domino. s ii
Noveritis universitas vestra me concessisse et dedisse et hac presenti carta mea confirmasse ob salutem anime mee et uxoris mee et antecessorum et heredum meorum Deo et domui sancti Johannis Evangeliste de Parco de Helagh et fratribus ibidem Deo servientibus in puram et perpetuam elemosinam unum toftum et croftum et unam acram terre in villa de Aicton quod Elias de Aicton tenuit ad inveniendum luminare in ecclesia sancti Johannis de Parco cum omnibus pertinenciis et libertatibus suis in bosco et plano et omnibus aisiamentis infra villam et extra ad predictam villam pertinentibus. Et ego et heredes mei predictam terram predicte domui warantizabimus et defendemus contra omnes homines in perpetuum quod si eam warantizare non poterimus dabimus escambium ad valenciam predicte terre. Hiis testibus: Petro de Plumpton, Roberto fratre ejus, Gilberto clerico de Rybstayn et aliis.

The vill is Aketon, between Folifoot and Spofforth.

KNOTTINGLAY.

Grant by Peter de Brus to God and the church of St. John Evangelist of the Park of Healaugh and the canons there serving God, for souls' health, of 10 marks yearly in the mill of Knottingley which he received in marriage with Joan his wife, in alms, for the support of two canons, priests, celebrating in their church of the Park of Healaugh in honour of St. James.

---

[1] The Roman numbering stops here; the remainder of the pages have Arabic numerals, in a hand apparently of the early XVII century, which may be Dodsworth's.

Omnibus Christi fidelibus Petrus de Brus salutem in domino.
Noveritis me dedisse concessisse et hac carta mea confirmasse Deo
et ecclesie sancti Johannis Evangeliste de Parco de Helagh et
f. 133v. canonicis ibidem/ Deo servientibus divine pietatis intuitu pro salute anime mee et Johanne uxoris mee et omnium antecessorum et
meorum successorum decem marcas argenti in molendino de
Knottynglay quas recepi in maritagio cum predicta Johanna uxore
mea in puram et perpetuam elemosinam ad sustentacionem
duorum canonicorum presbiterorum ibi divina celebraturorum in
ecclesia sua de Parco de Helagh in honore sancti Jacobi percipiendas annuatim in eodem molendino ad unum terminum
videlicet ad festum sancti Michaelis.   Et si forte contingat dictos
canonicos non posse plenarie decem marcas in eodem molendino
percipere ego et heredes mei proficiemus integre decem marcas
eisdem canonicis de redditibus nostris in Torp et Waleton.   Et ego
et heredes mei warantizabimus [et] acquietabimus donacionem
predictis canonicis contra omnes homines in perpetuum.   Et ad
hoc observandum subjeci me et heredes meos jurisdiccioni decani
et capituli Eboraci appelatione remota, ita quod si ego vel heredes
mei contra ˙hanc solucionem venerimus licebit dictis decano et
capitulo terras nostras sub interdicto ponere et nos ad predictam
solucionem censura ecclesiastica compellere.   Et insuper dominus
Archiepiscopus et decanus et capitulum Eboraci excommunic-
f. 134. averunt omnes contra hanc donacionem/ venientes.   Et ego Petrus
de Brus omnibus successoribus meis contra hanc donacionem
venientibus maorediccionem Dei et meam donavi.   Hiis testibus:
Alano de Wilton, Willelmo de Tameton, Henrico filio Conan'
tunc senescallo, Roberti Sturmi serviente et aliis.

Cf. Charter Rolls, 4 Edw. II, m. 19, no. 23.

PENSIO PONTEFRACTI DE DOMINO REGE PRO KNOTTYNGLAY
MOLENDINO.   [A.D. 1439].

Inspeximus by King Henry [VI] of his letters of warrant to his
Receiver of the Duchy of Lancaster, ordering that whereas the prior
and convent of St. John Evangelist of Healaugh Park have complained
that a rent of 10 marks, due to be paid to them at Michaelmas for the
support of two canons saying Mass at the altar of St. James in the
priory church for the King and the souls of his progenitors, were in
arrear for the last two years, the Receiver should cause the rent and
arrears to be paid and show the payment in his accounts, taking from
the prior and convent their letters of acquittance for the payment.

Henricus dei gratia rex Anglie et Francie et dominus Hibernie
omnibus ad quos presentes littere pervenerint salutem. Inspeximus
irrotulamentum litterarum nostrarum de waranto receptori nostro
ducatus nostri Lancastrie infra dominium nostrum de Pountfreyt
sub sigillo dicti ducatus nostri directarum in hec verba.   Henricus
dei gracia Anglie et Francie rex et dominus Hibernie receptori
nostro ducatus nostri Lancastrie infra dominium nostrum de

Pountfreyt salutem. Ex parte dilectorum nobis in Christo prioris et conventus sancti Johannis Evangeliste de Helagh Park nobis graviter conquerendo monstratum existit quod cum ipsi et predecessores sui priores et conventus loci predicti a tempore quo non extat memoria pacifice seisiti et soluti fuerunt de quadam annuitate decem marcarum eis annuatim solvendarum ad festum sancti Michaelis Archangeli pro sustentacione duorum canonicorum capellanorum ibidem perpetue professorum singulis annis missas et alia divina servicia infra/ ecclesiam prioratus dicti in *f.* 134*v.* honorem Dei ad altare sancti Jacobi pro nobis et animabus progenitorum nostrorum quondam regum Anglie in perpetuum celebraturorum, quequidem annuitas magna substancia victus predictorum prioris et conventus existit sicut dicunt et quod dicta annuitas decem marcarum predictarum a retro est et subtrahitur in presenti ab eisdem per duos annos ultimo jam elapsos videlicet pro terminis sancti Michaelis anno regni nostri xvi[o1] et pro termino sancti Michaelis ultimo preterito non soluta sicut ex querela sua accepimus, nos volentes eisdem nunc priori et conventui in hac parte fieri quod est justum vobis precepimus quod eisdem nunc priori et conventui viginti marcas eis debitas et a retro existentes pro annis et terminis supradictis ac easdem decem marcas annuas ex nunc annuatim liberetis et solvi facietis, recipientes a prefatis nunc priore et conventu litteras suas acquietancie sufficientes testificantes singulas soluciones quas eis inde feceritis per quas et per presentes volumus quod vos in compotu vestro de hujusmodi solucionibus de termino in terminum debitam allocacionem habeatis, ita tum quod dicti prior et conventus continue inveniant et supportent capellanos supradictos. Datum sub sigillo/ nostro ducatus nostri predicti ad palacium nostrum West- *f.* 135. monasterii xxix die Januarii anno regni secundi xvii[o].[2]

[KNOTTINGLEY].   [A.D. 1439].

Similar Inspeximus of similar letters to the Auditor of the Duchy of Lancaster in the Honour of Pontefract, for the same payment.

Inspeximus etiam irrotulamentum aliarum litterarum nostrarum de waranto auditori nostro ducatus nostri Langcastrie infra dominium nostrum de Pountfreyt sub sigillo nostro ducatus nostri predicti directarum in hec verba: Henricus dei gracia rex Anglie et Francie et dominus Hibernie auditori nostro ducatus nostri Lancastrie infra dominium nostrum de Pountfreyt salutem. Ex parte dilectorum nobis in Christo prioris et conventus sancti Johannis Evangeliste de Helagh Park nobis graviter conquerendo monstratum existit quod cum ipsi et predecessores sui priores et conventus loci predicti a tempore quo non extat memoria pacifice seisiti et soluti fuerunt de quadam annuitate decem marcarum

_____
[1] '16 H —', Dodsworth. 'Per laborem Thome Botson tunc prioris hujus domus' inserted in the margin by the original hand, at this level.
[2] '17 H —', Dodsworth.

eis annuatim solvendarum ad festum sancti Michaelis Archangeli
pro sustentacione duorum canonicorum capellanorum ibidem
perpetue professorum singulis annis missas et alia divina servicia
infra ecclesiam prioratus dicti in honore Dei ad altare sancti
Jacobi pro nobis et animabus progenitorum nostrorum quondam
regum Anglie in perpetuum celebraturorum, quequidem annuitas
magna substancia victus predictorum prioris et conventus existit

f. 135*v.* sicut dicunt et quod dicta annuitas decem marcarum/ predictarum a retro est et subtrahitur in presenti ab eisdem per duos
annos ultimo jam elapsos videlicet pro terminis sancti Michaelis
anno regni nostri XVI° et pro termino sancti Michaelis ultimo
preterito non soluta sicut ex querela sua accepimus. Nos volentes
eisdem nunc priori et conventui in hac parte fieri quod est justum
per breve nostrum de waranto precepimus receptori nostro ducatus
nostri predicti infra dominium nostrum predictum quod eisdem
nunc priori et conventui viginti marcas eis debitas et a retro
existentes pro annis et terminis supradictis ac easdem decem
marcas annuas ex nunc annuatim ad terminos predictos liberaret
et solui faceret.   Et ideo vobis mandamus quod visis mandato
nostro predicto ac litteris acquietancie ipsorum nunc prioris et
conventus omnes et singulas pecuniarum summas quas vobis
constare poterit prefatum receptorem in compoto suo coram nobis
faciendo debite allocetis, recipientes a prefato receptori mandatum
nostrum predictum ac litteras acquietancie supradictas Ita tum
quod dicti prior et conventus continue inveniant et supportent

f. 136.   ca-/pellanos supradictos.   Datum sub sigillo nostro ducatus nostri
predicti apud palacium nostrum Westmonasterii XXIX° die Januarii
anno regni secundi XVII°.   Nos autem irrotulamentum predictarum
litterarum nostrarum de warranto ad prosecucionem et specialem
requisicionem dilectorum nobis in Christo Thome Botson loci
predicti nunc prioris et ejusdem loci conventus duximus exemplificandum per presentes.   Datum sub sigillo nostro ducatus nostri predicti apud palacium nostrum Westmonasterii primo die
Februarii anno regni secundi XVII°.   PER CONSILIUM DUCATUS
NOSTRI PREDICTI.

[*No heading, and run on without any break after the last entry*].   [A.D. 1363].

> Similar letters of warrant from John, son of the King, Duke of
> Lancaster, Earl of Richmond, Derby and Lincoln, to the Auditors of
> his accounts of the Honour of Pontefract, for the yearly payment of
> the same annuity of 10 marks.

JOHAN FILZ AU NOBLE ROI DENGLETERRE DUC DE LANCASTRE
Counte de Richemond de Derby de Nicole et de Leicestre Senescal
dengleterre as Auditours des nor accomptes de lonor de Pountfreint quore sont ou qui pur le temps y seront salutz Porce que
nors chers en dieu Priour et couvent del Park de Helagh juxt
Tadcastre ount een et pretenz une annuytee de dys marz issantz
de lonor de Pountfreint per les meyns des Receviors quont este

par le temps du temps dont memoire ne court par trouer deux/   *f. 136v.*
Chapelleins chauntantz chescun jour en la dite priorie pour les
seignors du dit honor et leur auncestres come par chartes et
allouances sur ce faites en les accomptes des ditz Receiviors poet
aparer plus a plein a ce quils dient. Vous mandoins que si ensi
soit facez allouer a notre Receivor de lonor susdit en son accompte
chescun an la dite annuytee ensemblement oue ce qui lenrest arriere
par notre temps de meisme lannuytee en manre come ad este fait
en temps des nos auncestres seignors de Pountfreint quont este
du temps surdit Don a notre chastell de Heigham Ferrers le xiv
jour de Juyn lan du regne notre_dit seigneur le Roi et piere trent
septisme.

EBORACUM.   A.D. 1230.

> Grant by Alice de Bugthorp in her widowhood, for souls' health,
> to God and the house of St. John Evangelist of the Park of Healaugh
> and the canons there serving God, in alms, of her 'aymalda' land in York
> in Micklegate [*described*].

Omnibus Christi fidelibus Alicia de Bugthorp salutem in
domino. Noveritis me dedisse concessisse et hac presenti carta
mea confirmasse in libera viduitate et legitima potestate mea pro
salute anime mee et anime Nicholai de Bugthorp quondam viri
mei et anime Magistri Hamonis filii mei Deo et domui sancti
Johannis Evangeliste de Parco de Helagh et canonicis ibidem Deo
servientibus in puram et perpetuam elemosinam terram/ meam   *f. 137.*
aymaldam[1] in Eboraco in Myclegate, illam scilicet quam Agnes predicti Nicholai viri mei uxor quam habuit ante me eidem Nicholao
sicut aymaldam dedit in qua sepe dictus Nicholaus vir meus et ego
mansimus et idem Nicholaus eandem michi contulit sicut aymaldam que est inter venellam proximam ecclesie sancti Gregorii ex
una parte et domum Willelmi filii Agnetis ex altera et in longitudine se extendit a strata regia in Myclegate usque Northstreyt
cum omnibus edificiis suis et omnibus pertinenciis et libertatibus
suis ad sustentacionem unius canonici in domo illa in perpetuum.
Et ad majorem securitatem faciendum presens scriptum sigilli
mei munimine roboravi. Hiis testibus: Rogero decano et capitulo
Eboraci, Hugone de Seleby tunc majore Eboraci, Hamone rectore
de Alne, Johanne filio Thome filii Hugonis, et aliis.

MICKLEGAYT.

Omnibus Christi fidelibus Alicia de Bugthorp.... [*etc. An*   *f. 137v.*
exact repetition of the last item].

> [1] 'Aymalda.' Apparently a local term. Explained in the Preface to
> Farrer's "Yorkshire Charters" (Vol. I, p. xi) as "haimald: rent due to the
> Crown from tenements in the City, and household tenements themselves,"
> with a quotation from Assize Roll, 35-36 Hen. III which declares 'Talis est
> consuetudo cyvitatis Eboraci et semper esse consuevit'......
>   Dodsworth's note of this deed, in his MSS., Vol. CXVI, f. 64v, reads
> 'domum meam lapideam' for 'terram meam aymaldam.'

EBOR. MICKLEGAYT.   [A.D. 1230].

A further grant by Alice de Bugthorp to the priory of the same
property in the same terms, with the addition that the grant is for the
maintenance of one canon in that house.

Omnibus Christi fidelibus Alicia de Bugthorp salutem in
domino. Noveritis me dedisse concessisse et hac presenti carta mea
confirmasse in libera viduitate et in legitima potestate mea pro
f. 138. salute anime mee/ et anime Nicholai de Bugthorp quondam viri
mei et anime Magistri Hamonis filii mei Deo et domui sancti
Johannis Evangeliste de Parco de Helagh et canonicis Deo ibidem
servientibus in puram et perpetuam elemosinam terram meam in
Eboraco in Myclegate cum omnibus edificiis suis et omnibus
pertinenciis et libertatibus suis, illam scilicet in qua predictus
Nicholaus vir meus mansimus que est inter venellam proximam
ecclesie sancti Gregorii ex una parte et domum Willelmi filii
Agnetis ex altera, et in longitudine se extendit a strata regia in
Myclegate usque ad Northstrete, ad sustentacionem unius canonici
in domo illa in perpetuum. Et ad majorem securitatem faciendum
presens scriptum sigilli mei munimine roboravi. Hiis testibus:
Rogero decano et capitulo Eboraci, Hugone de Seleby tunc majore
Eboraci, Hamone rectore de Alne, Johanne filio Thome filii
Hugonis, et aliis.

EBOR. MICKLEGAYT.

Grant by John son of Robert de Herdislawe to Gundreda daughter
of Richard the Priest of all his land in Micklegate for 12 marks paid to
him to make his pilgrimage to Holy Land and a yearly rent of 2*d.* at
Pentecost and husgabulum to the King. If John did not pay to Roger
son of Nicholas as farm 1*d.* at Pentecost, Gundreda should pay it out of
the rent of 2*d.*

Omnibus has litteras visuris vel audituris Johannes filius
Roberti de Herdislawe salutem. Noverit universitas vestra me
concessisse dedisse et hac presenti carta mea confirmasse Gundrede
filie Ricardi Sacerdotis totam terram meam in Myclegate que
scilicet jacet in longitudine et latitudine inter terram Willelmi
f. 138*v.* filii Agnetis/ et terram Thome Hurtescu cum edificiis et omnibus
pertinenciis suis pro xii marcis quas michi dedit pro manibus ad
peregrinacionem meam faciendam versus terram sanctam, tenendam et habendam sibi et suis assignatis et heredibus eorum de me
et heredibus meis in feodo et hereditate libere quiete honorifice
ab omni servicio exaccione mihi et heredibus meis pertinente,
reddendo inde annuatim mihi et heredibus meis duos denarios ad
Pentecosten et husgabulum domino Regi.[1] Et sciendum est quod
si dicti Johannes et heredes sui Regero filio Nicholai et heredibus
suis unum denarium ad Pentecosten nomine firme non reddiderint
predicta Gundred et assignati sui et heredes eorum unum denarium
de duobus denariis prenominatis Rogero filio Nicholai et heredibus

---

[1] Possibly a further reference here to "haimald."

suis pro Johanne de Herdislawe et heredibus persolvent. Ego vero Johannes de Herdislawe et heredes mei predictam terram predicte Gundrede et assignatis suis et heredibus eorum contra omnes homines in perpetuum warantizabimus. In cujus rei testimonium presenti scripto sigillum meum apposui. Hiis testibus: Radulpho Nunell, Alexandro de Hyl, Willelmo Thurkyll, Thoma Hurtescu, et multis aliis.

EBOR. MICKLEGAYT. [c. A.D. 1258]. *f. 139.*

> Grant by Henry de Stuteville and Robert de Vallo to God and the Blessed Mary and the house of St. John Evangelist of the Park of Healaugh and the canons there serving God, in alms of that land in Micklegate in York which they bought of Gundreda, daughter of Richard the Priest, paying yearly 2*d.* to John son of Robert de Erdeslawe and 'husgablum' to the King for all service.

Omnibus Christi fidelibus Henricus de Stuteville et Robertus de Vallo eternam in domino salutem. Noverit universitas vestra nos divine pietatis intuitu pro salute animarum nostrarum dedisse concessisse et hac presenti carta nostra confirmasse Deo et beate Marie et domui sancti Johannis Evangeliste de Parco de Helagh et canonicis ibidem Deo servientibus in liberam puram et perpetuam elemosinam totam terram meam in Mekilgate in Eboraco cum omnibus pertinenciis suis, illam scilicet quam emimus a Gundreda filia Ricardi Presbiteri et jacet juxta terram Thome Hurtesky ex una parte et terram Hurselini Judei ex altera tam in longitudine quam in latitudine, tenendam et habendam dictis canonicis libere quiete et pacifice in perpetuum, reddendo inde annuatim duos denarios Johanni filio Roberti de Erdeslaue ad Pentecosten et husgablum domino regi tam pro omni servicio et exaccione. Nos autem et heredes nostri warantizabimus acquietabimus et defendemus totam illam terram prenominatam cum pertinenciis suis dicte domui et canonicis prenominatis contra omnes homines in perpetuum. Et in hujus rei testimonium ut hec donacio nostra rata permaneat presens scriptum impressione sigillorum/ nostrorum corroboravimus. Hiis testibus: Marco de *f. 139v.* Northfolke tunc majore Eboraci, Hugone de Seleby, Alexandro filio Radulphi, Johanne de Usegayte, et aliis.

ECCLESIA DE KOLTORP. [PLUMPTON *in a hand probably Dodsworth's*].

> Appropriation by Peter de Plumpton, for souls' health, to God and the house of St. John Evangelist of the Park of Healaugh and the canons there serving God, of the church of Cowthorpe.

Omnibus Christi fidelibus Petrus de Plumpton salutem in domino. Noveritis me intuitu caritatis et pro salute anime mee et antecessorum et heredum meorum dedisse et concessisse et hac presenti carta mea confirmasse Deo et domui sancti Johannis Evangeliste de Parco de Helagh et canonicis ibidem Deo servientibus eccleciam de Koltorp cum omnibus pertinenciis suis

et libertatibus. Et ut hec mea donacio et concessio rata permaneat et inconcussa imposterum presens scriptum sigilli mei
munimine roborare dignum duxi. Hiis testibus: Jordano de
Sancta Maria, Ricardo filio ejus, Bartholomeo Turet, Girardo
Turet, Magistro Eustacio, et aliis.

> Dodsworth had evidently seen the original of this charter, for in
> his MSS., Vol. VIII, f. 98, he gives a copy with the same text
> verbatim [see p. 217 below] but witnesses as follows :—Jordano de S.
> Maria, Ricardo filio ejus, Bartholomeo Thuret, Girardo
> Thuret, Thoma de Crigleston, Olivero de Brincle, Willelmo
> Haget, Hamone persona de Alna, Waltero de Vestiario,
> Magistro Eustachio, et aliis; and adds a description of the seal.
> He notes this charter also in MSS., Vol. CXVI, f. 64.

> The church is probably that of Cowthorpe, about 3 miles West of
> Tockwith.

[NO HEADING].

> Acknowledgment by Walter the Turner that he and all his sequel
> were bound to the prior and convent of the Park yearly in the payment
> of 1 lb. of cummin at Pentecost as recognition of their homage, with
> penalties for non-payment.

Omnibus has litteras visuris vel audituris Walterus Tornator
salutem. Noveritis me et totam sequelam meam teneri priori et
conventui de Parco annuatim in solucione unius libri cymini
scilicet ad Pentecosten nomine recognicionis homagiorum nos-
f. 140. trorum. Et si contingat quod nos a solucione predicta/ ad terminum
147 prenominatum cessaverimus licebit dictis priori et conventui
restringere nos tam in catallis quam redditibus et omnibus rebus
aliis quocumque modo voluerint nomine [*sic*] contradicente donec
ipsis satisfecerimus. Insuper subjecimus nos et omnia catalla nostra
arbitrio decani et capituli Eboraci ubicumque fuerimus quod ipsi
nos excommunicent si a solucione predicta cessaverimus Et si
contingat nos ob aliqua causa a solucione supradicta ad terminum
cessare quod absit dabimus fabrice ecclesie sancti Petri de Eboraco
pro quolibet termino transgresso duodecim denarios. Et ad omnia
predicta firmiter tenenda ego Walterus tactis sacrosanctis pro
me et sequela mea juravi et affidavi et presens scriptum sigillo meo
roboravi. Hiis testibus: Alano de Folifaite, Willelmo Hagett,
Willelmo filio Henrici de Wyhale, Radulpho Hardy, Maddoco et
aliis.

[NO HEADING. YORK].

> Grant by Robert de Birdsall to Robert Brun of Coney Street, of a
> toft beside the monastery of St. Saviour, in fee and inheritance, for 1 lb.
> of cummin at Christmas.

Sciant omnes tam presentes quam futuri quod ego Robertus
de Byrdesale dedi et concessi Roberto Brun de Cuningestreta et

heredibus suis unum toftum juxta monasterium salvatoris in feudo
et hereditate tenendum de me et de meis heredibus/ solum et quiete $f.\ 140v.$
ab omni servicio, reddendo inde annuatim unam libram cuminis
ad Natale. Hiis testibus: Ketello presbitero, Galfrido filio Roberti,
Reginaldo de Cheffram.

EBORACUM. [A.D. 1233-1256].

> Grant by Elias, prior of the Park and the convent of that place, to
> Gilbert the Chaplain of Monkton, rector of the church of St. Gregory of
> York, of their land beside that church on the North, in which John the
> Anchorite sometime lived, paying 1d. at Christmas for all service.

Omnibus Christi fidelibus Elias prior de Parco et ejusdem
loci conventus salutem in domino. Noveritis nos de communi
consensu et assensu capituli nostri concessisse et dedisse et hac
presenti carta mea cirograffata confirmasse Gilberto Capellano de
Munktona rectori ecclesie sancti Gregorii de Eboraco et assignatis
suis totam terram nostram cum edificiis et omnibus pertinenciis
suis quam habuimus juxta ecclesiam predictam sancti Gregorii
versus Aquilonem in qua Johannes anachorita aliquando mansit,
et se extendit in longitudine a venella qua itur versus fratres
predicatores usque ad terram Albelot matris Thome filii Alani et
in latitudine inter dictam ecclesiam et terram Willelmi quondam
persone ecclesie de Helagh, tenendam et habendam predicto Gilberto et assignatis suis libere quiete pacifice et integre, reddendo
inde annuatim nobis et successoribus nostris unum denarium ad
Natale domini pro omni servicio seculari et exaccione ad nos
pertinente. Et nos et successores nostri totam predictam terram
cum omnibus pertinenciis suis predicto Gilberto et assignatis suis/ $f.\ 141.$
ut predictum est contra omnes homines warantizabimus in per- ii
petuum. Et in hujus rei testimonium huic scripto cyrograffato
sigilla nostra inde apposuimus. Hiis testibus: domino Roberto
Thuneck milite, Magistro Ricardo Harnall, Thoma Lorbatur et
aliis.

> Copied in Dodsworth MSS., VIII, f. 86.

EBORACUM.

> Quitclaim by John son of Robert de Herdislawe of York to the
> prior and convent of the house of St. John Evangelist of the Park of
> Healaugh of a yearly rent of 2d. due from them to him from that land
> in Micklegate in which Robert the grantor's father once lived, with all
> right thereto, for a sum of money paid to him.

Omnibus Christi fidelibus hanc cartam visuris vel audituris
Johannes filius Roberti de Herdislaue de Eboraco salutem. Noveritis
me concessisse et quietumclamasse pro me et heredibus meis in
perpetuum priori et conventui domus sancti Johannis Evangeliste
de Parco de Helagh annuum redditum duorum denariorum quem
michi debuerunt de terra illa in Miclegate in qua Robertus pater
meus quondam mansit cum tota jure quod unquam michi vel

alicui heredum meorum de predicta terra poterit accidere pro quadam summa pecunie quam michi dederunt pre manibus. Et ut hec mea concessio et quieta clamacio rata permaneat in perpetuum huic scripto sigillum meum apposui. Hiis testibus: Thoma le Grant, Benedicto filio Walteri, Henrico Sarrazin, et aliis.

EBORACUM.

Quitclaim by Roger de Mowbray to God and the Blessed Mary and St. John Evangelist of the Park of Healaugh and the canons there serving God, of 2 lb. of pepper of annual rent which the canons used to pay to him for certain land of his fee which they held in York. For this quitclaim the canons gave him a rent of 12d. due in Thirsk from the toft which was Agnes', daughter of Sywyn late wife of Herbert the Carter.

Omnibus Christi fidelibus has litteras visuris vel audituris Rogerus de Mubray salutem. Noveritis me quietumclamasse et hoc presenti scripto meo confirmasse Deo et beate Marie et sancto *f.* 141*v.* Johanne Evangeliste de Parco/ de Helawe et canonicis ibidem Deo servientibus duas libras piperis annualis redditus quas dicti canonici michi reddere solebant pro quadam terra de feodo meo quam tenuerunt in Eboraco, ita scilicet quod nec ego Rogerus de Mubray nec heredes mei nec aliquis alius ex parte nostra aliquod jus clameum vel calumpniam in predictis duabus libris piperis unquam habere vel exigere poterimus per quod dicti canonici aggraventur. Pro hac autem quietaclamacione et confirmacione dederunt dicti canonici michi et heredibus meis redditum duodecim denariorum annuatim percipiendorum in villa de Treske[1] de tofto quod fuit Agnetis filie Sywyn quondam uxoris Herberti Carrectarii. Et ut hec mea quietaclamacio et confirmacio rata et stabilis permaneat in perpetuum presenti scripto sigillum meum feci apponi. Hiis testibus: dominis Johanne de Cancefeld tunc senescallo, Rogero de Brokegrave, Willelmo de Buscy, Roberto de Oxton, et aliis.

EBORACUM. MICKLEGAYT.

Quitclaim by John de Erdeslowe of York to the prior and canons of the Park of Healaugh and their successors, of all right in a messuage in Micklegate.

Omnibus Christi fidelibus hoc scriptum visuris vel audituris Johannes de Erdesloue de Eboraco eternam in domino salutem. *f.* 142. Noveritis me confirmasse et penitus quietum-/clamasse priori et iii canonicis de Parco de Helagh et eorum successoribus in perpetuum totum jus et clameum quod habui vel habere potui sive de cetero habere potero in illo messuagio cum pertinenciis in Mickelgate quod jacet in latitudine inter terram quondam Urselini Judei ex parte una et terram Stephani Blundi ex altera et extendit se in longitudine a magno strato de Mycelgate usque ad viam ante portam predicatorum per quam itur ad placeam domini regis,

---

[1] In margin, 'Treske *alias* Thurske,' in Padmore's hand.

ita quod nec ego nec heredes mei nec aliquis ex parte mea jus
vel clameum in predicto messuagio cum pertinenciis decetero
exigere vel vendicare poterimus. In cujus rei testimonium presenti
scripto sigillum meum apposui. Hiis testibus: domino Waltero
de Stokis tunc majore Eboraci, Roberto Blunde, Luca Carnifice,
et aliis.

EBORACUM.   [A.D. 1230].

> Quitclaim by Alice late wife of William Fairfax in her widowhood,
> to God and the Blessed Mary and the house of St. John Evangelist of
> the Park and the canons there serving God, of all right in the land with
> buildings thereon which the canons had of the gift of Alice her mother
> in Micklegate.

Omnibus has litteras visuris vel audituris Alicia quondam
uxor Willelmi Fairfax salutem in domino. Noveritis me in legitima
viduitate et libera potestate mea quietumclamasse de me et de
heredibus meis Deo et beate Marie et domui sancti Johannis
Evangeliste de Parco et canonicis ibidem Deo servientibus totum
jus et clameum quod unquam habui vel habere potero in tota/   *f.* 142*v.*
terra cum edificiis in ea plantatis et cum omnibus pertinenciis suis
quam dicti canonici habent de dono Alicie matris mee in Mykel-
gate que scilicet jacet inter regiam stratam ex una parte et terram
que fuit Willelmi filii Agnetis ex altera. Et in hujus rei testimonium
huic scripto sigillum meum apposui. Hiis testibus: domino Hamone
persona de Alna, Roberto de Wallo, Hugone de Seleby tunc
majore Eboraci, Paulino le Mercer, et aliis. Inspeximus etcetera in
his verbis.

QWETELAY.

> Grant by Rose de Kyme to God and the church of St. John Evan-
> gelist of the Park and the canons there serving God, for souls' health,
> in alms, of 6s. yearly in Wheatley from the land which Oliver de Brinkill
> held of her.

Omnibus Christi fidelibus has litteras visuris vel audituris
Roesa de Kyma salutem. Noveritis me dedisse concessisse et hac
presenti carta mea confirmasse in viduitate mea et legitima potestate Deo et ecclesie sancti Johannis Evangeliste de Parco et
canonicis ibidem Deo servientibus pro salute anime mee et
heredum meorum in puram et perpetuam elemosinam sex solidos
annuos in villa de Wetelay percipiendos annuatim de terra quam
Oliverus de Brinkill tenuit de me scilicet medietatem ad Pentecostem et medietatem ad festum sancti Martini in hieme, ita
quod omnia alia servicia mihi et heredibus meis remanebunt/   *f.* 143.
in homagiis et releviis et erardis [*presumably for* wardis] et aliis,
tenendos et habendos libere et quiete ab omni servicio seculari
et exaccione. Et ego et heredes mei warantizabimus predictos sex
solidos predictis canonicis contra omnes homines inperpetuum.
Et ut hec donacio mea rata permaneat presens scriptum sigillo

meo roboravi. Et ut predictos sex solidos predicti canonici sine difficultate percipiant terram tenentes ad solucionem predictorum sex solidorum si opus fuerit compellimus. Hiis testibus: Willelmo de Percy, Henrico fratre suo, Symon de Muhat, Hugone de Lelay, Willelmo de Paitenni, Roberto de Scegnesse, Hugone filio Simonis, et aliis.

> The vill is probably the Wheatley near Ilkley.

> Cf. Charter Rolls, 4 Edw. II, m. 17, no. 12, and Dodsworth MSS., VIII, f. 99.

QWETELAY.

> Confirmation by Philip de Kyme, in alms, to the house of St. John Evangelist of the Park and the canons there serving God, of the rent of 6s. which they had of the gift of Rose de Kyme his mother [*as in the last item*].

Omnibus has litteras visuris vel audituris Philippus de Kyma salutem. Noveritis me concessisse et hac presenti carta mea confirmasse in puram et perpetuam elemosinam domui sancti Johannis Evangeliste de Parco et canonicis ibidem Deo servientibus sex solidos annuos quos habent de dono Roose de Kyma matris mee in villa de Wetelay de terra quam Oliverus de Brinkell tenuit de *f.* 143*v.* eadem Rosa matre mea, tenendos/ et habendos libere et quiete sicut carta mea quam inde habent testatur, ita tum quod omnia alia servicia michi et heredibus meis in homagiis et serviciis releviis et erardis et in omnibus aliis remanebunt. Et ut hec confirmacio mea rata permaneat presens scriptum sigillo meo roboravi. Hiis testibus: Willelmo de Percy, Henrico fratre suo, Simone de Muhat, Hugone de Lelay, Alano de Kathirton, Willelmo Paterni, Roberto de Segnesse, Hugone filio Simonis, et aliis.

> WHAT LANDS BELONG TO HELAY IN TOCKWITH [? *late XVI century hand*].

Memorandum quod prior et conventus de Parco habent in villa de Tokwit de Thoma filio Willelmi qui in custodia eorum fuit istas terras subscriptas videlicet de Kirkwithes tres rodas et XVII perticatas Item Kerlingdike tredecim perticatas et dimidiam Item ad Suaynnesheved unam rodam et dimidiam et decem perticatas Item ad Estflaskes dimidiam acram et quattuor perticatas Item ad Westflaskes duas rodas et dimidiam et duas perticatas Item ad Westflaskes dimidiam rodam et quinque perticatas Item ad Scouelbrayd dimidiam rodam et XIIII perticatas Item ad Giltoft unam rodam et tredecim perticatas Item ad Brenikeldflat unam rodam et unam quarteriam et duas perticatas Item ad Buttez XVIIII perticatas Item ad Scalleberg dimidiam acram *f.* 144. et XIIII/ perticatas Item ad viam que ducit usque Eboracum dimidiam rodam et octo perticatas Item in eadem cultura tres rodas et decem perticatas Item juxta viam eandem ex parte aquilonari dimidiam rodam Item ad Seggezsike xviii perticatas Item ad Haykestubbe dimidiam rodam et quattuor perticatas Item ad Scort hagh cagh dimidiam rodam et xiiii perticatas Item ad Seggesyke unam rodam quindecim perticatas Item ad Almestubbe dimidiam rodam et xviii perticatas Item ad Morlandis dimidiam rodam et xvii perticatas Item ad Holmbuske unam rodam et dimidiam Item ad Gaddeker sex perticatas et dimidiam Item ibidem novem perticatas et dimidiam Item ad Langdale in le Nesse unam rodam v perticatas Item ad Wytheker in le Nesse juxta molendinum de Hamerton unam rodam et dimidiam Item ad Swynstyberg in le Nesse unam rodam et undecim perticatas Item ibidem in cultura que vocatur Stauburez unam acram et dimidiam et dimidiam rodam Item ibidem dimidiam rodam et octo perticatas Item in Vinnoltwhayt unam acram et unam rodam et dimidiam Item ad Mytingraue juxta Grene gayt dimidiam acram et dimidiam rodam tredecim perticatas Item ibidem versus orientem tres rodas Item in tofto et crofto predicti Thome tres rodas xxv perticatas Item ad Langtwhayte unam rodam Item ad Newlands de Westbormeholme unam/ acram et decem perticatas *f.* 144*v.* Item ad Prestthwayt unam rodam Item ibidem tres rodas duas perticatas et dimidiam Item ad Toftfellinge dimidiam rodam et duodecim perticatas Item ad Langraue unam rodam et dimidiam perticatam Item ibidem unam rodam et xvii perticatas Item ad Braythewithez unam rodam et xvi perticatas [*Last two entries repeated and the repetitions struck out*] Item ad Bonthekerheued dimidiam rodam et xvi perticatas Item ad Buttez juxta West-theyate dimidiam rodam et novem perticatas Item ad Scouelbrayd dimidiam rodam et xviii perticatas Item ad Holsike inter terram Willelmi filii Nicholai de Tokwid et Ricardi de Colton dimidiam rodam Item super Gycold unam rodam et dimidiam Item unam rodam super Mytingraue inter terram priorisse de Synningtwhayte et Stephani de Tokwyd.

Summa xv acre due rode et dimidia et sex perticate.

SILVE.

Item predicti prior et conventus habent in predicta villa de Tokwyd de dono Ricardi filii Roberti istas terras subscriptas scilicet ad Sueynneheued septem rodas et dimidiam et septem perticatas Item ad Scalberg unam rodam et dimidiam et tres perticatas Item memorandum quod Thomas Turpyn habet ibidem dimidiam rodam et duas perticatas plus quam debet habere de terra predicti priori et conventus que quidem terra debet/ res- *f.* 145. eysird Item ad Seggysyke de prato unam rodam et xiiii perticatas Item ad Hillez ad Morlandez de prato dimidiam rodam et duas perticatas Item in tofto et crofto predicti Ricardi tres acras undecim perticatas minus Item ad Geddeker quattuor perticatas et dimidiam Item ibidem de eodem unam rodam et tres perticatas

Item ad Wicheker in le Nesse dimidiam rodam et xvii perticatas Item ibidem de eodem unam acram et dimidiam unam rodam et decem perticatas Item ad Suenestyberg in le Nesse septem rodas Item ibidem ad Wodewad unam acram Item ad Wodecokscotis in le Nesse dimidiam rodam et quattuor perticatas Item ad Langthwayte unam rodam et octo perticatas Item ad Ruddegate tres rodas et dimidiam et duas perticatas Item ad Toftez unam acram et dimidiam dimidiam rodam et perticatam.

Summa xiiii acre.

SILVE.

Item dicti prior et conventus habent in eadem villa de Tokwyd de empcione scilicet ad Scouelbrayd de Philippo unam acram Item ad Langhaghcogh de Malekina unam rodam et duodecim perticatas Item ad Northcrofthend de eadem Malekina dimidiam rodam et duas perticatas Item ad Bonneholm de eadem Malekina unam rodam et dimidiam et duas perticatas Item ad Goldholme de Philippo unam acram unam rodam duodecim perticatas Item ad Brameflat de Waltero filio Philippi unam acram tres perticatas minus.

Summa quattuor acre una roda quindecim perticate.

f. 145*v.*   Memorandum quod prior et conventus habent in Tokwith de dono et empcione Johannis Clerici in tofto et crofto duas acras Item in Suynesheuede dimidiam acram Item in le Watflaskys dimidiam acram Item ad crucem Willelmi filio Nicholai unam rodam Item ex parte orientali le Kyrkgate dimidiam acram super Giletoft dimidiam rode Item ad exitum ville retro gardinum Willelmi de Eboraco dimidiam rodam Item aput Scothelbrayd unam rodam Item ad exitum ville de Tokwit ex parte orientali unam rodam quam Hankyn [*blank*] Item apud Swynesheued le Fillynge dimidiam acram Item apud Apeltrestubbe in le Ker Landez dimidiam acram Item apud Langhathhathe in le Fillyng dimidiam acram Item apud le Short Layryhagchechath unam rodam Item apud le Waycmore [? Waytmore] unam rodam Item apud le Allecrofthend unam rodam Item ibidem unam rodam ex parte orientali le Syket Item apud ulmum et le Segsike unam rodam. Summa octo acre.

SILVE.

Memorandum de quinque perticatis prati juxta le Dedhe sicut cadit in aquam de Nygd que pertinuerunt ad donatores nostros ut du-[*erased*].

f. 146.   Summa totalis tocius terre quam prior et conventus habuerunt in Tokwid die sancti Johannis Beverlaci A.D. MCCXCVIII ['26 Ed. 1,' *Dodsworth*] cum principali messuagio et crofto et cum toftis et croftis Thome Ward et Johannis Clerici.

xlvii acre i roda vi perticate.

SILVE QUE TOFTA.

Hec sunt tofta que tenentur de nobis in eadem villa Thomas filius Philippi tenet quondam [? *for* quoddam] toftum ad exitum ville ex parte orientali tofti Roberti Brunne et reddit unum denarium ad Natale Domini et tenet in feodo Item Ricardus Shakespey tenet unum toftum et croftum per cartam talliatam scilicet sibi et Beatrici uxori sue et Willelmo filio suo minori in tota vita eorum trium et reddit per annum quinque solidos et obolum ad fines Et reddit extra domino J. de Kyrkby unum denarium et apud Scothekyriks obolum Item Robertus Carpentarius tenet unum toftum et croftum quod fuit Alicie le Botellar de anno in annum que solebant reddere duos solidos Item de priorissa de Synningtwhayt pro uno tofto quod tenet de feodo nostro quod habuit de dono Roberti Crippinghez duos denarios per annum Item de Willelmo filio Radulphi pro una acra terre obolum per annum Item de terra Maulewerer sex denarios pro XVIII acris quas tenuit de nobis et Thoma Turpyn et Amorryhastard sed nescitur quatenus de quolibet/ De Willelmo filio Willelmi duos denarios pro dimidia *f.* 146*v.* carucata terre quam Ricardus filius Petri militis avus Ricardi donatoris nostri dedit domino Ricardo de Wyuelestrop militi pro redempcione vite fratris sui qui fecit homicidium et ille dominus Ricardus feoffavit Nicholaum de Tokwith filium Juete avum Willelmi qui nunc est pro quodam annuo redditu quem redditum assignavit domino Johanni de Eston cum sorore sua quem redditum dominus Johannes de Eston qui nunc est vendidit magistro Alano Breton qui nunc tenet Item de priorissa de Syningtwhayt unum denarium et obolum pro tribus bovatis terre quas tenet de feodo Item de Ricardo Shakespy obolum. Et sic stant super nos pro terra quam tenemus in dominio nostro duo denarii.

Summa finium de Tokwith sex denarii.

Extenta de Tokwith scilicet capitale messuagium cum crofto que continet tres acras terre et valet octo solidos per annum. Item unum toftum et croftum que fuerunt J. clerici quod continet duas acras quinque solidos. Item toftum et croftum que fuerunt Thome Ward in quibus continetur dimidia acra duos solidos.

Item de XLI acris tres rodis et sex perticatis terre arabilis et prati ut supra patet XLII solidos precium acre duodecim denarii.

Summa LXXVII solidi preter boscum reparabile et communia pasture.

HAGGANBY.   *f.* 147.

Note of agreement between Sir William de Percy and the prior and   ii
convent of the Park, whereby the prior and convent granted to Sir
William certain lands and rents [*specified*] in Hagandby and Stutton,
to be held of the king in chief, in return for a quitclaim of the pasture of
Hagandby which Sir William gave to God and the Blessed Mary and the

Blessed John Evangelist of the Park of Healaugh and the canons there serving God, in alms, concerning which pasture a contention was moved between the parties in the King's Court.

Notum sit omnibus hoc scriptum visuris vel audituris quod ita convenit inter dominum Willelmum de Percy et priorem et conventum de Parco de Helagh videlicet quod predicti prior et conventus dederunt et concesserunt et hac presenti carta sua confirmaverunt eidem Willelmo de Percy decem acras terre in territorio de Haggandeby illas scilicet que jacent propinquiores aque de Fosse versus boscum de Catherton et inter boscum de Haggandeby et moram et campum de Tatecastre et totum pratum suum quod habuerunt in territorio de Stutton de dono Roberti de Lelay et Hawysie de Mitton et redditum duodecim denariorum per annum quem Ricardus de Normanuill eisdem reddere solebat de dono Thome Marescalle, et redditum xviii denariorum de terra quam Thomas Drye de eisdem tenuit, tenenda et habenda eidem Willelmo de Percy et heredibus suis de domino rege in capite in feodo et hereditate libere et quiete plenarie et honorifice in omnibus libertatibus et liberis consuetudinibus absque omni servicio seculari pro quietaclamacione pasture ville de Haggandeby quam

f. 147v. pasturam dictus Willelmus de Percy pro salute anime sue et/ patris sui et Johanne uxoris sue et antecessorum suorum dedit concessit et quietumclamavit et hac presenti sua carta confirmavit Deo et beate Marie et beato Johanni Evangeliste de Parco de Helagh et canonicis ibidem Deo servientibus pro se et heredibus suis in puram et perpetuam elemosinam et totum jus et clameum quod habuit vel habere potuit in pastura dicte ville de Hagandeby de qua pastura contencio mota fuit inter ipsum Willelmum de Percy et dictos canonicos de Parco in Curia domini Regis, ita quod Willelmus de Percy nec heredes sui vel custumarii sui de Tatecastr' aliquo tempore jus vel clameum exigere poterunt in predicta pastura de Haggandeby. Preterea idem prior et conventus predicti concesserunt dicto Willelmo de Percy et heredibus suis attachiamentum[1] cujusdam stagni de altitudine decem pedum a messuagio ubi Robertus de Lelay manere solebat usque ad croftum Hawisie ubi illi manere solebat. Et in hujus rei testimonium tam predictus Willelmus de Percy quam predicti prior et conventus de Parcho sigilla sua huic scripto apposuerunt. Hiis testibus: Roberto de Plompton, Ricardo de Goldesburgh, Willelmo filio Thome de Dicton et aliis.

f. 148. HAGGANBY.
iii

Quitclaim by Thomas Lardinar of Tadcaster to God and the Blessed Mary and the house of St. John Evangelist of the Park and the canons there serving God, of all right which he once claimed against the canons in the common of pasture in Hagandby.

[1] See pp. 69 and 219.

Omnibus Christi fidelibus Thomas Lardinar de Tadcastria salutem. Noveritis me pro me et heredibus meis quietumclamasse in perpetuum Deo et beate Marie et domui sancti Johannis Evangeliste de Parco et canonicis ibidem Deo servientibus omne jus et clameum quod aliquando clamavi erga predictos canonicos in communa pasture [que] ad me pertinet in eadem [*sic*] et ne ego et heredes mei de cetero aliquid juris in predicta pastura de Haggandeby nobis vendicare possimus quietam clamanciam sigilli mei apposicione roboravi. Hiis testibus: domino Willelmo de Percy, Bartholomeo Thuret, Alano de Catherton, Reginaldo ballivo de Tadcastre et aliis.

Copied in Dodsworth MSS., VIII, f. 90, where he refers to this f. 148 as 'pag. 135.'

HAGGANBY.

Quitclaim by Thomas son of Thomas the Marshal of Tadcaster to God and the Blessed Mary and the house of St. John Evangelist of the Park and the canons there serving God, of all right which he once claimed against them in common of pasture in Hagandby.

Omnibus Christi fidelibus Thomas filius Thome Marescalli de Tadcastria salutem Noveritis me pro me et heredibus meis quietumclamasse in perpetuum Deo et beate Marie et domui sancti Johannis Evangeliste de Parco et canonicis ibidem Deo servientibus omne jus et clameum quod aliquando clamavi erga predictos canonicos in communa pasture de Hagandeby et in omnibus locis ubi communa pasture/ potest exigi in eadem villa. Et ne ego   *f.* 148*v.* et heredes mei de cetero aliquid juris in predicta pastura de Hagandeby nobis vendicare possimus quietam clamanciam sigilli mei apposicione roboravi. Hiis testibus: domino Willelmo de Percy, Bartholomeo Turet, Reginaldo ballivo de Tadcastre et aliis.

HAGANDEBY.

Quitclaim by Thomas son of Thomas the Marshal of Tadcaster to the house of St. John Evangelist of the Park and the canons of the same place, of the pasture of Hagandby.

Omnibus Christi fidelibus Thomas filius Thome Marescaldi de Tatecastria salutem. Noveritis me quietumclamasse de me et heredibus meis domui sancti Johannis Euangeliste de Parco et canonicis ejusdem loci pasturam de Haggandeby in bosco et plano sicut illam in qua nec ego nec antecessores mei sicut mihi sepius dixerunt jus aliquod unquam habuimus nec habere potuimus. Et in hujus quieteclamacionis testimonium presenti scripto sigillum meum apposui. Hiis testibus: domino Willelmo de Percy, Bartholomeo Turet, Thoma Scoteneie, Reginaldo Ballivo de Tatecastre et aliis.

HAGANDEBY.

Quitclaim by Richard de Normanvill to God and the Blessed
Mary and the house of St. John Evangelist of the Park and the canons
there serving God, of all right which he once claimed in common of
pasture of Hagandby.

Omnibus Christi fidelibus Ricardus de Normanuill salutem.
Noveritis me pro me et pro heredibus meis quietumclamasse in
f. 149. perpetuum Deo et beate/ Marie et domui sancti Johannis Evan-
iiii geliste de Parco et canonicis ibidem Deo servientibus omne jus et
clameum quod aliquando clamavi erga predictos canonicos in
communa pasture de Haggandeby et in omnibus locis ubi communa pasture exigi potest in eadem villa. Et ne ego vel heredes
mei de cetero aliquod jus in predicta pastura de Haggandeby nobis
vendicare possimus hanc quietam clamanciam sigilli mei apposicione roboravi. Hiis testibus: domino Willelmo de Percy, Bartholomeo Thuret, Thoma de Scotenay, Reginaldo Ballivo de
Tetecastre et aliis.

HAGGANBY.

Quitclaim by Henry son of Gilbert the Marshal of Tadcaster to the
house of St. John Evangelist of the Park and the canons of that place,
of pasture in Hagandby.

Omnibus Christi fidelibus Henricus filius Gilberti Marescalli
de Tetecastre salutem. Noveritis me quietumclamasse de me et de
heredibus meis domui sancti Johannis Evangeliste de Parco et
canonicis ejusdem loci pasturam de Haggandeby in bosco et plano
sicut illam in qua nec ego nec antecessores mei sicut mihi sepius
dixerunt jus aliquod unquam habuimus vel habere potuimus.
Et in hujus quiete clamacionis testimonium presenti scripto
sigillum meum apposui. Hiis testibus: domino Willelmo de
Percy, Bartholomeo Turet, Willelmo filio Henrici de Wikale
et aliis.

f. 149v. HAGGANDEBY.

Similar form of quitclaim for the same by Thomas son of Gilbert
Lardenar of Tadcaster.

Omnibus Christi fidelibus Thomas filius Gilberti Lardenarii
de Tatecastria salutem. Noveritis me quietumclamasse de me et de
heredibus meis domui sancti Johannis Euangeliste de Parco et
canonicis ejusdem loci pasturam de Haggandeby in bosco et
plano sicut illam in qua nec ego nec antecessores mei sicut mihi
sepius dixerunt jus aliquod unquam habuimus vel habere potuimus. Et in hujus quiete clamationis testimonium presenti scripto
sigillum meum apposui. Hiis testibus: domino Willelmo de Percy,
Bartholomeo Turet, Alano de Catherton, Reginaldo Ballivo de
Tatecastre et aliis.

HAGANDBY. [A.D. 1267]

Final concord in the Court of Sir Henry de Percy at Spofforth, on Monday after the Feast of St. Nicholas, 52 Henry son of John, before persons named, between Maurice de Tadcaster, Alice his wife, Alan Calle and Margery his wife, and the prior and convent of the Park of Healaugh, concerning common of pasture which Maurice Alice Alan and Margery sought against them in Hagandby, whereby Maurice etc. quitclaimed altogether the common which they had by reason of two carucates of land in Tadcaster and Smaws which John de Percy and Gilbert Monetarius held there, whose heirs were Alice and Margery. The canons gave for the quitclaim one mark of silver and one quarter of wheat.

Hec est finalis concordia facta in Curia domini Henrici de Percy apud Spofford die lune proxime post festum sancti Nicholai anno regni regis Henrici filii regis Johannis LII coram Ricardo de Hallestede tunc senescallo ejusdem domini Henrici, Roberto de Plumpton, domino Patricio de Westwyk, domino Johanne le Vauasor, Henrico filio Magistri de Tatecastr', Thoma filio Thome le Lardinar, Roberto Marescallo de Tatecastr', et aliis ejusdem curie fidelibus tunc ibi presentibus/, inter Mauricium de Tatecastr' Aliciam uxorem suam Alanum Calle Margeriam uxorem suam ex una parte et priorem et conventum de Parco de Helagh ex altera de communa pasture quam ipsi Mauricius Alicia Alanus et Margeria petierunt versus dictum priorem et conventum in territorio bosco et prato de Haganeby videlicet quod dicti Mauricius Alicia Alanus et Margeria pro se et heredibus suis sive assignatis concesserunt et penitus quietumclamaverunt omnimodo communam quam habuerunt vel habere potuerunt sive de cetero habere potuerunt in predictis territorio bosco et prato racione duarum carucatarum terre in Tatecastre et Smaus quas Johannes de Percy et Gilbertus Monetarius tenuerunt in dictis villis quorum heredes fuerunt Alicia et Margeria, nec heredes sui nec sui assignati nec aliquis ex parte eorum jus vel clameum in communa predictorum territorii bosci et prati cum pertinenciis exigere vel vendicare poterunt in perpetuum. Et predicti Mauricius Alicia Alanus et Margeria et eorum heredes vel sui assignati nec aliquis ex parte eorum/ predictam concessionem et quietamclamacionem predictis priori et conventui et eorum successoribus factam contra omnes homines et feminas warantizabunt adquietabunt et defendent. Et ad majorem securitatem predicti Mauricius Alicia Alanus et Margeria presenti scripto sigilla sua apposuerunt. Pro hac autem concessione et quietaclamacione predicti prior et conventus dederunt predictis Mauricio Alicie Alano et Margerie unam marcam argenti et unum quarterium frumenti.

f. 150.
(157)
iiiii

f. 150*v.*

HAGGANDEBY. [A.D 1387/8].

Quitclaim by Thomas son of Simon de Tadcaster to the house of St. John Evangelist of the Park of Healaugh and the canons of the same place, of pasture in Hagandby.

Omnibus Christi fidelibus Thomas filius Simonis de Tatecastria salutem Noveritis me quietumclamasse de me et heredibus
meis inperpetuum domui sancti Johannis Euangeliste de Parco
de Helagh et canonicis ejusdem loci pasturam de Haggandeby in
bosco et in plano sicut illam in qua nec ego nec antecessores mei jus
aliquod unquam habuimus vel habere potuimus et in hujus quieteclamacionis testimonium presenti scripto sigillum meum apposui.
Datum apud Tadcastre anno regni regis Ricardi secundi post
conquestum Anglie undecimo.

HAGANDBY.

Quitclaim by William Barker of Tadcaster and Agnes his wife,
the heir of Nicholas de Herdeslaw [*Followed without division by the record
of an*] Inquisition dated 1331, taken at Tadcaster by John de Shirburn
as Steward of Sir Henry Percy, with Thomas de Erdeslaw and others as
jurors, declaring that the prior of Healaugh Park and his predecessors
had a fishery in Wharfe as the lands and meadows of Hagandby butt
on that water so far as the main channel[1] [*or more probably*, mid-stream]
and were so seised from time out of mind of man until John de Saltmarsh
hindered them in A.D. 1327.

f. 151.   Pateat universis per presentes quod ego/ Willelmus Barker
de Tatecastria et Agnes uxor mea et heres Nicholai de Herdeslaw
quietumclamavimus de nobis et heredibus nostris in perpetuum
domui sancti Johannis Evangeliste de Parco de Helagh et canonicis
ejusdem loci pasturam de Haggandeby in bosco et plano sicut
illam in qua nec nos nec antecessores nostri jus aliquod unquam
habuimus vel habere potuimus.   Et in hujus quieteclamacionis
testimonium presenti scripto sigilla nostra apposuimus. Datum apud
Tatecastriam anno regni regis secundi [*sic. Query, sc.* Ricardi] post
conquestum Anglie quarto. INQUISICIO capta per Thomam de
Erdeslaw, Johannem filium Magistri, Thomam Barker, Ricardum
Frer, Willelmum de Wynter, Thomam dell Mynsterhows, Adam
Wodsawer, Adam Fabro, Robertum Bakster, Robertum Calle,
Benedictum de Grimston et Robertum Pratt jurati et dicunt super
sacramentum suum quod prior de Helagh Park et predecessores
sui habuerunt piscariam in Qwarfe sicut terre et prata de Haggandeby se buttant supra dictam aquam usque ad filum aque. Et seisiti
fuerunt de predicto piscaria predicto loco a tempore quo non est
in memoria quousque Johannes de Saltemerske eos impedivit
f. 151*v.*   anno regni regis Edwardi tercii post conquestum primo./ Inquisicio
    2   ista capta fuit per Johannem de Shirburn senescallum domini
Henrici de Percy in curia apud Tadcastre videlicet die lune in
medio quadragesime anno regni regis Edwardi tercii post conquestum quinto. [A.D. 1331].

    [1] The translation of 'filum aque' given in Baxter and Johnson's
'Mediæval Latin Word List.'
    [2] A note, perhaps in Dodsworth's hand, 'caret.' There appears to be
no reason for the remark, as the text is continuous.

HAGGANDEBY.   [c. A.D. 1225]

Confirmation by S. the abbot and the convent of Sallay, by reason
of the grants made to them in the year 1224 by Robert de Leathley or
by the prior of the Park and the convent of that place or by Richard de
Monte Alto or by Hawise de Mitton, that they would never claim greater
common in Hagandby than for 24 cattle only.

Omnibus sancte ecclesie filiis presentibus et futuris S.
abbas et conventus de Sallaye salutem. Noveritis nos concessisse
et presenti carta nostra confirmasse quod nos vel successores nostri
occasione donacionum vel concessionum nobis factarum anno incarnacionis domini MCCXXIIII ['8 H. 3' added marginally by Dods-
worth] a Roberto de Lelay vel a priore de Parco et conventu
ejusdem loci vel a Ricardo de Monte Alto vel ab Hawysa de
Mitton nunquam exigemus majorem communam in territorio
de Haggandeby in bosco vel in plano quam ad viginti quattuor
averia tantum. Hiis testibus: Olivero de Brinkell, Alano de Catherton, Gaufrido de Rufford, et aliis.

For the other deeds relating to this transaction, see in this Series,
vol. xc., *Sallay Chartulary*, ii, 116-118.

HAGGANDEBY.   [c. A.D. 1225]

Further confirmation of the same agreement, by Stephen the
abbot and the convent of Sallay, for common in Hagandby and also
within the canons' foss of Hagandehou; the abbot and convent would
move no claims against the canons.

Omnibus sancte matris ecclesie filiis presentibus et futuris
Stephanus abbas et conventus de Sallay salutem. Noveritis nos
concessisse et presenti carta nostra confirmasse quod nos vel
successores nostri occasione donacionum vel concessionum nobis
factarum anno incarnacionis domini MCCXXIIII ['8 H. 3'] a Roberto
de Lelay vel a priore de Parco et conventu ejusdem loci vel a
Ricardo de Monte Alto/ vel ab Hawysa de Mitton nunc exigemus   *f.* 152.
majorem communam in territorio de Haggandeby in bosco vel
in plano quam ad viginti quattuor averia tantum nec infra fossatum predictorum prioris et canonicorum de Hagandehou que
fuerunt anno incarnacionis domini predicto pasturam unquam
exigemus occasione predictarum donacionum vel concessionum vel
aliquarum aliarum nec nos nec aliquis per nos clamium vel calumpniam predictis priori et canonicis inde unquam movebimus. Hiis
testibus: Rogero decano et capitulo Eboraci, Olivero de Brincle,
Hugone de Lelay, Willelmo Haget et aliis.

Cf. *Sallay Chartulary* (as above), ii, 117.

[HAGANBY *and* CATHERTON].   [A.D. 1263]

Composition, before the abbot of Selby as arbitrator, between the
abbot and convent of Sallay, who held the church of Tadcaster, and
the prior and convent of the Park of Healaugh, for the lesser tithes from

Hagandby and Catherton belonging to that church. The abbot and convent renounced the tithes except tithe of hay, on payment yearly by the prior and convent of 10s.

Cum dudum inter abbatem et conventum de Sallay eccleciam de Tadcastre in proprios usus optinentes ex parte una et priorem et conventum de Parco de Helagh super decimis minoribus de villa terris pascuis et locis de Haganby et Catherton nunc eisdem appropriatis dicte ecclecie de jure communi spectantibus ut pars adversa dicebat ex altera parte coram abbate de Seleby super hiis auctoritate apostolica cognoscente materia questionis fuisset

f. 152v. ex-/-horta partes predicte omni submoto letigio pacem uberiorem affectantes amiabiliter forme subscripte acquieverunt videlicet quod dicti abbas et conventus questioni mote super decimarum illarum peticione exaccioni cuilibet penitus renunciaverunt. Nolentes de cetero dictos priorem et conventum de decimis minoribus prelibatis de villa locis terris prescriptis provenientibus nomine ecclecie prelibate per eos vel eorum successores aliquam in posterum moveri questionem salvis decimis feni abbati et conventui predictis sane dicti prior et conventus abbati predicto et conventui singulis annis in perpetuum decem solidos sterlingorum quinque videlicet ad Pentecostem et residuos quinque ad festum sancti Martini in hieme apud grangiam de Tadecastre fideliter pro bono pacis persolvent. Ad hec hujus composicionis causa ecclecie de Tadecastre vel abbati et conventui predictis ejus nomine in ceteris nullum inposterum prejudicium pareatur privilegiis partis utriusque exceptis contentis in composicione presenti manentibus illibatis. Et ut prescripta robur firmitatis optineant tam dicti abbas et conventus de Sallay quam prior et conventus de Parco predicti

f. 153. hiis scriptis duplicatis mutuo as-/-sensu interveniente sigilla sua apposuerunt. Hec composicio facta fuit mense Januarii anno domini MCCLXIII ['43 H. 3,' *Dodsworth*] Interlineare "prejudicium erat" appositum ante presentis partis littere cirograffate consignacionem.

Cf. *Sallay Chartulary*, ii, 118/9.

HAGANDBY.   [A.D. 1284]

Agreement between the abbot of Sallay and the convent of that place and the prior and convent of the Park, than when the prior and convent admitted animals to the abbey's pasture in Hagandby and Catherton, the two houses should share each year the tenth of the issue of the animals.

Notum sit omnibus hominibus hoc scriptum visuris vel audituris quod ita convenit inter religiosos viros dominum abbatem de Sallay et ejusdem loci conventum ex una parte et priorem et conventum de Parco ex altera parte videlicet quod quandocunque contigerit predictos priorem et conventum admittere animalia conducta in pasturam suam de Hagganby et Cathertona decimam

ex eisdem animalibus taliter conductis provenientem inter se
singulis annis dimidiare mutuo assensu pro se et successoribus
suis concesserunt. Et ut hec convencio atque concessio perpetue
firmitatis robur imposterum optineant partes predicte presenti
scripto in modum cirograffati confecto sigilla sua autentica alternatim apposuerunt. Acta mense Aprilis A.D. MCCLXXXIV ['12
E. 1,' *Dodsworth*].

Cf. *Sallay Chartulary*, ii, 118.

CATERTON.   [A.D. 1279/80]

Final concord at York before the Justices in Eyre between Thomas
abbot of Sallay by Robert of Werreby [Wetherby] his monk and the
prior of the Park of Healaugh, whereby a claim by the abbot for 10s.
arrears of rent was admitted, the prior pledged all the chattels of his
house in Catherton to pay to Sallay 30s. yearly at Catherton with the
above 10s., and the abbot relinquished all claim to common of pasture
in Hagandeby.

Hec est finalis concordia facta in curia domini regis apud
Eboracum a die sancti Johannis Baptiste in quinque septimanas
anno regni regis Edwardi/ filii regis Henrici octavo coram Johanne   *f.* 153*v.*
de Vallibus, Willelmo de Maham, Rogero Louedy, Johanne de
Metyngham et magistro Thome de Maitdurton justiciariis itinerantibus et aliis domini regis fidelibus tunc ibi presentibus inter
Thomam abbatem de Sallay querentem per fratrem Robertum de
Werreby monachum suum positum loco suo ad lucrandum ut
perdonandum et Henricum priorem de Parco de Helagh deforcian-
tem de decem solidis qui ei a retro fuerunt de annuo redditu decem
solidorum quem ei debet unde placitum convencionis summotum
fuit inter eos et in eadem curia scilicet quod predictus prior
recognovit predictum redditum cum pertinenciis esse jus ipsius
abbatis et ecclecie sue sancte Marie de Sallay. Et preterea idem
prior concessit pro se et successoribus suis et ecclesia sua sancti
Johannis Evangeliste de Parco quod ipsi de cetero reddent singulis
annis predicto abbati et successoribus suis et ecclesie sue predicte
triginta solidos sterlingorum apud Cathertona simul cum predictis
decem solidis ad duos terminos scilicet medietatem ad festum sancti
Martini in hieme et altera medietate ad Pentecostem Et si contingat quod predictus prior vel successores sui in solucione pre-
dictorum/ denariorum ad aliquem terminum defecerint bene   *f.* 154.
licebit eidem abbati et successoribus suis ipsos distringere per
omnia catalla sua in predicta villa de Catherton inventa usque
ad plenam solucionem denariorum qui a retro fuerunt de illo
termino. Et pro hac recognicione concessione fine et concordia
idem abbas remisit et quietumclamavit de se et successoribus suis
et ecclesia sua predicta predicto priori et successoribus suis et
ecclesie sue predicte totum jus et clameum quod habuit in communa pasture de Hagandeby in perpetuum.

Not found in Sallay Chartulary.

LELAY.　　　　　　　　　　　　　　　　　　　　　　[A.D. 1297]

Quitclaim by Henry de Percy, son and heir of Sir Henry de Percy, for souls' health, to God and the Blessed Mary and the house of St. John Evangelist of the Park of Healaugh and the canons there serving God, in alms, of all right in a moiety of the advowson of Leathley Church, concerning which a plea was moved in the King's Court at Westminster.

Omnibus Christi fidelibus hoc scriptum visuris vel audituris Henricus de Percy filius et heres domini Henrici de Percy eternam in domino salutem. Noveritis me pro salute anime mee parentum heredum et omnium antecessorum et successorum meorum concessisse relaxasse et omnino de me et heredibus meis inperpetuum quietumclamasse Deo et beate Marie et domui sancti Johannis Evangeliste de Parco de Helagh et canonicis ibidem Deo servientibus in liberam puram et perpetuam elemosinam totum jus et clameum quod habui vel habere potui in advocacione medietatis

f. 154*v.* ecclecie de Lelay cum pertinenciis unde placitum aliquando/ vertebatur inter me et predictos religiosos in curia domini regis apud Westmonasterium, ita videlicet quod nec ego nec heredes mei nec aliquis ex parte nostra aliquid juris vel clamei in predicta advocacione cum pertinenciis de cetero exigere vel vendicare poterimus in perpetuum. In cujus rei testimonium presens scriptum sigilli mei munimine roboravi. Hiis testibus: Johanne de Bella Aqua, Willelmo le Vauasur, Petro de Lund, militibus, Alano de Folifait, Roberto Bustard, Willelmo le Cerf et aliis. Datum Eboraci ad festum Purificationis beate Virginis anno incarnacionis dominice MCCXCVII et anno regni regis Edwardi filii regis Henrici vicesimo sexto ['26 E. 1,' *Dodsworth*].

Cf. Charter Rolls, 4 Edw. II, m. 14, no. 10.

[NO HEADING].

Grant by Nigel de Stokkeld to God and the Blessed Mary and the prior and convent of the Park, of Geoffrey son of Henry with all his sequel, so that Geoffrey and his heirs should pay to the prior and convent 6*d.* as recognition for all services.

Omnibus Christi fidelibus has litteras visuris vel audituris Nigellus de Stokkeld salutem. Noveritis me dedisse concessisse et hac presenti carta mea confirmasse Deo et beate Marie et priori et conventui de Parco Galfridum filium Henrici cum tota sequela sua quem habui ex dono Ricardi de Dictame, tenendum et habendum sibi et successoribus suis libere solute et quiete in perpetuum

f. 155. ab omni servicio et exaccione/ ad me et heredes meos pertinentibus, ita scilicet quod idem Galfridus et heredes sui reddent annuatim dictis priori et canonicis sex denarios nomine recognicionis pro omni servicio et exaccione que predicti prior et canonici poterunt exigere ab eodem Galfrido occasione istius mee donacionis scilicet medietatem ad festum sancti Martini et medietatem ad Pentecosten. Et ut hec mea donacio et concessio rata permaneat presens scriptum sigilli mei impressione roboravi. Hiis testibus: domino Willelmo de Plumpton, Roberto le Butiller de Dicton, Galfrido Dagun, et aliis.

PARVA RIBSTAYN.

> Grant by Hawise widow of Robert de Styueton to the prior and convent of the Park of all right in that toft in Little Ribston in which Juliana de Plumpton once dwelt, which Hawise ought to hold for life of the prior and convent.

Omnibus Christi fidelibus Hawisa quondam uxor Roberti de Styueton salutem. Noveritis me in propria viduitate mea et legitima potestate quietumclamasse pro me et heredibus meis priori et conventui de Parco totum jus et clameum quod habui vel habere potui in illo tofto in Parva Ribstayn in quo Juliana de Plumpton quondam mansit quod ego debui tenere tota vita mea de dictis priore et conventu. In cujus rei testimonium presenti scripto sigillum meum apposui. Hiis testibus: Willelmo de Plumpton, Reginaldo de/ *f.* 155*v*. Goldesburgh, Nigello de Stokkeld, Galfrido Dagun et aliis.

PLUMPTON.

> Grant by R. de Plumpton to God and the house of St. John Evangelist of the Park and the canons there serving God, in alms, of the little wood called Gospatricmylnberth in Plumpton.

Omnibus Christi fidelibus R. de Plumpton salutem. Noveritis me pro salute anime mee dedisse concessisse et hac presenti carta mea confirmasse Deo et domui sancti Johannis Evangeliste de Parco et canonicis ibidem Deo servientibus in puram et perpetuam elemosinam in territorio de Plumpton totum boskellum qui vocatur Gospatricmylnberth cum omnibus bursimis culture illorum de Crossetwaith adherentibus. Et ego et heredes mei predictis canonicis predictam elemosinam warantizabimus et defendemus contra omnes homines in perpetuum. Hiis testibus: Ricardo de Wyuelestrop, Ricardo de Goldesburgh, Daniele de Dicton et aliis.

PLUMPTON.

> Grant by Peter de Plumpton to God and the house of St. John Evangelist of the Park of Healaugh and the canons there serving God, with his body to be buried there, of the culture in Plumpton which Juliana his stepmother held in dowry, and the culture called Brunnyngcrofte, and the house of Ribston which he held of the Hospital of St. Peter, York, after the death of his stepmother.

Omnibus Christi fidelibus Petrus de Plumpton salutem. Noveritis me concessisse et dedisse et hac presenti carta mea confirmasse Deo et domui sancti Johannis Evangeliste de Parco de Helagh et canonicis ibidem Deo servientibus cum corpore meo

ibidem sepeliendo totam culturam in territorio de Plumpton quam
Juliana noverca mea tenuit in dote cum pertinenciis et libertatibus
et aisiamentis suis infra villam et extra, et insuper dedi predictis
f. 156. canonicis cum corpore/ meo totam culturam que vocatur Brun-
nyngcrofte cum omnibus pertinenciis suis et libertatibus et aisiamentis infra villam et extra. Et insuper dedi predictis canonicis
cum corpore meo domum illam de Ribstayn quam tenui de Hospitali sancti Petri Eboraci post decessum Juliane noverce mee
que vicina est mansioni predictorum canonicorum cum gardino et
toto purpresio predicte domus de Ribbestain. Et quicunque
contra hoc donum meum venire presumpserit malediccionem dei
et meam incurrat. Hiis testibus: Johanne le Aleman, Willelmo de
Hebedine, Willelmo de Styueton, Willelmo Haget et pluribus aliis.

Cf. Charter Rolls, 4 Edw. II, m. 17, no. 13.

PLUMPTON.

> Grant by Peter de Plumpton to God and the church of St. John
> Evangelist of the Park of Healaugh and the canons there serving God,
> in alms, for souls' health, from his demesne of Plumpton the culture called
> Croftwait, a toft and croft, and common of pasture in Plumpton for two
> teams of oxen, 10 cows with their sequel of two years, 2 cart-horses,
> and 200 sheep, and common in woods for fuel and building, saving to
> him sale and uprooting of woods.

Sciant presentes et futuri quod ego Petrus de Plompton dedi
et concessi et hac presenti carta mea confirmavi Deo et ecclesie
sancti Johannis Evangeliste de Parco de Helagh et canonicis
ibidem Deo servientibus in puram et perpetuam elemosinam pro
salute animarum patris et matris mee et pro salute anime mee et
Avicie uxoris mei et animarum antecessorum et heredum meorum
de dominico meo de Plumpton totam culturam meam que vocatur
Croftwait sine aliquo retenemento et toftum et croftum que jacent
inter domum Symonis Parvi et Koluskeld et communem pasturam
f. 156*v.* in pastura de Plumpton ad duas/ carucatas boum et ad decem
vaccas cum sequela duorum annorum et ad duos averos et ad
ducentos oves et communia in omnibus silvis pertinentibus ad
villam de Plumpton ad focalia et ad edificia et ad cetera ad eandem terram necessaria ubi ego et heredes mei capiemus salva nobis
vendicione nostra et extirpacione nemoris, tenendum et habendum
predictis canonicis libere et quiete ab omni consuetudine et seculari exaccione. Et ego et heredes mei predictam terram predictis
canonicis warantizabimus contra omnes homines. Hiis testibus:
Jordano de Sancta Maria, Bartholomeo Turet, Henrico clerico et
aliis.

PLUMPTON PARVA RIBSTAYN GOLDESBURGH.

> Assignation by Hawise de Ribston widow of Robert de Styueton
> to the prior and convent of the Park of Healaugh and their successors,

of the homage and service of Nicholas her son, his heirs and assigns, for all the land which she gave him in Plumpton, Little Ribston and Goldsburgh.

Omnibus Christi fidelibus hoc scriptum visuris vel audituris Hawisa de Ribstayn uxor quondam Roberti de Styueton eternam in domino salutem. Noveritis me in libera potestate et in legitima viduitate mea assignasse homagium et servicium Nicholai filii mei et heredum suorum et assignatorum priori et conventui de Parco de Helagh et eorum successoribus de tota terra quam dedi eidem Nicholao filio meo in Plumpton Parva Ribstayn et Goldesburgh et cum omnibus suis pertinenciis cum toto jure et clameo quod habui in eodem homagio et servicio. Quare volo et concedo quod dictus Nicholaus et heredes sui vel assignati sui si de cetero intendentes priori et conventui et eorum successoribus et de ipsis teneant, faciendo eisdem homagium et servicium prout carte predicti Nicholai quas de me habet de predictis/ tenientibus *f.* 157. [*for* tenementis] plenius testantur, ita quod nec ego nec heredes mei nec aliquis ex parte mea jus vel clameum in predictis homagio et serviciis ut supradictum est de cetero habere vel vendicare poterimus. In cujus rei testimonium presenti scripto sigillum meum apposui. Hiis testibus: Roberto de Plumpton, Willelmo de Hertyngton, Ricardo de Stokkeld, militibus, Rogero de Cresewell, Roberto de Plumpton clerico et aliis.

GOLDESBURGH.

Grant by Richard son of Richard Goldesburgh, in alms, to God and the house of St. John Evangelist of the Park of Healaugh and the canons there serving God, for souls' health and for the support of one canon, a toft and croft in Goldsburgh and the culture called Brakanethwayt, with pasture for two teams of oxen, two cart-horses and eight cows with their sequel of two years.

Omnibus Christi fidelibus Ricardus filius Ricardi Goldesburgh salutem in domino. Noveritis me dedisse et concessisse et hac presenti carta mea confirmasse in puram et perpetuam elemosinam Deo et domui sancti Johannis Evangeliste de Parco de Helagh et canonicis ibidem Deo servientibus pro salute anime mee et Agnetis uxoris mee et animarum patris et matris mee et antecessorum et heredum meorum ad sustentacionem unius canonici unum toftum et unum croftum in villa de Goldesburgh que Herbertus Kynge tenuit et totam culturam sine aliquo retenemento in territorio ejusdem ville que vocatur Brakanethwayt cum omnibus pertinenciis et libertatibus et aysiamentis suis infra villam et extra. Et insuper dedi predictis canonicis in eodem territorio pasturam ad duas carucatas boum et ad duos averos et ad octo vaccas cum sequela/ duorum annorum, tenendum et habendum predictis *f.* 157*v.* canonicis libere et quiete ab omni servicio seculari exaccione [et demanda *struck out in red*]. Et ego et heredes mei predictis canonicis predictam terram warantizabimus et defendemus contra omnes

homines in perpetuum. Et sciendum me in predicta domo sancti
Johannis michi elegisse sepulturam. Hiis testibus: Henrico de
Monte Alto, Roberto de Lelay, Roberto filio Nigelli pincerne et
pluribus aliis.

DE FEODO ROGERI MOUBRAY.   [A.D. 1413]

> Extract of Court Roll of the Court Baron of Thirsk, 23 October
> 1413, with proceedings after a distraint on the goods and chattels of the
> prior of Healaugh Parke to do service to Sir John, Earl Marshal and
> Nottingham, lord of Mowbray, Segne and Gower, for lands in Wighill
> and elsewhere. Stephen then prior appeared and produced a quit-
> claim by Roger de Mowbray and John de Aske his steward in 1254
> [*quoted in full*; see f. 52]. Allowance for the prior in accordance with
> the force of the charter.

Memorandum quod ad Curiam Baronum de Thyrske tentam
ibidem vicesimo tercio die mensis Octobris anno regni regis Henrici quinti post conquestum Anglie primo prior de Helagh Parke
districtus est per diversa bona et catalla ad faciendum servicium
suum domino Johanni comiti Merchall et Notyngham domino de
Mowbray de Segne et de Gower pro diversis terris et tenementis
que de ipso tenet in Wyghall Bilton Askam Esedyk Marton Baynton Thyrske et alibi infra comitatum Eboraci, ut de eodem de
Mowbray prout in feodo plenius apparet.   Et super hoc venit
Stephanus tunc prior ibidem et dicit quod omnia predicta terre
et tenementa cum suis pertinenciis infra comitatum et feodum
f. 158.   predicta tenentur in/ puram et perpetuam elemosinam prout per
quandam cartam concessionis et quieteclamacionis Rogeri de
Mowbray inde confectam et Johanni de Aske tunc capitali senescallo domini ostensam in plena curia dicti domini tenta ibidem die
loco et anno supradicto et cetera prout patet per hec verba:
Omnibus fidelibus has litteras visuris vel audituris Rogerus de
Mowbray salutem eternam in domino. Noveritis me concessisse
et quietumclamasse de me et heredibus meis inperpetuum ab omni
servicio seculari et exaccione secta curie consuetudine et demanda
et presenti scripto meo confirmasse Deo et beate Marie et sancto
Johanni Evangeliste de Parco de Helagh et canonicis ibidem Deo
servientibus pro salute anime mee et antecessorum et heredum
meorum in liberam puram et perpetuam elemosinam omnes terras
tenementa pasturas et quecunque bona ipsi habent in feodo meo
ubicunque fuerint et precipue situm loci sui et prioratus qui est
infra parcum de Helawe cum saltibus et assartis et cum toto nemore suo cum solo et cum omnibus infra contentis et omnibus
libertatibus et pertinenciis suis que habent in territorio de Helawe
f. 158*v.* et terras et tenementa que/ habent in Wighall in Esedyke in
Walton in Thorp in Touleston in Katherton in Bilton in Askam in
Eboraco in Marton in Baynton in Thyrske cum omnibus ad
dictas terras suas pertinentibus. Et preterea alias terras suas si
quas habent extra predictas villas in feodo meo secundum tenorem

cartarum quas inde habent, tenendum et habendum omnia predicta in liberam puram et perpetuam elemosinam sibi et successoribus suis in perpetuum adeo libere et pure sicut elemosina
liberius purius et quietius dari potest aut teneri. que omnia predicta canonici adepti sunt a principio fundacionis domus sue de
Parco usque diem qua facta fuit ista confirmacio scilicet usque
ad diem Palmarum anno gracie MCCLIIII ['38 H. 3'] Et ut hec mea
concessio quietaclamacio et confirmacio rata permaneat in perpetuum presens scriptum sigilli mei impressione roboravi. Hiis
testibus: domino Johanne Cauncefeld tunc senescallo, Alano de
Catherton, Symone de Hoton, Thoma filio Willelmi de Merston,
Rogero de Brus militibus, Egedio de Catherton et aliis. Que carta
visa et examinata per predictum senescallum et consilium domini
tunc ibidem existens in plena tenta ibidem allocatur secundum
vim formam et effectum predicte carte die loco et anno supradicto.
per Robertum Grene [? Greue]

HAGGANDEBY. [c. A.D. 1230-35] f. 159.

> Grant at fee farm by the prioress and convent of Clementhorpe to
> the prior and convent of the Park, of ½ carucate in Hagandby with a
> toft and croft which the grantors had of the gift of Robert de Lelay,
> except for the meadow of Stutton, paying yearly at York two marks,
> and doing forinsec service.

Omnibus ad quos presens scriptum pervenerit A. priorissa
et conventus sancti Clementis Eboraci salutem. Noveritis nos
concessisse dedisse et hac carta nostra cirograffata confirmasse
ad feodi firmam priori et conventui de Parcho dimidiam carucatam
terre in territorio de Haggandeby cum tofto et crofto et omnibus
pertinenciis quam habuimus de dono Roberti de Lelay videlicet
duas bovatas quas Gerardus de Haggandeby tenuit et duas bovatas
quas Warinus tenuit, tenendum et habendum dictis priori et
conventui in perpetuum libere quiete pacifice et integre cum
omnibus pertinenciis libertatibus et aysiamentis suis infra villam
et extra sine aliquo retenemento excepto prato nostro de Stuttona
quod habemus de dono dicti Roberti, reddendo inde nobis et
successoribus nostris annuatim apud Eboracum duas marcas
argenti scilicet unam marcam ad Pentecosten et unam marcam ad
festum sancti Martini in hyeme et faciendo inde forinsecum
servicium quantum pertinet ad illam dimidiam carucatam terre
pro omni servicio. Et nos et successores nostri warantizabimus
prefato priori et conventui predictam dimidiam carucatam terre
cum omnibus pertinenciis suis excepto predicto prato per predictam firmam quamdiu domini donatores nostri eam nobis
warantizaverint. Et in hujus rei/ testimonium etc. Hiis testibus: f. 159v.
Hugone Selby, Radulpho Nunell, Johanne Warthyll, et ceteris.

KNOTTYNGLAY.

> Order by King Henry to Alice de Lacy, who had custody of the lands of Edmund de Lacy her late husband during the minority of Edmund her son, to pay to the prior of the Park of Healaugh 10 marks yearly of the issues of the mill of Knottingley. A previous mandate to this effect had not been obeyed.

Henricus dei gracia et cetera Dilecte sibi in domino Christo Alicie de Lacy vel ejus senescallo salutem. Cum commiserimus vobis custodiam que ad nos pertinuit de terris et tenementis que fuerunt Edmundi de Lacy quondam viri vestri usque ad legitimam etatem heredis ipsius Edmundi secundum largam extentam inde factam quam magnates de consilio nostro calumpniabantur ut bene nostris et alias vobis mandaverimus quod habere faceretis priori de Parcho de Helagh decem marcas annuas quas de exitibus molendini de Knottynglay per certas [*for* cartas] predecessorum ipsius Edmundi.   Miramur quam plurimum et movemur quod mandata nostra in hac parte non estis executi pretendentes pro excusacione quod dicte prestaciones nobis remanere deberent per extentam supradictam quod non intelleximus. Cum igitur nostre intencionis semper fuit dictam custodiam vobis committere cum predictis et aliis oneribus incumbentibus vobis mandamus firmiter percipientes quod onera predicta una cum arreragiis eidem a tempore mortis predicti Edmundi sine delacione ac-/quietetis taliter nos in hac parte habentes quod iterata ad nos inde non perveniat querela nec occasio nobis relinquatur reextendendi terras predictas ad vestrum forte dispendium et firme vestre incrementum.   Teste rege et cetera.

f. 160.
(167)

KNOTTYNLAY.

> A series of eight further deeds, entered continuously, relating to the payment of 10 marks from Knottingley Mill, as follows :—
>
> 1. King Henry [III] to Alice de Lacy. [*as above*].
> 2. King Henry [III] to Alice de Lacy. The annuity was then three years in arrear, and Alice had alleged that it was not included in the fine made with the King for the custody of her husband's lands.
> 3. King Henry [III] to the Sheriff of York, with instructions to Alice de Lacy to pay the arrears of 30 marks and to appear before the King's Justices at Westminster in Hilary Term.   Given at Woodstock in the 49th year. [Therefore Henry III, 1265].
> 4. King Henry [III] to W. [*probably Walter de Gray*] Archbishop of York, ordering him, so long as he held at farm the lands which were John Lacy's, Earl of Lincoln, he should pay yearly to the canons of the Park of Healaugh at Michaelmas 10 marks which they had of the gift of Peter de Brus in Knottingley Mill.   In the 26th year.   [*If of Henry III*, 1241].
> 5. Enrolment of Chancery brief of 26 Hen. III as in last item, and record of allotment to Alice in the fine of 10 marks so long as she holds the custody.   Enrolled in Jan. 49 Hen. III.
> 6. Brief from Henry III to Alice recording the allotment as in no. 5 and ordering payment of the 10 marks, with the arrears.   30 Jan. 49 Hen. III.

7. The King [? Edward I] to Richard de Musle, Receiver of his
castle of Pontefract, ordering him to pay to the prior the annuity of
10 marks from the time when Richard took the mill into his hands.
    8. King Edward [? I] to Thomas Dauyll, Receiver of his castle of
Pontefract; similar order to no. 7.   Edmund de Lacy was apparently
dead, and Henry de Lacy then heir.

And cf. B.M. STOWE CHARTER 458.
[*Latin : abstract*].   [A.D. 1427].

    Acquittance by the prior and convent of the Park of Healaugh to
Richard Popelay r...... of Pontefract for 10 marks sterling for the
farm of their mills of Knottingley in the Michaelmas term last past,
which 10 marks they acknowledge to have been paid and Richard and
his heirs to be quit thereof.   Seal [? *of the chapter; the charter is damaged
here*].   Given at the Park on the Day of St. Wilfrid the Archbishop,
6 Henry VI.

    Henricus dei gracia et cetera Alicie de Lacy salutem Cum
dudum commississemus vobis custodiam terrarum et tenementorum que fuerunt Edmundi Lacy quondam viri vestri que ad nos
pertinuit de terris et tenementis predictis habendum usque ad
legitimam etatem heredis ipsius Edmundi secundum largum
extentam inde factam quam magnates de consilio nostro calumpniabantur ut bene nostis et alias vobis mandaverimus quod
habere faceretis priori de Parcho de Helagh decem marcas annuas
quas de exitibus molendinorum de Knottynglay in vita ipsius
Edmundi percipere consueverunt per cartas predecessorum ipsius
Edmundi et percipere debent in perpetuum vos mandata nostra
in parte duxeritis exaudienda de quo vobis regratiamur ac
triginta marce eidem priori a retro sunt de tribus annis jam preteritis de quo miramur vobis mandamus firmiter injungentes quod
predictas triginta marcas eidem priori habere faciatis juxta
tenorem aliarum litterarum nostrarum quas inde recepistis taliter
vos habentes in hac parte quod iterata ad nos inde non perveniat/   *f.* 160*v.*
querela nec occasio nobis relinquatur manus ad hoc apponendi
graviores.

    Henricus et cetera dilecte sibi Alice de Lacy salutem.   Cum
per finem quem nobiscum fecistis pro custodia terrarum et tenementorum que fuerunt Edmundi de Lacy quondam viri vestri
habendam usque ad legitimam etatem heredis ipsius Edmundi
secundum largam extentam inde factam quam magnates de consilio
nostro calumpniabantur ut bene nostis et alias vobis mandaverimus quod habere faceretis priori de Parcho de Helagh decem
marcas annuas quas de exitibus molendinorum de Knottynglay in
vita ipsius Edmundi percipere consueverunt per cartas predecessorum ipsius Edmundi ac nos mandata nostra in parte duxeritis exaudienda de quo vobis regratiamur ac triginta marce a retro sunt
eidem priori de tribus annis iam preteritis ut accepimus per quod
vobis nuper mandavimus quod predictas triginta marcas eidem

priori habere faceretis quod huc usque facere distulistis pretendentes quod ille decem marce annue vobis non sunt allocate in
fine predicto nos causam illam nullam reputantes maxime cum
jure non extiterit intencionis predictum priorem de predicto
redditu privari aut alteri ex commissione predicta injuriari vobis
f. 161. iterato mandamus firmiter injungentes quatenus arrera-/gia
predicta eidem priori sine dilacione persolvi faciatis facientes ei
predictas decem marcas habere de cetero sicut tempore prefati
Edmundi et predecessorum suorum eas percipere consuevit taliter
vos habentes in hac parte quod non oporteat nos supra hoc sol-
licitaris citura quod nisi feceritis non omnittemus quin arreragia
predicta de exitibus molendinorum predictorum levari et eidem
priori habere faciemus.

[A.D. 1265].

Henricus dei gracia et cetera Vicecomiti Eboraci salutem.
Percipe Alesie que fuit uxor Edmundi Lacy quod juste et sine
dilacione reddat priori de Parco de Helagh triginta marcas que a
retro sunt de annuo redditu decem marcarum quem ei debet
ut dicitur et nisi feceritis et predictus prior te fecerit securum de
clameo suo prosequendum tunc summonimus per bonos summonitores predictam Alesiam quod sit coram Justiciariis nostris apud
Westmonasterium in Octabas sancti Hilarii ostendens quare non
fecerit et habeas ibi summonitores et hoc breve.   Teste me ipso
Apud Wodstok octavo die Septembris anno regni nostri XLVIIII.

[A.D. 1241].

Henricus dei gracia et cetera Venerabili in Christo patri W.
Eboracensi Archiepiscopo Anglie primati salutem.   Mandamus
vobis quod quamdiu teneatis ad firmam terras que fuerunt J. Lacy
f. 161*v.* Comitis Lincoln singulis annis habere faciatis canonicis/ de Parco
de Helagh ad festum sancti Michaelis decem marcas quas habuerunt
de dono Petri de Bruce in molendinis de Knottynglay quas percipere consuerunt per manus prefati comitis.   Et compara nobis
ad Scaccarium.   Teste W. Archiepiscopo apud Westmonasterium
decimo octavo die Octobris anno regni nostri XXVI.

[A.D. 1265].

Istud breve irrotulatum in rotulo Cancellarie regis quod
vocatur Compara anno regni regis Henrici vicesimo sexto tempore
que Walterus Archiepiscopus Eboracensis habuit ad firmam terras
quondam Johannis de Lacy comitis Lincolnie Henricus dei gracia
etc.   Baronibus suis de Scaccario salutem. Allocate dilecte nobis
in Christo Alicie que fuit uxor Edmundi de Lacy in fine quem
fecit nobiscum pro custodia terrarum et tenementorum predicti
Edmundi quondam viri sui habendum singulis annis decem marcas

ad festum sancti Michaelis de tempore quo primo habuit dictam custodiam quas eadem Alicia per preceptum nostrum liberavit priori et canonicis de Parco de Helagh et quas idem prior et canonici percipere consueverunt de exitibus molendinorum de Knottynglay per manus prefati Edmundi de dono antecessorum ejusdem Edmundi. Allocate eciam eidem Alicie in fine predicto de cetero decem marcas singulis annis quam diu/ dicta custodia *f*. 162. extiterit in manu sua. Teste me ipso apud Westmonasterium tricesimo die Januarii anno regni nostri quadragesimo nono. Istud breve vocatur Allocate et irrotulatur in rotulo Cancellarie regis anno regni regis Henrici quadragesimo nono mense Januarii tempore magistri Johannis Chichehull tunc Cancellarii et domini Johannis de Kyrkby tunc custodis rotulorum Cancellarie.

[A.D. 1265].

Henricus dei gracia etc. dilecte sibi Alesie de Lacy salutem. Volentes indempnitate vestre prospicere mittimus vobis breve nostrum de decem marcis vobis singulis annis ad festum sancti Michaelis allocandis in fine quem fecistis nobiscum pro custodia terrarum et tenementorum Edmundi Lacy quondam viri vestri habenda quas liberastis priori et canonicis de Parco de Helagh per preceptum nostrum de exitibus molendinorum de Knottynglay et quas percipere consueverunt per manus predicti Edmundi sicut in dicto brevi nostro cujus transcriptum presentibus inclusum vobis transmittimus plenius continetur vobis mandantes quod arreragia decem marcarum annuarum eisdem priori et canonicis et sic deinceps decem marcas quam diu habueritis custodiam predictam habere faciatis et hoc nullatenus omittatis, ita quod non oporteat nos super hoc amplius sollicitari. Teste me ipso apud Westmonasterium tricesimo/ die Januarii anno regni *f*. 162*v*. nostri quadragesimo nono.

[? A.D. 1287].

Rex dilecto clerico suo Ricardo de Musle receptori castri nostri de Pontefracto salutem Quia accepimus per inquisicionem per dilectos et fideles nostros Thomam Dayuill et Adam de Opreton de mandato nostro factam et in cancellaria nostra retornatam quod Petrus de Brus dedit et concessit per cartam suam quam confirmavimus priori de Parco de Helagh predecessori priori nunc decem marcas percipiendas singulis annis de molendino de Knottinglay in perpetuum ad festum sancti Michaelis quod prior nunc et omnes predecessores sui a tempore donacionis et concessionis predictarum seisiti fuerunt de predictis decem marcis usque ad festum sancti Michaelis anno regni nostri quindecimo quum Thomas nuper comes Lancastrie ultimo solvit eidem priori redditum predictum et quod predictus prior et predecessores sui seisiti fuerunt de predictis decem marcis per manus predicti

comitis toto tempore quo fuit dominus predicti molendini et etiam
toto tempore Henrici de Laycy nuper comitis Lincolnie et domini
ejusdem molendini et toto tempore Edmundi de Lacy comitis
Lincolnie patris predicti Henrici similiter domini predicti molendini vobis mandamus quod eidem prior dictas decem marcas
f. 163.   predicto molendino a tempore capcio-/nis ejusdem in manum
vestrum esse contingat ad terminum predictum solvi faciatis. Et
nos vobis inde in compoto vestro debitam allocacionem habere
faciemus.   Teste me ipso apud Eboracum vicesimo sexto die
Novembris anno etc xvi°.

[? A.D. 1290].

Edwardus dei gracia rex Anglie dominus Hibernie et dux
Aquitanie dilecto sibi Thome Dauyll receptori castri nostri de
Pontefracto salutem.   Quia accepimus per inquisicionem per
vos et fidelem nostrum Adam de Opreton de mandato nostro factam
et in cancellaria nostra retornatam quod Petrus de Brus dedit et
concessit per cartam suam quam confirmavimus priori de Parco
de Helagh predecessori prioris nunc decem marcas percipiendas
singulis annis de molendino de Knottinglay in perpetuum ad
festum sancti Michaelis quod prior nunc et omnes predecessores
sui a tempore donacionis et concessionis predictarum seisiti fuerunt
de predictis decem marcis usque ad festum sancti Michaelis anno
regni nostri xv quam Thomas nuper comes Lancastrie ultimo
soluit eidem priori redditum predictum et quod predictus prior
et predecessores sui seisiti fuerunt de predictis decem marcis per
manus predicti comitis toto tempore quo fuit dominus predicti
molendini et etiam toto tempore Henrici de Laycy nuper comitis
Lincolnie et domini ejusdem molendini et toto tempore Edmundi
de Lacy comitis Lincolnie patris predicti Henrici similiter domini
f. 163*v.*   predicti molendini et omnium aliorum duorum ejusdem/ molendinorum a tempore capcionis ejusdem in manum nostram et ex
nunc quam diu illud in manu nostra et in custodia vestra esse
contingat ad terminum predictum solui faciatis. Et nos vobis
inde in compoto vestro debitam allocacionem habere faciemus.
Teste me ipso apud Westmonasterium octavo die Februarii anno
regni nostri decimo octavo.

[NO HEADING].

> Protest by the prior and convent of the Park beside York to the
> Apostolic collectors of a tenth in England against their assessment of
> 8*l.* 9*s.* 0½*d.* as excessive, since they inhabited only a hermitage and
> the last prior alienated much of the property of the house and was in
> consequence removed by the Archbishop of York. Plea of great
> poverty.

Significant vobis venerabilibus viris executoribus a sede
apostolica super exaccione decime in regno Anglie deputatis viri
religiosi prior et canonici de Parco juxta Eboracum quod cum ipsi

qui tantum unum hermitagium inhabitant ultra modum in exaccione dicte decime ultra vires et facultates eorundem quod non
credunt vos velle aggravantur maxime in decima temporalium per
quam collectores petunt ab eisdem octo libras novem solidos
obolum cum omnia eorundem se ad quadraginta libras non ex-
tendant sicut taxatores tempore taxacionis decime predicte omnia
eorundem bona mobilia videlicet oves et alia animalia que post-
modum perierunt et commoditates rerum aliarum que tempore
modico durabant videlicet vendicionem bosci et pasture ac est-
auri estimaverunt et secundum/ estimacionem taxaverunt eosdem   *f.* 164.
unde prior preteritus credeas quod non duraret nisi per annum vel
modicum tempus ut suis parceret laboribus pro dicta decima
multa immobilia dicte domus alienavit et alia ad tempus non
modicum ad firmam dimisit et pre manibus recepit pecuniam quam
pro temporibus preteritis ad dictam decimam solvit. Cumque
venerabilis pater Eboracensis archiepiscopus dictum locum visit-
asset invenit hujusmodi alienaciones factas nec eas potuit revocare
obstante sibi regio jure regni eundem priorem propter alienaciones
predictas amovit a prioratu et alium qui nunc est ordinavit in
priorem et eisdem ne decetero alienacionem facerent interdixit et
prohibuit propter que dominacionibus vestris supplicavit humiliter
dicti prior et canonici quatenus visceribus misericordie vos moti
ne in cleri et religionis illius opprobrium mendicare cogantur
et locum relinquere derelictum de temporalibus dicte domus et
de statu ejusdem per quoscunque vobis placuerit per quos fideliter
fieri poterit inquirere vel ad recipiendum probaciones super inopia
paupertatem et statum dicte domus alicuj fideli vices vestras committere velitis vel veritate manifesta in vera decima/ teneantur   *f.* 164*v.*
considerantes esse eosdem prout publicum est et notorium de
pauperioribus religiosis tocius diocesis Eboracensis licet magis
ab ipsis quam aliis quibusdam dicioribus exigatur super quibus
remedium petunt si placet ne impossibile compellantur qui iam ad
nichilum sunt redacti.

[NO HEADING].   [A.D. 1463].

    **Memorandum that Christopher, prior of 'this house,' appeared in the
Chancery of the Duchy of Lancaster and declared the right of his house
in a pension of 10 marks granted by the King's progenitors and payable
at Michaelmas by the Receiver of Pontefract. Confirmation and
record by the Chancellor and others of the Duchy.**

    Memorandum quod decimo octavo die Februarii anno regni
regis Edwardi quarti post conquestum Anglie secundo Christopherus
prior hujus domus comparuit London coram venerabilibus viris et
discretis Johanne Saye tunc Cancellario dicti domini regis tocius
ducatus Lancastrie iam annexati corone Anglie Johanne Sharp
tunc generali receptori ejusdem ducatus Willelmo Walsh Johanne
Luthyngton capitalibus auditoribus in partibus borealibus et aus-
tralibus Johanne Sutell senescallo dicti ducatus Johanne Grene-

feld Pontisfracti Guidone Fayrfax Willelmo Malett et pluribus
aliis de consilio domini regis et ibidem exposuit et publice vive vocis
oraculo declaravit totum jus et titulum ejusdem pensionis annue
decem marcarum per progenitores domini regis prioratui suo
concesse et singulis annis ad terminum [sancti] Michaelis per receptorem Pontisfracti qui pro tempore fuerit solute a tempore et
f. 165. per tempus cujus inicii sine contrarii/ memorie hominis non existit
absque aliqua contradiccione seu malo ingenio quibus ut predicitur
cum bona deliberacione examinatis omnes unanimiter confirmaverunt eandem pensionem et ad majorem securitatem irrotul-
averunt in rotulo auditoris Pontisfracti et posuerunt in cistis
juxta Cancellaria ducatus predicti in Westmonasterio ex parte
boreali ejusdem temporibus per futurum ibidem conservandum.

> Evidently a further reference to the pension from Knottingley
> Mill, here inserted out of order.

NE QUIS ARBORES CRESCENTES IN CIMITERIIS VEL HERBAM
E CRESCENTEM IN EISDEM PROSTERNERE VEL DIFFALCARE
PRESUMAT. [A.D. 1311].

> Copy of statute by William [de Greenfield], Archbishop of York,
> forbidding any layman to cut down trees or mow grass in churchyards,
> without permission of the rector.

Inter cetera istud statutum fuit editum anno MCCCXI
['4 Ed. 2'] per venerabilem in Christo patrem et dominum Willelmum Eboracensem Archiepiscopum in sua constitutum[1]......In
dei nomine Amen. Numeris institutis canonicis sit expressum quod
laicis de rebus ecclesiasticis et religiosis quomodolibet disponendi
nulla fit penitus attributa facultas quos obsequendi monet nec-
essitas non auctoritas imperandi multos tamen ecclesiastica jura
latent. Alii vero ecclesiis et ecclesiasticis personis de timore post
posito proch dolor opido sunt infesti adeo ut jura ecclesiastica
non formident in sue dampnacionis interitu usurpare. Nos igitur
Willelmus permissione divina Eboracensis Archiepiscopus Anglie
primas qui ecclesiarum nostrarum regimini commissarum jura
f. 165*v.* et immunitates ex officii nostri debita conservare tenemus/ pro
viribus ac tueri de consensu nostri Capituli Eboracensi pro inde
duximus statuendum ne quis laicus arbores seu herbam in cimiterio
cujuscumque parochiali ecclesie seu capelle in nostra diocesi
divino cultui deputate crescentes absque rectoris licencia speciali
ausu temerario prosternere seu falcare presumat aut prostratas
auferre vel amovere seu quicquam juris in ipsis aliqualiter vendicare
cum ea que locis religiosis adherent religiosa penitus censeantur
juxta civiles et canonicas sancciones ecclesiarum autem rectoribus
aut vicariis seu quibuslibet ipsorum ministris hujus arbores in
cimiterio crescentes omnino liceat in alium usum convertere nisi

[1] Dodsworth read 'constitutiones,' MS. D. f. 93v/94. The next word
is illegible.

in ecclesie sue reparacionem vel edificacionem aut etiam mansi proprii ad ecclesiam pertinentis. Si quis autem hujus nostri statuti ausu temerario violator extiterit ipsum volumus per archidiaconum loci super hoc congrue requisitum legitima monicione premissa majoris excommunicatus summa......a qua ipsum omnino absolvi nolumus donec ecclesie cui contra presens statutum lesionem vel injuriam irrogaverit ad alium arbitrium prefati archidiaconi satisfecerit competenter.

[NO HEADING].

Memorandum of homage received by prior Adam de Blid, sixth prior of the house of St. John Evangelist of the Park, as follows :—

1. From his men of Fenton according to the enfeoffment of Oliver de Brincle in A.D. 1281.

2. Of Robert Stutton for land in Ribstayn after Michaelmas 1184 [? for 1284].

3. Of John son of Alan de Toulesby for 1½ bovates at Yarum, 1291.

4. Of Sir Robert de Skutterskelf, on All Souls' Day 1292, at Rudby Church for 1 carucate in Skutherskelf and 2 bovates in Thoraldby.

5. Of Lady Alice widow of Sir John le Vavasor and daughter of the late Nichola de Sancta Maria, for a third part of Bilton, at York, at the Assize, 1293.

6. Of Richard de Normanvyll son of Sir Ralph de Normanvyll for a tenement in Smaws, in 1293.

7. Of Peter de South Fenton, for a tenement, on St. Nicholas' Day, 1293, in the prior's chamber.

These are followed without break by a memorandum that on the Vigil of St. Dunstan, 1317, Sir Robert le Vauasur did homage to William de Gremeston, then prior of Healaugh, in the greater Church of St. Peter, York, before the crucifix of the church, for 11 bovates in Bilton at a rent of 100s.

Memorandum de homagiis factis fratri Ade de Blid priori qui fuit sextus prior domus sancti Johannis Evangeliste/ de Parco. *f.* 166. Imprimis de hominibus suis de Fenton secundum feoffamentum quondam domini Oliveri de Brincle et heredum suorum in anno domini MCCLXXXI ['9 Ed. 1.']

Item idem prior recepit homagium Roberti Stutton pro terra quam de eo tenuit in Ribstayn ad comitatum post festum sancti Michaelis anno domini C octogesimo quarto [*sic*; '12 Ed. 1' *for* '30 H. 2' *struck out*] in castro Eboraci coram domino Ricardo de Stokkeld domino Willelmo de Herthyngton et aliis. Item idem prior recepit homagium Johannis filii Alani de Toulesby pro una bovata terre et dimidia [*blank of one word*] anno domini etc. XCII ['20 Ed. 1.'] apud Yarum teste et presente avunculo suo Roberto de Colby, Stephano et Acline clerico et aliis.

Item idem prior recepit homagium domini Roberti de Schotherscelf in Clyveland die animarum anno etc. XCII apud ecclesiam de Rudby pro una carucata terre cum pertinenciis in Skutherskelf et de duabus bovatis terre in Thoraldby. Teste et presente Nicholao de Mar' serviente et procuratore tunc venerabilis viri domini P. de Cestria, Stephano de Eglescliff clerico, Elia de

Ascam tunc serviente prioris apud hospitale de Yarum et fere tota parochia de Rudby.

Item idem prior recepit homagium domine Alicie uxoris quondam domini Johannis le Vavasor et filie quondam Nicholae

f. 166v. de/ sancta Maria die veneris proxime ante festum sancti Andree apostoli apud Eboracum ad Assisam anno domini etc. XCIII ['21 Ed. 1'] pro tercia parte ville de Bilton cum pertinenciis, presentibus et testibus Ricardo de Holdernes in Helagh, Henrico de Calton, Elya de Witchurch et aliis de familia ejusdem domine, sedentibus justiciariis itinerantibus tunc temporis dominis Hugone de Cressingham, Ro. de Swylington, Johanne Wongan, Willelmo de Mortuo Mari et Willelmo de Ormesby; et similiter pro tenemento quod tenuit de eo in Wombewell.

Item idem prior recepit homagium Ricardi de Normanuyll filii domini Radulfi de Normanuyll pro tenemento quod tenet de eo in Smaus in castro Eboraci coram domino S. Waleys citra festum sancte Margarete anno gracie XCIII in primo stagio assise de itinere domini Hugonis de Crossingham sociorumque ejus.

Item idem recepit homagium Petri de Suthfenton die sancti Nicholai anno domini MCCXCIII pro tenemento quod tenet de eo in eadem in camera sua coram fratribus R. de Ascham, Willelmo de Seleby, H. de Schepelay et ceteris de conventu.

f. 167. Memorandum quod die Martis in vigilia sancti Dunsta-/ni anno domini MCCCXVII ['10 Ed. 2'] fecit dominus Robertus le Vauasur homagium suum domino Willelmo de Gremeston tunc priori de Helagh in majori ecclesia beati Petri Eboraci ante crucifixum ejusdem ecclesie coram multis ibi existentibus, videlicet Ricardo de Thyrnum, Roberto clerico suo de Bilton, Henrico fratre ejus, Roberto tunc celerario Parci de Helagh, Johanne You et multis aliis, pro undecim bovatis terre et dominium in Bilton cum toftis et croftis suis et aliis omnibus pertinenciis ad eandem terram spectantibus, reddendo nobis annuatim centum solidos ad duos anni terminos.

[NO HEADING].   [A.D. 1311].

Grant by King Edward [II] to the prior of the Park of Healaugh and the convent of that place, of free warren in all their demesne lands of Healaugh, Wighill, Hagandby, Easedike and Catherton so long as they were not within the bounds of the royal forest.

Edwardus dei gracia rex Anglie et Francie dominus Hibernie et dux Aquitanie Archiepiscopis Episcopis abbatibus prioribus comitibus baronibus Justiciariis vicecomitibus prepositis ministris et omnibus ballivis et fidelibus suis salutem. Sciatis nos concessisse et hac carta nostra confirmasse dilectis nobis in Christo priori de Parco de Helagh et conventui ejusdem loci quod ipsi et successores sui in perpetuum habeant liberam warennam in omnibus dominicis terris suis de Helagh Wyghall Hagenby Esdyke et Catherton in comitatu Eboraci dum tamen terre ille non sint infra metas foreste

nostre, ita quod/ nullus intret terras illas ad fugandum in eis vel ad *f.* 167*v.*
aliquid capiendum quod ad warennam pertineat sine licencia et
voluntate ipsorum prioris et conventus vel successorum suorum
super forisfacturam nostram decem librarum. Quare volumus et
firmiter percipimus pro nobis et heredibus nostris quod predicti
prior et conventus et successores sui inperpetuum habeant liberam
warrennam in omnibus dominicis terris suis predictis dum tamen
terre ille non sunt infra metas foreste nostre, ita quod nullus
intret terras illas ad fugandum in eis vel ad aliquid capiendum
quod ad warennam pertineat sine licencia et voluntate ipsorum
prioris et conventus vel successorum suorum super forisfacturam
nostram decem librarum sicut predictum est. Hiis testibus: Gilberto
de Clare comite Gloucestrie et Hertford, Johanne de Warenna
comite Surrie, Edmundo comite Arundell, Henrico de Percy,
Roberto Clifford, Willelmo le Latimer, Roberto filio Pagani,
senescallo hospicii nostri et aliis. Datum per manum nostram
apud Berewicum super Twedam nono die Novembris anno regni
nostri quarto. Per breve de privato sigillo.

Cf. Charter Rolls, 4 Edw. II, m. 7, no. 9.

CONFIRMACIO PETRI DE BRUCE.

Confirmation by Peter de Bruce, for souls' health, to God and the
Blessed Mary and St. John Evangelist of the Park of Healagh and
the canons there serving God, in alms, of all service from one carucate in
Yarm with the homage of Peter de Monceaus; also of the Hospital of
Yarm and lands there and elsewhere [*described*] belonging to the Hospital.

Omnibus Christi fidelibus ad quos presens scriptum pervenerit Petrus de Bruce salutem eternam in domino. Noveritis me
divine pietatis intuitu et/ pro salute anime mee et animarum *f.* 168.
patris mei et matris mei dedisse concessisse et hac presenti carta
mea confirmasse Deo et beate Marie et sancto Johanni Evangeliste
de Parco de Helagh et canonicis ibidem Deo servientibus in liberam puram et perpetuam elemosinam totum servicium quod ad
me pertinet vel ad heredes meos seu pertinere potest de una
carucata terre in Yarum cum pertinenciis suis et cum homagio
et toto servicio Petri de Monceaus et heredum suorum que michi
facere consuevit idem Petrus pro predicta carucata terre quam
videlicet carucatam terre Robertus de Monceauce dedit in maritagio
cum filia sua de Lutton [*sic*]. Preterea concessi et confirmavi eisdem canonicis hospitale de Yarum cum omnibus pertinenciis suis
et omnes terras et tenementa que ipsi habent in feodo meo tam
infra Clefeland quam alibi cum omnibus pertinenciis suis in puram
et perpetuam elemosinam scilicet sex bovatas terre in villa de
Pikton quas habent de dono Willelmi de Tampton, et unum
toftum et unum croftum in Marton et tres bovatas in Toulesby
ex dono Roberti Acclum et decem acras cum uno crofto et tofto
in villa de Scalyng et duas bovatas in Barnardeby de dono Walteri
de Hoton et unam bovatam in Walton/ de dono Rogeri de Bruce *f.* 168*v.*

et sexdecim bovatas in Bilton de dono Bartholomei Thuret et sex
bovatas in Touleston quas habent de Willelmo Caterton et octodecim acras terre et unum toftum cum pertinenciis in Wirkeshall
de dono Juliane Franckelyn, tenenda et habenda omnia predicta
in liberam puram et perpetuam elemosinam sibi et successoribus
suis quieta ab omni servicio et exaccione secta curie et demanda
adeo libere quiete et pure sicut purius liberius et quiecius dari
potest elemosina aut confirmari. Et ego predictus Petrus de Bruce
et heredes mei predictam donacionem meam et confirmacionem
dictis canonicis factam contra omnes homines warantizabimus
acquietabimus et defendemus in perpetuum. Si quis vero eisdem
canonicis aliquam terram vel redditum vel pasturam divine pietatis
intuitu infra feodum meum donare voluerit concedo eisdem illud
recipere et pacifice possidere absque impedimento mei et heredum
meorum vel alicujus alterius ex parte nostra. Et ut omnia predicta rata permaneant presens scriptum sigilli mei impressione
roboravi. Hiis testibus: domino Nicholao de Stuteuyll, domino
Rogero de Bruce, domino Symone de Bruce, domino Rogero de
Toscotes militibus, Willelmo Levyngton et aliis.

f. 169.   BILTON.   [A.D. 1322-23].

> Grant by Henry, brother and heir of Robert son of William le
> Vauasor, to Thomas Deuyll and Isabella his wife, and their heirs, of the
> manor of Bilton in Ainsty, paying yearly to Henry 4*l.* 18*s.* 8*d.*, and
> after the death of Thomas, paying from Isabella and her heirs to the
> grantor 9*l.* 12*s.* Thomas and Isabella and their heirs were to pay yearly
> to the prior of the Park of Healaugh 100*s.* for all services.

Omnibus hanc cartam cirograffatam visuris vel audituris
Henricus frater et heres Roberti filii Willelmi le Vauasor salutem
in domino sempiternam. Noveritis me dedisse et hac presenti carta
mea cirograffata confirmasse Thome Deuyll et Isabelle uxori ejus
et heredibus suis de corporibus suis legitime procreatis manerium
de Bilton in Aynesty cum pertinenciis ut in wardis releviis eschaetis reversionibus homagiis et serviciis liberorum hominum cum
villanis et eorum sequelis et catallis cum boscis pastis pascuis
moris turbariis aquis stagnis vivariis advocacionibus et cum omnibus pertinenciis predicto manerio quoquo modo spectantibus,
tenendum et habendum predictum manerium cum omnibus suis
pertinenciis pretactis predictis Thome et Isabelle et heredibus
de corporibus suis legitime procreatis de me et heredibus meis
libere quiete bene et in pace in perpetuum, reddendo inde annuatim mihi et heredibus meis in tota vita ipsius Thome quattuor
libras octodecim solidos et octo denarios videlicet medietatem ad
Pentecosten et aliam medietatem ad festum sancti Martini in hyeme
per equales porciones. Et post decessum ipsius Thome predicta
f. 169*v.* Isabella et heredes/ de corporibus predictorum Thome et Isabelle
legitime procreatis reddent mihi et heredibus meis annuatim ad
eosdem terminos novem libras duodecim solidos argenti.   Et

predicti Thomas et Isabella et heredes de corporibus suis legitime
procreatis reddent singulis annis inperpetuum pro predicto manerio
priori de Parco de Helagh centum solidos argenti ad duos anni
terminos videlicet ad Pentecosten et ad festum sancti Martini in
hieme per equales porciones pro omnibus serviciis exaccionibus
et demandis. Et ego Henricus le Vauasor et heredes mei predictum
manerium cum omnibus suis pertinenciis prenominatis predictis
Thome et Isabelle et heredibus suis de corporibus suis legitime
procreatis contra omnes homines warantizabimus et inperpetuum
defendemus. Et si contingat predictos Thomam et Isabellam
obieri sine heredibus de corporibus suis legitime procreatis tunc
predictum manerium cum pertinenciis etc. michi et heredibus meis
plene revertat. In cujus rei testimonium parti hujus carte cirograffate penes predictos Thomam et Isabellam residenti sigillum
meum apposui. Et predictus Thomas et Isabella parti hujus carte
cirograffate penes me remanenti sigilla sua apposuerunt. Hiis
testibus: Johanne Mauleuerer, Ranulpho/ Blaumuster, Willelmo *f. 170.*
Gramary militibus, Thoma Fayrfax, Henrico Munkton etc. Datum (177)
Eboraco anno regni regis Edwardi filii regis Edwardi decimo
sexto ['16 Ed. 2'].

Copied in Dodsworth MSS., VIII, ff. 90v and 91.

CONFIRMACIO PETRI DE BRUCE. [Before A.D. 1272].

Quitclaim by Peter de Bruce III to God and the Blessed Mary and
the house of St. John Evangelist of the Park of Healaugh and the canons
there serving God, in alms, of five bovates of land and six tofts with
crofts in Marston, and four bovates with four tofts and crofts in Hutton
in Ainsty.

Omnibus Christi fidelibus hoc scriptum visuris vel audituris
Petrus de Brus tercius eternam in domino salutem. Noveritis me
concessisse confirmasse et penitus quietumclamasse Deo et beate
Marie et domui sancti Johannis Evangeliste de Parco de Helagh et
canonicis ibidem Deo servientibus in liberam puram et perpetuam
elemosinam quinque bovatas terre et sex tofta cum croftis in villa
de Merstona et quattuor bovatas terre et quattuor tofta et crofta
in villa de Hoton in Aynesty quas habuerunt de dono Willelmi
filii Willelmi de Marisco et Laderayne uxoris sue, habenda et
tenenda predictis canonicis et eorum successoribus in perpetuum
cum omnibus pertinenciis suis libertatibus et aisiamentis infra
villas de Merston et Hoton et extra sine ullo retenemento libere
quiete pacifice pure integre et solute ab omnibus serviciis secularibus exaccionibus sectis omnimodis et demandis ad me vel ad
heredes meos pertinentibus, ita scilicet quod nec ego nec heredes
mei nec mei assignati nec aliquis ex parte nostra jus vel clameum
in predicta terra cum pertinenciis ut/ predictum est de cetero *f. 170v.*
exigere vel vendicare poterimus. In cujus rei testimonium presenti
scripto sigillum meum apposui. Hiis testibus et cetera [*sic*].

Cf. Charter Rolls, 4 Edw. II, m. 14, no. 3.

CASTELAY.

Grant by Hugh de Leathley to the house of St. John Evangelist of the Park of Healaugh and the canons there serving God, in alms, to find fish for the canons in Advent, of a rent of 6s. in Castley.

Omnibus Christi fidelibus Hugo de Lelay salutem in domino. Noveritis me dedisse concessisse et hac presenti carta mea confirmasse domui sancti Johannis Evangeliste de Parco de Helay et canonicis ibidem Deo servientibus in puram et perpetuam elemosinam ad inveniendum piscem eisdem canonicis in adventu domini redditum sex solidorum in Castlay scilicet tres solidos tenuatim percipiendum de molendino quod Willelmus filius Gilberti tenuit ab ipso Willelmo et heredibus suis ad festum apostolorum Petri et Pauli et tres solidos de cultura que vocatur Normanrode percipiendum a Rogero filio Gamell et heredibus suis annuatim ad eundem terminum. Et ego et heredes mei predictum redditum predictis canonicis warantizabimus et defendemus contra omnes homines. Hiis testibus: Roberto de Plumpton, Ricardo Goldesburgh, Nigello Butell, et multis aliis.

The vill is Castley.

TATECASTR' [MOLENDINUM *in a hand of late XVI century*].

[DUAS MARCATAS REDDITUS DE MOLENDINO DE TADCASTER *in XVII c. hand*].   [Before A.D. 1245].

Grant by William Percy, son of Henry de Percy, to God and the church of St. John Evangelist of the Park of Healaugh and the canons there serving God, for souls' health, in alms, of two marks' rent of his mill of Tadcaster, by the hands of his bailiffs of Yorkshire.

f. 171.

Noverint universi per presentem cartam inspecturi vel audituri quod ego Willelmus Percy filius Henrici de Percy concessi et hac presenti carta mea confirmavi Deo et ecclesie sancti Johannis Evangeliste de Parco de Helagh/ et canonicis ibidem Deo servientibus pro salute anime mee et Helene uxoris mee et antecessorum et successorum et heredum meorum in puram et perpetuam elemosinam duas marcatas redditus annui de molendino meo de Tatecastr' percipiendas medietatem ad Purificacionem beate Marie et aliam medietatem ad festum sancti Petri ad Vincula per manus ballivorum meorum et heredum meorum de partibus Eboraci, tenendum et habendum dictis canonicis et eorum successoribus libere et quiete de me et heredibus meis in perpetuum. Et ut hec mea donacio et concessio firma sit et stabilis cartam presentem sigilli mei impressione roboravi. Hiis testibus: Nigello de Plompton, Hamone filio decani, Rogero Mauduit, Roberto de Cokfelde, Wymundo de Ralife, Nigello Pincerna, Roº de Bruce, Alano de Catreton, Ricardo de Normanvile, Willelmo de Plopton, Thoma clerico et multis aliis.

Cf. Charter Rolls, 4 Edw. II, m. 14, no. 8.

QUIETA CLAMACIO SIMONIS DE KYMA, DOMINI DE NEWTON.
A.D. 1285.

Confirmation by Sir Simon de Kyma, lord of Newton Kyme upon Wharfe, to God and the Blessed Mary and the house of St. John Evangelist of the Park of Healaugh and the canons there serving God, for souls' health, in alms, of all lands, etc., in fee as in demesne, which they held on the day of this deed.

Omnibus Christi fidelibus hoc scriptum visuris vel audituris dominus Symon de Kyma dominus de Neuton Kyme super Werf eternam in domino salutem. Noveritis me concessisse et pro me et heredibus meis presenti scripto confirmasse Deo et beate Marie et domui/ sancti Johannis Evangeliste de Parco de Helagh et canon- *f. 171v.* icis ibidem Deo servientibus pro salute anime mee antecessorum et heredum meorum in liberam puram et perpetuam elemosinam omnes terras tenementa et pasturas cum pertinenciis suis que ipsi habent in feodo meo tam in dominico quam in servicio scilicet in villis et territoriis de Caterton et Touleston que habuerunt et tenuerunt die confeccionis hujus scripti secundum tenorem cartarum suarum quas inde habent de feoffatoribus suis libere quiete integre pacifice et solute ab omni servicio seculari sectis exaccione et demanda in perpetuum. In cujus rei testimonium presenti scripto sigillum meum apposui. Actum apud Neuton predictum die sancti Jacobi Apostoli A.D. MCCLXXXV ['13 Ed. 1'] Hiis testibus: dominis Johanne de Bella Aqua, Stephano Walens, Willelmo le Vauasur, Willelmo Rither, Alano de Catherton militibus et aliis.

BILTON. [A.D. 1233-56].

Grant by Elias, the prior and the convent of the Park of Healaugh, to Robert de Cokfeld and his heirs or assigns, for homage and service, of all their land in Bilton of the gift of Sir Bartholomew Turet, and two bovates of land of the gift of Ymania de Wighill, widow of Robert Sakespeye, for a rent of 100s. and doing forinsec service.

Omnibus sancte matris ecclesie filiis Elias prior et conventus de Parco de Helagh salutem in domino eternam. Noveritis nos dedisse ad feodi firmam et concessisse et hac presenti carta nostra cirograffata confirmasse Roberto de Cokfeld et heredibus suis vel assignatis pro homagio et servicio suo totam terram nostram quam habuimus in/ villa de Bilton de dono domini Barth- *f. 172.* olomei Turet, et duas bovatas terre cum omnibus pertinenciis suis quas habuimus de dono Ymanie de Wychall que quondam fuit uxor Roberti Sakespeye tam in dominicis et villanis cum sequelis suis quam in homagiis et serviciis et redditibus et omnibus aliis pertinenciis infra villam et extra sine ullo retenemento nobis et successoribus nostris, tenendum et habendum dicto Roberto et heredibus suis vel assignatis preter quam viris religiosis aliis nobis et preter quam judeis omnes predictas terras cum villanis et sequelis eorum. Et omnia predicta servicia cum homagiis et redditibus et omnibus aliis pertinenciis suis de nobis et successoribus [in perpetuum libere quiete pacifice integre et hereditarie, reddendo annuatim nobis et successoribus nostris]¹ centum solidos sterlingorum ad duos anni terminos scilicet quinquaginta solidos ad festum Pentecostes et quinquaginta solidos ad festum sancti Martini in hyeme. Et faciendo nobis et successoribus nostris forinsecum servicium quantum pertinet ad dictam terram et alia servicia siqua ad predictam terram pertinent pro omnibus serviciis consuetudinibus exaccionibus et secularibus demandis nobis pertinentibus. Et sciendum quod si dictus Robertus vel heredes sui vel assignati ad dictos terminos predictam firmam

f. 172v. nobis vel successoribus nostris non persolverint/ licebit nobis et successoribus nostris sine omni contradiccione restringere dictum feodum et catalla in eodem feodo inventa donec nobis et successoribus nostris plene dictam firmam persolverint. Et ad majorem securitatem dicte solucionis faciende ad dictos terminos subjecit se dictus Robertus et heredes suos et assignatos jurisdiccioni decani et capituli Eboraci sub pena unius marce fabrice ecclesie sancti Petri Eboraci persolvenda pro quolibet termino transgresso circa octavas sub sentenciali pena. Et nos et successores nostri warantizabimus predicto Roberto et heredibus suis vel assignatis predictas terras et servicia redditus et homagia cum villanis et sequelis eorum et cum omnibus aliis pertinenciis suis inperpetuum. Hiis testibus: Briano filio Alani, Simone de Cokfeld, Alano de Catherton, Alano de Folingfold, Ricardo de Wilstrope, Ricardo de Merston, Alano de Kyrkby, Henrico de Lelay, et aliis.

BRETTEBY.

Grant by Joan de Wilsthorpe, daughter of Henry de Farlington, in her widowhood, to Stephen de Waltham, for his homage and service, of ⅓ carucate of land in Bretby of that land which she had of the gift of Henry de Farlington her late father, and also of the service of William Darell for ½ carucate which he had of her gift there, paying yearly one pair of white gloves of the value of 1*d.* at Pentecost at Bretby for all service.

Omnibus presens scriptum visuris vel audituris Johanna de Wyuelestorp filia Henrici de Ferlyngton salutem in domino eternam. Noveritis me in libera viduitate et legitima potestate mea dedisse concessisse et hac carta mea confirmasse Stephano de Wautham pro homagio et servicio suo dimidiam carucatam terre

f. 173. cum pertinenciis in Bretteby/ de terra illa quam habui de dono Henrici de Ferlyngton quondam patris mei in eadem villa videlicet duas bovatas terre cum toftis et croftis et prato quas Thomas le Funkelam de Bretteby aliquam de me tenuit in eadem villa, et alias duas bovatas terre cum tofto et crofto et prato quas Rogerus filius Laurencii aliquam de me tenuit in eadem villa cum ipso Rogero et tota sequela ejus et eorum catallis omnibus ubicunque

¹ The words in brackets inserted at the foot of the page in a less careful hand of about the same date, or little later.

in Anglia fuerint. Et preterea dedi concessi et confirmavi eidem
Stephano homagium et servicium Willelmi Darell et heredum et
assignatorum ejusdem Willelmi et eciam assignatorum heredum
ipsius quicumque fuerint de dimidia carucata terre cum pertinenciis quam idem Willelmus habuit de dono meo in predicta villa cum
omnibus rebus escaetis et proficuis qui ad me vel ad heredes meos
in aliquo tempore de predicta dimidia carucata cum pertinenciis
suis possint evenire cum retenemento, habendum et tenendum
eidem Stephano et heredibus suis et omnibus assignatis ipsius vel
heredum ipsius tam viris religiosis quam aliis in feodo et hereditate
libere quiete pacifice honorifice integre et bene cum omnibus
libertatibus et aisiamentis infra villam de Bretteby et extra ad
totam predictam terram pertinentibus, reddendo inde annuatim
michi et heredibus meis vel assignatis nostris unum/par cirotecarum   *f. 173v.*
albarum de precio unius denarii ad festum Pentecostem apud
Bretteby pro omni servicio consuetudine secta et exaccione et
onere et demanda seculari. Et ego Johanna et heredes mei warantizabimus acquietabimus et defendemus totam predictam terram
predictum Rogerum cum tota ipsius sequela et eorum catalla et
predictum homagium et servicium sicut predictum est cum pertinenciis omnibus ubique predicto Stephano et heredibus ejus et
eorum assignatis contra omnes gentes per predictum servicium in
perpetuum. Et ut hec omnia predicta robur optineant sempiternum
huic scripto sigillum meum apposui. Hiis testibus: domino Roll.
Deffeynegil tunc vicecomite, Ricardo de Brumpton, Ricardo de
Ledes, Willelmo de Myrfeud, Willelmo Deliuares, Willelmo de
Boneuill, Roberto de et [*sic*] Johanne Margar' de Dicton, Thoma
de Franklain et aliis.

[NO HEADING].[1]   [*c.* A.D. 1230].

>   Grant at fee farm by A., the prioress and the convent of Clemen-
> thorpe, York, to the prior and convent of the Park, of ½ carucate of
> land in Hagandby with a toft and croft which the grantors had of the
> gift of Robert de Leathley paying two marks yearly at York and doing
> forinsec service. Penalties for non-payment.

[O]mnibus ad quos presens scriptum pervenerit A.[2] priorissa
et conventus sancti Clementis Eboraci salutem. Noveritis nos
concessisse dedisse et hac carta cirograffata confirmasse ad feodi
firmam priori et conventui de Parco dimidiam carucatam terre
in territorio de Haggandeby cum tofto et crofto et omnibus pertinenciis quam habuimus de dono Roberti de Lelay videlicet duas
bovatas quas Gerardus de Haggandeby/ tenuit et duas bovatas
quas Warinus tenuit, tenendum et habendum dictis priori et   *f. 174.*

    [1] HAGAND. in minute letters as a guide to the rubricator, who has not
filled in the heading, and also has omitted the red capital of the first word
of the deed.
    [2] Presumably Agnes, supposed third prioress of Clementhorpe, but the
date is earlier than that generally noted.

conventui in perpetuum libere quiete pacifice et integre cum omnibus pertinenciis libertatibus et aisiamentis suis infra villam et extra sine aliquo retenemento excepto prato nostro de Stuttona quod habemus de dono dicti Roberti, reddendo inde nobis et successoribus nostris annuatim apud Eboracum duas marcas argenti scilicet unam marcam ad Pentecostem et unam marcam ad festum sancti Martini in hieme, et faciendo inde forinsecum servicium quantum pertinet ad illam dimidiam carucatam terre pro omni servicio. Et nos et successores nostri warantizabimus prefato priori et conventui predictam dimidiam carucatam terre cum omnibus pertinenciis suis excepto predicto prato per predictam firmam quamdiu donatores nostri eam nobis warantizaverint. Et sciendum est quod si idem prior et conventus predictam firmam promte et integre ad predictos terminos vel infra octo dies proxime sequentes nobis et successoribus nostris non persolverint dabunt nobis dimidiam marcam argenti nomine pene pro quolibet termino transgresso. Et tam de pena illa quam de principali firma nobis fideliter reddenda subjecerunt dicti prior et conventus juris-diccioni decani et capituli Eboraci ecclesie ut eos per censuram

f. 174*v.* ecclesiasticam ad illarum solucionem/ compellant inconcinenti nullo juris ordine observato omni eciam appellacione et cavillacione remota. Et in hujus rei testimonium ego priorissa et conventus sancti Clementis unam partem hujus carte cyrografphate sigillo capituli nostri et prior et conventus de Parco aliam partem sigillo sui capituli roboraverunt. Et ad majorem securitatem ad peticionem nostram et ad peticionem dicti prioris et conventus de Parco utrique parti hujus carte sigillum capituli sancti Petri Eboraci ponitur. Hiis testibus: Rogero tunc decano Eboracensis ecclesie, magistro Galfrido precentore, Ricardo cancellario, Johanne Romano sub-decano, Godardo penitenciario et Mauricio ejusdem ecclesie canon-icis, Hugone de Seleby, Radulpho Nunell, Johanne de Wrathyll, Johanne Baldewini, Johanne Albo capellano, et aliis.

The body of the text in the original hand ends here. The remainder of the entries are in various later and less formal hands.

f. **175.** **LETHLEY.**
(182)
A copy of the quitclaim by Henry de Percy for a moiety of the advowson of Leathley, as already entered on f. 154, in a hand of *c.* A.D. 1500 and with slight variations of spelling.

Omnibus Christi fidelibus hoc scriptum visuris vel audituris Henricus de Perce filius et heres domini Henrici de Percy eternam in domino salutem. Noveritis me pro salute anime mee et parentum heredum ac omnium antecessorum et successorum meorum concess-isse relaxasse ac omnino de me et heredibus meis in perpetuum quietumclamasse Deo et beate Marie et domui sancti Johannis Evangeliste de Parco de Helagh et canonicis ibidem Deo servienti-bus in liberam puram et perpetuam elemosinam totum jus et clameum quod habui vel habere potui in advocacione medietatis ecclesie de Lethley cum pertinenciis unde placitum aliquam vertebatur inter me et predictos religiosos in curia domini regis apud Westmonasterium, ita quod nec ego nec heredes mei nec aliquis ex parte nostra aliquod jus vel clameum in predicta advocacione cum pertinenciis de cetero exigere vel vendicare poterimus in perpetuum. In cujus rei testimonium presens scriptum sigilli mei munimine roboravi. Hiis testibus: dominis Johanne de Bella Aqua, Willelmo le Vavasor, Petro de Lond militibus, Alano de Foliffayte, Roberto Bustard et aliis. Datum Eboraci ad festum Purificacionis beate Marie Virginis anno incarnacionis dominice MCCXCVII et anno regni regis Edwardi filii regis Henrici vicesimo sexto.

HEYLEY.   [A.D. 1505].   *f. 175v.*

> Indenture of agreement between Henry, Earl of Northumberland, and Peter [Kendayll], prior of Healaugh Park, whereby the Earl, as founder of the monastery, released the prior and convent and their successors of the obligation to make fences and enclosures between the Earl's park and wood near Tadcaster Hagge and their own; in return the canons quitclaimed to the Earl their right of enclosure in the Earl's park and wood, provided that it were not to the prejudice of their firewood there.

This Indenture made at Lekingfeld the 27th daie of Marche in the 20th yere of the reigne of our Sov. Lorde Kyng Henry the VIIth bytwyxt the right noble lorde Henry Erle of Northumberland one the oone parte And Peter priour of the Monastery of oure blissed Lady and St. John the Euangelest of Helagh Parke in the Counte of the Citie of Yorke and the Convent of the same house one the other partie witnessith that it is covenaunted aggreed and graunted by twyxt the saide parties in fourme folowyng That is to saie whee the grounde of the said priour and convent frome a place called the flodeyate at the Northwest end of Tadcaster Hagge unto the Northewest end of the Waude Hagge boundyng opone a grounde called Seuersykes wiche by estymacion conteignethe CCVI rode aioyneth as it lyethe in length to the wode and Parke of the said Erle lynge Este frome the saide ground of the said priour and convent And the said priour and convent tyme owte of mynde have used and oughte to inclose and make fence in heggyng betwyxt the said Parke and wode of the said Erle And the said ground of the said priour and convent And the said priour and convent have used reasonably to take closure of the said wode of the said Erle wher it shuld be most competent to inclose the said ground of the said priour and convent The said Erle in concyderacion that he is Founder of the said Monastery And for the devocion that he berithe to oure blessed Lady and Saynt John the/ Euaungelest And in concyderacion that oone   *f. 176.* William late priour of the said monastery att his cost and charge

beilded a palle betwixte the said Parke and woode of the said
Erle and the ground of the said priour and convent Relessith
remyseth and dyschargeth the said priour and convent and ther
successors for ever of makyng fence and closure betwyxte the
said Erle Parke and wode of the said Erle and the said ground of
the said priour and convent And the said Erle by thies presents
graunteth and byndeth hyme and hys heires to make suffycyent
closure and defence betwixte the said Parke and wode of the said
Erle and the said ground of the said priour and convent for defence of the said ground of the said priour and convent For the
whiche graunte the said priour and convent and ther successours
relessithe quite clame to the said Erle and his heires alle the
righte and title that they have in takyng sufficient closure in the
wode and Parke of the said Erle for makyng the said closure and
defence by the said priour and convent Provided alwaies that the
said graunt and relese of the said priour and convent be not
priudiciall in no wise to the said priour and convent nor to ther
successours for thare fire wode whiche they have or aughte to have
within the said wood or Parke of the said Erle. In witness wherof
f. 176*v.*   aswell the said Erle as the said priour and convent to thies/
Indentures enterchaungeably have sett thare seales the daie and
yere abovesaid

HEYLEY.   ['Dated betwixt 27 and 38 H. 3,' *in Dodsworth's hand*].

An English version or abstract, of the first quarter of the xvi c., of
the Bulls of Indulgence of Honorius and Innocent IV to the priory of
Healaugh Park reciting the privileges and immunities granted to the
house.[1]

Be it knawen to all Cristen men That our holy fadris Pops
Honoris and Pop Innocent the IIIIth Emongs othere of his giftez
and grauntez to the priorie of Helagh Parke within the Diocese of
Yorke As hit evidently apperith by his Bullez therapon made
expressed as it foloweth herafter First he exempts the said priory
with all the appurtenancez of Helagh Wighall Lethlay Colthorp
Kirks Possessions which thei have in Hagandby in Tadcaster in
Esedik in Wighall in Katerton in Thorp in Walton in Plompton
in Rybston in Goldesburgh in Marton in Sandwath in Dibburgh
in Askham in Bilton in Marton in Baynton in Wombwell in
Lethlay in Castlay in the said Diocese The possessiones of the
said priorie in Yarum in Hoton in Midelton in Skaryskelfe in
Rudby in Thoralby and Cotom The rentes tharof in the milne of
Tadcaster and also all other possessiones with medowes pastures
in wodds or playns in waters milnes ways or sties, with all thair
other fredoms and liberties also he indulte and releysed the said
priory from all yewyng of teyndys[2] of nouell as thei till or make to
be tillyd of at thair awen costs Also he graunted unto the same
place that if the lond be generally enterdited hit be lefful unto

[1] In the same hand as f. 176/176v.   [2] *i.e.*, giving of tithes.

thaym excluded cursid men and enterdited thair yates sporns
without/ ryngeng of belles in law woce¹ to do divine service so that *f. 177.*
they yeve no cause of enterdityng. Also he prohibit that any man
construe or raise any chapell or oratory within the said parish
without assent of the Diocesan and thaym sawyng alway privileges of pops. Also he prohibits that any Archbisshop Bisshop
or Archdecan Deane or any other spirituall or temporall person
mak any exacciones of the said priory Also he granted thaym fre
faculty to redeme and tak all teynds and possessiones pertenyng to
thair Churches fro all maner of lasy peple² by his auctorite Also
he ordain that decesyng the prior of the said place without any
surrepcion or violence fre eleccion be had after Saint Austyn's
order. Also he prohibit by the auctorite of the Apposteles and
opayns of censures of the Church that no man do thift nor rape
distresse nor distruccion nor ablacion of jowelles evidens cornes
catalles fish fewles woodds nor non other gudds nor mak no
byrnyng within thair place pastures nor graunges nor sched no
blod, tak no man nor kill no man nor harrent no violence. Also
he approbate and confirmed almaner of liberties and immunities
granted by his predecessors or seculer princes to the said place
decernyng that no maner of man vex truble nor hurt the said
Church nor have away their possessiones nor hald thaym had away
nor no maner of way vex thaym Savyng alway the Pop's auctorite
and right of the Diocesane And what maner of man of person
Religious or seculer that wiles or impugnes the said indulgences
or attempes agayns hit twyse or thrise monysth without he correk
his gylte by congrue satisfaccion he shall want the dignite of his
power and his worship and be aliened from the flesh and blode of
our Lord Jesus Christ and the Last Day abyid the straytest
jugement of God. And to all thes/ that kepe or preserve the *f. 177v.*
rightes and liberties of the said place be in peas of our Lord Jhesu
and ever lastyng reward In the blyss of heven To which graunt
twelve Cardinalls have sett thair Sellys.

The remainder of f. 177v. is occupied by a copy of the deed by
Johan filz du noble Roi dengletre as on f. 136. This is followed
on f. 178, 178v., 179 and 179v., by copies of the deeds relating to
Knottingley mills, as on ff. 134 to 136.

[KNOTTINGLEY].   [A.D. 1487].   *f. 180.*
    Inspeximus by King Henry [VII] of the following :—
    1. Letters of warrant to the King's Receiver of the Duchy of
Lancaster within the lordship of Pontefract, ordering him to pay to
the canons, against their letter of acquittance, a pension of 10 marks at
Michaelmas for the support of two canons, so long as the priory should
so support the two canons.

---

¹ "Low voice."   ² 'lay people.'

2. Similar letters to the Auditor of the Duchy of Lancaster within the lordship of Pontefract, ordering him to allow to the Receiver the payment of 10 marks, on production of the King's mandate and the canons' acquittance.

The exemplification was granted at the request of Peter Kendall then prior.

Henricus dei gratia rex Anglie et Francie et dominus Hibernie omnibus ad quos presentes littere pervenerint salutem. Inspeximus irrotulamentum litterarum nostrarum de Waranto Receptori nostro ducatus nostri Lancastrie infra dominium nostrum de Pountfreit sub sigillo dicti ducatus nostri directarum in hec verba: Henricus [etc.] receptori nostro ducatus nostri Lancastrie infra dominium nostrum de Pountfreit salutem. Ex parte dilectorum nobis in Christo prioris et conventus sancti Johannis Evangeliste de Helaug Parke nos graviter conquerendo monstratum existit quod cum ipsi et predecessores sui priores et conventus loci predicti a tempore quo non extat memoria pacifice seisiti et soluti fuerunt de quadam annuitate decem marcarum annuatim solvendarum ad festum sancti Michaelis Archangeli pro sustentacione duorum concanonicorum capellanorum ibidem perpetue professorum singulis annis missas et alia divina servicia infra ecclesiam prioratus predicti in honore Dei ad altare sancti Jacobi pro nobis et animabus progenitorum nostrorum quondam regum Anglie in perpetuum celebraturi que quidem annuitas magna substancia victus predictorum prioris et conventus existit sicut dicunt. Nos volentes eisdem nunc priori et conventui in hac parte fieri quod est justum vobis percipimus quod eisdem nunc priori et conventui decem marcas annuas pro anno integro finiente ad festum sancti Michaelis Archangeli proxime futurum post datum presencium ac easdem decem marcas annuas extunc annuatim liberetis et solvi faciatis recipientes a prefato nunc priore et conventu litteras/ suas acquietancie sufficienter testificantes singulas soluciones quas eis inde fecerint per quas et per presentes volumus quod vos in compoto vestro solucionibus de termino in terminum debitam allocacionem habeatis, ita tum quod dicti prior et conventus continue inveniant et supportent capellanos supradictos. Datum sub sigillo nostro ducatus nostri predicti apud palacium nostrum Westmonasterii quinto die Julii anno regni nostri secundo. Inspeximus eciam aliam irrotulamentum aliarum litterarum nostrarum de warranto auditori nostro ducatus nostri Lancastrie infra dominium nostrum de Pountfreit sub sigillo nostro ducatus nostri predicti directarum in hec verba Henricus [etc. as above....].... ac easdem decem marcas annuas extunc annuatim liberetis ac solvi faceretis. Et ideo vobis mandamus quod visis mandato nostro predicto et litteris acquietancie ipsorum nunc prioris et conventus omnes et singulas pecuniarum summas quas vobis constare poterit prefato receptori eisdem nunc priori et conventui pretextu mandati nostri predicti

f. 180*v.*

racionabiliter soluisse et exnunc solvere eidem receptori in compoto
suo coram vobis faciendo debite allocetis recipientes a prefato
receptori mandatum nostrum predictum et litteras acquietancie
supradicte, ita tum quod predicte prior et conventus continue
inveniant et supportent capellanos supradictos. Datum sub
sigillo nostro ducatus nostri predicti apud palacium nostrum
Westmonasterii quinto die Julii anno regni nostri secundo. Nos
autem irrotulamentum predictarum litterarum de warranto ad
prosecucionem et specialem requisicionem dilectorum nobis in
Christo Petri Kendall loci predicti nunc prioris et ejusdem loci
conventus duximus exemplificandum per presentes. In cujus rei
testimonium has litteras nostras fieri fecimus patentes. Datum sub
sigillo ducatus nostri predicti apud palacium nostrum Westmonasterii octavo die Julii anno regni nostro secundo.

TATECASTER.   [*The same hand as the last entry*].   *f.* 181*v.*

Grant by Thomas le Lardiner of Tadcaster, to God and the Blessed
Mary and the house of St. John Evangelist of the Park and the canons
there serving God, in alms, to find lights in their church of the Park, of
6¼ acres of land in Tadcastre [*described in detail*], and ¼ acre for the
pittance of the canons, free of all service.

Omnibus Christi fidelibus Thomas le Lardiner de Tadecastre
salutem in domino. Noveritis me dedisse concessisse et hac presenti
carta mea confirmasse Deo et beate Marie et domui sancti Johannis
Evangeliste de Parco et canonicis ibidem Deo servientibus in
liberam puram et perpetuam elemosinam ad invenienda luminaria
in ecclesia sua de Parcho sex acras et dimidiam terre in territorio
de Tadcastre una scilicet in Thinge que jacet inter terram Gilberti
Geldegret et terram Margarete filie Henrici de Parci et due acre
et dimidia super Lairlandes et tres rodas que jacent inter terram
Roberti Burgman et terram predicte Margarete et quinque rodas
que jacent inter terram Gilberti Geldegres et terram Mabille uxoris
Gilberti de Smaus et unam dimidiam acram que jacet inter terram
Thome Lelardiner et terram Matilde de Smaus et unam dimidiam
acram que jacet propinquior campo de Neutona. Item ulterius viam
de Braham dimidia acra inter terram Roberti cum gladio et terram
Ricardi de Stowe et dimidia acra inter terram Mauricii et terram
Roberti cum gladio. Item una roda ad Potterbuske inter terram
Ricardi de Normanvill et terram Mauricii Item in Shorhit tres
rodas inter terram Ade de Hirneham et terram Johannis le Cuper
et una dimidia acra in Keldeberg que jacet inter viam de Neuton et
terram Rogeri Maudit. Item dedi ad pitanciam predictorum
canonicorum dimidiam acram que jacet inter terram que est
cultura domini Willelmi de Parco ex una parte et terram Johannis
ex altera, tenendas et habendas predictis canonicis et eorum
successoribus in perpetuum cum omnibus pertinenciis suis libere
quiete pure et pacifice ab omni seculari servicio et exaccione.
Et ego predictus Thomas Lelardiner et heredes mei totam terram

f. 182.   predictam cum omnibus pertinenciis suis predictis canonicis et eorum successoribus warantizabimus adquietabimus/ et defendemus contra omnes homines in perpetuum. Et in hujus rei testimonium huic scripto sigillum meum apposui. Hiis testibus: Rogero Maudut, Alano de Katherton militibus cum multis aliis.

> Cf. Charter Rolls, 4 Edw. II, m. 17, no. 16, where the witnesses are given more fully than here.

[NO HEADING].

> Grant by Henry Marescall son of Gilbert Marescall of Tadcaster, for souls' health, to God and the Blessed Mary and the church of St. John Evangelist of the Park and the canons there serving God, in alms, of one rood of meadow in Tadcaster, to find a chaplain celebrating Mass in that church.

Omnibus Christi fidelibus has litteras visuris vel audituris Henricus Marescall filius Gilberti Marescall de Tathecastre salutem in domino. Noveritis me pro salute anime mee et dicti Gilberti patris mei et antecessorum meorum dedisse concessisse et hac presenti carta mea confirmasse deo et beate Marie et ecclesie sancti Johannis Evangeliste de Parco et canonicis ibidem Deo servientibus in liberam puram et perpetuam elemosinam unam rodam prati in prato de Tathecastre illam scilicet que jacet inter pratum domini Willelmi de Perci et pratum Rogeri Mauduc ad inveniendum unum [sc. ? capellanum] in predicta ecclesia in missis celebrandis, tenendam et habendam dictis canonicis et eorum successoribus inperpetuum libere et quiete et pure sicut aliqua elemosina liberius et quiecius dari potest. Et ego dictus Henricus et heredes mei predictam rodam prati predictis canonicis et eorum successoribus warantizabimus adquietabimus et defendemus contra omnes homines in perpetuum. Et in hujus rei testimonium huic scripto sigillum meum apposui. Hiis testibus: Ricardo de Normawill, Egidio de Catherton, Thoma Marescallo, et Johanne fratre suo cum aliis.

DE FEODO PETRI DE BRUS.

> Abstract of the answer of the prior of Healaugh Park to a demand by Sir Thomas Metam, Steward to the chief lord of the fee of Bruce, for homage for lands in Tockwith and quoting in rebuttal the charter of Peter de Brus [cf. f. 53 above] and also a charter of John de Bella Aqua [cf. f. 103 above]. Recovery by the prior of oxen [evidently distrained] and he retired quit.

Prior de Parco de Helaugh dicit quod ipse aliquod homagium vel servicium seculare non tenetur domino Thome Metam [Senescallo] Capitali domino feodi de Bruce pro terris et tenementis suis in Tokwyth facere prout ipse exigit de eodem priore et ipsum

f. 182v.   proinde per duos boves ibidem destrixit quod/ dicit quod quidam Petrus de Bruce cujus statum idem Thomas supradictus nunc

habet dedit concessit et presenti carta sua confirmavit divine pietatis intuitu pro salute anime sue et animabus patris et matris sue
antecessorum et successorum suorum deo et beate Marie et sancto
Johanni Evangeliste de Parco de Helagh et canonicis ibidem Deo
servientibus in liberam puram et perpetuam elemosinam omnes
terras et tenementa que ipsi habent in feodo suo tam infra Cleue-
land quam alibi cum omnibus pertinenciis suis in puram et perpetuam elemosinam ut in carta specificatur, tenenda et habenda
omnia predicta in liberam puram et perpetuam elemosinam sibi
et successoribus suis quieta ab omni servicio et exaccione secta
curie et demanda adeo libere quiete et pure sicut purius liberius
et quiecius dari potest elemosina aut confirmari. Et predictus
Petrus de Bruce et heredes sui donacionem suam et confirmacionem
predictis canonicis factam contra omnes homines warantizabunt
acquietabunt et defendent in perpetuum. Si quis vero eisdem
canonicis aliquam terram vel redditum vel pasturam divine pietatis
intuitu infra feodum suum donari voluerit predictus Petrus concessit eisdem canonicis illud recipere et pacifice possidere absque
ullo impedimento sui vel heredum suorum vel alicujus alterius ex
parte sua. Et in hujus rei testimonium sigillum suum huic con-
firmacioni et donacioni sue apposuit. Et dicit etiam quod ipse aut
predecessores sui aliquod servicium vel homagium preterquam
speciales missas et oraciones pro dicto Thoma et pro animabus progenitorum suorum a tempore de quo non existat memoria fecerunt.
Et dicit quod nunquam aliquis progenitorum suorum seisitus fuit
de aliquo/ servicio sive homagio de Parco priore sive predecessori-   *f.* 183.
bus suis.

DE FEODO PETRI DE BRUCE.

Et dicit quod quidam Johannes de Bella Aqua antecessorum
predicti Thome concessit et confirmavit eisdem canonicis omnia
terras et tenementa que ipsi habent de feodo suo in Tokwyth in
liberam puram et perpetuam elemosinam, tenenda et habenda sibi
et successoribus libere quiete pure integre et pacifice et quiete et
solute ab omni seculari servicio secta curie et demanda secularibus
ad se vel ad heredes suos pertinentibus prout patet per cartam
suam quam predictus prior habet penes se et ostendit consilio dicti
Thome et sic predictos boves dicto priori deliberati fuerunt qui et
recessit quietus.

TACWIDE.   [*Another X V c. hand and ink*].

Grant by Richard son of Robert de Tockwith to God and the Blessed
Mary and St. John Evangelist of the Park of Healaugh and the canons
there serving God, in alms, of all his land, in demesne as in service, in
Tockwith, with the whole demesne of 21 bovates which he inherited
after the death of his father, free of all service.

Omnibus Christi fidelibus hoc scriptum visuris vel audituris
Ricardus filius Roberti de Tocwyd eternam in domino salutem.

Noveritis me concessisse dedisse et hoc presenti scripto meo confirmasse Deo et beate Marie et sancto Johanni Evangeliste de Parco de Helagh et canonicis ibidem Deo servientibus in liberam puram et perpetuam elemosinam totam terram meam tam in dominico quam in servicio sine ullo retenemento quam habui in villa de Tocwyd cum toto dominio viginti et unius bovatarum terre quod mihi post mortem Roberti patris mei jure hereditario vel alio modo accidit vel accidere potuit in eadem villa vel alibi et cum homagiis serviciis wardis releuiis escaetis proficuis et omnibus aliis pertinenciis ad predictam terram et ad dominium ejusdem terre pertinentibus in bosco prato plano moris mariscis turbariis piscariis viis aquis semitis stagnis molendinis et in omnibus aliis locis ad predictam villam et tenementum predictum pertinentibus, tenenda et habenda omnia predicta canonicis et eorum successoribus libere quiete integre pure et pacifice ab omni servicio exaccione et demanda. Et ego Ricardus et heredes mei totam terram predictam cum dominico supradicto et omnibus pertinenciis suis in omnibus et per omnia contra omnes gentes warantizabimus acquietabimus *f. 183v.* and defendemus in perpetuum. In cujus rei testimonium presenti/ scripto sigillum meum apposui. Hiis testibus: Stephano dicto Walens. Willelmo de Kyrkeby, David de Folifayt, Elia de Burell, Thoma Aleways, Henrico Sackespey de Wychta, Roberto Watte de eadem, Willelmo Russel de Folyfaytt, Waltero de Thouthorp, Viviano Gerneth, Roberto de Caterton clerico et aliis.

Terrier of the prior's holding in the North Field of Wombwell.

f. 184.   Terre arabilis in Campo boriali ville de Womewell vocato Aldams pertinentes priori de Parco.
          Idem prior habet in Eskeholme dimidiam acram terre juxta terras Johannis Gawde ex parte boriali et terram ecclesie de Darfeld ex parte australi Et i acram terre in eodem campo juxta terras monialium ex parte boriali et Edmundi Normanvile ex parte australi Et i acram ibidem prope terras Johannis Moston ex parte australi Et i acram ex parte boriali de le Grenegaite inter terras monialium ex parte australi et terras Henrici Pye ex parte boriali de Bradebery yayre inter terras monialium ex parte australi et Johannis Wombwell ex parte boviali Et i peciam terre abbuttantem super Abisthorne inter terras Johannis Wombwell ex parte occidentali et viam regiam ex parte oriali [*sic*] Et unam peciam terre abbuttantem super parcum de Wodehall inter terras Hugonis Moston ex parte boriali et le Brodecrabtre ex parte australi Et i Rodam ibidem abbuttantem super parcum inter terras monialium ex utraque parte Et dimidiam acram in tenura Johannis Grase ex parte boriali de le Longrawe abuttantem super le Parke inter terras monialium ex parte boriali et priorem ex parte australi Et i Rodam terre abuttantem super parcum inter terras monialium ex parte occidentali et priorem ex parte australi.

Item idem prior habet in campo occidentali i acram abbuttantem super Wersburgate prope terras Johannis Fernehall et le Forland ex parte orientali Et i acram ibidem inter terras ejusdem Ferenhall ex utraque parte. Et dimidiam acram terre abbuttantem super croftum Willelmi Baxter et dimidiam acram abuttantem super boscum Wombwell commune inter terras monialium ex parte boriali et terras Johannis Wombwell ex parte australi Et i acram abubuttantem [sic] super Cryheng yerde Et dimidiam acram juxta Mowsegrese inter terras Johannis Boswell ex parte australi et terras [blank] Et iii rodas et dimidium terre prope Fithlargrese ex parte australi Item ibidem i acram et dimidium terre in tenura Thome Grose unde dimidia acra abbuttat super Somerlane inter Hugonis Wombwell ex utraque parte Et dimidiam acram apud le owte gange abbuttandam super Todhill gate inter terras monialium/ ex parte boriali et terras Hugonis Wombwell ex parte *f. 184v.* australi Et dimidiam acram super Croserode inter terram Hugonis Wombwell ex utraque parte Et dimidiam acram buttandam Wyrsburgatt ex parte orientali Et ex parte buttandam ibidem prior ad finem occidentalem Item dimidiam acram terre buttat super Assilrod juxta terras quondam Magat Bradbers ex parte solis Item unam acram super le Stoneflatt inter terras Willelmi Pistoris ex utraque parte Item super le Dyrddall i rodam juxta terram Johannis Wombwell ex parte solis.

Item in campo australi ad finem ville de Wombwell unam acram inter terram Ricardi Shepeshank ex una parte et terram Johannis Smalecher ex altera parte Item super Todehill unam peciam terre abbuttantem in fine boriali de Fedeler grese et le Sowthest end abbuttantem super Hugonem Wombwell ex parte occidentali prope londs monialium de Senyngthwayt ex parte orientali Item unam acram subtus le Knoll abuttantem super le monialium in fine boriali Hugonis Wombwell ex parte occidentali et monialium ex parte orientali Item dimidiam acram in Gyrnall grese inter terram Johannis Boswell ex parte australi Item dimidiam acre juxta Dunstall crosse Hugonis Wombwell ex parte occidentali Symonis Fuller ex parte orientali Item i peciam terre apud Knobek brege abbuttantem super viam regiam tendentem a Wath pars borialis LC ulnarum et XVIII juxta terram Johannis Boswell pars occidentalis XLI ulnarum et abuttat super le monialium ex parte australi prope Knobek LXXX ulnarum et XIIII in fine orientali juxta terram Johannis Wombwell LX ulnarum et XVI et vocatur Byrwell dimidiam acram de Estlands Ricardi Shepeshank ex parte australi et terram Grenefelds ex parte boriali Item tres rodas super eundem Furlength monialium ex parte australi et terras Wodehall ex parte boriali Item dimidiam acram in eadem furlength monialium ex parte australi et Simonis Foler ex parte boriali Item i rodam ibidem monialium ex parte australi Item unam acram super Smalthorne Hill prope/ Dipyghill ex parte australi *f. 185.* Item dimidiam acre in eadem Furlength Grenefelds ex parte

australi Hugonis Wombwell ex parte boriali Item dimidiam
acram buttantem super le Hedegate on le old more Hugonis
Wombwell ex parte australi Johannis Wombwell ex parte boriali
Item i rodam in eadem furlength monialium ex utraque parte
Item unam rodam ibidem Hugonis Wombwell ex utraque parte
Item unam rodam ibidem monialium ex parte australi Item unam
acram abuttantem super Hardhill Johannis Wombwell ex parte
boriali Hugonis Wombwell ex parte australi Item unam acram
abuttantem super Hardhill sike Johannis Wombwell ex parte
boriali Hugonis Wombwell ex parte australi Item ii acras vocatas
le Neldhowse abuttantem le Estends in Densengs et jacet ad capud
de Wethemore super le Northend Item dimidiam acram de Mylne-
forlength abuttantem super viam regiam in le old more ad le
Westends prope terram Roberti Sadyler ex parte australi le Estends buttandam super Stutyll Item i acram ad le Westends de le
Whetmore Johannis Wombwell ex parte orientali aque de Knobek
hales in the Weste syde Item unam acram in the Hethornes
Johannis Wombwell ex parte australi dominus de Wodehall ex
parte boriali. Item i acram in eadem furlength abuttantem super
finem occidentalem in Le Dynsengs Johannis Wombwell ex
parte boriali et le Sike ex parte australi Item i acram apud Derneg-
plat et terram de Girsacre ex parte australi et Johannis Wombwell
ex parte boriali Item dimidiam acram in eadem Furlength monialium ex parte australi dominus de Wodhall ex parte boriali Item
dimidiam acram in eadem Furlength dominus de Wodhall ex
parte boriali Hugonis Wombwell ex parte australi Item i acram
super le Fletfurlength dominus de Wodhall ex parte orientali
Johannis Wombwell ex parte occidentali Item i acram in eadem
Furlength Hugonis Wombwell ex utraque parte Item i acram
abuttantem super Bronhill dominus Wodhall ex parte orientali
Johannis Wombwell ex parte occidentali Item i acram in Bron-
hilholl Hugonis Wombwell ex parte occidentali monialium ex
parte orientali Item dimidiam acre ad Smalethornehill Hugonis
Wombwell ex parte australi Johannis Wombewell ex parte boriali

f. 185v. Item in Donstall unam acram in tenura Ricardi Shepeshanks/
Item dimidiam acram in tenura Thome Gresse meads Dunstall
Item in le Haldyng Thome Grase dimidiam acram super Boldhill
monialium ex parte boriali Johannis Wombwell ex parte australi
Item dimidiam acre super Brukfurlangs abuttantem super Bruke
monialium ex parte occidentali Hugonis Wombwell ex parte orientali
Item dimidiam acram super Mirewell ad finem ville monialium ex
parte occidentali Hugonis Wombwell ex parte orientali Item
dimidiam acram in le Mersh terre et prati abuttantem super Dowse
monialium ex utraque parte Item dimidiam acram super Smal-
thornehill monialium ex parte australi Hugonis Wombwell ex
parte boriali Johannis Boswell ex parte australi Item i rodam ad
finem ejusdem rode monialium ex utraque parte Item i rodam
abuttantem super Dernyng monialium ex utraque parte Item i

rodam abuttantem super idem pratum Johannis Wombwell ex
australi monialium ex parte boriali Item i rodam apud Bromehill
abuttantem super le Flatte monialium ex utraque parte. Item
super Bromehill i acram juxta Bromehilhole ex parte australi
Item iii rodas super eundem juxta terram Johannis Wodhall ex
parte boriali monialium ex parte australi Item i rodam ibidem
juxta terram Willelmi Bakster Item dimidiam acram super eundem
Johannem Wombwell ex parte australi Item dimidiam acram super
Haverhill Hugonis Wombwell ex utraque parte Item i rodam
super eundem furlength Hugonis Wombwell ex parte orientali
et terram Grenefelds ex parte occidentali Item iii rodas ibidem
Johannis Boswell ex parte orientali Item i rodam ibidem terre
Johannis Gawde ex parte occidentali monialium ex parte orientali
Item i acram super eundem furlength abuttantem super finem
occidentalem de Flett Hugonis Wombwell ex utraque parte Item
i acram super Haverhill Hugonis Wombwell ex parte occidentali
terre Greseacre ex parte orientali Item iii rodas super eundem
monialium ex parte australi Hugonis Wombwell ex parte occidentali Item i rodam super eundem Johannem Wombwell ex parte
australi monialium ex parte boriali Item i acram ibidem prope
terram Ricardi Den' ex parte australi Item dimidiam acram super/ *f. 186.*
eundem juxta terras monialium ex parte australi Hugonis Wombwell ex parte boriali Item i Fordell ad finem occidentalem de
Haverhill juxta terram Johannis Wombwell ex parte australi et
le Crokydsyk ex parte boriali. Item dimidiam acram in le Gylder-
steds juxta terram Johannis Moston ex parte australi Item
dimidiam acram abbuttantem super Crukidsik prope terram
Johannis Gresacre ex parte boriali Item i rodam abuttantem super
Crokidsik Ricardi Shepshank ex parte orientali monialium ex parte
occidentali. Item i acram juxta Magot floth ex parte australi et
Dymer [?] Folere ex parte boriali. 1 rodam super Wombwell top
monialium ex parte orientali idem prior ex parte occidentali.
Item i acram super Wombwell top Johannis Wombwell ex parte
occidentali Johannis Boswell ex parte orientali Item i rodam super
Wombwell top juxta terras ecclesie de Darfeld ex parte australi
monialium ex parte orientali.

Item super Schurlhill i acram Johannis Moston ex parte
orientali Johannis Wombwell ex parte occidentali Item dimidiam
acre super eandem furlength monialium ex parte australi Johannis
Wombwell ex parte occidentali Item i acram in eadem furlength
Johannis Wombwell ex parte australi Hugonis Wombwell ex parte
occidentali. Item i rodam et dimidiam super eandem furlength
monialium ex utraque parte. Item i acram in eodem campo prope
terram Johannis Wombwell ex parte boriali Hugonis Wombwell
ex parte australi Item dimidiam acram juxta monialium ex parte
orientali Johannis Gresacre ex parte occidentali.

Item in le Marshe ii acras et pratum super Dowsengs ex parte
occidentali Item in fine occidentali predicti March iii rodas Johannis

Wombwell ex parte occidentali Hugonis Wobwell ex parte orientali.

f. 186v. Item in Lytyll More una roda ex parte boriali de le Cawse/ monialium ex utraque parte Item ii acre super eundem partem de le Cawse abuttantem super Fowldew monialium ex parte orientali Ricardi Shepshank ex parte occidentali Item i acre super But-dikes Johannis Wombwell ex parte boriali Item i acram ibidem in eadem furlength versus le Wellane Item dimidiam acram ex parte australi dicte lane monialium ex parte boriali Johannis Womb-well ex parte australi Item unam acram in eadem furlength Johannis Wombwell ex parte boriali le terre ecclesie de Darfeld ex parte australi Item i acram super Lytyll more abuttantem in fine boriali super le Cawse in fine australi super Sowth lane Johannis Wombwell ex parte occidentali et terras Willelmi Robetson ex parte orientali Item dimidiam acram in eadem furlength monialium ex parte orientali Hugonis Wombwell ex parte occidentali Item i rodam et dimidiam in eodem furlength Johannis Wombwell ex parte occidentali monialium ex parte orientali Item i rodam et dimidiam in eadem furlength monialium ex parte occidentali Hugonis Wombwell ex parte orientali Item dimidiam acram in eadem furlength monialium ex parte occidentali Roberti Skyres ex parte orientali Item i acram in eadem furlength Roberti Skyres ex parte occidentali Hugonis Wombwell ex parte orientali Item i rodam in eadem furlength abuttantem super le Sowthlane moniali-um ex parte occidentali Hugonis Wombwell ex parte orientali Item i acram et dimidiam prope le Wellane Toft et Croft contin-entem in longitudine ex parte boriali juxta monialium cxxv ulnas in fine orientali xli ulnas in fine occidentali lv ulnas aus-trale latus minus ad le Willane.

Item in tenura Thome Grase dimidia acra abuttans super Butredyks monialium ex parte australi Hugonis Wombwell ex parte boriali Item in tenura predicte Thome i roda prati in le Dernengs Johannis Wombwell ex parte boriali Item i roda in Coklands abuttantem super Dern' monialium ex utraque parte

f. 187. Item i roda/ in Dowsey abuttans super Churlputts monialium ex utraque parte Item i acra terre cum tofto et crofto Roberti Skyres abutanda ex utraque parte Item in tenura Thome Grase i toftum et croftum continens i acram in longitudine et latitudine monialium ex parte boriali Hugonis Wombwell ex parte australi Item iii rode terre ad finem occidentalem de Wombwell prout jacet inter terram monialium ex parte occidentali et terram Johannis Grisakers ex parte australi et est toftum et croftum Item ii acre et dimidia in Haghton roda Thome Harod ex parte occidentali et boscus communis ex parte orientali Item i acra de Maynengs in le Wetemor Johannis Wombwell ex parte orientali Johannis Wodhall ex parte occidentali Item i acra in eodem prato Johannis Wodall ex parte orientali Symonis Fuller ex parte occidentali Item dimidia acra in Dernengs abuttant super Derne yngs de Wombwell ex parte boriali et pars australis dividens le

Densengs et Dernengs Item iii rode in Dernengs monialium ex parte boreali Hugonis Wombwell ex parte australi Item i acra in Toklands Johannis Wombwell ex parte australi Roberti Skyres ex parte boriali Item i acra ibidem et eodem prato Johannis Wombwell ex parte orientali Johannis Wodall ex parte occidentali Item i acra ibidem Johannis Wombwell ex parte orientali Johannis Wodall ex parte occidentali Item i acra in le Denscrembles Johannis Wombwell ex parte orientali Johannis Woodall ex parte occidentali Item i acra ibidem Johannis Wombwell ex parte orientali Johannis Wodall ex parte occidentali Item in Dowsengs 1 acra Johannis Wombwell ex parte orientali Hugonis Wombwell ex parte occidentali Item xiiii pedes in Dowsengs Johannis Wombwell ex parte australi Hugonis Wombwell ex parte boriali./   *f.* 187*v.*

[*f.* 187*d is blank*].

Terrier of the lands held in Catterton by the prior and convent of Healaugh Park, and of their granges in Wighill.

CATERTON.   *f.* 188.

Memorandum that thes be the parcells of grownd belongyng to the prior of Helagh and the convente within the lordship of Caterton aforesayd. Furst belongyng to on Tenandre then in the holdyng of on Harr Huitt v acars lyyng on the More dyke Item lyyng on Fosse dimidia acre and on gare; Item dimidia acre lyyng on the Flatte at the Burtre. Item dimidia rode in the Saplyng Flatte. Item lyyng in the Shortecrofte bowndyng on the Hall lane dimidia acre et dimidia rode Item in the Tofte Feyld ii acre et dimidia rode in the Tofte Nuke bowndyng on Helagh Parke Item iii rode att the Stubyng yatte Item ii halfe rodds in the Shorte Flatte Item ii acre lyyng in Holkar dyke other wase called Myreflosth Item on the Stanerawse i rod. Item i rodds at the Chapell Balke Item at his garthend with the garth i acre and i rod Item on Paroke bowndyng on the Ser' Ynge i acre with the Betts.

Gosbur Feyld ys bowndyng on the Weyng iii acre and i rode Item betwyxt the hall and the Towne 1 rode Item iii rods bowndyng on the Cowcrofte and of the streyte Item bowndyng on Fowrnase Close and the Strete i acre and iii roods Item ii roods bowndyng on the Lords Brekks and the strete.

Nota. Also ther be the parcells of lond belongyng to on others farmehold with the said Caterton then in the holdyng of one Richard Kettylwell Furst on the Northfeld vi acre and dimidia lyyng over the More Dyke Item i acre lyyng on Fosse Item i rod bowndyng on the Ser' Yng.

Item dimidia acra at the Burtree Flatt Item v acre at the   *f.* 188*v.* Sapplyng Flatte Item in the Shorte Crofte bowndyng of the Halle more ii acre et on roda.

In the Tofte Feyld i acre at the Sapplyng Raw Item i roda at the Chapell balke Item i acre at the Thorns Item vii rode at the Stonerawse Item ii acre et iii rode in Myreflofh bowndyng of Holkar dyke Item in the Cnomes 1 acra et dimidia Item at the Stubyng yate 1 acra et dimidia Item dimidia acra of the Shorte Flatte Item iii acre et i roda et dimidia roda bowndyng on the Parke.

Item in Gosbar Feyld i acra et dimidia bowndyng on the Weyng Item i roda betwixt the hall and the Towne Item dimidia acra bowndyng on Cowcrofte and the Streyte Item v acre et iii rode bowndyng ·on Fowrends and the Streyte Item tofte and crofte ii acre Summa XLI acre et dimidia acra et dimidia roda Item i garth vocata i roda et ultra.

Also thes be the parcells of ground belongyng to on other farmehold within the said Lordship of Catterton then in the holdyng of on William Smyth Furst in the Northfeyld vii acre bowdyng on the Ser'ynge Item iii acre et dimidia bowndyng of the More-dyke Item in the Shorte Croftes v acre. Item tofte and crofte ii acre et dimidia Item on parke lyyng Endlang the lane i acra.

Tofte Feld i acra lyyng at the Sapplyng Rawe Item xv acre bowndyng of Helagh dyke Item i acra et dimidia in the Shorte Flatte Item in Myreflosth iii acre bowndyng of Holkar Dyke Item i roda in the Cnomes.

f. 189. Gosbar Feyld iii acre be twyx the Hall and the towne Item i acra et dimidia bowndyng on Fowres Closse and of the Strete Item ii acre and i roda bowndyng on the Lord's Brekks and the Strete Item in the Brekks x acre

Summa eis LVI acre et dimidia acra Item dimidia acra juxta porta de Stubyng Item i roda et dimidia juxta portam ville quondam a tofte and a crofte.

Memorandum that I Alan sometyme Lord of Catterton have frely gyvne withoute any sote or serves unto our blessed Lady and Sante John the Evangelest of Helagh Parke and the priors and chanones preservyng Furst within the Towne and Towneship of Caterton thes parcelles of land folowyng with all thappurtenances to them belongyng that is to saie ix oxgangs of land errable Also moreover I have gyvne unto the said prior and conventt frely xxx^tl acars of erable land within the said Lordship of Caterton, videlicet, x acres in the Brekks Also x acres in the Ferneacars juxta pontem de Helagh Also vi acres juxta Helagh Park ayanest the Weste Also et White Gappe and of the Pytte iii acres et dimidia Item a nother dimidia acre near the Closse of Alane of Fowrennce. Also xxx^tl acres of my Woodes of Catterton lyyng nere Brathwayte perteneng to the said prior and convent. Also on acre called Calfecrofte lyyng ner the Hall yate of arrable land

Summa v^xx iii acre.

f. 189v. Item an other Tofte and a Crofte with the appurtenances of the gyfte of the said Alane of Caterton ii acre Item of the gyfte of the said Alane of Catherton iii acre and iii rode Item suffycyant pasture to ccc shepe and ther folowers to the time they be able to spayne. Item Comon Ingrose to all other maner of ther Catall Item Fre waye for the prior and hys tennants wher the Towne ship of Caterton hath any waye.

Item the foresaid Alane of Caterton hath gyvne in pure almose to the foresaid prior and convent ii toftes and ii crofts within the towne of Caterton to do with them as it shall plese them beste videlicet ii acre et dimidia et ulterius. Item i tofte and on crofte et duodecim acre terre arrabilis cum una acra prati etcetera.

WESTFEILD NORTHDICTON. *f.* 190.

In primis apon the Westdiks dimidiam acram, apon the same furschote i rode et dimidia, A pon the Hungerhylles i rode, Apon the same furschote dimidia acra, Apon the Kylnecruk other ways callyd the prior acre ane acre of land and on acre et dimidia medowe, Apon Stok furlandis i rode apon the West syde, Apon the same dimidia acre, Apon the same i rode, Apon the Dyke furlands dimidia acra, Apon the same ane other dimidia acre, Apon Karlingten dimidia acre, apon the Estsyde, Apon the same dimidia acre apon the west parte, In the Westynge viii fote medow of breyd thorugh the yng, And apon the Langlands in the clay a land callyd iii rode apon the same i rode land apon the Sowth parte, Apon Bagwath dimidia acre apon Spofford Gate i rode land et dimidia, Apon Stokkeld Sty dimidia acre betwyxxe ii balkys, Apon Southdales and apon the Southsyde i rode land, Apon the same on the north parte i rode Apon Lytyll Sowth dales i rode, Apon Grene Clyfbanke and a pon the dyke of the South parte i rod et dimidia, Apon the same i rod et dimidia

Summa acrum xi acre i rode et dimidia et viii pedum prati.

SOWTH FELYD. *f.* 190*v.*

In primis apon the north part of the Grenehowe 1 rode, apon Havercroftes i acre, apon the same iiii buttis contenyng dimidia acre, Apon Hesilbuske 1 rode et dimidia betwyxt ii balkes, apon ye Crokedlandes 1 rode et dimidia next a balke apon the Southsyde, Apon Cald Cotes dimidia acra apon the same furschotte dimidia acra Apon the Est part of the Ranyes Apon Myddil furlands dimidia acra apon Kyrkgates i rode apon the same i rode apon Carloraneflatt i rode next a balke on the West part Also bondyng ayanest the Crosse a rode Apon Burtrestubbys dimidia acre Apon the same i rode et dimidia.

Summa acrarum xi acre i rode et dimidia.

HOBERKES.

In primis in the Newclose 1 acre betwyxt ii balkes apon the Ouer dales ii acre land and yng apon Wilowe Yng dimidia acre

land and yng apon Tykyrunhyll dimidia acre land and yng be yond
Slethowe Hyll on the Est part dimidia acre land and yng In
Slethowe yng dimidia acre yng Apon the Crosbutts i rode apon the
Benebuttis i rode on the Northparte a balke apon Crokedlandis
iii butts contenyng dimidia acre Under Carlowrane alias under
f. 191. bank i rod/ et dimidia In Stokeld Yng viii fote yng thorough the
medow Apon Underbank in the Newe close dimidia acre Apon
Stanibane Keld dimidia acre land and yng of the north part of the
parsonflat.

Summa acrarum VII acre i rode et dimidia land and yng and
VIII foot prati.

NORTH FELYD.

Apon the Northgates 1 rode Apon the same gate dimidia
acre Apon the Stanebuttis i rode Also i rode et dimidia commyng
apon the Cowycroftes Apon the Stanebuttis bondyng of the croft
land dimidia rode Apon Awyedlandes dimidia acre

Summa ii acre.

IN THE OXENCLOSSE.

In primis with in the gate 1 acre Apon the northpart of the
Gret Rane in the Grete Rughowe iiii landis contenyng iiii acre In
the More Close i acre betwyxt ii balkes Item within the parke in
Thorpparkes ii acre lyyng with lands longyng to Ric. Binney
Item ii meysteds with in the parke by estimacion the valowe of
viiis. by the yere.

Summa acrarum xxxv acre et dimidia rode et xvi pedes
prati.

Tenens noster tunc John of Perys et Agnes uxor ejus Tenens
noster post predictum Petrum Robertus Smyth filius Ricardi
Smyth.

per annos elapsos LX

f. 191*v.* ### GRANGIA NOSTRA.
NORTHFELD DE WYCHALL.

In primis in Wranglandis iiii landis i acra et dimidia Item in
Madoklandis ii landis callyd contenyng dimidiam acram Item in
the Westsyde of Kellbarflat v landis callyd ii acre et dimidia Item
in Krakkars v lands in on pece and vii in a nother callyd the ton
iii rude and the tothyr dimidia acra Item v landis in Thorpstyse
callyd v rode Item in Wodlaywithis v landis betwyx ii bankis
callyd on acre Item in the Westsyde of the same flat iiii landis
and a gare i acre Item in the mydward of the Tofts v landis and
a gare callyd iii acre Item in the west syde of the Tofts v landis
callyd ii acre Item in Carlgate Wray i land callyd dimidia acre
Item in the same flat v landis callyd i acre spurnyng on Calkar

Item oder iiii landis at the hedys of thame ['yame'] spurnyng on
the wod callyd 1 acre Item at the Mappillstele x landis spurnyng
on the wod callyd Mappillstele Item oder ii schort landis be
syde the same ix landis callyd ii acre Item v landis lyyng up
and down by Gamylhawe callyd 1 acre buttyng on the same ii
landis Item in Rawynskeldis dimidia acra Item be hynd Kelbar
1 land callyd dimidia rode Item be Keller syde dimidia rode Item
v landis lyyng on the soth syde of Kelber callyd i acre Item in
the Marsh on the north syde Gamilhow Item in the Riddyng
dimidia acra Item ix bes gate to the grange in the sayme.

Summa xxiii acre and iii roda.

WESTFELD.   *f.* 192.

        In primis be twyx the kyrk and the milne v landis callyd
ii acre et dimidia Item at the milne iii landis callyd iii rode Item
at the Stump crosse v landis callyd v rode Item next the baulk
on the est syde v landis callyd 1 acre Item oder v landis on the
same furschot callyd on acre Item oder v lands on the same furschot callyd i acre Item vii landis on the west syde on the same
furschot callyd ii acres Item v landis at the Sandlandis callyd v
rode Item v landis at Conyngstelys callyd dimidiam acram et
dimidiam rode Item oder v landis spurnyng on Russell croftys
callyd dimidiam acram et dimidium rode Item at Derellers vi
landis callyd iii rode Item at Normanyng Gap v landis callyd i
acre Item in the bothum xii landis callyd i acre et dimidium Item
on the est syde of Normanyng i land callyd dimidium acre Item at
the Stubyng Gap vii landis callyd i acre Item v landis in the bothum buttyng on the same And the toder ends on the Sowthyllys
callyd i acre Item in the west syde of the Karflat ii schort butts
callid i rode Item Dam Ales Flat iii lands called dimidiam acram
Item ii landis spurnyng of Huntpyt callyd dimidiam acram Item
spurnyng on the Kyrkestele ii landis callid dimidiam acram Item
ii landis in Scalcroft callyd dimidiam acre Item on oder land of
the sayme furschot callyd i rode Item i oder land of the sayme
furschot callyd i rode Item on the same furschot oder iiii landis
and i end callyd 1 acre Item at the Whyte Crosse iii landis callyd
i acre Item at the Haygayt ii landis called i acre Item in Dunbath
in Leyelands and Yng callyd ii acre.

Summa xxv acre and dimidium.

ESTFELD.   *f.* 192*v.*

        Imprimis at Esdike Nuke spurnyng on Thonsmyre vi landis
and i hedland called dimidia acre Item ii landis on the same
furschot callyd dimidia acre Item iii landis of the same furschot
callyd i acre Item v landis on the northsyde of the new yatte
called ii acre Item v lands of the same furschot callyd ii acre et
dimidia Item v oder landis of the same furschot betwyx ii baulks

callid i acre Item vi lands of the same furschot called i acre Item
v landis onder the kyrk callid i acre Item v landis lyyng at the
Wayngap called ii acre Item on the same furschot ii lands called
dimidia acre Item iii lands in the march spurnyng on Wadcroft
callid i acre Item in the march ii landis spurnyng on lyttyll Eyngmyre callyd dimidia acre Item v landis spurnyng on Wadcroft
stele callyd i acre Item oder v landis spurnyng on Helay Parke
callyd ii acre et dimidia Item a land in Wulraycal Garth callid i
rode Item v landis of Dodlandis called i acre Item of the same
furschot iii lands called dimidia acre Item in Nether Dodlandis
iii lands callyd dimidia acre Item in Belay i land called i rode Item
iii landis spurnyng on Thrusmyre callyd 1 acre Item on the same
furschot ii lands callyd i acre Item v landis spurnyng of Gret
Eyngmyre i acre Item v lands in Guldflatts callyd v rode Item a
Cloce calleyd Calkar valet viiis.

Summa xxiii acre et dimidia iii rode.

f. 193. Item ii acre in a grownd callyd Stubbyng Item in ye Brod
Yngs pertenyng to ye Grange Plays i rode yng spurnyng of Scatbek Item i oder rod eyng lyyng a bowne spurnyng of the same
Scatbek Item dimidia acra eyng lyyng at the hed half acre Item
i rode eyng lyyng at the Dub Item i swae rode of eyng Item be
Est [*a word erased*] the teynd hay of the nether end of Wighill
eyngs Item wen Stubyng is not mawne ix bese gat to the grange
thar in.

Summa iii acre et dimidia.

f. 193*v*. Ther is nowe but 195 leaves Phillip Padmore 1633

Cont. fol. 193.

f. 194. Md. that when this booke was delyverid to my L. Wharton
his officere ytt conteyne cc leeves wrytyng

per me

[*blank*]

[This entry is in a hand of perhaps *c.* A.D. 1550]

f. 194*v*. 194. Fols. Exd. F. W. 1884.

DODSWORTH'S NOTES ON HEALAUGH PRIORY.

The volumes of copies of charters, abstracts and notes relating to Yorkshire monastic houses, collected by Dodsworth and now in the Bodleian Library, contain considerable material for Healaugh Park. In Volume VIII, f. 74v contains the brief sketch of the descendants of Bertram Haget which has been noticed already [above, pp. 1 and 2]; a note follows, that "Galf. de Haget fuit Justiciar. domini regis 34 H. 2." The next entry is a copy of the charter [f. 5 *of the Chartulary*, p. 7 *above*] of Jordan de Sancta Maria and Alicia his wife to William de Hamelak, first prior of the Park, which was witnessed by Archbishop Walter de Gray, to which Dodsworth has set the heading—

"Carta 2de fundacionis de Helagh."

The charter of Henry prior of Marton, dated Monday after the Epiphany 1203, follows this [f. 7v *of the Chartulary*, p. 11 *above*] and on f. 78v of Dodsworth VIII is a copy of Alan de Wilton's grant relating to Hutton Rudby [*Chartulary* f. 113, p. 129 *above*]. The next Healaugh item is on f. 86, a copy of the grant by prior Elias to Gilbert the chaplain of Monkton, of land next to the latter's church of St. Gregory in York, verbatim as on f. 140v of the Chartulary [p. 159 *above*]. Then f. 89v corresponds to Chartulary 36v [p. 45], f. 90 to Chartulary f. 148, which Dodsworth calls "pag. 135." 90v and 91 have the charter given on f. 169 of the Chartulary, and this is followed by Alice Haget's grant to the Church of St. Helen of Healaugh [*Chartulary* f. 6v, p. 9 *above*].

These are followed by what appear to be transcripts from original deeds inspected by Dodsworth. The first, on f. 98, headed (incorrectly) CARTA HENRICI DE PERCI is a grant by William de Perci—

Deo et domui sancti Johannis Evangeliste de Parco de Helagh et canonicis ibidem Deo servientibus in puram et perpetuam elemosinam ad lumen beate Marie pro anima Henrici de Perci patris mei et successorum meorum unam bovatam terre in territorio de Thatcaster....quam scilicet Robertus filius Acke tenuit et totum toftum quod Radulphus Cappellanus tenuit in villa de Thattcastre. Et ego et heredes mei predictam terram et predictum toftum cum omnibus pertinenciis suis contra omnes homines warantizabimus. Et ut hec donacio mea et concessio rata permaneat imperpetuum presens scriptum sigilli mei apposicione roboravi. Hiis testibus: Henrico de Perci, Roberto de Lelay, Jordano del Estre, Olivero de Brincle, et Jordano de Sancta Maria, Alano de Karton, Alano de Folifait, Gilberto le Lardiner et multis aliis.

A rough drawing of the seal is appended, with a note that it was circular, of red wax, with the legend SIGILLUM. WILLI. DE. PERCI. The shield bears per fesse, 5 fusils.

CARTA PETRI DE PLUMPTON.

[See Chartulary, f. 139v, p. 157 *above].*

Omnibus Christi fidelibus Petrus de Plumpton salutem in domino. Noveritis me intuitu caritatis et pro salute anime mee et antecessorum et heredum meorum dedisse et concessisse et hac presenti carta mea confirmasse Deo et domui sancti Johannis Evangeliste de Parcho de Helagh et canonicis ibidem deo servientibus ecclesiam de Koltorp cum omnibus pertinenciis suis et libertatibus. Et ut hec mea donacio et concessio rata permaneat et inconcussa imposterum presens scriptum sigilli mei munimine roborare dignum duxi. Hiis testibus: Jordano de Sancta Maria, Ricardo filio ejus, Bartholomeo Thuret, Girardo Thuret, Thoma de Crigleston, Olivero de Brincle, Willelmo Haget, Hamone persona de Alna, Waltero de Vestiario, Magistro Eustacio et aliis.

SIGILLUM PETRI DE PLUMTONA.

"A man riding on a beast with feet like a griffon.   In the right hand a sword, a shield on his left arme."

CARTA ROESIE DE KYMBA.

Grant by Rose de Kymba ....in viduitate et legitima potestate mea Deo et ecclesie sancti Johannis Evangeliste de Parco et canonicis ibidem Deo servientibus pro salute anime mee in puram et perpetuam elemosinam sex solidos annuos in villa de Wetelaie percipiendos annuatim de terra quam Oliverus de Brinkil tenuit de me, dimidium ad Pentecosten,....*[etc. as on* f. 142v *of the Chartulary,* p. 161 *above]*....Et ut predictos sex solidos predicti canonici sine difficultate percipient ego vero et heredes mei predictam terram tenentes ad solucionem predictorum sex solidorum si opus fuerit compellemus. Hiis testibus: Willelmo de Perci, Henrico fratre suo, Simone de Musant, Hugone de Lelaie, Willelmo Pateuin, Roberto de Scegnesse, Hugone filio Simone, et aliis.

The grant of John and Elizabeth Deepeden, of the advowson of Helagh Church, 1398, follows verbatim as in the Chartulary, f. 45v, p. 55 above.

Dodsworth preserved, in Vol. XCIX of his MSS. collections, copies of several charters which either are not found at all in the Chartulary, or are found there with important variations, as in the list of witnesses. These are as follows :—

XCIX, f. 99.

A confirmation by Philip de Kymba of Rose de Kyme's grant of 6s. [Chartulary, f. 143] is witnessed by "Willelmo de Perci, Henrico fratre suo, Simone de Musant, Hugone de Lelaie, Alano de Katherton, Willelmo Paitevin, Roberto de Scegnes, Hugone filio Simonis, et aliis."

XCIX, f. 100v.

Cf. Chartulary, f. 127v and f. 173.

Omnibus Christi fidelibus presens scriptum inspecturis Johanna que fuit uxor quondam Ricardi domini de Wiuelestorp eternam in domino salutem. Noveritis me in libera potestate et legitima viduitate mea concessisse quietumclamasse et confirmasse Deo et beate Marie et domui sancti Johannis Evangeliste de Parco de Helagh et canonicis ibidem Deo servientibus in liberam puram et perpetuam elemosinam quattuor bovatas terre et duo tofta in Brettebi cum omnibus pertinenciis suis infra villam et extra, illas scilicet quattuor bovatas terre et duo tofta quas habuerunt de dono quondam Stephani de Walthon clerici que fuerant de maritagio meo et quae quidem quattuor bovatas et duo tofta dedi eidem Stephano in legitima viduitate mea, tenendas et habendas predictis canonicis et successoribus suis de me et heredibus meis sive assignatis libere quiete pure pacifice et integre ab omni servicio consuetudine secta curie exactione et demanda ad predictas quattuor bovatas terre et duo tofta pertinentibus. Et ego Johanna et heredes mei predictas quattuor bovatas et duo tofta cum omnibus pertinenciis suis predictis canonicis et eorum successoribus sicut supradictum est contra omnes gentes warantizabimus adquietabimus et defendemus imperpetuum. Et ut hec mea concessio quietaclamacio et confirmacio rata et stabilis permaneat imposterum presenti scripto sigillum meum apposui. Hiis testibus: domino Ricardo de Lutrincton, domino Henrico Walense, domino Johanne de Raygate, Willelmo Bret, Nicholao de Melton, Roberto de Thunwic, Willelmo de Maresco, Egidio de Katherton, Ricardo Prudfot de eadem villa, Elia de Katherton, Willelmo filio Henrici de Wichale, Philippo filio Johannis de Wiuelesthorp, Henrico de Sakespey de Wichal, et aliis.

XCIX, f. 105.

CARTA BARTHOLOMEI FILII PETRI TURET.

Sciant omnes presentes et futuri quod ego Bartholomeus filius Petri Turet dedi canonicis sancti Johannis Apostoli et Evangeliste de Parco de Helaghe toftum cum edificiis suis extra portum domini Jordani de Sancta Maria ubi mansit Hugo Forestarius filius Gileberti de Wikhale et partem terre in nemore quod jacet inter predictum topftum et messuagium Aldelini ad sarciendum sibi topftum quantum fossa ipsorum canonicorum includitur, tenendum de me et heredibus meis in puram et perpetuam elemosinam in excambium pro tofto eorundem canonicorum quod jacet juxta messuagium meum in eadem villa quod ab ipsis sumpsi propter prenominatum excambium ad augendum messuagium meum. Et ut hoc excambium firmum et stabile ipsis canonicis permaneat presens scriptum sigillo meo confirmavi. Hiis testibus: Reinero persona de Biltona, Jordano de Sancta Maria, Waltero Thuret, Galfrido de Blid, Simone Saksespee, Roberto filio ejus, Henrico clerici filio, Wilelmo Aldelin, Willelmo Hordi, et multis aliis.

f. 105.   CARTA LUCIE TURET.

...... *Quitclaim by*....Lucia Turet in legitima potestate et libera viduitate Deo et beate Marie et domui sancti Johannis Evangeliste de Parcho et canonicis ibidem Deo servientibus in liberam puram et perpetuam elemosinam duas bovatas terre in villa et territorio de Wyhale cum omnibus pertinenciis libertatibus et aisiamentis infra villam et extra in bosco et plano campo pastura et prato et in omnibus aliis excepto tofto quod quondam pertinebat predictis bovatis super quod sita est porta que ducit ad aulam predicte ville pro quo tofto dedi eisdem canonicis in escambium unum toftum in predicta villa de Wyhale super quod mansit Hugo Forestarius juxta exitum predicte ville, illas scilicet duas bovatas quas dicti canonici habuerunt de dono Radulphi Haget, tenendas et habendas cum predicto tofto sibi et successoribus suis in puram et perpetuam elemosinam ut predictum est; pro hac vero concessione et quietaclamacione predicti canonici dimiserunt mihi et heredibus meis duas bovatas terre in villa et territorio de Estdic cum omnibus pertinenciis libertatibus et aysiamentis in fra villam et extra in bosco et plano pastura et prato ad predictam terram pertinentibus, illas scilicet duas bovatas quas Henricus filius Botild tenuit. Preterea dicti canonici dimiserunt mihi et heredibus meis predictum Henricum filium Botild cum tota sequela sua et sciendum quod dicti canonici quietumclamaverunt heredibus Bartholomei Thuret clamium suum quod habuerunt erga villam de Estdic occasione donacionis predicti Bartholomei salvis sibi sibi septem bovatis terre in eadem villa de Estdic cum omnibus pertinenciis suis quas habent de dono predicti Bartholomei. Et in hujus rei testimonium presentibus scriptis dicti canonici et ego sigilla nostra apposuimus. Hiis testibus: Alano de Folifayt, Alano de Catherton, Ricardo le Gramarie, Nigello de Dichton, militibus; Willelmo persona de Wyhale, Willelmo filio Henrici, Radulpho Hardi, et aliis.

f. 106.   *Cf.* p. 68 *above*; Chartulary, f. 56v. Carta domini Willelmi de Perci.

Notum sit omnibus hoc scriptum visuris vel audituris quod ita convenit inter dominum Willelmum de Perci et prior et conventus de Parco de Helage videlicet quod predictus prior et conventus dederunt et concesserunt et hac presenti carta sua confirmaverunt eidem Willelmo de Percy decem acras terre in territorio de Haggandebi, illas scilicet quae jacent propinquiores aque

de Fosse versus boscum de Catherton et inter boscum de Haggandebi et moram et campum de Tatekastre et totum pratum suum
quod habuerunt in territorio de Stutton de dono Roberti de Lelay
et Hawisie de Mitton, et redditum duodecim denariorum per
annum quem Ricardus de Normanuill eis reddere solebat de dono
Thome Mareschalli et redditum octodecim denariorum de terra
quam Thomas Drie de eis tenuit in Smauhuses, tenendum et
habendum eidem Willelmo de Percy et heredibus suis de domino
rege in capite in feodo et hereditate libere et quiete plene et
honorifice in omnibus libertatibus et liberis consuetudinibus absque
omni servicio seculari, pro quietaclamacione pasture ville de
Haggandebi quam pasturam dictus Willelmus de Perci pro salute
anime sue et patris sui et Johane uxoris sue et antecessorum et
successorum suorum dedit concessit et quietumclamavit et hac
presenti carta sua confirmavit Deo et beate Marie et beato
Johanni Evangeliste de Parco de Helagh et canonicis ibidem
Deo servientibus pro se et heredibus suis in puram et perpetuam
elemosinam, et totum jus et clamium quod habuit vel habere
potuit in pastura dicte ville de Haggandebi de qua pastura con-
tentio mota fuit inter ipsum Willelmum de Percy et dictos canonicos de Parco in curia domini Regis, ita quod Willelmus de Perci
nec heredes sui vel custumarii sui de Tatekastre aliquo tempore
jus vel clamium exigere poterint in predicta pastura de Haggandebi.
preterea idem prior et conventus concesserunt dicto Willelmo de
Perci et heredibus suis attachiamentum cujusdam stagni de
altitudine decem pedum cum messuagio ubi Robertus de Lelay
manere solebat usque ad croftum Hawisie ubi illa manere solebat.
Et sciendum quod prior et conventus de Parco warantizabunt
predicto Willelmo de Perci et heredibus suis vel assignatis suis
omnia predicta quod predictus Willelmus habet et heredes sui
habent de dono ipsius prioris et conventus. Eodem modo predictus
Willelmus et heredes sui warantizabunt predictis priori et canonicis
de Parco quietamclamanciam et concessionem predicte pasture de
Hagandebi contra omnes homines imperpetuum per omnia sic[ut]in
presenti carta prelocutum est. Et in hujus rei testimonium tam
predictus Willelmus de Perci quam predicti prior et conventus
de Parco sigilla sua huic scripto apposuerunt. Hiis testibus:
Roberto de Plumpton, Ricardo de Godelesburg, Jordano de Lestrio,
Nigello Pincerna de Dicton, Thoma de Scotton, Albino de Godelesburg, Rogero de Ereswell, Willelmo de Plumpton, Ricardo,
Willelmo, capellanis, Thoma filio Willelmi de Dicton, et aliis.

Sig. Wilelmi de Perci.

on horse sword brandished with a shield. Most part yellowish
with keeping.

.... *Grant by*] Hugo de Lelay in liberam puram et perpetuam   *f.* 106*v.*
elemosinam Deo et beate Marie et sancto Johanni Evangeliste de

Parcho et canonicis ibidem Deo servientibus totam villam de Haggandeby cum pertinenciis suis tenendam et habendam libere et quiete ab omni servicio et exaccione. Et ego et heredes mei predictam villam cum pertinenciis suis predictis canonicis warantizabimus et defendemus contra omnes homines imperpetuum. Hiis testibus: Jordano de Sancta Maria, Bartholomeo Thuret, Roberto de Cokefeld, Olivero de Brincle, Galfrido de Folevile, Girard Thuret, Alano de Folifet, Roberto de Plumton, Ricardo de Wiuelestorp, Willelmo de Stiueton, Willelmo de Plumton, Willelmo Haget, et aliis.

...... *Grant by*] Hugo de Lelay filius Hugonis de Lelay in legitima potestate mea post decessum patris mei pro salute anime mee Deo et beate Marie et sancto Johanni Euangeliste de Parco de Helaye et canonicis ibidem Deo servientibus in liberam puram et perpetuam elemosinam omnia quecunque dicti canonici habent de dono predicti patris, scilicet totum servicium sine ullo retenemento quod pertinet vel pertinere potest ad totam villam et territoriam de Haggandebi cum omnibus pertinenciis suis secundum tenorem carte quam ipsi inde habent. Et duas bovatas terre cum omnibus pertinenciis suis in villa et territorio de Lelay quas dicti canonici similiter habent de dono predicti Hugonis patris mei secundum tenorem carte quam inde habent ab eodem Hugone patre meo. Item concessi et confirmavi ecclesiam de Lelay cum omnibus pertinenciis suis quantum spectant ad donacionem patris mei secundum tenorem carte quam inde habent de supradicto Hugone et redditum sex solidorum in Castelay et insuper Willelmum filium Gilberti de Merston cum tota sequela sua et cum omnibus catallis suis secundum tenorem cartarum suarum quas habent de predicto Henrico patre meo. Praeterea concessi predictis canonicis et stabiles et ratas et inconcussas habeo omnes concessiones et confirmaciones quas ipsi habent de prenominato patre meo Hugone de Lelay scilicet confirmaciones totius ville de Hagandeby cum omnibus pertinenciis suis secundum quod heredem loquuntur quas habent de predicto Hugone patre meo. Tenenda et habenda omnia predicta imperpetuum libere quiete et solute integre et pacifice ab omni seculari servicio et exaccione sicut ulla elemosina *f.* 107. liberius potest teneri et purius. Et ego predictus Hugo/ filius Hugonis de Lelay et heredes mei omnia predicta data et confirmata predictis canonicis de Parco contra omnes homines warantizabimus adquietabimus et defendemus ubique contra omnes homines in perpetuum. Et in hujus rei testimonium presenti scripto sigillum meum apposui. Hiis testibus: Bartholomeo Turet, Alano de Catherton, Alano Folifed, Willelmo Vavasore, Thoma de Areses, militibus; Willelmo de Plumpton tunc senescallo, Willelmo filio Roberti de Siclinghale, Henrico de Weston, Willelmo de Lindesay, Rogero filio Hugonis de Lelay, Rogero de Huby, Ada de Wytheton, et aliis multis.

Cf. p. 62 *above.*   *f.* 144.

Chartulary, f. 51v. Grant by William Folenfaut. The text of the deed follows verbatim that printed above (p. 62), but the witnesses in Dodsworth's copy are as follows :—

"domino Alano de Katherton, domino Alano de Folifait, Ricardo le Walais, Willelmo persona de Wickale, Reginaldo Haget, Ricardo de Lindessai, Radulpho de Newerc, Willelmo filio Henrici de Wickale, Ricardo de Wambewelle et aliis."

Cf. p. 64 *above.*   *f.* 240.

Chartulary, f. 53.

Quitclaim by Sir John Fitzwilliam and John Bosuyll de Erdeslay.

The text of the deed agrees verbatim with the version in the Chartulary, except that the latter has *Noveritis me,* where Dodsworth copies *Noveritis nos,* correctly.

Dodsworth appends rough drawings of the seals. On the left, without legend, is a shield *fretty* under a plumed helm. On the right, S. JOHANNIS BOSEVIL, over a rough sketch of a helm terminating upwards in a beast's head too indeterminate for identification, with Dodsworth's note.

In fesse five fuzelles chief 3 leopards heads erazed Crest a rams head ut videtur. quaere.

In Vol. CXVI of the Dodsworth MSS., ff. 64 to 111, are notes and abstracts of material relating to Healaugh Park, part at least collected before Dodsworth saw the Chartulary, and some at any rate noted from original charters. The following is an abstract of these pages. It will be seen that in many cases Dodsworth noted no more than the names of grantor and witnesses and the barest reference to the property granted.

"Helagh Chart. for 2ᵈ vol.   *f.* 64.

I have since seen them in the Leiger Booke of Helagh. fol. 23. Ego Bartholomeus filius Petri Turet dedi canonicis sancti Johannis Apostoli et Evangeliste de Parco de Helagh toftum cum edificiis suis in Wyhall extra portam domini Jordani de Sancta Maria ubi mansit Hugo Forestarius filius Gileberti Wikhale et partem terre cum nemore que jacet inter dictum toftum etc. Teste Reynero de Biltona, Jordano de Sancta Maria, Waltero de Thuret, Symon de Sakespee.

Ego Thomas Sakespey de Bilton pro tofto Thome le Walays de Marston.

Omnibus etc. Robertus de Plumpton dedit priori de Helagh mayremium sufficientem ad magnam ecclesiam suam et ad chorum ejusdem loci in bosco meo de Idleouli suff. etc. ad opus predictorum ecclesie et chori tantum. Teste Jordano de Sancta Maria,

Bartholomeo Thuret, Roberto de Kokefeld, Radulpho de Goldles-burc, Roberto de Lelai, Olivero de Brinckle, Alano de Folifait, Alano de Kaderton, Willelmo de Stiveton, Willelmo de Hebden, etc.
[*Not in Chartulary*].

Peter de Plumpton dedit ecclesiam de Koltorp priori de Helage. Testibus Hugone de Lelay, Willelmo de Stiveton, Roberto de Hela.
[*Chartulary*, f. 139v. *See* p. 157 *above*].

f. 64v.   Ricardus Walensis salutem. dedit priori de Helagh servitium Willelmi de Fedeston. Teste Henrico Walense patre meo, Alano de Katherton, Ricardo le Gramaire, Roberto de Bruis, Henrico Walense juniore, militibus.

Al. de Katherton dedit priori de H. ix bovatas in villa de Katherton etc. T. Alano de Folifat, Ric. de Wiuelestorp.

Sigil. Alani de Katherton [*Rough drawing of the seal. A shield bearing a chevron between three annulets, two and one*].

Alicia de Buggetorp uxor Nicholai de Bugtorp vidua dedit priori de H. domum meam lapideam in Mickelgate, Ebor. inter ecclesiam S. Gregorii et domum Willelmi filii Agnetis ....ad sustentacionem unius sacerdotis in predicta domo imperpetuum. Teste Rogero decano et capitulo Ebor., Hugo de Seleby tunc majore Ebor., etc.
[*Chartulary*, f. 137; p. 155 *above*].

Hugo de Lelay dedit servicium quod pertinet ad terras quas habent de dono Roberti de Lelay et Ricardi de Montealto in villa de Hagandebi, etc.

Robertus de Lelay dedit....totam villam de Hagandeby .... T. Jordano de Sancta Maria, Roberto de Cokefeld, Hugone de Lelay fratre meo, Olivero de Brincel.

Ricardus Walensis quietumclamavit medietatem totius terre in Wombewell ex dono Jordani de Sancta Maria avi mei.
[*Cf. Chartulary*, f. 50v; p. 61 *above*].

Robertus de Plumpton....dedit....advocacionem med-ietatis ecclesie beate Marie de Bichehill [Bishophill ecclesia].
[*Not in Chartulary*].

Petrus de Brus....dedit [priori et conventui de Parco de Helagh et Hospitali S. Nicholai de Yarum] mulcturam liberam per omnes molendinos et pasturam ad bestias suas proprias in terra sua sicut carta testatur quam habent ex dono Roberti de Brinc. Et dimidiam carucatam in Wickeshale et octodecim acras in Farrildalrig quas Telwinus dedit eis et tres acras et tres rodas ex dono domini Ade de Bruis patris mei. Item concessi eisdem fratribus octo tofta et dimidium in villa de Yarum, duo tofta quae Rogerus filius Johannis filii Ailwini dedit eis in magno uno [*sic*] et unum toftum quem Ricardus filius Raudri dedit eis juxta

Castelvin' et dimidium toftum quem Reignald de Gupull dedit eis.

[*Not in Chartulary*].

Ricardus le Walais heres domini Jordani de Sancta Maria confirmavit donum Willelmi de Folenfaut de territorio in Wombewell. T. Alano de Katherton, Alano de Folifait, etc.

Omnibus etc. Johannes filius Thome de Welleton salutem *f.* **66.** ......[*grant to*] Abbati de Parco Lude dimidiam carucatam in villa de Welleton.

Jordanus de Sancta Maria [*dedit*] Willelmo Folenfaut et heredibus suis XLIV acras terre et IV acras prati de dominio meo in Wombewell. T. Alano de Crigleston etc.

Robertus de Lelay confirmavit anno MCCXXII ad festum S. Mich. domui de Helagh totas duas partes de Hagned. T. Hugone de Lelay fratre meo, Roberto tunc constabulario Ebor., Jordano de Sancta Maria, Ricardo filio ejus, Bartholomeo Thuret.

In a catalogue of the deeds belonging to the priory of Helagh now in St. Maries Tower Ebor. 1619 in the first beginning hereof it followeth in hec verba.

Confirmaciones Jordani de Sancta Maria et Alicie uxoris sue de situ loci prioratus (de Helagh) de toto nemore vocato le Horsparke.

Confirmacio Alicie Haget de prioratu cum pertinenciis et de eleccione prioris.

[*Chartulary, f. 5 foll., p. 8 above*].

11. H. 3. Alanus de Katherton....[dedit]....unam acram que vadit ante portam aule de Katherton. T. Jordano de Sancta Maria, Roberto de Cockset tunc Vicecomite Ebor."

On f. 69, Dodsworth began a series of abstracts from the "Leiger Booke," our MS. Cott. Vespas. A. iv, which occupy the remaining pages up to f. 111, preserving generally the order in the Chartulary.

f. 69. The 'quatuor fuerunt sorores Galfridi Haget.'

f. 73. The list of priors.

f. 74. Bertram Haget's foundation charter.

f. 74v. Geoffrey Haget's foundation charter with a note to the witness Clement the abbot, "Clemens ab. obiit 31 H. 2," and so to f. 111 of his MS. ending his abstracts with Lucy Thuret's confirmation of the gifts of her brother Bartholomew (Wighill Church, etc.) as on p. 26 above.

TWO CHARTERS RELATING TO THE
HOSPITAL OF YARM.

B.M.   Egerton Charter 515. [*Latin*].

Endorsed : Nigel de Rungeton.   The Charter of W. de Rungton made to Peter son of T. of the custody of the Hospital of Yarom.

Grant of William son of John de Rungeton, to Peter son of Thomas and his heirs, of the lordship and care of the Hospital of St. Nicholas at Yarm and the brothers and sisters there serving God and St. Nicholas, with all easements and liberties thereto appertaining without anything retained, so that they may assign in fee freely.

Warranty. Seal. Witnesses : Master R., rector of the Hospital of St. Peter, York; Robert, abbot of St. Mary, York; H., Treasurer of York; W., Archdeacon of Nottingham; J., prior of Giseburn; J., prior of Witebi; Alan de Wilton; Ralph de Multon; Guy ['widone'] de Helebec; Ralph Minell; Thomas Baldewin; Thomas de Bonevill; Laurence de Wilton; James the Dean; William Brito; Geoffrey and Robert, chaplains; Hugh son of Ralph, Ralph his son, Thomas the Clerk, and many others.

The seal is preserved: circular, of yellow wax bearing a fleur-de-lis, and the legend + SIGILLVM I. DE RUNGETUN.
The probable limits of date for this charter are A.D. 1203 and 1217.

Egerton Charter 516. [*Latin*].

Grant of William the prior and the convent of the Park to Nigel de Rungeton and Geoffrey son of Hugh, of the care and custody of the Hospital of St. Nicholas of Yarum with all appurtenances and rents of Yarum and the land of Wirkesal and Stayndale Rig and two bovates in Wellebye and lands in Aylwinethorp, Middleton and two shillings of rent in Lacceneby, to find a chaplain ministering and procuring to seven poor in food and clothing.

Witnesses : Thomas de Wilton, John de Bulmer, Geoffrey de Piketon, William de Malteby, William de Lor, Thomas de Aula, and others.

The prior is no doubt William of Helmsley, first prior of the Park, and the date of the charter this falls between A.D. 1218 and 1233. The seal is well preserved: oval, of yellow wax, bearing a figure of St. John Evangelist with open book and the legend + SIGILLUM . SANCTI . JOHIS . DE . PARCO. [see Fig. 2].

CHARTER OF WILLIAM, FIRST PRIOR OF HEALAUGH PARK,
CONFERRING THE CUSTODY OF YARM HOSPITAL

B.M., Egerton Charter 516

ROYAL 'INSPEXIMUS' OF HELAGH PARK CHARTERS.

The Charter Rolls of 4 Edward II contain on four separate membranes charters of Inspeximus of Healaugh Priory deeds. Most of the items in these have been noted separately under the appropriate entries in the Chartulary, but for some of the entries in the Rolls the Chartulary has no corresponding deed registered. These are as follows :—(names of first and last witnesses only)— Charter Rolls, 4 Edw. II, December 14. (Vol. iii of Calendars).

m. 19.   no. 4.   Grant by William de Tameton, of a rent of 3 marks in Pyketon.   Witnesses : Peter de Brus.... William de Dromundeby.

no. 5.   Grant by Alan de Wilton, of the homage and free service of his men in Hoton.   Witnesses: Robert de Acclum...... William de Lerheby.

no. 8.   Grant by Adam son of Walter de Ormesby, of two bovates in Bernardesby held of Walter de Hoton.   Witnesses: Alan de Wilton...... William Paternoster.

no. 9.   Grant by Hugh de Magneby son of Nigel de M., of a rent of 3s. 11d. in Thresch.   Witnesses: Robert the Dyer...... Walter Gurlewald.

no. 11.   Grant by William son of Adam de Thoraldeby of all his land in Thoraldeby in Cliveland.   Witnesses: Walter de Percy ...... Eustace de Thoraldby.

no. 12.   Grant by Adam de Thoraldby, of one bovate in Thoraldby.   Witnesses: Jordan de Sancta Maria...... Henry the Clerk.

no. 13.   Grant by Adam son of William, of two bovates of his six in Thoraldby.   Witnesses: William de Tamton...... Peter de Piketon.

no. 14.   Sale by Michael son of Henry de Hoton of six acres of arable in Hoton, for 3½ marks.   Witnesses: Adam de Hilton ...... Walter son of Walter son of the priest.

no. 15.   Grant by John Wiles of Hoton by Ruddeby in Cliveland, of 4½ acres in Hoton.   Witnesses: Sir Nich. de Menhill ...... Richard son of the Vicar of Hoton.

no. 16.   Grant by the same, of a bovate with toft and croft in Hoton.   Witnesses: Robert de Scotherskelf...... Richard de Hoton, clerk.

no. 18.   Grant by Robert son of William de Scuderskelf, of a rent of 5s. in Hoton in Cliveland.   Witnesses: William de Mauteby ...... Walter the clerk of Hoton.

no. 21.   Grant by Robert de Acclumme, of 2 marks, namely, ½ mark in Tholeby, 4s. there, and 1 mark from Roger son of

Geoffrey de Biscopton for 1 carucate in Neubiggin. Witnesses: Sir Peter de Brus......Engram de Bovington......Richard de Hoton.

no. 22. Grant by Engeram de Bovington, of a toft and croft in Marton in Cliveland, bought of William son of Ahylmer. Witnesses: Henry son of Ralph......John de Schalton.

The same, m. 17.

no. 2. Grant by Thomas de Waleton, of two bovates in Ascham, which Thomas de Bona Villa held at farm. Witnesses: Jordan de Sancta Maria......Thomas de Bona Villa.

no. 4. Grant by Gilbert de Beningeworth, of the land which William de Gosegeld held in Sandwath in Bileburc. Witnesses: Jordan de Sancta Maria......William his brother.

no. 5. Grant by Thomas de Bona Villa of York, of his land in Bilburch, namely of 20 acres of the gift of Sir Gilbert de Beningworth. Witnesses: Hugh de Seleby, then mayor of York...... William de Waleton.

no. 6. Quitclaim by Roger de Mortuo Mari of Bilbury, of ½ mark in Bilbury. Witnesses: Sir Brian son of Alan......Stephen Youn, bailiff of the Aynsty.

no. 18. Grant by John son of Richard de Saxby of Tocwith, of a house and 18 acres of land in Tocwith, late Thomas Warde's. Witnesses: Sir William le Vavasor......William le Cerf of Catherton.

no. 19. Grant by Roger son of Nigel de Welleberie, of 2 bovates in Wykhale. Witnesses: William de Pyketon...... Stephanus de Aula.

no. 20. Quitclaim by Ranulph son of Richard son of Maud de Tocwith, of the land of Richard his father in Tocwith. Witnesses: Thomas de Briket......Henry Syakespeye of Wykhale.

no. 26. Grant by Sarra de Beningwrde, widow of Gilbert de B., of all land which William de Gosekelde held in Sandwad in Bileburc. Witnesses: Jordan de Sancta Maria......William Hamelyn.

The same, m. 14.

no. 6. Grant by William son of William de Marisco and Laderana his wife, of 4 bovates with tofts and crofts in Hoton. Witnesses : Sir Peter de Brus......Ralph son of Thomas de Tocwith.

no. 7. Grant by William de Percy, of the town of Hagandeby. Witnesses : Walter, Archbishop of York......Thomas Lardiner.

no. 8. Grant by William de Perci son of Henry de Perci, for the lamp of St. Mary, of one bovate in Thatecastre held by Robert son of Acke. Witnesses: Henri de Perci......Gilbert de Lardiner.

no. 13. Grant by Robert, lord of Plumton and Gahiena

his wife, of the advowson of a moiety of the church of St. Mary
Vetus in York. Witnesses: John le Vavasor......William de le
Hille in Bolton.

no. 15. Grant by Alan de Katherton of pasture for 300
sheep in Katherton. Witnesses: Richard Walensis......William
Russel de Folifait.

no. 22. Grant by Geoffrey de Thorelleye of tillage in North-
mor in Billeburg. Witnesses: Alan de Katherton......Richard
Prudefot.

The same, m. 11.

no. 7. Grant by Bartholomew Turet of 3 bovates in Estdic,
of which Henry son of Robert Botild held 2. Witnesses: Alan
de Katherton......William son of Henry de Wichale.

no. 9. Grant by Bartholomew son of Peter Turet of a toft
without the gate of Sir Jordan de Sancta Maria where Hugh the
Forester son of Gilbert dwelt in Wikhale. Witnesses: Reiner the
parson of Bilton......William Hardi. [Cf. Dodsw. XCIX, f. 105].
The same, m. 7. Nov. 9.

Grant by the King to the prior and convent of Helagh Park
of free warren in all their demesne lands of Helagh, Wighale,
Hagenby, Esdike and Catherton in com. Ebor.

OTHER NOTES FROM STATE PAPERS.

PATENT ROLLS.

12 Hen. III (1227). Protection by the King for the prior
and canons of Helagh Park, their men and lands.

1269. Acknowledgment that Alice de Lascy has delivered
by the King's order to the keeper of the works at Westminster
during 11 years [43 to 53 Hen. III] 3754li. 14s. 8d. of her fine of
362li. 3s. 8d. a year which she made with the King for the ward-
ship of the lands and heirs of Edmund de Lascy who held in chief
......and 110 marks to the prior of Helawe Park of the 10 marks
a year which he took of the mills of Castreford.

4 Edw. I, 20 Nov., 1276. Appointment during pleasure of
Walter de Stokes to the custody of the priory and convent of
Helagh Park which is in debt, and it is to remain under the king's
protection for 5 years.

19 Edw. I, June 24, 1291. Licence for alienation in mortmain by Roger Grimet and Cecily his wife to the prior and convent
of Helagh Park of a messuage and carucate in Jarum.

1294. Protection for the priory of Helagh Park.

8 Edw. III, 3 March, 1334.   Licence for the prior and convent of Helagh Park to acquire in mortmain land and rent not held in chief to the yearly value of 10 marks.

9 Edw. III, 26 June, 1335.   Licence for alienation in mortmain by Peter de Middelton to the prior of Helagh Park of the advowson of the church of Hoton Wandesleye which is not held in chief as is said, and for appropriation of the church by the prior and convent.

21 Ric. II, 1397.   Licence for 20 marks paid in the Hanaper by John Depdene, kt., and Elizabeth his wife, for alienation in mortmain by them of 2 messuages and 12 acres of land in Caterton and the advowson of Helagh not held in chief, to the prior and convent of Helagh Park, in aid of their maintenance and to support certain charges and works of piety as they the said John and Elizabeth shall order, on condition that a sufficient sum of money from the revenues of the church be yearly distributed by the prior and convent among the poor parishioners, and the vicarage sufficiently endowed according to statute.

5 Edw. IV, 25 March, 1465.   Grant to the King's brother George Duke of Clarence and the heirs of his body, of the manor and lordship of Helagh with its members and 20 messuages, 300 acres of land, 20 of mead, 100 of moor, 3 watermills for corn and a fulling mill in Tadcaster......the advowsons and patronages of the priory of Helagh......

12 Edw. IV, 1472.   Christopher Lofthouse, prior of the house of St. John Evangelist of Helay Parke, and William Loft of Helay Parke, chaplain, were sued with Thomas Daunser of Helay Parke, yeoman, for carrying off cattle of Katherine, widow of Richard Percy, kt., at Walton, Yorks.

CALENDAR OF PAPAL REGISTERS.

Vol. V. Lat. Regest. Vol. CII.

2 Kal. Jan. 13 Boniface IX, 1401.

To the Augustinian prior and convent of St. John Evangelist, Helagh Park in the diocese of York. Indult for them, who by the institutions and customs of their order are bound to wear boots (*ocreas*) on their feet, to wear in future shoes (*calciamentis seu sotularibus bassis et communibus*).

Lat. Regest. CCLXI.

2 Id. Apr., 9 Martin V, 1426.

To John Stokton, Augustinian canon of St. John Evangelist's in Helaghe Parke in the diocese of York. Dispensation to him who is a priest, the son of an unmarried man and an unmarried woman, to be promoted to all dignities etc. of the same order and house.

CALENDAR OF INQUISITIONS.

30 Jan., 30 Hen. III, 1246. no. 64. William de Percy gave to Roger Mauduit and Robert his son and his heirs 20s. rent from Tadecastre mills and to the prior of the Park 2 marks rent from the same in frank almoin [Hen. III, File 4 (14)] and to Thomas le Lardiner 16s. rent from the same.

no. 452. The mills and fisheries of Tadecastre manor belong to the King, save 62s. 8d. which the prior of the Park, Robert de Brus and Thomas le Lardiner receive yearly and of which the late wife of William de Percy ought to acquit a third part, are worth 11li. 10s.

13 Oct., 44 Hen. III, 1260. William de Kyma......in Catherton, 2½ carucates, whereof 14 make a fee: of which the prior of Park holds 9 bovates and 40 acres of William de Katherton who held of the said William de Kyme.

28 Sept., 56 Hen. III, 1272. Peter de Brus......Jarum pertaining to Scelton,......including the service of Robert de Muncheus, given to the prior of the Park in frank almoin.

3 March, 4 Edw. I, 1276. Knottingleighe......a watermill, lands, etc., out of which are payable to the prior etc. of Helaigh Park and his successors 6li. 13s. 4d. yearly.

8 Edw. II, 1314/15. Hagganby......5 carucates of land whereof 9 make a fee, held by the prior of the Park.

CALENDAR OF CLOSE ROLLS.

25 Hen. III, 1241.

Mandate by the King for payment of dues in Pontefract, Knottingley, Huddersfield, etc.

Pro priore et canonicis de Parco. Rex Nicholao de Molis salutem. Quia constat nobis per inquisicione quam fieri fecimus per vicecomitem Eboracensem quod prior et conventus de Parco perceperunt singulis annis die sancti Michaelis x. marcas de elemosina constituta Johannis quondam comitis Linc. et hospitale sancti Nicholai de Ponte Fracto consuevit habere pasturam ad vi carucatas boum in parco de Ponte Fracto et ad xii vaccas cum uno tauro et sequela unius anni in eodem parco cum libero introitu et exitu per partam de Herthwic' et proprios porcos quietos de pannagio et decimam totius pannagii in predicto parco et haya de Rowell et haya rotunda et unam damam per annum ad festum sancti Nicholai; et capella sancti Clementis Pontis Fracti percipere consuevit decimas molendinorum de Cnotinlay et de Berewic' et parvi molendini sub castro Pontis Fracti et dimidiam marcam argenti per annum et unam petram cere ad cereum Pascale, et conventus de Stanlawe percipere consuevit xx solidos annuos

die sancti Michaelis pro molendino de Hederesfeud'; Vobis mandamus quod elemosinam predictam teneri faciatis sine impedimento, et id quod reddendum est, tam de tempore preterito quam
futuro, in denariis debitis predicto priori de Parco et aliis prenominatis sine dilacione reddi faciatis. Et cum ad nos veneritis
si necesse fuerit vobis allocari faciemus quantum reddetis de
elemosinis predictis.

16 Edw. I, 21 Nov., 1287.   To the Sheriff of York. Order to
cause the prior of Helagh Park to have seisin of a toft and 18 acres
of land in Tockewyth that Thomas Warde of Tockewyth who was
hanged for felony held, as the King learns by inquisition taken
by the sheriff that they have been in the King's hands for a year
and a day and that Thomas held them of the prior, and that the
township of Tockwyth ought to answer to the King for the year
and day thereof.

13 Edw. II, 20 July, 1319.   Summons for the prior of
Helagh Park to be at York, to treat with the King's Council upon
the King's affairs. [Parliamentary Writs].

18 Edw. II, 8 Feb., 1325.   To Thomas Deyvill, Receiver of
the castle of Pontefract.   Order to pay to the prior of Helagh
Park 10 marks yearly from the time when the mill of Knottyngleye
was taken into the King's hands, and to pay him that sum yearly
henceforth, as the King learns by inquisition taken by the said
Thomas and Adam de Hoperton that Peter de Brus granted by
charter which the King confirmed to the prior of Helagh Park the
predecessors of the present prior the said sum yearly, and that
the prior and his predecessors were seized thereof from the time
of the grant until Michaelmas in the 15th year of the King's reign,
when Thomas late Earl of Lancaster last paid the rent to the
prior, and that the prior and his predecessors were seized of the
aforesaid rent by the hands of the said Earl all the time when he
was lord of the mill and also all the time of Henry de Lacy late
Earl of Lincoln and Edmund de Lacy earl of Lincoln, father of
Henry, lords of the mill, and in the times of all other lords of the
mill. [And also C. Inquis. Misc. File 88 (18)].

INDEX

Amori (Amorius), son of Alan Bastard, x.
Amorryhastard, *for* Amory, son of Alan Bastard, x, 165.
Anabilia wife of Ad. de Balne, 49; Agnes dau. of —, 49; Emma dau. of —, 49.
Anchorite, Joh. the, 159.
Anniversary, 17.
Apostolic Collectors, 184, 185.
Appropriation of Church of Healaugh, xii, 198; of Hutton Wandesley, xii, 228; of Cowthorp, xii, 157, 158, 198, 216, 222; of Leathley, xii, 109, 110, 197, 198; of Wighill, xii, 22, 23.
Aquitaine, Duke of, 12, 184.
Arch', Wm. de, 9.
Archbishop of York, 117, 122, 152.
———, G., 11; Godfrey, 4; Henry, 23, 24; Richard, 55; Thomas de Corbryg, 4, 5, 6; W., 182; Walter, 8, 22, 23, 24, 50, 51, 226; Walter de Grey, xi, 11, 23, 50, 119, 130, 215; Wm., 186; Wm. de Melton, xii, 5; Wm. Wickwane, 4; Zouche, xii.
Archdeacon, of Cleveland, Matth., 119, 187; of Nottingham, W., 224; of York, Master Carnebull, 6; Reyner de Scipton, 4; Thos. de Withem, 4.
Arches, Iveta de, 51, 64, 65, 66, 74, 75.
Ardsley (Erdeslawe, Herdeslaw, Herdis-), Joh. de, 160; Joh. son of Robt. de, 156, 157, 159, 160; Nich. de, 170, *and* Agnes Barker his heiress; Robt. de, 159; Thos. (de), 156, 170.
Ardyngton, *see* Arthington.
Areses, Sir Thos. de, 220.
Areton, Rich., prior of the Park, 3, 5.
Arthington, Geoff. de, 22, 109; Peter de, 48, 49, 50, *and* Amabel dau. of Peter de, 48, 49, 50; Rich., 82.
Arundel, Edmund Earl of, 189.
Arundevil, Jolan, 130.
Ascam, *see* Askham.
Ascbrennar, Rog., 143, 144.
Asceline, Elias grandson of, 113; Peter son of, 113.
Ascham, *see* Askham.
Aske, Joh. de, 178.
Askham (Richard), 22, 33, 55, 58, 59, 60, 178, 198, 226; mill of, 59.
———, Elias de, 188; R. de, canon of Healaugh, 188.
Aton, Robt. de, 135.
Attachment of a pond, 69, 166, 219.

Atwell, *see* Ad Fontem.
Auceps, Rich., 136, 137, 139, 140; Wm., 17, 19, 33; *and see* Fowler.
Audelinus, 31.
Augustine, St., Rule of, 8, 50, 199.
Aula, John de, 133, 135, 136, 137, 139, 140, 141; Fra. de, bro. of John & Wm., 133, 136; Steph. de, 226; Thos., 224; Thos., bro. of Wm., 136; Wm. de, 135, 136; Wm. de, brother of John, 133, 137, 140.
Aykton, *see* Aketon.
Aylwinethorp, 224.
Aymalda, 155; *and see* 'domus lapidea', 222.
Aynsteht, *see* Ainsty.

Bailiff, Joh. de Aula the, 137; Reg. the, of Tadcaster, 167³, 168.
——— of Ainsty, 103; —, Thos. de Bikerton, 29, 103; Steph. Youn, 226.
——— of Sherburn, 117; — of York, John de Cuningston, 105; Robt. Blunde, 105, 161.
———, King's, Wm. Marcel de Walton, 151.
Bailoil, Robt. de, 3.
Bainton (Bayn-), 1, 26, 93, 178.
Baker, Wm. the, *see* Pistor.
Bakster, Robt., 170.
Baldewin, Thos., 224.
Baldewini, Joh., 196.
Balne, Ad. de, 49; Anabel wife of, — 49.
Bardsey (Berdesay), Joh. de, 49.
Barker, le, Humph. (Unifrid), 47; Thos., 170; Wm., 170; —, Agnes wife of, 170.
Barkston, 44, 45.
Barnardby, 132, 189; (Barnadeby), Joh. de, 49.
Bartholomew the Clerk, 106.
Bastard, Alan, de Tockwith, x.
Basy, Rich., lord of Bilburgh, 55.
Bate, Robt., 29, 31, 34.
Baxter, Wm., 205, 207.
Beast gates (bese gat), 213, 214.
Beatrice, wife of Hugh the Mason, 46; widow of Walt. de Hous', 80, 81.
Beaugrant, Wm. de, 21.
Beawgraunt, Joh. de, 149.
Bedale, Brian son of Alan, lord of, xi.
Beeston, Robt. de, vicar of Wighill, 34, 39.
Begun de Walton, 34.
Belkethorp, Wm. de, 86, 87; — —, Sir Thos. son of, 86, 87.
Bell-ringing, 199.

Clerk, Hen. son of the, 218.
Cleveland, 53, 54, 74, 106, 124, 125, 128, 189, 203, 225; archdeacon of, Matth., 119.
Clichton, Sir Nig. de, 28.
Clifford, Robt., 189.
Clothing, allowance for, 97, 123, 130, 146, 224.
Coatham, West (Westcotom), 123, 198; lands in—Langlands, 123; Moreflat, 123.
Cockermouth (Coker-), Honour of, 56.
Cocus, *see* Cook.
Cok, Jordan, 74; Wm., 11.
Cokefeld (Cokefeud, Coker-, Cokfeld, Kokefeld), Robt. (de), 20, 60, 62², 64, 94, 117, 118, 192, 193, 220, 222²; Sir Robt. de, 92; Sim. de, 194.
Cokford, 38.
Cokset, Robt. de, Sheriff of York, 223.
Colby, Robt. de, 187.
Collectors, Apostolic, 184, 185.
Colnichean, Gladuinus de, 9.
Colthorp, *see* Cowthorpe.
Colton, Rich. (de), 87, 100, 104, 105, 163.
Common Field, 118.
Common of Pasture, 13, 14, 15, 56, 66, 74, 75², 98, 120, 121, 122, 149, 150, 167, 168, 173.
Conan, Hen. son of, 152.
Constable of York, Robt. de Kyrkby, 147; Robt., 223.
Cook, the (Cocus), Jordan, 74; Jordan son of Wm. the, 72, 73; Wm. the, 72, 73.
Corbridge, Thos. de, Archbp. of York, 4, 5.
Corrody, 97, 98.
Cotenham, Joh. de, 14.
Cotinham (Cotyng-), Thos., prior of the Park, 3, 6, 57.
Cotom, *see* Coatham, West.
Coucher Book, of Healaugh Priory (Heyley Abbey), ix; —, concerning Methley, ix.
Cowthorpe (Koltorp), church of, xii, 157, 158, 198, 216, 222.
Crathorn, 119-123.
Creppyng(e) (Crippinges, -hez, Crip-pynge), Robt., 95, 118, 165; Robt. de, 102.
Cresewell, Rog. de, 177.
Cressingham, Hugh de, 188².
Crigeston (probably Crigleston), Robt. de, 60.
Crigleston (Crikeleston), Ad. de, 2, 3; Al. de, 2, 3, 61, 223; Alice (de), 2; Hugh, 2, 63, 118; Joh., 3; Peter,

3; Robt., 2, *and* Alice his wife, 2; Robt. son of Ad. de, 62, 118; Sibyl, wife of Ad., 2; Thos. de, 2, 8, 60, 61, 62, 63, 117, 216, *and* Christiana his wife, 60, 117; Wm. de, 3; Wm. son of Hugh, 63, 118.
Crippinghez, *see* Creppynge.
'*Crocus,*' 77.
'Cross, at the' (ad crucem), 164.
Crossingham, *see* Cressingham.
Crucifix of York Minster, 188.
Culeb (? for Gilbt.) the Clerk, 149.
Cullacius, son of Wm. Brun, 127; Alice his wife, 127.
'*Cum corpore meo,*' 16, 17, 35, 60², 61, 72, 73, 85 (woman), 112, 176.
'*Cum corpore meo presenti,*' 22, 85.
'*Cum corpore meo ibi sepeliendo,*' 36, 176.
Cummin, rent of, 22, 37, 38, 96, 158, 159.
Cuningestreta, *see* York, Coney Street.
Cuningston, Joh. de, 105.
Cuper, Joh. le, 201.
Curaisse, Robt., 112.
Curse, 12, 51, 152.
Cursed men, 199.
Custumars, 166, 219.

Dacre, Sir Wm. de, Sheriff of York, 147.
Dagun, Geoff., 80, 175²; Rich., 100.
Danegeld, 130.
Darell, Wm., 195; Sir Wm., 146, 147.
Darfield, church of, 204, 207, 208.
Daunser, Thos., 228.
David, son of Al. de Folifait, 17, 18, 33, 37.
Davill, Sir Joh. de, 108.
Daynton (*probably for* Baynton), 198.
Dayvill, Thos., 108, 183, 184.
Deacon, Robt. the, 132.
Dean, James the, 224.
Dean and Chapter of York, 38, 94, 152, 155, 158, 171, 194, 196; Hamo, 8, 23, 24; Rog., 155, 156, 171, 196; Robt., 7.
———, seal of, in corroboration, 196.
Deepden, Sir Joh. *and* Eliz. his wife, 55, 56, 216.
Deffeynegil, Sir Rollo, Sheriff, 195.
Deighton (Dicthon, Dicton), North, 76-82; lands in—Awyedlandis, 212; Bagwath, 211; Benebuttis, 212; Burtrestubbis, 211; Cald Cotes, 211; Carlorane(flatt), 211, 212; Cowycroftes, 212; Croked-landes, 76, 78, 79, 82, 211, 212; Crosbuts, 212; Crosse, the, 211; Dyke Furlands, 211; Foreparks, le,

78; Greneclyfbanke, 211; Greneclif, Further, 76, 78, 82; Grenehowe, 211; Grete Rane, 212; Grete Runghowe (Rug-), 212; Havercrofte(s), 77, 211; Hengandeberc, 77; Hesilbuske, 211; Hoberch, Hoberkes, 77, 211; Hungerhylls, 211; Karlingten, 211; Kylnecruk, *or* Prior Acre, 211; Kyrkgates, 211; Langlands (Langesland) in the Clay, 76, 78, 82, 211; Lytyll Sowth Dales, 211; Lynstok, 78; Middilfurlange (Myddil-), 77, 211; More close, 212; New close, 211; Northfeld, 76, 77, 82; Northgates, 212; Oulterdale, 77; Overdales, 211; Oxenclose, 212; Parson flat, 212; Prior Acre, 211; Ranyes, 211; Slethowe Hyll, 212; Slethowe Yng, 212; Somerwyk, 78; Southdales, 211; Spofford Gate, 211; Stanebuttis, 212; Stanibane Keld, 212; Stokfurlandis, 211; Stokkeld Sty, 211; Stokeld Yng, 212; Thorpparkes, 212; Tykyrunhyll, 212; Underbank, 212; Westdiks, 211; Westfeld, 77, 211; Westynge, 211; Wilowe Yng, 211.

———, Dan. de, 175; Joh. Margar' de, 195; Nich. de, 81; Nig. bro. of Robt. de, 77; Nig. Butler (Pincerna) de, 76, 219; Sir Nig. de, 79; Robt. de (Pincerna), 76, 77, 81; Robt. de, son of Nig. Pincerna, 80; Thos. de, 166; Walt. de, 76; Wm. son of Thos. (de), 69, 166.

Delhelm, Sir Robt., 29.
Delivares, Wm., 195.
Demesne, 99, 189, 193, 204, 223.
Demesne oxen, 15, 16.
Den', Rich., 207.
Depeden, *see* Deepden.
Derlyng, Wm., 116.
Devyll, Thos., *and* Isabella his wife, 190, 191.
Deyvill (Davyll), Thos., Receiver of the Castle of Pontefract, 184, 230.
Dibburgh, 198.
Dictame, Rich. de, 150, 174.
Dicton, *see* Deighton, North.
Digun, Geoff., 150.
Distraint, 48, 80, 93, 94, 111, 121, 158, 173, 178, 194, 199, 202.
Ditch, 171; the Old, in North Deighton, 76, 79, 81.
Dodsworth, vi, vii, viii, ix, x, xi, xiii, 1, 2, 8, 16, 37, 40, 41, 46, 93, 108, 125, 128, 138, 151, 153, 155, 157, 170, 186, 215-223.
'*Domus lapidea,*' 222; and see '*aymalda,*' 155.

Donyngton, Thos. de, 4.
Dowry, 30, 87, 98, 107, 138, 143, 147, 152, 189.
Drax, Wm. de, 143.
Dromundeby, Wm. de, 225.
Drye (Drie), Thos., 69, 166, 219.
Duchy of Lancaster, Auditor of, 153; Chancery of, 185, 186; Receiver of, 152, 153; Receiver-Genl. of, Joh. Sharp, 185.
Duke of Clarence, Geo., 228.
Duobell, Hugh, 128.
Durant, 39, 40, 41.
Durham, Rich. Bishop of, 8.
Dyer, Robt. the, 225.
Dyke, Robt. de le, *with* Cecilia his dau. *and* Marjory his wife, 117.

Ealred, *see* Aelred.
Earl, of Arundel, Edmd., 189; of Derby, Richmond Lincoln and Leicester, Joh., 154, 155; of Gloucester, Gilbt. de Clare, 189; of Lancaster, Thos., 183; of Lincoln, Edmd., 180, 184, 227, 230; of Lincoln, Hen., 184, (230); of Lincoln, Joh., 154, 155 (182); — Marshall and Nottingham, Joh., 178; of Northumberland, 197; of Surrey, 189.
Easedike (Easedyke, Esdic, Estdic, Hesdyke), 1, 12, 16, 24, 25, 26, 28, 51, 52, 178, 198, 227; lands in— Carlepekez, 25; Rusclandis, 25.
———, Walt. the clerk of, 16, 34, 39.
Easter candle, 229.
Eboraco, Hamo de, clerk, 8; Hamo de, prior of the Park, 3, 4; Lespertanus de, 9; Wm. de, 164.
Echre, Robt. del, 67.
Edeslay, 64.
Egede, Wm., 110 (*probably for* Haget).
Egglesclive, Sir Joh., 34.
Eglesclif, Steph. de, the clerk, 187.
Election of priors, 8, 51, 56, 199, 223.
Elias (Helias), prior of the Park, 3, 4, 37, 47, 49, 94, 111, 130, 131, 159, 193, 215.
——— son of Ralph, 7; — de Catherton, 43, 44.
Elleton, Joh., 133; Isabella dau. of, 133.
Ellyngton (Elyng-), Robt. de, 42, 43.
'Elm, at the,' in Tockwith, 164.
Eltoft, Sim., 104; Steph. de, son of Simon, 104.
Emlay, Sim. de, 118; Thos. his bro., 118.
Emma, wife of Rich. son of Ralph, 49; Wm. son of, 135.

Enclosure, 7, 25, 40, 41, 57, 75, 118, 197, 217.
———, the New, 14, 15; —, the Old, 14, 15.
Engeram, Robt., 60, *and see* Ingram.
Eppos, Walt., 136, 137, 139.
Erdeslaue, -loue, *see* Ardsley.
Ereswell, Rog. de, 219.
Erlessey (Herlesey), Wm. de, 107².
Escheats, 114, 124.
Esdic, Esdyke, Esedike or -dyke, *see* Easedike.
Essart, 7, 8, 31, 32, 35², 40, 41, 52, 65, 67, 90, 149, 176.
Estokyslay, *see* Stokesley.
Eston, Joh. de, 165.
Estover, 13.
Estre, Jord. del, 215.
Et, Robt. de (*by error*), 195.
Etwatyr, Hen., 134, 136.
Eudo the Chaplain, 50.
Euphemia, widow of Joh. the Tanner, 138.
Eustace, Mast., 158, 216.
Everard de Marston, Wm. son of, 17; *and see* Prudhom.
——— the clerk, 30, 86, 88.
Everlay, Geoff. de, 65.
Excepted from warranty, heirs, 125; Jews, 135, 193; religious men, 193.
Excommunication, 152.

Faber, Ad., 170.
Fabric, of Healaugh Priory church, 5, 49, 50, 110; of Leathley church, 20, 21; of Tadcaster bridge, 47; of St. Nich. Hospital, Yarm, 130, 131; of St. Peter's, York, 38, 94, 158, 194.
Fairfax (Fayr-), Alice widow of Wm., 161; Beton, 29; Guy, 186; Thos., 14, 191; Wm., 161.
Farrer, Dr., xi, 3, 155.
Farum, Al. de, 110.
Fauconberge, Walt., 93.
Fayresby, Wm. de, 10.
Fayrfax, *see* Fairfax.
Featherston (Fetherstane), 118.
Fedeston, Wm. de, 222.
Fee, Knight's, 35, 42, 96, 100, 106², 229; of Bruce, 202, 203; of Fitz-alan, 93; of Mowbray, 52.
Felony, property of a man hanged for, 230.
Fenton, 44, 112-114, 117, 187; chaplain of, Henry, 116, 117; church of St. Mary in, 112; lands in—Aldefeld, 112, 116; Bradefurd, -fure, 112, 116; Elrichenfal, 113; Gosemere, 112, 116; Henrifall, 112;

Heved Landis, 112; Wiggeleth, Wyggelech, -leth, 112, 116.
———, Wm. the Chaplain, vicar of, 112.
———, South, land in—Knyghtfall, 116.
———, Hen. son of Peter de, 115, 117; Rich. son of Rich de, 117; Wm. son of Steph. de, 115.
Feostayn, *see* Fewston.
Ferlington (Ferlyng-), Hen. de, 146; Joan (de Wyvelestorp) dau. of Hen., 146, 194.
Fernehall, Joh., 205.
Fewston, 51, 52.
Feynwyk, Hugh de, 135.
"*Filum aque*," 170.
Fine, of County, 42, 43; of Wapentake, 42, 43.
Firewood, 13, 57, 66, 75, 99, 100, 119, 122, 176, 198.
Fish in Advent, endowment for, 21, 192.
Fishery, 170; in R. Wharfe, 14, 15, 16, 170.
Fitzwilliam, Sir Joh., 64, 221.
Folenfait, Folenfaut, see Folifoot Wm.
Foler, *see* Fuller.
Folevill, Geoff. de, 12, 24, 25, (Sir), 220.
Folifoot (Folenfait, Folenfaut, Folifait, Folifat, Folifayt, Folifed, Folifeld, Folifet, Follifayte, Folingfold, Follifet, Folyf-, etc.), 17, 74.
———, Ad. de, 18, 34, 37; Al. de, 7, 8, 9, 12, 16, 17, 24, 25, 27, 28, 29, 30², 32, 34, 37, 38, 39, 61, 67, 83, 110, 158, 174, 194, 197, 215, 222², 223; Sir Al. de, 22, 26, 38, 40, 63, 85, 218, 220, 221; Aldelin de, 27; David de, 31, 204; David son of Al. de, 33, 37; Wm., 62, 117, 221, 223; Wm. de, 61, 223.
Font', Berard de, 60.
Fontem, Peter ad (Atwell), 36.
Ford ('Gangwat'), 9.
'*Fordell*,' 207.
Forest, bounds of, 188, 189.
Forester, 57, 66, 95; —, the, Hugh, 27, 28, 217, 218, 221; son of Gilbt. Wikhale, Hugh-, son of Gilbt., 227; Jurdan, 110; Rog., 143; Walt., 35.
Forinsec service, 24, 35, 61, 87, 92, 94, 96, 98, 99, 100, 106, 132, 179, 194, 196.
Fossard, Geoff., 106²; Robt., 106.
Fosse, the water of, 166, 219.
Fossor, Rog., 116.

Knaresborough, 148.
Knight's fee, amount of, 35, 42, 96, 100, 106², 132.
Knottingley (Knottynglay), 199-201; Mills of, xii, 152-155, 180-186, 199, 229, 230.
Kokefeld, *see* Cokefeld.
Koltorp, church of, *see* Cowthorpe.
Kyddayl, *see* Kildale.
Kyme, Newton, 193; Mill of, 42.
—— Philip de, son of Rose de, 162, 216; Rose de, 161, 216; Sir Sim. de, 45, 46, 193; Wm. de, 229.
Kynge, Herbt., 177.
Kyrkby (Kyrke-), Al. de, 194; Sir Joh. de, 121, 165, 183; Robt. de, Constable of York, 147; Thos. de, 104; Wm. de, 18, 34, 96, 99, 100, 101, 105.

Lacceneby, Lachonby, *see* Lackenby.
Lackenby (Lacceneby, Lachon-, Lackane-, Lakan-, Laken-), 128, 129, 130, 131; Hugh de, 128, 129, 132, *and* Agnes his mother *and* Cecilia his wife, 129; Gillote de, 131; Stanikeldflat in, 129.
Lacy (Lascy, Laycy), Alice de, 180-184, 227; Edmund de, E. of Lincoln, 180, 184, 227, 230; Hen. de, E. of Lincoln, 184; Hen. de, late E. of Lincoln, 230.
Laderana (Laderina, Ladrania), *as* sister of Thos. son of Wm. de Belkethorp, 87; *as* wife of Wm. de Marisco, 86, 87, 90, 91.
Lambert de Bilburgh, 91.
Lamore, Rich. de, 112.
Lamp of St. Mary *(church not specified, but probably Healaugh Priory),* 216 *and* 226.
Lancaster, Auditor of Duchy of, 153, 200; Joh. Luthyngton, 185; Wm. Walsh, 185; Receiver of Duchy, 152, 153, 200; Receiver-Genl., Joh. Sharp, 185; Joh. Duke of, 154; Thos., E. of, 183, 184; Thos., late E. of, 230.
Langethauyt, Robt. de, 17; Wm. son of, 17.
Lardenar (Lardin-), Gilbt., 215, 226, *and* Thos. his son; Thos. (de *or* le), 42, 46, 47, 166, 201, 226, 228²; Thos. son of Thos., 169.
Lasyngby, Robt. de, 131.
Latimer, Wm. le, 189.
Laurence, Rog. son of, 146, 194, 195; L. the Carpenter, 71, 74; Joh. son of, —, 22.
Lawful age, 96, 97.
Laycy, *see* Lacy.

Layrbrigge, 7, 8.
Leake (Lec), Sim. de, 107.
Leathley (Lelay), xii, 20, 21, 108-111, 198; church of, 20, 109, 110, 197, 198; lands in—Cracridiuc, 21; Crake Rydyng, 109, 110; Goldflat, 109; Herbertfadyrcrofte, 110, 111; Herchulm, 21, 110; Pipincrofte, 110, 111; Vinete Huses, 111.
——, Hen. de, 194; Hugh de, 8, 20², 21, 47, 109, 110, 162, 171, 192, 194, 216, 219, 222², 223; Sir Hugh de, 109; Hugh son of Hugh de, 110, 111, 220; Robt. de, 8, 12, 19, 20, 24, 51, 68, 69, 166, 171, 178, 179, 215, 219², 222², 223; Robt. the parson of, 109; Rog. de, 21, 110; Rog. son of Hugh de, 220.
Lec, *see* Leake.
Leconfield (Lekingfeld), 197.
Lede, Joh. son of Robt. de, *with* Isolda his wife, 29, 37, 38; Robt. de, 29, 37, 38.
Ledes, Rich. de, 195.
Ledesham, Rog. de, 23, 24.
'Leiger book' of Healaugh Priory, 223.
Lekingfeld, *see* Leconfield.
Lelay, *see* Leathley.
Lerheby, Wm. de, 225.
Lespertanus of York, 9.
Lester, Ralph, 133.
Lestris, Jord. de, 219.
Leticia the widow, 39, 40, 41; — the widow of Hen. de Acum, 43, 44.
Leven by Middleton (Leuene juxta Mydilton), 141; — bridge, 141.
Levington (Levinthon, Levyngthon, Levynton), Joh. de, 135, 139, 141; Steph., prior of the Park, 3, 5; Wm., 126, 190; Wm. de, 67, 68, 70; Sir Wm. de, 138.
——, Castle (Castelvin', Castelvington), 141, 142, 223.
Levyngthorp, Greg. de, 120.
Lightfoot (Lichtfote), Rich., 118.
Light, in church of Healaugh Park, 201; of St. John in Healaugh Priory, 151; of St. Mary in Healaugh priory, 31, 215; of St. Mary in Fenton Church, 112; of St. Nich. in Yarm Hosp., 129.
Lincoln (Nicole), Joh., Earl of, 154, 155; J. Lacy, Earl of, 182.
Lindesay (Lindesei, -essai), Rich. de, 221; Wm. de, 21, 22, 220, 221.
Line, Thos. son of, 76, 77, 79, 81.
Little (Parvus), Sim., 176.
Livery of a canon, 97, 98.
Loft, Wm., chaplain, 228.

Lofthouse (-hous), Chris., prior of the Park, 3, 6, 228.
Lond, *see* Lund.
Lor, Wm. de, 224.
Lorbatur, Thos., 159.
Lordship, 99, 118; *and see* Pontefract.
Lorenge, Wm., 142, 144.
Louth Park (de Parco Lude), abbot of, 223.
Lovedy, Rog., 173.
Luctona, *see* Lutton.
Lude, de Parco, *see* Louth Park.
Lund, Sir Pet. de, 174, 197.
Luthyngton, Joh., chief auditor, 185.
Lutton, Thos. de, 53; Wm. de, 17.
Luttrington (Lutrinc-, Lutryng-, Luttryngtone), Rich. de, 42, 43, 108, 109; Sir Rich. de, 111, 217; Marjory wife of, 108, 109.
Lyndelay (Lyndlay), Wm. de, 109.
Lyndesay (Lyndo-), Rich. de, 10, 221; *and see* Lindesay.

Mabilla, wife of Gilbt. de Smaus, 201.
'Maddocus,' 30, 158.
Magart, Jord., 21.
Magneby, Hugh de, *and* Nigel his father, 225.
Maham, Wm. de, 173.
Maintenance, of a building, 140; of a canon or canons, 58, 90, 91, 92, 119, 120, 153, 154, 155, 156, 177, 200, 202, 222; of chaplains, 130, 153-5.
Maitdurton, Mast. Thos. de, 173.
Majus monasterium, *see* Marmoutier.
Malekina, 164.
Malett, Wm., 186.
Maltby, Joh. de, 133; (-eby), Wm. de, 224.
Mandevile (Manduile), Wm. de, 7.
Manse, 187.
Mansion of the canons of the Park, 176.
Manslaughter, redemption for, 165.
Manumission, 143.
Mar', Nich. de, 187.
'Marastra,' 148.
Marcell, Wm., 151.
Margar', Joh., 195.
Margaret, dau. of Hen. de Parci, 201; Wm. son of Margt., 135.
Margery, wife of Al. Calle, 169.
Mariota, wife of Thos. son of Guy, 100, 101.
Mariscall, Hen., 46; Joh., 42; Thos., 43, 48, 69.
Marisco, *see* Marsh.
Marmoutier, Gilbt. the monk of, 7.
Marriage, right of, 96.

Marsh (Maresco, Marisco, de), Wm., 28, 29, 32, 86, 88, 90, 91, 102, 105, 217; *with* Agnes his dau., 88; Laderana his wife, 86, 90, 91; Wm. his son, 86, 90, 100; Wm. son of Wm., *with* Laderana his wife, 191, 226.
Marshall (Marescall, Marescallo, Maris-), Hen., 46; Hen. son of Gilbt., 202; Joh., 42, 202; Robt., 169; Thos., 43, 48, 69, 114, 166, 202, 219; Thos. son of Thos., 167.
———, John, Earl, 178.
Marston (Merston), 44, 45, 51, 52, 82-91, 191; lands in—Apetre-furlangez, 86, 89; Ardstaine, 84; Baithrydinge, 85; Bramhill, 89; Folivanes, 84; Hopwod, 86, 87; Hunherhil, 85; Keldlandis, 85, 89; Litheshilley, 89; Northfirth, 86, 87; Payn(es)rydyng, 84, 85, 89; Pesehill, 89; Scockebrec, 84; Sely-furlangez, 86, 89; Suthfrid, 84, 86, 89; Suthfridhere.
———, Long, 89.
———, Everard de, 17; Joh. de, 33; Rich. de, 45, 194; Sir Thos. son of Wm. de, 179; Sir Thos. de, 96, 97; Wm., son and heir to Sir Thos. de, 99; Thurstan de, 12, 27; Thos. Alewais de, 18; Thos. le Walays de, 221.
Marton, 54, 92, 93, 128, 178, 189, 198; Marton in Cleveland, 226; Hen., prior of, 10, 11, 215; Rog. son of Rog. son of Thos. de, 128; Robt. Toscy de, 128.
Mason, the (Cementarius), Al., 49; Hugh, 46; Rich., of Tadcaster, 46, 47, 48; Robt., bro. of Rich., 48.
Master, Hen. the, 22; Hen. son of the, 169; Joh. son of the, 170; Pet. son of the, 131; Thos. son of the, 131.
Matilda, Rich. son of, 104, 112; dau. of Robt. son of Joseph de Tokwith, 103; — de Smaus, 201.
Matthew, Archdeac. of Cleveland, 119.
Maud de Tokwith, Ralph son of Rich. son of, 226.
Maudit (Mauduit(te), Maudut), Rog. (de), 71, 72, 192, 201, 202, 228; Sir Rog., 202; Robt. son of Rog., 228.
Mauleby, Sir Wm. de, 142.
Mauleverer (Maw-), 165; Hen., 96; Sir Joh., 191.
Maurice, 201; canon of York, 196; — de Tatecaster, *and* Alice his wife, 169.

www.ingramcontent.com/pod-product-compliance
Ingram Content Group UK Ltd.
Pitfield, Milton Keynes, MK11 3LW, UK
UKHW010035140625
459647UK00012BA/1402